FUNDAMENTOS DA
TÉCNICA PSICANALÍTICA

Blucher

FUNDAMENTOS DA TÉCNICA PSICANALÍTICA

Uma abordagem lacaniana para praticantes

Bruce Fink

Tradução
Carolina Luchetta e Beatriz Aratangy Berger

Título original: *Fundamentals of Psychoanalytic Technique: A Lacanian Approach for Practitioners*
Fundamentos da técnica psicanalítica: uma abordagem lacaniana para praticantes
© 2011 Bruce Fink
© 2017 Editora Edgard Blücher Ltda.

All rights reserved. Authorised translation from the English language edition first published by Karnac Books Ltd. and now published by Routledge, a member of the Taylor & Francis Group.

2ª reimpressão – 2020

Blucher

Rua Pedroso Alvarenga, 1245, 4º andar
04531-934 – São Paulo – SP – Brasil
Tel.: 55 11 3078-5366
contato@blucher.com.br
www.blucher.com.br

Segundo o Novo Acordo Ortográfico, conforme 5. ed. do Vocabulário Ortográfico da Língua Portuguesa, Academia Brasileira de Letras, março de 2009.

É proibida a reprodução total ou parcial por quaisquer meios sem autorização escrita da editora.

Todos os direitos reservados pela Editora Edgard Blücher Ltda.

FICHA CATALOGRÁFICA

Fink, Bruce
 Fundamentos da técnica psicanalítica : uma abordagem lacaniana para praticantes / Bruce Fink ; tradução de Carolina Luchetta, Beatriz Aratangy Berger. – São Paulo : Blucher , 2017.
 496 p.

 Bibliografia
 ISBN 978-85-212-1213-3
 Título original: Fundamentals of Psychoanalytic Technique: A Lacanian Approach for Practitioners

 1. Psicanálise 2. Lacan, Jacques, 1901-1981 I. Título II. Luchetta, Carolina III. Berger, Beatriz Aratangy

17-0775   CDD 150.195

Índices para catálogo sistemático:
1. Psicanálise

Aos meus pacientes e supervionandos,
do passado e do presente.

Conteúdo

Prefácio 9
1. Escutando e ouvindo 17
2. Fazendo perguntas 55
3. Pontuando 75
4. Escansão (sessão de duração variável) 91
5. Interpretando 133
6. Trabalhando com sonhos, devaneios e fantasias 175
7. Tratando transferência e contratransferência 213
8. "Análise por telefone" (variações na situação psicanalítica) 317
9. Análise não normalizante 347
10. Tratando a psicose 387

Posfácio 455

Referências 463

Índice remissivo 487

Prefácio

*É com os meus pacientes que aprendo tudo,
que aprendo o que a psicanálise é.
Lacan (1976, p. 34)*

A impressão que sempre tive é que a análise não seria tanto uma questão de técnica e sim do tipo de trabalho que o analista inspira no paciente durante a análise. Minha suposição seria que analistas diferentes poderiam potencialmente usar outras técnicas para estimular quase que o mesmo tipo de trabalho. Porém, quanto mais tenho falado com diferentes grupos de psicanalistas pelos Estados Unidos, mais me convenço que o tipo de técnica que tem sido ensinada nas sociedades e institutos atualmente não ajuda, simplesmente, naquilo que entendo por trabalho analítico, pelo contrário. As abordagens contemporâneas ao tratamento psicanalítico parecem ter perdido de vista muitos *insights* fundamentais concluídos por Freud, Lacan, e outros analistas pioneiros, e parecem ter adotado derivações da psicologia, especialmente da psicologia do desenvolvimento, que contradizem os princípios básicos da psicanálise – princípios fundamentais como inconsciente, repressão, compulsão à repetição, e assim por diante.

Desta maneira, tomei a liberdade de preparar um material técnico com a finalidade de manter esses princípios básicos firmemente à vista. Focalizei naquilo que me parece ser a técnica elementar (embora não tão elementar para muitos analistas, como pensei que fosse), sem longas explicações teóricas a respeito dos princípios básicos. Com isto em mente, escrevi pensando nos leitores que não têm conhecimento prévio de Lacan, mas têm algum conhecimento da psicanálise de forma geral. Espero que esse material seja útil para os iniciantes e para os analistas mais experientes, se bem que por diferentes razões.

Quero esclarecer, desde já, que essas técnicas apresentadas aqui serviram para mim – percebi que sou capaz de realizar muito bem o que penso que a psicanálise pretende alcançar ao empregá-la – e que podem não funcionar para todos, ou pelo menos não tão bem. É preciso ter em mente que, de forma geral, *nada funciona para todos*. No entanto, baseado na minha experiência com considerável número de profissionais (estudantes de graduação em psicologia clínica, assistentes sociais, psiquiatras, psicólogos e psicanalistas) que supervisionei nos últimos doze anos ou mais, tenho motivos para acreditar que estas técnicas podem ser úteis para muitos profissionais, que transformam radicalmente suas clínicas em poucos meses. Por esta razão decidi apresentar este trabalho desta forma.

A maior parte das técnicas propostas aqui é destinada ao trabalho com neuróticos, não com psicóticos. Não vamos tratar aqui, de forma alguma, da diferença entre neurose e psicose, pois já escrevi exaustivamente sobre isso em outro momento (Fink, 1995, 1997, 2005b), mas entendo que uma abordagem um pouco diferente é necessária no trabalho com psicóticos, e por isso faço um breve esboço desta técnica no Capítulo 10. Se, conforme proponho, a repressão deveria ser a luz que guia o analista em direção ao tratamento com neuróticos, a ausência de repressão, na psicose, implica que precisamos direcionar o tratamento com psicóticos de forma diferente.

Considerando que muitos analistas contemporâneos parecem acreditar que a maioria dos pacientes de nossos tempos não sofre de "problemas de nível neurótico", eu diria que a maioria dos analistas não consegue reconhecer "problemas de nível neurótico", precisamente porque a repressão e o inconsciente não são o que os orienta (Lacan, por outro lado, diz que os analistas devem ser "ingênuos" sobre o inconsciente, no sentido de que eles seguem o inconsciente para onde quer que ele vá, mesmo que isso signifique permitirem-se serem levados como marionetes, por assim dizer; ver Lacan, 1973-1974, 13 de novembro, 1973). Isso leva o analista a confundir neurose com psicose e a formular uma abordagem do trabalho psicanalítico que supostamente se aplica a um ou a todos (com efeito, a principal distinção "diagnóstica" feita em nossos tempos parece ser entre indivíduos de "alto funcionamento" e não tão alto funcionamento). Creio que a abordagem à neurose que apresento aqui seja aplicável à grande maioria dos pacientes tratada por muitos profissionais hoje em dia (naturalmente, há exceções), e os analistas talvez queiram compartilhar comigo esta opinião, após a leitura sobre a abordagem ao tratamento da psicose que está no Capítulo 10.

A experiência de conduzir o trabalho psicanalítico é tão complexa que ninguém conseguiria abranger todas as suas facetas, mesmo se escrevesse por uma vida inteira. A seleção dos tópicos que fiz aqui trata especialmente dos pontos básicos, que penso terem sido deixados de lado, na atual formação dos analistas e psicoterapeutas. Por exemplo, não dedico muito espaço aqui para discussões de afeto ou contratransferência (exceto no Capítulo 7), porque elas são fortemente enfatizadas em outros textos – e tanto é assim que precisam, acredito eu, ser contrabalançadas. Nem dedico muito espaço para articular as fases posteriores e finais de uma análise, visto que este texto foi feito para ser introdutório. Neste sentido, esse livro não é um manual de formação de autônomos; deve ser complementado com muitas outras leituras, e há uma pequena lista do que pode ser encontrado nas Referências.

Procurei, ao longo deste livro, comparar e contrastar minha abordagem com outras abordagens, quando possível, mas sei que especialistas dessas outras abordagens podem considerar insuficiente meu conhecimento sobre elas. Conforme Mitchell & Black (1995, p. 207) colocam, "atualmente é muito difícil encontrar algum psicanalista que saiba profundamente mais de uma abordagem" (por exemplo, kleinianos, lacanianos, psicologia do ego, psicologia do *self*). A literatura de cada escola é extensa e a sensibilidade clínica muito afiada, apresentando uma perspectiva desafiadora para que qualquer analista consiga digerir tudo. Grande parte dos 25 anos passei lutando com o torturante francês de Lacan, me esforçando para encontrar caminhos de colocar seus *insights* em prática. Somente agora começo a ter uma ideia melhor do panorama psicanalítico, e algumas das minhas tentativas de comparar e contrastar minha abordagem com as outras ficam parecendo caricaturais, de alguma forma.

Os analistas não lacanianos que discuto aqui são aqueles cujos trabalhos considero mais acessíveis e convincentes, mesmo quando não concordo com seus pontos de vista (por exemplo, com respeito a "normalidade", "identificação projetiva", e assim por diante). Uma vez que minha meta não é apresentar outras abordagens de forma exaustiva, obviamente não faço justiça às ideias desses analistas: tomo algumas afirmações do contexto e simplifico seus pontos, o que leva a uma perda inevitável de sutileza. Contudo, procurei evitar fontes secundárias – ou seja, comentários sobre as ideias dos analistas – pois, em praticamente todas as áreas, as ideias originais dos pensadores são sempre mais compreensíveis e convincentes. Quando confiei em fontes secundárias como guia inicial, sempre precisei voltar às fontes originais para verificar a precisão, surpreendendo-me com o fato de que os analistas tomam muito pouco cuidado ao ler e interpretar o trabalho do outro, mesmo quando aquele trabalho está escrito de forma relativamente clara; tirei praticamente cada conclusão preliminarmente sobre as visões teóricas de um analista baseado em comentários que deveriam ter sido seriamente revisados, ou abandonados totalmente. Estava ciente, mesmo antes de iniciar este projeto, que a maioria dos comentários na língua inglesa do trabalho de Lacan é bastante falha, e atribuí tais falhas à dificuldade de sua escrita e ao fato de que poucas pessoas que falam inglês são verdadeiramente fluentes no francês. Parece-me que outros fatores devem ser trabalhados também.

Conforme cito no meu subtítulo, não tenho intenção de fornecer algum tipo de abordagem lacaniana definitiva aqui, mas simplesmente *uma* abordagem lacaniana; o trabalho de Lacan é tão volumoso e complexo que acaba justificando tantas abordagens diferentes (embora, sem dúvida, relacionadas), e podem haver perfeitamente tantas abordagens lacanianas quantos forem os lacanianos – se não mais! Afinal, como todo mundo, os analistas lacanianos tendem a mudar de ideia ao longo da vida. Uma vez que minha intenção aqui seja fornecer um texto técnico introdutório, simplifiquei muitas formulações de Lacan; não tentei, de forma alguma, produzir uma perspectiva histórica no desenvolvimento dos conceitos como interpretação e transferência de seus primeiros aos últimos trabalhos, apenas indico ou me refiro às articulações mais sutis e complexas, especialmente aquelas dos anos 1970, em notas de rodapé (da mesma forma, na tentativa de manter o texto principal tão acessível quanto possível, deixei os comentários mais detalhados e críticas sobre os pontos de vista de outros analistas em notas de rodapé). Não pensei em derrubar nenhuma ortodoxia em especial, principalmente porque isso iria requerer, de alguma forma, conciliar as instâncias nas quais Lacan contradiz suas ideias iniciais em seus textos mais recentes. Ao invés disso, apresentei suas ideias nas técnicas que mais fazem sentido e que melhor funcionam para mim; e procurei apresentá-las na ordem em que são empregadas em uma análise efetiva, pelo menos até o Capítulo 6.

As pessoas que falam inglês parecem acreditar que os lacanianos são grupos à margem, pois são pequenos números nos Estados Unidos, Canadá, Austrália e Reino Unido. Todavia, a maré parece ter mudado agora: dado o fenomenal crescimento do número de lacanianos na Europa e na América do Sul nas últimas décadas, e o igualmente fenomenal declínio no número de novos psicanalistas em formação, de língua inglesa, principalmente nos institutos de formação clássica associados à International Psychoanalytic Association (ver Kirsner, 2000), deve haver, de fato, mais analistas atuando dentro da abordagem lacaniana no mundo de hoje do que há analistas de qualquer outra linha. Não é preciso dizer que nem todos concordam com os outros – há mais de doze escolas lacanianas – ou que mesmo uma pequena parte deles concordaria com o que digo aqui.

Para simplificar o meu uso de pronomes neste livro, adotei a seguinte convenção: nos capítulos ímpares, a analista é sempre mulher e o paciente sempre homem; nos de números pares, será o inverso. Todas as traduções dos trabalhos em francês, em que não haja edição em inglês, são minhas; quando as edições em inglês são citadas, houve modificação das traduções em muitos casos, quase sempre bastante radicalmente (ver comentários em Fink, 2005a). Todas as referências ao *Écrits* de Lacan na paginação em francês estão incluídas nas margens da edição em inglês (2006).

Gostaria de acrescentar um agradecimento especial aqui para Héloïse Fink e Luz Manríquez pela inspiração e pela orientação quanto à escolha de Fuga em Lá Bemol Maior de *O Cravo Bem Temperado*, de Johann Sebastian Bach, para a capa do livro;[1] a Deborah Malmud, Michael McGandy e Kristen Holt-Browning da Norton, com quem tive o prazer de trabalhar; e a Yael Baldwin por seus proveitosos comentários na primeira versão do manuscrito, que levaram a muitas ideias e aperfeiçoamentos.

Pittsburgh, 2006

---

1 Essa imagem de capa foi utilizada na edição inglesa de 2011.

1. Escutando e ouvindo

> *Freud observou que talvez exista um tipo de fala que seja precisamente valiosa, porque até o momento foi simplesmente proibida – isso significa, dita nas entrelinhas. É o que ele chamou de reprimido.*
>
> Lacan (1974-1975, 8 de abril, 1975)

A primeira incumbência do psicanalista é escutar e escutar cuidadosamente. Embora isso já tenha sido enfatizado por diversos autores, há surpreendentemente poucos bons ouvintes no mundo psicoterapêutico. Por que isso? Existem muitos motivos, alguns são simplesmente pessoais enquanto outros são mais estruturais, mas uma das razões mais importantes é que nossa tendência é ouvir tudo em relação a nós mesmos. Quando alguém nos conta uma história, pensamos em uma história similar (ou histórias mais extraordinárias), que poderíamos também contar. Começamos a pensar em coisas que nos aconteceram e que nos permitem "relacionar" com a experiência da outra pessoa, para "saber" como deve ter sido, ou pelo menos imaginar como nós nos sentiríamos se estivéssemos no lugar do outro.

Em outras palavras, *a maneira como escutamos está em grande parte focalizada em nós mesmos* – nas nossas próprias experiências de vida, em nossos sentimentos semelhantes, nas nossas perspectivas. Quando conseguimos localizar nossas experiências, sentimentos e perspectivas que nos remetem à outra pessoa, acreditamos que nos "relacionamos" com aquela pessoa: dizemos coisas como, "Sei o que você quer dizer", "É", "Entendo", "Sinto por você", ou "Sinto a sua dor" (talvez bem menos "Fico feliz por você"). Nessa hora, nos sentimos solidários, empáticos ou sentimos pena pelo outro que se parece conosco; "Deve ter sido doloroso (ou maravilhoso) para você", dizemos, imaginando a dor (ou a alegria) que nós mesmos poderíamos ter naquela situação.

Quando não conseguimos localizar as experiências, sentimentos ou perspectivas que se assemelhem com as do outro, temos a sensação que *não* entendemos aquela pessoa – de fato, podemos achar a pessoa estranha, se não tola ou irracional.

Quando alguém não age da mesma forma que nós, ou não reage às situações como nós, ficamos geralmente perplexos, incrédulos, ou até mesmo espantados. Somos inclinados, nessas situações, a tentar corrigir as perspectivas do outro, a persuadir a pessoa a ver as coisas da maneira como as vemos, e queremos que ela sinta o que nós sentiríamos se estivéssemos naquela situação. Nos casos mais extremos, simplesmente julgamos o outro: como pode alguém, nos perguntamos, acreditar ou agir ou sentir dessa maneira?

Colocando de forma mais simples, *do modo como geralmente escutamos, deixamos passar ou rejeitamos a alteridade do outro.* Raramente escutamos o que torna única a história contada por outra pessoa, específica apenas para aquela pessoa; rapidamente assimilamos às outras histórias que ouvimos alguém contar com relação a elas próprias, ou que poderíamos contar sobre nós mesmos, omitindo as diferenças entre a história contada e aquela que nos é familiar. Apressamo-nos para encobrir as diferenças e contamos uma história parecida, se não idêntica. Na pressa para nos identificarmos com o outro, e termos alguma coisa em comum, forçosamente igualamos as histórias que são normalmente incompatíveis, reduzindo aquilo que estamos escutando ao que já conhecemos.[1] O que achamos mais difícil de ouvir é o totalmente novo e diferente: pensamentos, experiências, e emoções que são muito diferentes de nossos próprios, e até de qualquer um que tenhamos conhecido em algum momento.

Acredita-se que nós seres humanos compartilhamos dos mesmos e diversos sentimentos e reações ao mundo, que é o que possibilita existir entendimento, uns com os outros, e que constitui a fundação da nossa humanidade compartilhada. Na tentativa de combater certos estereótipos dos psicanalistas, como um cientista desinteressado, insensível, ao invés de um ser humano que tem vida e que respira, alguns terapeutas sugeriram que o analista deveria ser regularmente empático com o paciente, ressaltando o que eles têm em comum, para estabelecer uma aliança terapêutica sólida. Embora esses profissionais tenham boas intenções (por exemplo, acabar com a crença da objetividade do analista), as expressões de empatia podem enfatizar a humanidade em que vivem analista e paciente, de modo a encobrir ou superar aspectos humanos que não são compartilhados.[2]

Eu proporia que quanto mais próximos consideramos os pensamentos e sentimentos de duas pessoas, em uma determinada situação, mais poderemos entender que há mais diferenças do que similaridades entre elas – somos muito mais diferentes do que pensamos!³ De qualquer forma, a construção de uma aliança supostamente conquistada por meio de uma resposta empática do analista (algo como, "deve ter sido doloroso para você", em resposta ao que o paciente acredita ter sido algum evento sofrido, como o término de um longo relacionamento) pode ser realizada simplesmente pedindo ao paciente que descreva sua experiência ("como foi isso para você?"), que tem a vantagem de não colocar palavras na boca do paciente (ver Capítulo 2). No trabalho que faço supervisionando psicoterapeutas de diferentes classes, percebo que os comentários feitos por eles, geralmente com a intenção de serem empáticos e promoverem ao paciente uma sensação de ser "compreendido", geralmente erram o alvo, e o paciente responde, "Não, não foi doloroso. Na verdade, foi mais fácil do que eu pensava – nunca me senti melhor!". A analista que sucumbe à tentação de responder empaticamente frequentemente descobre que ela não está mais na mesma sintonia do paciente naquele exato momento.⁴

Na verdade, podemos compreender muito pouco a respeito da experiência de alguém pelo relato ou assimilação à nossa própria experiência. Talvez estejamos inclinados a pensar que podemos superar esse problema adquirindo muito mais experiências de vida. Afinal, nossos pacientes acreditam sempre que não conseguiremos entendê-los, a menos que sejamos velhos e inteligentes e que aparentemos, desde o início, uma boa e longa experiência de vida. Nós mesmos podemos cair em uma armadilha, se acharmos que precisamos simplesmente expandir nossos horizontes, viajar para longe e aprender sobre outros povos, línguas, religiões, classes e culturas para, só assim, compreendermos muitos e os mais variados pacientes. No entanto, se a aquisição de completo conhecimento do mundo é útil, talvez não seja porque é preciso entender "como vive a outra metade" ou como a outra pessoa realmente funciona, mas sim porque paramos de compará-la a nós próprios no mesmo nível: nosso padrão de referência muda e deixamos de nivelar todo mundo ao nosso próprio modo de ver e fazer as coisas.

No início da minha carreira como psicanalista, uma mulher de seus cinquenta anos chegou ao meu consultório, chorosa, contando a história de como havia se casado, divorciado e mais tarde se casado novamente com o mesmo homem. Fiquei bastante incrédulo, achando que aquele tipo de coisa só acontecia em Hollywood, e devo ter mostrado um olhar surpreso ou perplexo em meu rosto. Desnecessário dizer que a mulher pensou que eu a estivesse julgando e nunca mais voltou. Ela estava certa, naturalmente: eu estava me imaginando no lugar dela e achei aquilo quase impossível ou, no mínimo, desagradável.

Nossa maneira habitual de escuta é altamente narcisista e egocêntrica, pois relacionamos tudo que a outra pessoa nos conta, com nós mesmos. Nos comparamos a eles, avaliamos se tivemos experiências melhores ou piores, e avaliamos como suas histórias e seus relacionamentos refletem em nós, se são bons, maus, amorosos, odiosos. É isso, resumindo, o que Lacan quer dizer com dimensão *imaginária* da experiência: a analista como ouvinte está constantemente comparando e contrastando o outro consigo mesma, e sempre mensurando o discurso do outro baseado no tipo de *imagem* que reflete de volta nela – quer seja de alguém que é bom ou mau, rápido ou lento, perspicaz ou inútil. A dimensão imaginária diz respeito a imagens – nossa própria imagem, por exemplo – não a ilusão *per se* (Lacan, 2006, pp. 349-350).[5]

Quando se opera na dimensão imaginária da experiência, a analista fica focalizada em sua autoimagem enquanto refletida nela pelo paciente e ouve o que ele diz somente quando aquilo reflete nela. Sua preocupação aqui é o que o discurso do paciente significa para ela e o que diz sobre ela.[6] Ele está bravo com ela?

Estaria enfeitiçado por ela? Está criando uma imagem dela de alguém inteligente, confiável e útil ou de uma obtusa, não confiável e inútil? Quando ele fica falando ostensivamente sobre sua mãe, a analista se pergunta se ele não estaria, na verdade, dirigindo as críticas a ela, que quer ser vista como uma boa mãe e não má. Se ele fala das notas que teve no vestibular ou de seu salário, a analista mentalmente compara suas notas e seus salários com os dele.

Escutar dessa forma faz com que a analista fique essencialmente incapaz de ouvir muitas coisas que o paciente diz – antes de mais nada, os atos falhos, que por vezes não fazem sentido, não refletem sobre a analista e, portanto, geralmente são ignorados por ela. Quando a analista está trabalhando essencialmente com a dimensão ou registro do imaginário, tudo aquilo que não pode ser facilmente comparado com suas próprias experiências (seu próprio senso de *self* – resumindo, seu próprio "ego", como devo usar o termo) passa despercebido e, de fato, o paciente frequentemente acaba não sendo ouvido.[7] Uma vez que, de alguma forma, apenas o que é imediatamente significativo pode ser comparado, então aquilo que não for imediatamente significativo – insulto, vacilo, resmungo, fala deturpada, pausa, deslize, descuido, disparate, duplo e triplo significados, e assim por diante – é posto de lado ou ignorado. Tudo o que não se enquadra dentro de sua percepção, dentro de sua própria experiência de universo, é desconsiderado ou negligenciado.

Isso significa essencialmente que *quanto mais o analista trabalha no modo imaginário, menos ele consegue ouvir*. Nosso modo habitual de ouvir – tanto como "cidadãos comuns" quanto como analistas – envolve em primeiro lugar o registro imaginário e torna mais difícil a nossa audição. Como, então, podemos nos tornar menos surdos?

Adiando a compreensão

Dentro de si, bem como no mundo externo, [o analista] deve sempre esperar encontrar algo novo.
Freud (1912b/1958, p. 117)

O inconsciente se fecha na medida em que o analista não "serve mais de apoio ao discurso", porque ele já sabe ou pensa saber o que o discurso tem a dizer.
Lacan (2006, p. 359)

Se nossas tentativas de "entender" nos levam a reduzir inevitavelmente o que outra pessoa está falando àquilo que pensamos já saber (de fato, isso poderia servir como uma definição bastante exata de entendimento de modo geral),[8] um dos primeiros passos que devemos dar é *parar de tentar compreender tão rapidamente.* Não é mostrando ao paciente que entendemos o que ele está dizendo que construiremos uma aliança com ele – especialmente pelo fato de que na tentativa de mostrar a ele que o entendemos, muitas vezes isso falha e demonstramos exatamente o oposto –, mas, sem dúvida, ouvindo o paciente como ele nunca antes foi ouvido. Tendo em vista que "o próprio fundamento do discurso inter-humano é o mal-entendido" (Lacan, 1993, p. 184), não podemos contar com o entendimento para estabelecer um relacionamento sólido com o paciente. Em vez disso, devemos "apresentar um sério interesse por ele" (Freud, 1913/1958, p. 139) através de uma escuta que mostre a ele que estamos prestando atenção naquilo que ele diz, de uma forma até então desconhecida por ele.

Enquanto muitas pessoas que o ouviram no passado permitiram que ele falasse apenas brevemente e depois responderam com suas próprias histórias, perspectivas e conselhos,[9] a analista deixa que ele fale mais longamente, interrompendo-o somente para algum esclarecimento sobre o que ele disse, para mais detalhes sobre alguma coisa, ou para dar outros exemplos similares. Diferente daqueles que escutaram o paciente antes, a analista nota o fato de que o paciente usou as mesmas palavras ou expressões para caracterizar sua esposa, no início da sessão, e sua avó há meia hora – ou até mesmo várias sessões mais tarde. Se a analista tomar para ela o que significa o discurso do paciente, ela não conseguirá tão facilmente se lembrar de muita coisa que ele disse, se o tema for o início da vida dele, com os irmãos, irmãs, ou os nomes das pessoas próximas atuais.

Quanto menos a analista se considerar o alvo do discurso do paciente, e quanto menos ela se preocupar se o que está sendo dito refere-se a ela, menos esforço ela terá que fazer para recordar o que foi dito[10] (geralmente vejo como mau sinal quando uma analista só consegue resumir com suas palavras o que o paciente disse e não se lembra das palavras dele). Quanto menos ela avaliar por si todas as coisas que o paciente diz, mais facilmente poderá aproximar-se de suas próprias conclusões, de seu próprio quadro de referência. Somente desta forma ela pode explorar o mundo como o paciente o vê e o experimenta, não pelo "exterior" – isto é, pela imposição de sua própria forma de funcionar no mundo, seu *modus vivendi*, sobre o paciente –, mas sim para maior ou menor grau do "interior" (obviamente que emprego tais termos de forma aproximada aqui).[11]

Isso não significa que a analista deva basicamente ver o mundo do paciente da forma como ele o vê, pois o paciente vê apenas uma parte e não quer ver as outras, especialmente aquelas que ele considera repugnantes ou repulsivas.[12] Ainda que ela ouça atentamente a história conforme contada pelo paciente, ela não deve acreditar em tudo o que ouve, e é sempre recomendado que não expresse uma descrença muito grande, pelo menos no início. Na maioria dos casos, mostrarmo-nos céticos ao ouvir toda a história – de um determinado evento ou da vida de modo geral do paciente – ou somente uma versão cuidadosamente orquestrada de algumas partes é algo que deve ser introduzido gradualmente; de outra forma, o paciente pode ter a impressão de que não acreditamos em nada do que ele diz, e vai fazer o que é mais comum, que seria procurar alguém que acredite nele. Isso pode ser especialmente importante quando o paciente estiver com problemas conjugais e tenha nos procurado por insistência de sua esposa; se ele não encontrar em seu analista um aliado, pelo menos temporariamente – alguém que acredite no seu lado da história –, irá buscar um profissional que esteja disposto a aliar-se a ele.

Por outro lado, um adolescente que esteja acostumado a ser bem-sucedido ao ludibriar os adultos ficará melhor se encontrar ceticismo por parte do analista, desde o início; se o analista mostrar que acredita na história – que na verdade o adolescente não fez nada de errado e é vítima das circunstâncias, por exemplo – a análise vai aterrizar antes mesmo de ter decolado. Algumas expressões de ceticismo podem fazer sentido com pessoas que já estiveram em análise anteriormente, ou com aqueles que estão familiarizados com a teoria psicanalítica.

Nas conversas do dia a dia, geralmente mostramos que estamos ouvindo as pessoas ao balançar a cabeça ou dizer "sim", ou "é", tudo o que possa parecer favorável – que concordamos e compramos a história que está sendo contada. O discurso analítico, por outro lado, nos solicita algo diferente: requer que mostremos que estamos ouvindo atentamente, sem sugerir que estamos ou não acreditando naquilo que ouvimos.

A analista deve também evitar jeitos convencionais de expressar a atenção àquilo que alguém está contando, como, por exemplo, dizer "interessante", ou "fascinante", pois esses comentários são vulgares, e geralmente sugerem uma perspectiva distante e condescendente. Sugerem também que a analista pense que ela entende o que o paciente disse. Ao invés disso, ela deveria desenvolver ampla gama de "hums" e "hãhs" (não "hãhãs", que podem significar concordância, pelo menos nas línguas inglesa e portuguesa), de diversos tons e intensidades, que encoraje o paciente para continuar aquilo que está dizendo, ou para explicar alguma coisa, ou simplesmente para indicar ao paciente que ela o está acompanhando, ou pelo menos que está acordada e querendo que ele continue. Uma das vantagens desses sons é que seus significados não são facilmente identificáveis e o paciente pode projetar muitos significados diferentes com qualquer um dos sons.

Por exemplo, "hum" é um som que de vez em quando faço para indicar simplesmente que ouvi o que o paciente disse e às vezes ele o interpreta como um som cético, por não estar muito confortável com a perspectiva que se propõe – ou seja, ele acredita que estou questionando sua perspectiva. Muitas vezes não tenho tal intenção quando faço esse som, mas "huh" é tão ambíguo, que um paciente que esteja desconfiado de seus próprios motivos ou perspectivas, pode "ouvir" o som como um pedido para que ele explore o assunto. Ele projeta suas próprias suspeitas em mim, e estas só conseguem vir à tona e serem discutidas se primeiro forem atribuídas a mim.

Dado que as regras implícitas de conversação do dia a dia requerem que cada um fale na sua vez (embora muitas dessas regras sejam violadas por tantas pessoas que encontramos na vida!), a analista precisa encorajar o paciente para continuar falando, mesmo quando as convenções habituais solicitariam que ele parasse um pouco e deixasse a analista falar. Isso quer dizer que a escuta da analista não é passiva – realmente, deve ser bem ativa. A analista que não faz contato visual com o paciente e/ou que fica escrevendo tudo o que o paciente diz, provavelmente não o estimulará a continuar falando. Se a analista estiver disposta a engajar o paciente no processo analítico, ela deve ser tudo, menos uma observadora objetiva e distante – deve manifestar participação ativa no processo. Quanto mais ela se envolver, mais envolvido o paciente se sentirá – parto do princípio que o envolvimento da analista precisa ser do tipo aberto, interessado e incentivador e não de defesa, sufocante ou autorrevelador.

Um dos meus pacientes diz, de vez em quando, que durante nossas sessões ele tem a impressão que está surfando nas ondas (minhas) de "hums" e "hãs"; ele faz esses comentários nos momentos que sente que as ondas estão menos abundantes do que o habitual – ou seja, quando ele acha que não o ouço como normalmente.

Isso aponta para um aspecto no qual a "neutralidade da analista" é um mito – a analista pode ser tudo, menos neutra, indiferente, uma figura inativa no campo analítico. O Capítulo 4 trata desse tema com maior profundidade.

Atenção flutuante

> *Tão logo alguém deliberadamente concentre sua atenção até certo ponto, ele começa a selecionar o material diante dele; um ponto ficará fixado em sua mente com uma clareza particular, e outros desconsiderados, e ao fazer esta seleção, ele estará seguindo suas expectativas ou inclinações. Entretanto, isso é rigorosamente o que não deve ser feito. Ao selecionar, se ele segue suas expectativas, corre o risco de nunca encontrar nada além daquilo que já conhece.*
> Freud (1912/1958, p. 112)

O que a analista escuta? Esta pergunta supõe que há algo *em especial* que a analista deveria escutar, enquanto os experientes concordam que não importa o que eles esperem que aconteça em qualquer análise, ficarão sempre surpresos com o que encontraram. Freud (1912b/1958, p. 111) recomendou, com razão, que devemos abordar cada novo caso como se fosse o primeiro, no sentido de que não devemos presumir nada do que vai ocorrer, mantendo a "atenção totalmente suspensa", também conhecida como "atenção uniformemente suspensa" ou "atenção flutuante", e assim seremos capazes de ouvir aquilo que aparecer nas "associações livres" do paciente. "Atenção flutuante" é o que nos possibilita ouvir o que é novo e diferente naquilo que o paciente diz – ao contrário de simplesmente ouvir o que queremos ouvir, ou o que de antemão esperamos ouvir. Desenvolvemos a prática de tal atenção (que não é nada fácil de sustentar) na tentativa de reconhecer a alteridade, as diferenças do outro com as nossas.[13]

Mas o que é exatamente "atenção flutuante"? Não é um tipo de atenção que se prende a uma determinada afirmação que o paciente faz e – na tentativa de gravá-la na mente, analisá-la profundamente ou ligá-la a outras coisas – acaba perdendo o que mais o paciente disse. É muito mais uma atenção que flutua de ponto a ponto, de afirmação em afirmação, sem necessariamente procurar tirar conclusões a partir desses pontos, interpretá-los, unificá-los ou somá-los. *É uma atenção que compreende no mínimo um nível de significado e consegue ouvir todas as palavras e a maneira como são pronunciadas*, incluindo velocidade, volume, entonação, emoção, deslize, hesitação, e assim por diante.

Lacan (2006) ironizou certos analistas que pesquisam a respeito de um terceiro ouvido (acima de tudo, Theodor Reik), com o qual, presumivelmente, ouvem significados ocultos, um significado além dos significados que já tenha sido encontrado na fala do paciente:

> *Mas, qual é a necessidade que um analista tem de um ouvido extra, quando algumas vezes parece que dois já*

são demais, visto que corre desenfreado para o mal-entendido fundamental, causado pela relação de compreensão? Digo repetidamente aos meus alunos: "Não procurem entender!" Que um de seus ouvidos torne-se tão surdo, quanto o outro seja aguçado. E esse é o que você precisa emprestar para ouvir sons, fonemas, palavras, locuções, frases, não se esquecendo das pausas, escansões, cortes, pontos finais e paralelismos. (p. 471)

A visão de Lacan aqui é que quando a analista se torna obcecada em compreender o significado do que o paciente tenta conscientemente transmitir, seguindo todas as complexidades da história que ele está contando, ela sempre deixa de ouvir o modo como ele transmite o que diz – as palavras e expressões que ele usa e seus lapsos e sons indistintos. É melhor tapar o ouvido que escuta apenas o significado, ele sugere, do que submeter o ouvido que ouve discursos supérfluos adicionando um terceiro. Quando, por exemplo, o paciente começa a sentença com "por um lado", podemos ter certeza de que ele tem outro "lado" em mente; todavia, no momento em que o primeiro "lado" for apresentado, ele provavelmente terá esquecido o segundo "lado", e nesse caso ele provavelmente dirá, "Bom, sei lá", e pensará alegremente em outra coisa. A analista não deve, porém, deixar assim tão leve: o que, realmente, era o outro lado? Sua importância está naquilo que está pelo menos momentaneamente esquecido.

Ficar preso à história que está sendo contada é uma das maiores armadilhas para os novos analistas e, não surpreendentemente, eles se prendem mais facilmente à história quanto mais esta se parece com seus próprios interesses, ou mais estreitamente com suas preocupações, ou reflete sobre elas como indivíduos ou profissionais. O mais importante para o paciente, especialmente no início da análise, é que a analista – assim como com qualquer outra pessoa que ele converse nas diversas situações da vida – alcance essa fala, compreenda o ponto de vista que ele está tentando formar. O paciente dificilmente começa a análise com o desejo explícito de que a analista ouvirá algo, no que ele está dizendo, que seja diferente do ponto que conscientemente está tentando superar. A analista, por outro lado, deve se desabituar a escutar de forma convencional e perceber que é menos importante compreender a história ou o detalhe do que a importância de perceber de que modo é contada.

A atenção flutuante é uma regra – na verdade, uma disciplina – designada a nos ensinar a *ouvir sem entender*. Além do fato de que o entendimento geralmente leva a analista a se defrontar e a se concentrar, apresentando uma infinidade de fenômenos imaginários (por exemplo, comparando-se ao paciente e preocupando-se com sua própria imagem refletida pela fala do paciente, como já mencionei anteriormente), frequentemente há muito pouco que pode ser entendido no discurso do paciente. Por que isso?

A história não faz sentido (ou muito sentido)

> *O inconsciente não é perda de memória,*
> *é não se recordar daquilo que se sabe.*
> Lacan (1968b, p. 35)

O paciente conta uma história a respeito de si próprio que é bastante parcial, nos dois sentidos: ele deixa de lado uma boa parte da história – sentindo que não é importante, pertinente, ou agradável para si mesmo, ou simplesmente "se esquece" – e apresenta a história como se desempenhasse um papel cristalino de herói, vítima, "o bonzinho", ou (menos comumente) idiota ou criminoso. A história que ele conta é sempre gradativa, fragmentada, cheia de lacunas e buracos, e essencialmente compreensível apenas para ele mesmo, pois só ele está a par do que deixou de falar (embora às vezes ele também fique na dúvida) e só ele admite sua própria perspectiva a respeito da difícil situação. Mesmo assim, ele pode ficar indeciso (ou ter dúvidas) sobre sua própria participação na história: na sessão, talvez tente convencer a analista, e desse modo se convencer, de que foi vítima da situação, mas talvez não endosse totalmente aquela opinião, intimamente. Parte do trabalho da analista é garantir que a parte dele que não endossa esse ponto de vista possa ser expressa e ter uma escuta efetiva, digamos assim.

Muitas vezes, a história contada simplesmente não faz sentido para o ouvinte, não importa quão criativo ou intuitivo ele seja, porque muito foi deixado de fora; a tarefa do analista, nesses casos, é levar o paciente a preencher as lacunas (que remetem à opinião de Freud de que o principal objetivo de uma análise é preencher as lacunas na história do paciente).[14] Em outros casos, todavia, a história é embrulhada ordenadamente, com um belo laço em cima, e ainda que o afeto pareça desproporcional a ela, não faz qualquer sentido no contexto da vida do paciente como tem sido descrita até agora, ou parece curta demais e insípida. De fato, o paciente pode se mostrar extremamente satisfeito com sua explicação sobre o evento em questão, e a analista ainda pode se perguntar por que ele está tão em paz com a explicação se precisou mencionar tudo isso. Alguma coisa não está encaixando, não faz sentido – o problema não é com a história em si, mas com o fato de ter sido dita em uma sessão de análise, nesse momento particular da terapia.

Se podemos dizer que há, realmente, algo em particular que a analista escuta, é aquilo que não encaixa, que não faz sentido, ou parece fazer sentido demais e, portanto, soa problemático. Tudo isso está ligado à *repressão*. Quando o paciente trunca sua história suprimindo certos elementos, pode ser que o faça conscientemente, sabendo que procura se mostrar à analista de determinada maneira (ora agradável, ora desagradável), mas ele também pode estar fazendo isso inconscientemente, por razões das quais não esteja ciente. Ele pode não estar ciente (e talvez resista em tomar conhecimento) da forma com que situa a analista em sua organização psíquica – do tipo ou qualidade de transferência que ele tem com ela – ou do que ele está tentando conseguir em relação a ela. Similarmente, ele pode ter se esquecido de certos elementos da história e poderá relembrá-los somente após considerável tempo de trabalho analítico.

Detalhes importantes podem ser deixados de fora na fala do paciente, a respeito de uma história específica que levaria apenas minutos para contá-los, mas talvez sejam deixados fora da imagem que ele pinta de sua vida. Um paciente me contou, logo no início de sua terapia, que ele era um "canalha" e que sentia que sempre tinha tido uma "alma diabólica". Todavia nada que ele me contou sobre a história de sua vida, nas primeiras semanas de consultas, indicava algo particularmente repugnante ou desonroso. O pior comportamento que ele foi capaz de apontar foi ter pisoteado no jardim recém-plantado do vizinho quando criança, e a hipótese que levantei foi que ele tinha um superego muito crítico (quem sabe levado pela acusação feita pelo seu pai, muito cedo na vida, de que ele havia roubado dinheiro que, na verdade, tinha sido encontrado no chão). Foram diversos meses de análise antes que ele se lembrasse, através de associações com alguns sonhos, das circunstâncias sobre a hospitalização de um membro da família e a gravidez de uma ex-parceira, seus sentimentos de culpa sobre os quais não havia dito nada antes. As razões da severa opinião sobre ele mesmo – que ele próprio realmente não entendia, já que se achava uma pessoa essencialmente boa – vieram à tona quando se lembrou desses incidentes, e a recordação e discussão sobre eles permitiram que parte dessa aspereza finalmente se dissipasse.

Análise como uma lógica de desconfiança

> Um "dizer" [un "dire"] é semelhante a um evento. Não é um rápido vislumbre ou um momento de saber... Nem toda fala ["parole"] é um dizer, ou então toda fala seria um evento, o que não é o caso, e não falaríamos de "palavras inúteis".
>
> Lacan (1973-1974, 18 de dezembro, 1973)

> A pluralidade de significados é um equívoco que favorece a passagem do inconsciente para o discurso.
>
> Lacan (1976, p. 36)

A repressão é a luz que guia a psicanálise (se me permite a natureza paradoxal da metáfora, repressão sempre vem associada com escuridão). Virtualmente, tudo que fazemos como analistas deveria ser projetado para chegar ao reprimido de forma mais ou menos direta. Por este motivo é que nosso foco está constantemente no que ficou fora da equação, fora da história, fora do quadro que o paciente pinta de si mesmo e de sua vida. Por este motivo damos atenção especial aos detalhes que ficaram "acidentalmente" fora da história quando contada pela primeira vez. É por isso que nossos ouvidos se animam quando o paciente de repente não consegue se lembrar o nome de seu melhor amigo. Por isso ficamos intrigados quando uma sentença é interrompida e reiniciada de uma outra forma (nosso interesse está na interrupção da narrativa e não na continuidade). Por este motivo, como em Freud (1900/1958, p. 518), damos um peso extra aos elementos de um sonho que foram esquecidos quando da primeira vez que foi contado, e só relembrados depois, quando o paciente os associou com o seu sonho. É por isso que o comentário precipitado ou improvisado feito depois da sessão, já indo para a porta, é o mais importante.

Para a analista, cada história contada pelo paciente é suspeita. Não apenas por ser incompleta ou muito conveniente, mas também provavelmente por ter sido contada aqui e agora para certos fins estratégicos ou táticos – para agradar ou desagradar a analista, para provocá-la, para ganhar ou perder seu amor hipotético, para sustentar ou destruir determinada imagem –, propósitos estes que talvez não estejam claros, e mesmo assim tenham um papel importante no formato definitivo que a história leva.

A ideia de que devemos abordar cada novo paciente incondicionalmente, como se ele fosse o primeiro, não implica que teremos que agir como se não soubéssemos nada de psicanálise – como se não soubéssemos que a presença de sintomas na vida do paciente é indicativo de repressão (já que os sintomas representam o retorno do reprimido), que atos falhos e ações confusas são minissintomas que também representam o retorno da repressão, que a retórica do sujeito nos auxilia a apontar a repressão (o elemento mais importante da lista, que é muitas vezes reservado para o final – "meus amigos e irmãos, para não falar da minha mãe", um exemplo de paralipse ou preterição – e a resposta mais provável para uma pergunta muitas vezes mencionada sob o pretexto da negação – "A pessoa que mais me castigou? Não sei se poderia dizer que foi o meu pai").[15]

Os psicanalistas têm sido levados a examinar inumeráveis manobras retóricas do paciente, em termos de tipos de movimentos de defesa que elas envolvem. Assim como os sonhos são formados conforme a condensação e o deslocamento – associados por Lacan (2006, pp. 511-515) com metáfora e metonímia – que dissimulam desejos inconscientes, o discurso do paciente funciona de acordo com a pletora de outros mecanismos projetados para manter o material inconsciente. A espontaneidade do paciente emprega figuras retóricas (que são bem conhecidas dos gramáticos e linguistas), para não dizer certas coisas e assim evitar que algumas ideias cheguem à superfície. Ele eventualmente falha em seu empenho:

as coisas escapam, e a analista treinada para detectar esses materiais retóricos – "o psicanalista é um retórico", disse Lacan (1977-1978, 15 de novembro, 1977) – aprende onde intervir para frustrá-los.

Quando alguém usa uma *metáfora mista*, por exemplo, é porque muitas vezes uma das palavras na metáfora, que veio primeiro à mente, está incomodando aquela pessoa. Um dos meus pacientes disse certa vez, "pare de bater nesse assunto" porque o termo "arbusto" pareceu a ele ter conotação muito sexual, como se trouxesse pensamentos sexuais que ele não queria discutir (muitas vezes é incrível como as substituições podem ser feitas). Podemos igualmente imaginar alguém dizendo "pare de contornar o arbusto", em que exista algum pensamento sádico ou masoquista sobre bater, que a pessoa queira manter fora da vista ou da mente.

Metáforas mistas são muito comuns em análise e também no dia a dia. É claro que podem simplesmente indicar que o paciente não conhece realmente as metáforas que está usando, mas muitas pessoas fluentes no idioma conhecem de cor muitas expressões idiomáticas e conseguem entender imediatamente por que trocaram o termo, quando a analista simplesmente repetiu o termo trocado. A metáfora mista "bater no assunto" pode ser entendida como uma formação conciliatória entre "bater no arbusto" e "contornar o assunto". Em termos retóricos isso pode ser chamado de *catacrese*, que designa o uso indevido de palavras. Em qualquer dos casos, sugere ao profissional atento que *algo está sendo evitado* ou que outro conjunto de pensamentos está interferindo na conclusão do conjunto de pensamentos inicial.

Consideremos outra figura de retórica ou figura de estilo: *litotes*, também conhecidas como meias palavras, são constantemente usadas em sessões e sempre precedidas de uma ligeira pausa. Um dos meus pacientes ia dizendo (conforme ele explicou depois), "eu realmente cobiço a mulher do meu melhor amigo", mas atenuou dizendo: "Eu não a acho sem atrativos". A ligeira pausa que ele introduziu, combinada com a elaborada dupla negativa, sugeriu a mim que alguma coisa havia ficado sem ser dito; como se revelou, um certo pensamento foi evitado porque o paciente julgou inaceitável, pensando "Como posso ser tão baixo para cobiçar a esposa do meu melhor amigo?".

Outra paciente negou-se a dizer a última palavra pretendida – "parar" – de uma frase que ela começou da seguinte forma: "Aquilo [seus pais a segurando e fazendo cócegas até ela quase perder o fôlego] poderia ser divertido até um ponto e daí eu queria...". As reticências da palavra "parar", que talvez ela tenha achado óbvia, dado o contexto, sugeriu-me um conjunto de pensamentos bem diferentes daqueles que relutava expressar: ela queria que aquilo continuasse para sempre, ainda mais intenso, ou até mesmo que tivesse tido alguma conotação sexual. Eu poderia ter dito a mim mesmo, "Sei o que ela quer dizer, mesmo que não tenha sido o que disse", mas quando repeti a frase incompleta, "você queria...", ela disse que quando falou estava distraída com pensamentos confusos sobre coisas embaraçosas.

Essas reticências ou omissões podem passar despercebidas por seus amigos nas conversas de rotina, mas em análise servem como uma espécie de índice ou indicador de dissimulação.

Como já indiquei em outro momento (Fink, 2004, pp. 72-75), muitos outros esquemas retóricos, como o pleonasmo, digressão, perífrase, contração, e ironia, podem assumir uma qualidade defensiva, especialmente no contexto analítico. Espero que esses três exemplos tenham sido suficientes para deixar claro até que ponto essas figuras de linguagem não são "meras formas de falar", como o paciente tende a pensar, e que o ouvinte atento pode aprender a lê-las como placas indicadoras de quilômetros ao longo da estrada, em direção ao reprimido. O inconsciente ao trabalhar nos sonhos emprega condensação e deslocamento, e o paciente ao falar de seus sonhos emprega virtualmente todas as figuras de retórica e figuras de estilo. *Para a analista, "nada é somente uma figura de linguagem"*. A maneira de uma analista ouvir atende tanto ao que está quanto ao que não está sendo apresentado, tanto aquilo que é declarado quanto o que é evitado. Na essência, lê-se todo o discurso como uma formação conciliatória produzida igualmente pelas forças rivais.

Quando a analista se fixa exclusivamente na história ou no ponto conceitual que está sendo proposto, ela geralmente não consegue ouvir as figuras de linguagem empregadas e assim ouvirá apenas em um nível – no nível que o paciente está tentando transmitir, conscientemente. Ela falha, então, na leitura de diversas pautas em que a música do paciente está realmente escrita.

Ouvindo apenas o que esperamos ouvir

> *A essência da linguagem nunca foi servir a função da comunicação.*
> Lacan (2005a, p. 106)

> O perceptum *[aquilo que é percebido] já está estruturado [pela linguagem].*
> Soler (2002, p. 33)

Existem ainda, naturalmente, outras razões pelas quais é tão difícil para a analista ouvir exatamente o que o paciente diz, pelo menos algumas que estão relacionadas com a interação entre linguagem e percepção. Neurobiólogos e psiquiatras têm indicado a importância da "filtragem sensorial" para a capacidade de não prestar atenção aos estímulos perceptivos, que parecem sem importância na tarefa ou na meta que se tem em mãos (Green, 2001, pp. 77-79). Diversos trabalhos sobre o cérebro e os sistemas perceptivos foram feitos e sugerem que muitas pessoas que são classificadas como autistas, esquizofrênicas e psicóticas, geralmente (embora eu não esteja sugerindo que não existam diferenças importantes entre elas), "sentem-se 'bombardeadas' por uma carga sensorial e não conseguem filtrar... estímulos irrelevantes" (p. 78), "estímulos irrelevantes" sendo aquelas percepções que elas não desejam prestar atenção necessariamente, em um momento qualquer em especial, mas que as perturbam de qualquer forma. Em outras palavras, elas não conseguem prestar atenção em muitos estímulos da forma como a maioria das pessoas consegue, por possuírem um "filtro", por assim dizer, que permite a entrada de alguns estímulos enquanto outros ficam de fora, com base em uma suposta tributação daquilo que é importante e do que não é, que se situa fora da consciência, antes da consciência. Somente aqueles estímulos que conseguem ultrapassar o filtro – os que são considerados relevantes àquela tarefa proposta – são de fato autorizados a irem para a consciência.

Essa pesquisa foi corroborada em nível clínico pelos diversos casos de "sobrecarga sensorial", relatada por pacientes psicóticos, em que barulhos, que anteriormente não se ouvia, ou que se misturavam com o ambiente, começaram a se tornar insuportáveis (altos, insistentes e não ignoráveis), odores que eram agradáveis anteriormente, ou imperceptíveis, de repente se tornaram insuportavelmente fortes e repulsivos, e cores, formas e gestos que antes não se destacavam começaram a monopolizar a consciência e a dominá-la. O momento em que essas percepções começam a afetar tais indivíduos é sempre muito estressante, sinalizando que as pessoas correm perigo de passar por um surto ou episódio psicótico (privação prolongada do sono pode causar incapacidade de "filtrar" estímulos naqueles que são psicóticos). Em alguns autistas e esquizofrênicos, por outro lado, a dificuldade de filtrar estímulos pode ser permanente, não necessariamente indicando perigo iminente de qualquer tipo; a dificuldade não vem e vai como acontece na paranoia, em que surtos podem ser seguidos de aparente remissão, e então mais problemas virão depois.

Embora os pesquisadores especialistas em biologia considerem a dificuldade de filtrar estímulos como um problema estritamente fisiológico, devido a alguma má formação em uma estrutura específica do cérebro ou algum descontrole químico, me parece ser igualmente provável (se não mais) que a linguagem desempenhe um papel significativo na capacidade de filtrar estímulos, pois aqueles que são incapazes de filtrar as percepções da forma habitual, normalmente, não falam ou pensam do mesmo jeito daqueles que conseguem filtrar tais percepções. Talvez não sejam as dificuldades de filtragem que causam problemas com a aquisição da linguagem, mas os problemas com a aquisição da linguagem que causam dificuldades de filtragem.

A linguagem não é assimilada da mesma maneira por esses motivos, nem funciona da mesma forma para eles, como ocorre para os que chamo de "neuróticos comuns". Conforme já disse em outra ocasião (Fink, 1997, 2005b), existem pelo menos dois modos diferentes principais de se inserir na linguagem, o que podemos chamar de "modo neurótico comum" e o "modo psicótico". O modo neurótico comum leva ao predomínio habitual do pensamento baseado na linguagem (ao contrário do modo visual ou outros modos de pensamento), uma divisão entre consciente e inconsciente (e o conflito generalizado de sentimentos referido em psicanálise como "ambivalência", sendo alguns sentimentos conscientes e outros inconscientes, por assim dizer),[16] e a capacidade de ouvir o significado de ambas as formas, literal e figurada ao mesmo tempo.

O modo psicótico leva ao aprendizado da linguagem apenas por imitação, sem divisão entre consciente e inconsciente (portanto sem a ambivalência *per se*), e à incapacidade de ouvir uma expressão, tanto no sentido literal quanto no figurado, ao mesmo tempo.

Ao invés de tentar explicar aqui em detalhes, ilustrarei com alguns comentários que Temple Grandin (Grandin & Johnson, 2005), uma pesquisadora que estuda o comportamento animal, autismo e o relacionamento entre eles e que se considera uma autista (justamente por isso, sem dúvida), faz sobre sua própria relação com a linguagem:

> *Eu brigava [na escola] porque as crianças me amolavam. Me chamavam de nomes como "retardada", ou "gravador". Me chamavam de gravador porque eu guardava muitas frases de memória e depois as usava e usava de novo nas conversas.*
>
> *Eu quase nunca me lembrava de palavras e sentenças específicas das conversas. Isso porque a pessoa autista pensa em imagens; quase não temos palavras passando em nossa mente.*
>
> *Quando converso com outra pessoa traduzo minhas imagens em frases que já tenho "no gravador" dentro da minha cabeça... Eu sou o gravador. É assim que consigo conversar. O motivo pelo qual não pareço mais um gravador é que tenho tantas frases armazenadas que consigo fazer novas combinações.*
>
> *Os animais e as pessoas autistas não parecem ter repressão... Eu não acho que tenho nenhum dos mecanismos de defesa de Freud, e fico sempre surpresa quando as pessoas normais os têm. Uma das coisas que me intrigam nos*

seres humanos normais é a negação... As pessoas [em uma] situação ruim não conseguem ver isso, porque seus mecanismos de defesa as protegem de se darem conta, até que estejam prontas. Isso é negação, e eu não consigo mesmo entender. Não consigo nem imaginar como é isso. Isso acontece porque não tenho um inconsciente... Enquanto eu não souber por que não tenho inconsciente, penso que meus problemas com a linguagem têm a ver com isso.[17]

Grandin deixa claro que ela não pode classificar os estímulos em perigosos e não perigosos, da forma como as pessoas verbais podem – o que por muitos anos a deixou constantemente com medo de barulhos inócuos (como o barulho que os caminhões fazem quando dão marcha a ré) –, e assim não pode ignorar estímulos como a maioria das pessoas tem demonstrado em pesquisa e mais pesquisa, nas quais elas simplesmente não veem as coisas que não esperam mesmo ver, em um contexto específico, quer seja uma "senhora com fantasia de gorila" no meio do jogo de basquete, quer seja uma enorme aeronave estacionada em uma pista em que os sujeitos são pilotos se preparando para pousar um avião na mesma pista (Grandin & Johnson, 2005, pp. 24-25). O que é conhecido como "cegueira por desatenção" (Mack & Rock, 1998), a maioria de nós – mas não Grandin ou muitos psicóticos – projeta coisas antes que alcancem a consciência e por fim vemos e ouvimos grande parte do que esperamos ver e ouvir.

Para aqueles de nós que acessam a linguagem no "modo neurótico comum", nossa imersão na linguagem é tão ampla, e colore nosso mundo tão minuciosamente, que seletivamente vemos e ouvimos o que o contexto social/linguístico nos permite esperar ver e ouvir.[18]

Isso pode ser uma deficiência séria para a analista: até mesmo a analista mais bem-intencionada ouve automaticamente o que, em sua mente, faz sentido naquilo que o paciente está dizendo em um contexto em especial, ao invés de ouvir o que o paciente realmente está dizendo, o que pode ser bem fora do normal e até sem sentido. Mesmo a analista mais atenta ouve somente o que o paciente pretendeu dizer, filtrando os atos falhos ou sons indistintos. Durante nossa vida aprendemos a encontrar significados naquilo que nos dizem, mesmo que às vezes seja incoerente, e isso sempre envolve ver a figura toda (ou *Gestalt*), em que apenas uma parte é apresentada, ou ouvimos um pensamento coerente quando foi expresso apenas parcialmente ou incoerentemente. Aprendemos a preencher as lacunas, completar palavras que faltam, retificar a gramática e corrigir disparates – e fazemos tudo isso em nossas cabeças, sem nem mesmo termos consciência, na maioria das vezes.

Nossa própria ignorância a respeito de certos vocabulários e expressões pode nos fazer ouvir uma coisa no lugar de outra (como aqueles que sofrem para aprender uma língua estrangeira muitas vezes são bastante cientes: quando pessoas nos falam em língua estrangeira, ficamos propensos a ouvir termos e expressões que já tínhamos aprendido, no lugar de uns que não estamos familiarizados, mas que talvez soem um pouco semelhante). Se, por exemplo, o paciente "tentou, de modo muito diligente, persuadir o Tesouro" a fazer alguma coisa, e a analista desconhece o significado das palavras "diligente" ou "Tesouro", ela pode ouvir outra coisa como "ingenuamente" e "besouro". Apesar de não fazer o menor sentido no contexto, pode ser o melhor que a analista pôde fazer para encontrar algum significado nisso, dado o subconjunto da língua inglesa que é a que ela entende (ninguém consegue entender todas as coisas). O que ouvimos quando alguém fala, em linguística, é atribuído como "faixa de opções de som" (Saussure, 1916/1959); palavras ditas tendem a andar juntas, formando um tipo de faixa ininterrupta, e nem sempre é totalmente clara onde uma palavra termina e a próxima começa (um problema que alguns talvez estejam acostumados ao aprender línguas estrangeiras).

Estamos acostumados a cortar a faixa em discretas unidades baseadas na língua que achamos que conhecemos, e também naquilo que esperamos ouvir em geral, e o que esperamos ouvir daquele interlocutor específico. Essa atividade constante que visa dar sentido ao que ouvimos é tal que o ouvir em si desaparece na busca pelo significado; a percepção em si é suprimida em favor da interpretação. O resultado é que nos tornamos surdos por natureza, de certo modo.

Para praticar a psicanálise, no entanto, precisamos nos desfazer desse hábito e isso sempre demanda bastante trabalho. Os analistas me contam de vez em quando que seus pacientes não cometem lapsos ou omissões, mas, na minha experiência, a maioria das pessoas comete lapsos a cada cinco ou dez minutos (alguns mais, outros menos, é claro) e o problema é que os analistas não se sintonizam com eles. Como poderiam se sintonizar com eles? Um bom exercício seria ouvir locutores de notícias, no rádio ou na televisão, e tentar perceber os lapsos e deslizes ao invés de ouvir o conteúdo da notícia. Talvez seja melhor ouvir primeiro os programas pelos quais não se tenha especial interesse, assim o conteúdo não monopoliza a atenção. Seria melhor se não olhasse para a televisão, porque ver o locutor pode interferir na escuta (muitos analistas afirmaram que eles ouvem melhor o paciente no divã do que os que se sentam em sua frente, não por estarem fisicamente perto mas sim porque o analista não se distrai com os olhares de seu paciente, expressões faciais, e assim por diante). Assim que a pessoa conseguir ouvir regularmente os lapsos e omissões na fala, em assuntos de pouco interesse, então poderá ouvir programas que sejam mais interessantes, concentrando-se nas faixas de opção de som tanto quanto possível, e ainda compreender o conteúdo, mas sem estender-se e nem tentar fazer algo em especial com isso, (por exemplo, comparar com coisas que ouviu antes ou aprofundar essas implicações).

Uma vez que a analista saiba se sintonizar nos lapsos e deslizes, poderá percebê-los em si mesma e nos amigos e colegas; porém pode ainda levar algum tempo antes dela conseguir ouvi-los nas sessões com os pacientes, porque ela estará muito mais focalizada no significado da situação analítica do que em qualquer outra coisa. Para aperfeiçoar nossa capacidade de aplicar a atenção flutuante naquilo que o paciente realmente fala, precisamos sempre, nas palavras da professora de música, "praticar, praticar, praticar".

Armadilhas do treinamento

> *Eu poderia classificar meu seminário, neste ano, como suprindo sua "ingeniziação", para enfatizar o fato de que alguns de vocês não são [se permitem ser] suficientemente ingênuos a respeito do inconsciente – que acaba se perdendo.*
> Lacan (1973-1974, 8 de janeiro, 1974)

Diversas outras coisas contribuem para que a analista seja incapaz, por natureza, de ouvir boa parte daquilo que o paciente diz (por exemplo, um alto grau de obsessão), dentre as quais o nosso próprio treinamento. Em muitos programas de treinamento, seja no serviço social, psicologia, psicanálise ou psiquiatria, os estudantes são levados a acreditar que existem coisas como "sistemas de conhecimento especializados" – sistemas de "conhecimento" como aquele encontrado no DSM – e nossa tarefa, como analistas, é simplesmente aplicá-los da melhor forma e o mais rápido possível. Ouvi professores de todas as especializações acima mencionadas dizerem aos estudantes que eles poderiam dispensar o conhecimento técnico que adquiriram, com seus clientes ou pacientes, e se não fizerem isso estarão desrespeitando deliberadamente todos os (assim chamados) protocolos de tratamentos validados empiricamente (TVE) e terapias baseadas em evidências (TBE). Argumentam que psicologia e psiquiatria, afinal, foram colocadas no campo científico, retirando o trabalho de adivinhação da prática clínica. Os analistas não precisam fazer nada além de ouvir apressadamente e descobrir onde um determinado paciente se encaixa nos manuais de diagnósticos que receberam o selo de aprovação, digamos da APA, pois esses manuais (e seus suplementos) indicarão quais técnicas utilizar. Se começarmos a ouvir somente os modelos que nos ensinaram para identificar e tratar, provavelmente ficaremos surdos para tudo aquilo que não aparece em nossa tela de radar DSM.

Felizmente, nem todo programa ou nem todo professor crê verdadeiramente nos fundamentos da prática clínica, ou promove listas de abordagens para verificação de diagnóstico e tratamento! De fato, o próprio sistema médico – que é muitas vezes tomado pelos psicólogos e psicanalistas como modelo para ser equiparado, de todas as formas possíveis (incluindo respeitabilidade, prestígio social, renda e suposta base científica) – tem sido repetidamente reprovado, nas últimas décadas, pela pouca evidência na ampla maioria de procedimentos e tratamentos que prescreve, muitos dos quais foram interrompidos ou tirados do mercado e até mesmo numerosos médicos reconhecem que funciona muito mais como uma arte do que como ciência.[19] Mas a própria estrutura da educação superior e o lugar que ocupa em nossa cultura encoraja, muitas vezes, os analistas a acreditarem que, com seus diplomas de nível superior, eles receberam em confiança o saber em suas especialidades, tendo pouco a aprender com novos estudos ou com seus pacientes. Os créditos da educação continuada são vistos por muitas pessoas como exercícios infantis, geralmente e na melhor das hipóteses, apenas mais um obstáculo a ser superado. Independentemente de os cursos de educação continuada serem os melhores meios para lembrar os profissionais de que a prática clínica implica em longo processo de aprendizagem, estes devem saber que a educação tem geralmente conseguido mostrar somente a ponta do *iceberg* e eles deveriam continuar sendo ávidos leitores em suas especialidades e abertos aos comentários até mesmo aparentemente menos profundos feitos pelos pacientes menos "perspicazes".

Notas

1. É verdade na maioria das formas de identificação: certas facetas de coisas ou experiências devem quase sempre ser removidas ou ignoradas para que uma identidade seja estabelecida entre qualquer um dos dois. De acordo com Casement (1991, p. 9), "o desconhecido é tratado como se ele já fosse conhecido".

2. Freud (1913/1958, pp. 139-140) recomendou que o analista mostrasse ao paciente "alguma solidariedade". No entanto, ele não quis dizer com isso que devemos aparentar sermos como o paciente ou concordar com ele ou acreditar em sua história, mas sim que devemos mostrar que estamos atentos, que o ouvimos com cuidado, e tentamos seguir o que ele está dizendo (o termo em alemão *Einfühlung* é sempre traduzido como *compreensão, empatia*, ou *sensibilidade*). Margaret Little (1951, p. 35) afirmou astutamente que "A base da empatia... é a identificação". Meu ponto de vista aqui é diametralmente oposto àqueles que acreditam, como McWilliams (2004, p. 36), que "o principal 'instrumento', que são nossos esforços para compreender a pessoa que nos pede ajuda, é a empatia" e aos que estão convencidos, como Heinz Kohut (1984, p. 82), da capacidade do analista em empregar "introspecção vicária", "a capacidade de pensar e sentir a vida interior de outra pessoa". Lacan (2006, p. 339) sugeriu que "as invocações de empatia envolvem sempre conivência". O fato é que, para que a analista pense ou sinta "o interior da vida" do paciente, ela precisa ignorar todas as suas

diferenças, todas as suas particularidades – em outras palavras, ela deve se enganar e acreditar que são fundamentalmente iguais, procurando reduzir toda e qualquer diferença. Mas A pode ser igual a A somente na matemática.

Eu mesmo já ouvi muitas teorias conflitantes sobre o que é empatia (as tradições filosófica e psicanalítica fornecem diversas definições). Já ouvi dizer que empatia, em certas ocasiões, é não mostrar qualquer empatia – quando, por exemplo, um paciente entende como sinal de paternalismo ou condescendência, algo que pode ser notado, geralmente não sabe com antecedência (foi o caso de Marie Cardinal em *The Words to Say It*, 1983; ver especialmente p. 27-28). Parece-me que os defensores da empatia, em terapia, são obrigados a sérias acrobacias conceituais para justificar sua aplicação em todos os casos.

3. Este é um dos muitos pontos de vista que me fazem discordar radicalmente de alguém como McWilliams (2004, p. 148), que propôs, "somos seres humanos com muito mais semelhanças do que diferenças", embora ela tenha amenizado esse ponto de vista em seu livro (p. 254). Malan (1995/2001) fez a mesma afirmação quando argumentou que:

"Uma das qualidades mais importantes que os psicoterapeutas devem ter... é um *conhecimento das pessoas*, que talvez não venha de treinamento formal ou leitura, mas simplesmente da experiência pessoal. Quem de nós não experimentou, em nós mesmos ou em alguém próximo, os perigos em potencial de situações triangulares aparentemente inocentes; ou chorou não só para descarregar a emoção, mas como um pedido de ajuda?" (p. 3)

O fato é que *muitas pessoas* não experimentam aquilo que mencionam. Da forma como vejo, identificar ou tentar ver as pessoas que são diferentes de nós, de forma similar (radicalmente, culturalmente, linguisticamente, por denominação, socioeconomicamente, sexualmente ou em termos diagnósticos), não nos faz entendê-las ou ajudá-las.

4. Considere a primeira definição de empatia dada pelo *Webster's Third New International Dictionary* (na íntegra): "a projeção imaginária de uma situação subjetiva, seja ela afetiva, conativa, ou cognitiva, sobre um objeto para que este pareça estar fundido a ela: a leitura do próprio estado de espírito de alguém ou a conação de um objeto". Se alguém quiser expressar empatia em relação ao que o paciente descreveu como uma situação muito difícil, é geralmente suficiente dar a ele um olhar compassivo ou dizer que ouviu o que ele disse, de forma mais calorosa do que "humm", mas que não tenha um cunho de pergunta.

5. Até mesmo Winnicott (1949, p. 70), cujas perspectivas são geralmente diferentes das de Lacan e de minhas próprias, fala dos pacientes que "só conseguem apreciar no analista o que [eles próprios] são capazes de sentir. A respeito dos motivos, o obsessivo tende a pensar o analista como fazendo o seu trabalho de forma ineficaz e obsessiva". Ele continua a dizer coisas semelhantes em outras categorias de diagnóstico. O mesmo é obviamente verdade de analistas em formação e também de muitos outros analistas bem mais experientes, ao ouvirem seus pacientes.

Curiosamente, até mesmo alguns terapeutas psicodinâmicos recomendam fazermos uso do narcisismo na escuta, ao invés de nos encorajar a ouvir de outra maneira. Malan (1995/2001, p. 26), por exemplo, recomenda que o terapeuta "*use o conhecimento de seus próprios sentimentos* no processo de identificação com ele [paciente]; para conhecer não apenas *teoricamente*, mas também *intuitivamente*, o que é necessário". Mais tarde ele afirma que "o psiquiatra precisa se identificar com o paciente e tentar ver o que ele próprio sentiria na mesma situação" (p. 28). Essa abordagem leva a uma afinidade curiosa com algo descrito em *The Purloined Letter* de Edgar Allan Poe (1947/1938), em que um garoto consegue vencer todos os seus colegas no jogo de "par ou ímpar", tentando identificar o nível de inteligência de seu oponente e fazendo com que seu olhar assumisse o mesmo olhar de relativa inteligência ou de estupidez conforme o rosto de seu oponente, e assim adivinharia se a outra pessoa mudaria de par para ímpar ou se iria fazer algo mais complicado. Essa estratégia envolve nada mais do que o que Lacan (2006, p. 20) chamou de dimensão puramente *imaginária* da experiência.

6. Muitas pessoas, inicialmente, leem textos da literatura psicanalítica sempre da mesma forma, buscando primeiramente entender a elas mesmas enquanto leem teoria e outras análises. Como mencionado no Capítulo 7, os analistas que privilegiam a interpretação da transferência tentam fazer desse vício uma virtude. Gill (1982) aprova e menciona Lichtenberg e Slap (1977) que:

"argumentam que em uma situação de análise o analista está sempre 'escutando' como o paciente o vivencia (analista). Em outras palavras, não importa qual seja o foco dos comentários do paciente, ou mesmo o silêncio, 'um ou (geralmente) mais aspectos do próprio paciente interagindo com o seu ambiente tem, invariavelmente, relevância em sua relação com o analista'".

7. Lacan (2006, p. 595) se referiu a isso como "relação dual", que significava que o relacionamento analítico é construído, nesses casos, como nada mais do que um relacionamento entre dois egos.

Uma supervisionanda minha certa vez deixou o paciente interromper a terapia depois de uma sutil evolução em seu quadro de depressão. Quando perguntei por que ela não tinha tentado mantê-lo em terapia para ver se sua depressão se dissiparia, ela explicou que em sua opinião havia boas razões para que ele achasse a vida depressiva – um pouco de depressão, ela respondeu, não faz parte da vida em nossos tempos? Pontuei a ela que, independentemente de sua perspectiva teórica sobre o assunto, ela parecia estar assumindo que seu paciente teria os mesmos motivos que ela para deprimir (ou o que ela acreditava ser dela), quando os motivos dele poderiam ser totalmente diferentes dos dela. Comparando as razões dele com as dela, ela estaria excluindo ou falhando na escuta, deixando de perceber que eles são potencialmente diferentes. Veja o texto original de Lacan (1990) sobre tristeza e depressão como uma falha ou fraqueza moral, por vezes se aproximando de uma "rejeição do inconsciente" (p. 22), o que é equivalente, neste contexto, com encerramento (ver Capítulo 10).

8. "Explicar alguma coisa significa remontar às origens de algo já conhecido" (Freud, 1900/1958, p. 549; ver também Freud, 1916-1917/1963, p. 280). Patrick Casement (1991, pp. 3, 8-9) disse praticamente a mesma coisa e enfatizou a importância de adiar a compreensão e "aprender com o paciente", como ele é diferente de todos os outros que o analista encontrou anteriormente, seja na clínica ou na literatura.

9. Quanto a dar conselho, Lacan (1993, p. 152) disse, "Não é simplesmente por conhecermos muito pouco sobre a vida do sujeito que somos incapazes de dizer a ele que ele deve ou não se casar, em tal e tal circunstância e vontade, se formos honestos, tendemos a ser reticentes – isso porque o próprio sentido do casamento é, para cada um de nós, uma questão que permanece aberta".

10. Lacan (1968a, p. 22) coloca da seguinte forma, "Se você se permitir tornar-se obcecada achando que o que o paciente está dizendo se refere a você, então você ainda não faz parte do discurso dele". Esta é uma das razões do porque é praticamente impossível para um analista praticar a psicanálise com um parente ou amigo próximo: não é simplesmente porque a transferência pode azedar o relacionamento do analista com o parente ou o amigo (Freud dizia que o analista que leva um membro da família ou um amigo para a análise deve estar preparado para perder permanentemente todo o contato amigável com aquela pessoa), mas sim porque o analista teria dificuldade em ouvir de outro modo que não fosse no modo imaginário.

11. Lacan (1976, p. 47) observou, "Não acredito de maneira alguma que exista um mundo interno que reflita o mundo externo, nem

o contrário. Tenho buscado formular algo que indiscutivelmente explique esta complexa organização".

12. Realmente, se a história que o paciente conta sobre sua vida fosse a história toda, não haveria nada mais a ser dito e nada a fazer a esse respeito, exceto, talvez, tomar certas medidas práticas, como sair de casa ou se divorciar. Se o paciente estiver relutante em tomar decisão, isso está provavelmente relacionado com alguma coisa que ele deixou de fora na sua versão da história.

13. Atenção flutuante (ou uniformemente suspensa), conforme disse Freud (1912b/1958, p. 112) e Lacan (2006, p. 471) reiterou, deveria ser, para a analista, a contrapartida da "associação livre" do paciente. Uma das primeiras coisas que o profissional percebe é que a associação do paciente parece qualquer coisa, menos livre. O paciente parece obrigar-se a rodar em círculos em torno de certos assuntos, ao invés de ir direto neles, ou desviar-se completamente, quando as memórias e pensamentos associados a eles estiverem muito carregados.

14. Veja Freud (1916-1917, p. 282). Considere quantas vezes Freud teve que ir buscar o Homem dos Ratos para contar a história do *pince-nez* (a crise que o levou à análise) antes que pudesse ligar os fatos. Note também que Freud sugere que "podemos expressar o objetivo dos nossos esforços com uma variedade de fórmulas: tornando consciente o que é inconsciente, estimulando repressões, preenchendo lacunas na memória – toda essa quantidade da mesma coisa" (p. 435).

15. Meus exemplos devem deixar claro que quando digo que não devemos agir como se não soubéssemos nada de psicanálise, não quero dizer que é importante para nós "sabermos" que a bulimia se dá por x, y, ou z, ou que a gagueira se dá por p, q, ou r. Esse tipo de "conhecimento acumulado durante toda a experiência de um analista diz respeito ao imaginário e não tem qualquer valor no processo de treinamento de analistas" (Lacan, 2006, p. 357);

as causas dos sintomas em diferentes indivíduos são muitas vezes tão diversas, que as reivindicações gerais acabam sendo inúteis. O que quero dizer é que é importante para nós mantermos em mente os princípios mais básicos da teoria psicanalítica: que o medo sempre encobre um desejo, que expressões de desagrado são sempre sinais de repressão, que as pessoas excluem muitas coisas que dizem achar repulsivas ou confessam ter medo, que "ações mal feitas são as únicas sempre bem-sucedidas" (Lacan, 2007, p. 65), e assim por diante. Nesses casos, a teoria psicanalítica nos permite ver muito mais longe do que conseguiríamos de outra forma. Conforme Bowlby (1982) disse, "Por causa do grande acúmulo de informações relevantes a respeito da aparência e hábitos dos pássaros e plantas, o experiente naturalista vê muito mais longe do que o aprendiz" (p. 111).

16. Veja o Capítulo 7 para discussão sobre a relação entre afeto e repressão. Miller (2002, p. 25) caracterizou a diferença entre os modos neurótico e psicótico da seguinte maneira: "Sem o Nome do Pai [isto é, na psicose], não há linguagem, apenas *lalangue*", um termo lacaniano que será discutido brevemente em posterior nota de rodapé. Ele continua dizendo, "Sem o Nome do Pai, não existe corpo, rigorosamente falando, há o que é corporal, a carne, o organismo, matéria e imagens. Há eventos corporais, eventos que destroem o corpo".

17. Grandin (1995, pp. 49, 85) indica em outro momento que ela acredita que o autismo e a esquizofrenia são "transtornos neurológicos", mas seu comentário nos permite pensar de outra forma.

18. O trabalho de Grandin nos ajuda a perceber por que um neurótico e um psicótico sempre têm dificuldade em compreender um ao outro: eles funcionam em princípios fundamentalmente diferentes. Muitas vezes, conforme Grandin, não "podemos imaginar como é" estar no lugar do outro. Grandin afirma esse ponto, eloquentemente, em diversos discursos sobre a deficiência de muitos humanos, de enxergar as coisas do ponto de vista dos animais

com quem convivem. Veja também sua obra *Thinking in Pictures* (Grandin, 1995).

Lacan (2007, pp. 52-53) indicou que sensação e percepção nunca são puras, mas são, ao contrário, deformadas pelos nossos filtros simbólico/linguístico.

19. David Eddy, MD., PhD. (presidente do Centro de Pesquisa de Política da Saúde e Educação da Universidade Duke, que liderou o movimento para a "medicina baseada em evidências") estima que somente 15% do que os médicos fazem é baseado em "fortes evidências" (isto é, ensaios clínicos), e muitos outros médicos e pesquisadores de qualidade da saúde estimam de 20% a 25% (Carey, 2006). O chamado padrão de atendimento em medicina – ou seja, o tratamento que se espera que o médico forneça em uma instância específica (para não ser acusado de negligência médica, por exemplo) – até agora raramente situa-se em solo firme; e mesmo quando se pensa estar assentado em solo firme, deveriam ser lembradas conclusões de mais de um terço dos ensaios clínicos em medicina que são, mais tarde, revogados (Carey, 2006, p. 77). Os que acreditam que a pesquisa em psicoterapia já conseguiu replicar as bases científicas da medicina, parecem não estar a par da literatura de nenhuma das duas áreas!

Não entrarei em detalhes complexos aqui a respeito da história e filosofia da ciência, que são tão próximas na questão científica da medicina, psicanálise e psicologia. Para breve discussão, veja Fink (1995, Capítulo 10).

2. Fazendo perguntas

> É sempre mais importante levantar
> o problema do que resolvê-lo.
> Lacan (1998b, p. 425)

Dado o grau em que repressão e transferência levam a paciente a truncar e adaptar as histórias que ela conta ao analista, uma boa parte do trabalho dele consiste em fazer perguntas, e ela pode completar, terminar sentenças interrompidas e explicar o que quis dizer com certas coisas que disse. Esta é uma área em que a própria resistência do analista no processo analítico provavelmente se manifestará; é também uma área em que o analista acaba dizendo mais do que o necessário.

Nos primeiros encontros – isto é, durante a fase que pode ser mais longa ou mais curta nas sessões frente a frente (durante um ano ou mais) que precede o uso do divã – o analista pode indicar uma dúvida, mediante alguma coisa que a paciente disse, simplesmente levantando a sobrancelha ou olhando para ela com curiosidade. Essa dúvida, no entanto, não é extremamente precisa, porque a questão levantada pode se referir a tudo o que a paciente disse, ou só à última frase, à forma como disse, ou ao fato de que a paciente tenha rido ou ficado brava enquanto contava – resumindo, não aponta para alguma coisa em especial. Nesse caso, a paciente tem liberdade de interpretar o movimento da sobrancelha ou o olhar curioso da forma como entender, como sendo um sinal de desaprovação ou de crítica, sugerindo que ela não sabia o que estava dizendo, ou um pedido para uma elaboração mais extensa. Daí a importância de perguntas mais precisas, especialmente com pacientes propensos a pensar que o analista critica tudo o que dizem. Porém, como toda fala é potencialmente ambígua, quanto menos o analista se expressar, mais precisa será sua pergunta (exceto, como veremos mais adiante, se ele a formular deliberadamente, "o que você acha?"). Perguntas longas podem confundir ou fazer a paciente se perder, e quase sempre faz com que aquilo que foi dito fique em segundo plano, se não completamente esquecido.

Se a paciente diz, "tive muitas dificuldades na escola primária porque minha família fez muitas mudanças", e o analista quer saber que tipo de dificuldades, seria suficiente simplesmente perguntar "Dificuldades?" ao invés de perguntar, "Pode me dar alguns exemplos?" e receber como resposta explicações das diversas mudanças feitas pela família, de cidade a cidade, ao invés dos exemplos das dificuldades. Menos é sempre mais ao fazer perguntas, e se a paciente responder "sim, dificuldades", o analista pode adicionar facilmente, "Que tipo de dificuldades?".

Nem sempre o mais produtivo é a precisão, naturalmente; pode acontecer da paciente ouvir coisas na pergunta do analista que o analista não teve a intenção de perguntar, e sua resposta à pergunta que ouviu é sempre mais interessante do que a resposta (dita depois) para a pergunta que ele tinha de fato levantado. Isso acontece porque é provável que ela projete (assim como todos nós) coisas que ela mesma tinha pensado sobre o que o analista diz.[1]

Contudo, é muito importante que o analista faça com que a paciente discuta acontecimentos particulares – e as formações inconscientes como os sonhos, devaneios e fantasias – com bastante detalhe, e assegure que os detalhes que a paciente esteja mais inclinada a omitir sejam levantados, em algum momento. Uma vez que o analista esteja atento aos tipos de estratégias retóricas usadas pelos pacientes para contornarem o assunto e evitar o que consideram detalhes desagradáveis ou repreensivos, ele deve se empenhar bastante para assegurar que tais detalhes não sejam sempre contornados e nem evitados por tempo indeterminado. Ainda que o analista não force a paciente a revelar coisas que ela ainda não esteja pronta para enfrentar, ele não deve se intimidar em encorajá-la a falar sobre assuntos dolorosos ou difíceis.

É aqui que a resistência do analista pode muito bem vir, pois é muito mais fácil que o analista fique sentado deixando que a paciente fale sobre o que quiser do que trabalhar para que ela traga experiências penosas e traumáticas de seu passado. A paciente pode ficar relutante em se aprofundar em assuntos dolorosos, mas se o analista recuar e não mostrar a ela que seria bom se ela falasse sobre essas coisas – se não hoje, então amanhã (e ele não pode se esquecer de lembrá-la no dia seguinte, se ela não trouxer espontaneamente) – ele permitirá que o tratamento seja direcionado mais por sua própria resistência do que por seu desejo, como analista, de sempre levar a análise mais adiante.

Pacientes sempre sabem, de alguma forma, que precisam falar (e geralmente *querem* falar) sobre suas experiências e fantasias perturbadoras, mesmo encontrando dificuldade para expressá-las ao analista (por uma ampla gama de motivos, incluindo medo da rejeição, medo de tornar real alguma coisa que até o momento consideravam ser apenas algo obscuro em suas mentes, e medo de excitar o analista com suas revelações).[2] Mesmo após três anos de análise, um dos meus pacientes estava envergonhado de me dizer que, quando era adolescente, havia encontrado um vibrador no armário de sua mãe; ele sentiu que isso não encaixava naquilo que estávamos falando (sua ansiedade em escrever) quando isso apareceu em sua mente na sessão, e ele discutiu o assunto com relutância somente quando eu o estimulei a contar o que havia ocorrido. Sua relutância a essa discussão foi devido ao fato de que ele não gostava do que isso implicava a respeito do relacionamento de seus pais e de como ressoava com algumas de suas próprias fantasias e práticas sexuais.

Se o analista falhar ao estimular seus pacientes nas discussões dessas coisas, podemos pensar em algumas conclusões: que o analista não está especialmente interessado neles ou comprometido com o sucesso da análise, que o analista acha que a vida e as fantasias deles são repreensivas e prefere não ouvir, que o analista não suporta ouvir o que dizem, ou talvez eles não sejam tão importantes para se falar a respeito, afinal de contas. Qualquer das conclusões acaba rapidamente com a análise.

Na formulação de perguntas para incentivar os pacientes sobre suas experiências difíceis e lembranças dolorosas, o analista faz bem em usar as mesmas palavras e expressões do paciente, e não seus próprios termos. Tradução (usando seus próprios termos) é traição – traição na forma e muitas vezes no espírito, do discurso da paciente. Quando eu ocasionalmente não consigo recordar o termo exato que a paciente usou para caracterizar alguma coisa ou alguém, e coloco outra palavra no lugar, ela sempre me avisa que aquilo não foi o que disse. Uma vez, quando procurei repetir algo que a paciente tinha dito como parte de uma pergunta e não conseguia me lembrar o termo exato, eu disse: "Então, você fez amor depois da discussão?" e a paciente rispidamente me corrigiu: "Fizemos sexo" (ficou claro que por ela não havia amor, e por isso não usou a frase "fazer amor"). Palavras não são indiferentes ou permutáveis: melhor ficar com o texto literal. Isso é verdade, independentemente do grau de exagero que a linguagem da paciente apresente, e mesmo que seja potencialmente ofensiva à sensibilidade do analista (é de se esperar que em sua análise pessoal ele tenha lidado com isso). Se o analista não repetir as palavras que a paciente usou (sempre com considerável carga afetiva) fica parecendo que ele desaprova tal linguagem – ou pior, as partes do corpo ou as atividades associadas a elas – ou não consegue aguentar a cruel realidade da vida ou fantasia da paciente. Isso também acaba rapidamente com a análise.[3]

Em certas circunstâncias, o analista deve ajudar a paciente a articular experiências, fazendo uma infinidade de perguntas exploratórias, sem as quais a paciente se sentiria perdida ou à deriva, dominada pelas lembranças do que pôde ter sido uma experiência um tanto rudimentar. Essas perguntas devem evitar termos vagos como *abuso*, que pode significar coisas diferentes para pessoas diferentes, e deve dar os menores passos possível, permitindo que a paciente corrija e complete os detalhes. "Ele tocou você com os dedos?" é bem melhor do que "Ele molestou você?".

Em conversa com um dos meus pacientes, sobre seu horror à aparente reação sexual ao visualizar corpos mortos, precisei fazer dezenas de perguntas para contornar sua relutância em nem poder pensar nisso. Ele era incapaz de fazer associações livres por causa de sua sensação de que seria terrivelmente imoral, se seu pênis reagisse diante de um corpo morto (ele havia visto um filme sobre os nazistas, com corpos mortos) – em sua mente, isso provaria que ele era um monstro. A culpa que sentia pareceu aliviar de alguma forma depois que ficou claro o fato de que um corpo morto não se mexe de forma harmoniosa e unificada, mas sim como um conjunto desconectado de partes fragmentadas do corpo, e isso levou à sensação de encolhimento de seu pênis (num esforço de evitar ter que se tornar desconectado como aquelas outras partes do corpo, pode-se supor). Poderia lidar com a ansiedade de castração mais facilmente do que com a ideia de que seu gosto sexual fosse tão pervertido que o excluiria do domínio de todo sentimento humano. Não obstante, suas autorrecriminações iniciais – baseadas nos pressentimentos de que tal sensação em seu pênis supostamente o colocaria no mesmo nível de Adolf Hitler ou Gilles de Rais – eram tão fortes que tive que fazer pergunta e mais pergunta para ajudá-lo a superar sua resistência em falar sobre o assunto. Parece que nenhum alívio das autocensuras teria sido possível sem isso.

Quando trabalhamos com pacientes em um idioma diferente de sua língua pátria, o analista deve se lembrar que a paciente pode, algumas vezes, traduzir de sua língua nativa para a língua que o analista entende, e aquela tradução ser com frequência traiçoeira: ela revela ou, de fato, falha ao revelar (no sentido de deixar escapar) um certo significado. O analista deve perguntar à paciente, em alguns momentos, como certas palavras centrais ou frases de seu discurso e de seus sonhos e fantasias em particular seriam expressas em sua língua nativa, e pedir que ela as pronuncie em voz alta, mesmo que o analista não conheça aquele idioma; pois com frequência basta ouvir uma vez as palavras pronunciadas em voz alta que se consegue associar com base nos sons (palavras com sentidos diferentes são sempre pronunciadas mais ou menos de forma idêntica) ou em duplo ou triplo sentido.

Um paciente cuja língua pátria não era o inglês me contou certa vez um "sonho desagradável" em que ele era vendedor e vendia "estoques", e, embora ele tivesse visitado muitas pessoas, ninguém queria comprar e ele precisou pedir que comprassem seu "estoque". A única associação feita antes de vir à sessão foi com uma conferência que ele tinha organizado e com o fato de ter pressentido que teria que pedir a alguns palestrantes de renome que falassem na conferência. Pareceu-me, desde o início, que a palavra *estoques* usada pelo paciente era ambígua e um tanto estranha, dado o contexto, e quando perguntei o que ele quis dizer com isso, ele confirmou minha suspeita, de que queria dizer algo mais próximo da forma como diríamos em inglês americano "produto" (*goods*) ou "mercadoria" (*merchandise*). Perguntei então a ele se havia alguma palavra em sua língua pátria que ele tinha em mente. Ele disse que sim, e eu pedi que ele a pronunciasse em voz alta – para sua surpresa, porque era óbvio para ele que eu não conhecia sua língua pátria. Admito que tive dificuldade em repetir corretamente a palavra, para que ele pudesse ouvi-la pronunciada por outra pessoa (nossa tendência é ouvir "a mesma coisa" diferentemente, quando é falada por outra pessoa; ouvimos ambiguidades e duplos sentidos nas falas dos outros mais facilmente do que em nossa própria, porque nossa atenção está fixada primeiramente no significado que pretendemos, quando somos nós que falamos), mas fiz o melhor que pude para reproduzir o som e perguntei se aquilo despertava algo a ele. Quando ele disse que não, perguntei se a palavra poderia ter algum outro significado em sua língua pátria. Ele pensou por um momento e então deu risada, dizendo que também significava presente e pênis.[4] Isso nos permitiu começar uma conversa sobre o possível sentido do sonho, relacionado ao fato de que ele achava que nem sua esposa ou qualquer outra mulher se sentia suficientemente excitada por ele e que ele havia recentemente implorado para que elas dormissem com ele – um assunto que ele não sabia como trazer para a análise, por achar a abordagem muito humilhante. Pode-se dizer que, em seu sonho, ao escolher a palavra que significava produtos, presente e pênis, tenha ajudado a abordar o assunto, o que poderia ter permanecido sem ser mencionado, se não tivesse explorado o significado da palavra na língua pátria.

Muitas complicações podem surgir quando a paciente faz análise em outra língua que não seja sua língua nativa (sem dizer quando o analista conduz uma análise em outra língua que não seja sua língua nativa), mas o analista deveria ficar especialmente atento ao fenômeno linguístico, tal como quando a palavra ou nome pronunciado em uma das línguas que a paciente fala significa algo diferente ou se refere à outra coisa em outras línguas que ela fale. Tais palavras e nomes "cruzados" são, na minha experiência ao conduzir análises com pessoas francesas que vivem nos Estados Unidos, a chave para decifrar sonhos (são constituídas de disfarces oportunos usados no sonho por pessoas bilíngues ou parcialmente bilíngues), e quando o analista trabalha com uma paciente cuja língua-mãe ele não fala, ele deve fazer o possível para prestar atenção nela e dizer à sua paciente que preste atenção também.[5]

Tais palavras não precisam ser totalmente homônimas, ou soletradas exatamente da mesma forma. Houve um caso em que o paciente me contou sobre um sonho em que ele chupava o dedão do pé de uma mulher. Ao invés dele assumir imediatamente que o dedão seria um símbolo falho (embora, é claro, eu não tenha excluído aquela eventualidade),[6] perguntei a ele como se falava "dedão do pé" em sua língua-mãe, e ele pronunciou uma palavra que lembrou "*umbrella*" em inglês. A associação que ele fez imediatamente foi que quando era criança estava aborrecido e começou a brincar com um guarda-chuva (*umbrella*) que tinha uma ponta afiada; repetidas vezes ele colocou a ponta afiada na lama perto do seu pé, mas de repente errou e pegou bem no dedão, ferindo-o fortemente, tanto que precisou ir ao hospital. Quando descreveu como foi feio o machucado do dedo, cometeu um deslize e ao invés de dizer que o dedão ficou muito inchado, ele disse, fazendo um gesto exagerado com as mãos sobre o colo para mostrar o tamanho do machucado, "o guarda-chuva (*umbrella*) estava inchado". A ligação entre ele ter se autoinfringido e, de certo modo, se autocastrado (o dedão como um guarda-chuva que pode ser alongado ou retraído, encolhido, e assim por diante) dependeu da relação entre partes das palavras em duas línguas diferentes. O sonho era bem mais complicado do que esta simples ligação – relacionando o sentido de que ele deve ter sido punido por seu pai pelo relacionamento excessivamente íntimo que ele tinha com a mãe –, mas esta simples ligação poderia não ter sido feita tão facilmente se eu não tivesse perguntado sobre sua língua pátria. O analista pode não conhecer todas as línguas, culturas ou costumes e portanto deve continuamente se perguntar sempre o que as coisas, termos e atividades significam para o paciente.[7]

Deus está nos detalhes

> *Psicanálise significa permitir que o paciente elabore o saber inconsciente que nele está, não em forma de profundidade, mas em forma de um câncer.*
> Lacan (1973-1974, 11 de junho, 1974)

Fico sempre surpreso quando, ao falar com os profissionais que supervisiono, eles não são capazes de responder a simples perguntas que levanto sobre seus pacientes, tais como nomes dos membros da família da paciente e quantos anos ela tem e quando certos eventos ocorreram. Parece que nos últimos 100 anos, os analistas pensam que nomes e datas são de pouca importância! Ainda, importantes ligações podem ser encontradas dentre os nomes dos membros da família e nomes do namorado ou marido; ou, um evento que uma paciente conta como tendo ocorrido em algum momento, que na verdade pode ter sido antes ou depois de algo que ela originalmente se lembrou, fazendo coincidir com outro evento cuja importância a paciente tenha repetidamente minimizado. Se o analista não tivesse se incomodado e perguntado a idade da paciente ou o grau de escolaridade, quando cada evento ocorreu, nenhuma conexão entre os eventos poderia ter sido feita.

Um dos meus pacientes me contou que ele tomou uma "decisão consciente" quando estava no ensino fundamental, de não ir atrás do que realmente queria, pois concluiu que nenhum homem consegue a mulher que de fato quer (disse que viu garotos de seu relacionamento que estavam fixados na "mulher ideal", mas que acabaram sozinhos e desapontados). Ele ainda não tinha qualquer lembrança, disse em resposta a uma pergunta que fiz, do que estava acontecendo no momento em que tomou a decisão consciente. Eu o lembrei de que ele havia me contado, respondendo a uma outra pergunta que tinha feito a ele, algumas semanas antes, que um determinado evento havia ocorrido quando ele tinha 14 anos (coincidindo, para a maioria das pessoas, com o final do ensino fundamental), um evento que tinha "mudado tudo" para ele. Ele e sua irmã menor tinham, durante muitos anos, praticado brincadeiras sexuais, e aos 14 anos ele ejaculou pela primeira vez durante a brincadeira. Não sabia o que estava acontecendo com ele naquele momento, e os dois, ele e a irmã, ficaram bem abalados com aquilo; sua irmã nunca mais quis praticar tais brincadeiras sexuais, apesar de seus esforços para "reconquistá-la". Parece que a tal decisão consciente de não ir atrás do que realmente queria (sua irmã, nesse caso, e também sua mãe, como se descobriu) pode muito bem ter sido um jeito de tirar o melhor de uma situação ruim.

Embora esse paciente tenha enfatizado algumas vezes como estava aborrecido pela mudança no relacionamento com sua irmã, em outros momentos ele minimizava essa importância; quando perguntei se a decisão consciente não tinha sido feita na época dessa mudança, ele garantiu que a mudança tinha ocorrido alguns anos antes. "Pelo menos assim espero", continuou, "de outra maneira eu não seria apenas um garoto [quando brincava com minha irmã]". Na sessão seguinte pareceu que ele queria mudar a data do ponto de virada no seu relacionamento com a irmã de 14 para 12 anos, assim não se sentiria responsável, nem sentiria que já seria quase um adulto naquele momento que "já deveria saber mais". Se eu não tivesse insistido na data, teria permitido que a defesa do paciente (contra a ideia de ser um "corruptor de menor" quase adulto) prevalecesse ao invés de estabelecer ligação entre a perda do contato mais chegado com sua irmã e ter desistido de seu desejo. Note que o paciente não tinha se esquecido nem do evento que "mudou tudo" em seu relacionamento com a irmã, nem da "decisão consciente" que tomou; o que era inconsciente – ou seja, aquilo que foi reprimido – era o elo entre eles. E de fato, sempre que a repressão trabalha fazendo ligação entre dois eventos diferentes ou pensamentos, os pensamentos desaparecem.[8]

Na sessão seguinte ele pensou se não seria exatamente por isso que ele achava que a irmã era a mulher ideal para ele, e que por isso introduziu um homem em suas fantasias sexuais: imaginar-se com sua irmã seria muito tabu e colocaria um fim na fantasia (um pouco de disfarce é necessário à maioria das fantasias). Ao invés disso, erotizou o relacionamento entre ela e outro homem em suas fantasias, da mesma forma que fez na adolescência quando apresentou sua irmã aos melhores amigos. Ele havia ficado confuso com o papel de alcoviteiro em suas fantasias sexuais, por muito tempo; a ligação aos 14 anos fez com que ele encontrasse a primeira interpretação disso e finalmente permitiu que suas fantasias fossem por outros caminhos e permutações.

Recebendo o que pedimos

> Jure dizer a verdade, nada mais que a verdade, toda a verdade, e é precisamente isso o que não será dito. Se o sujeito tiver a menor ideia disso, é precisamente o que ele não dirá.
>
> Lacan (1976, p. 35)

É sabido que as respostas que recebemos dependem em grande parte das perguntas que fazemos. Se pedirmos aos eleitores que avaliem uma lista preestabelecida de decisões em termos de importância para eles, possivelmente não teremos incluído as decisões certas na lista. Se não deixarmos espaços em branco para o eleitor completar com suas próprias decisões, provavelmente continuaremos sem saber o que é mais importante para eles.

De forma similar, nossa melhor aposta no trabalho analítico é fazer perguntas abertas ao invés de perguntar, "Aquilo fez você rir ou chorar?" (a resposta comum seria, "Nenhum dos dois, fiquei ruim do estômago!"). Ao invés de propor se A ou B, ou mesmo escolher entre A, B, ou C, geralmente é melhor evitar colocar palavras na boca da paciente. Ao invés de tentar adivinhar a provável reação da paciente em uma situação, é sempre bem melhor dizer simplesmente, "E?" ou "Como assim?" ou "Como você reagiu?" (já mencionei anteriormente uma regra geral, em que perguntas mais precisas são melhores). Isso facilita para a paciente responder o que ela quiser.

A maneira como formulamos perguntas determina em parte a resposta que obtemos: se dissermos, "Foi doloroso para você?", é provável que tenhamos uma resposta que inclui o termo "doloroso", ao passo que a paciente talvez tivesse dito alguma coisa completamente diferente se apenas tivéssemos perguntado, "Que acha disso?". Penso que as questões abertas são particularmente úteis ao trabalhar com os sonhos e fantasias. Um dia um paciente me contou que só conseguia se lembrar de um minúsculo fragmento de um sonho, algo sobre seu pai e uma capa de chuva. Ele expressou sua convicção de que ali havia muito pouco com o que trabalhar, mas, da minha forma, perguntei, "E a capa de chuva?". "Nada", respondeu. "Nada?", interroguei após uma pausa de dez segundos ou mais. Nesse ínterim uma imagem da capa de chuva ocorreu a ele, e ele logo reconheceu que seria uma que seu pai usava um dia em uma loja quando o paciente, ainda criança, acidentalmente agarrou a capa de chuva errada e logo estava no estacionamento da loja com um estranho. Antes disso, ele não tinha se lembrado de como a história terminava e de repente, lembrou de ter visto seu pai não muito longe, no estacionamento, correndo em sua direção. Seu pai o pegou no colo e o abraçou, "como se ele me quisesse... Talvez quisesse por ser criança, afinal". A mãe do paciente se esforçou demais contando que o pai dele nunca quis criança e que aquilo tinha afetado negativamente seu relacionamento com o pai.

Quanto mais aberta for a pergunta, mais inesperada, e geralmente produtiva, será a resposta.

"Não sei por quê"

> Não descubro a verdade – eu a invento
> Lacan (1973-1974, 19 de fevereiro, 1974)

Se, nos primeiros estágios de uma análise, o analista faz muitas perguntas, pelo menos em parte a paciente começa a se questionar.

É somente quando a paciente começar a se questionar e a querer saber o porquê e os motivos de suas próprias experiências é que ela realmente entrará em análise. Antes disso, ela poderá estar ali porque seu marido pediu que ela fosse, ou porque seu chefe recomendou fortemente que ela procurasse ajuda; ela pode ser muito cooperativa quanto a se empenhar cuidadosamente em responder a questões que o analista coloca, mas ainda não estará inteira ali, por suas próprias razões, seus motivos, para descobrir alguma coisa por si mesma.

Lacan (2006, p. 251) coloca que isso é uma questão, e só podemos ter certeza de que a paciente tem um interesse subjetivo na análise quando ela formula uma questão (ou mais de uma) dela própria. É o investimento que ela faz nessa questão – seja por estar muito brava, porque desenvolveu determinada orientação sexual, por não conseguir se desenvolver na área de seu interesse ou ocupar-se com coisas que ela queira – que a motivará a buscar respostas nos sonhos, devaneios, fantasias, e em todos os segmentos de sua vida. É isso que a faz continuar a análise mesmo quando esta se torna difícil ou dolorosa.

Essa questão é, por conseguinte, uma importante força motriz da análise, ainda que não exista uma forma clara e infalível de o analista conduzir a formulação de determinada questão.[9] Cada paciente é diferente: alguns formulam questões muito antes de chegarem ao consultório, outros parecem nunca formular questões (salvo aquelas como "Qual é o problema com a minha esposa?" ou "O que estamos fazendo aqui, afinal de contas?"), e alguns podem ficar excitados para formular uma questão depois de alguns encontros preliminares mais curtos ou mais longos.[10] Os pacientes de hoje em dia, após o analista ter levantado questões de forma explícita ou implícita, "Por quê?" (Por que você vê um homem 20 anos mais novo do que você como figura paterna? Por que você precisa ter discussões competitivas com ele? Por que você sentiu que tinha que contar à sua mãe sobre seu alcoolismo no primeiro dia que foi para a desintoxicação?) repetidamente, tomam aquele questionamento preliminar como seus próprios. Questões específicas levantadas pelo analista durante as sessões são cada vez mais ponderadas no intervalo entre sessões e eventualmente a paciente prefere ter uma postura própria de questionamento.[11] Quando ela se recorda de um incidente de seu passado em associação com sonhos, ela pensa "Não sei por que agi daquela forma na época" e se pergunta *por que* fez isso.

A repetição, pelo analista, da pergunta por quê? vem associada, em alguns casos, a um desejo de saber o porquê. Lacan (1998a, p. 1) sugeriu que nossa atitude em geral na vida é um desejo de não saber: não saber o que nos aflige, não saber por que fazemos o que fazemos, não saber o que secretamente nos dá prazer, não saber por que nos divertimos, o que nos diverte, e assim por diante. Um forte motivo, um considerável investimento, é necessário para que superemos a vontade de não saber e uma das mais complexas tarefas para o analista é achar o caminho para despertar em seus pacientes tais investimentos. Talvez seja a vontade do analista de saber, pelo menos em parte, conforme demonstrado em suas frequentes perguntas, que inspira o desejo que seus pacientes se conheçam; é a persistência em fazer perguntas que lhe permite ser a causa do querer saber dos pacientes, a causa do desejo da paciente conhecer o porquê.[12]

Notas

1. Não devemos achar que a fala do analista (nas perguntas ou informações) seja menos propensa à ambiguidade do que a do paciente, pois toda fala é potencialmente polivalente e pode ser ouvida de

mais de uma forma. De qualquer maneira, o significado daquilo que alguém diz é sempre determinado pela outra pessoa: quem determina do significado é o Outro (ver Fink, 2005b, pp. 574-575).

2. Freud (1914a/1958) nos lembrou de que os pacientes muitas vezes são surpreendentemente ignorantes de seus próprios pensamentos e fantasias no início do tratamento e precisam ser encorajados a prestar atenção neles:

"O início do tratamento, por si só, traz à tona uma mudança na atitude consciente do paciente com relação à sua doença. Geralmente se contenta em se lamentar, considerando a questão sem sentido e subestimando sua importância; quanto ao resto, ele aplicou às suas manifestações a política de repressão semelhante à que o avestruz adota em relação a suas origens. Assim, pode ser que isso ocorra por ele não saber sob quais condições sua fobia aparece ou que ele não escute a frase exata de suas ideias obsessivas... Ele precisa encontrar coragem para direcionar sua atenção ao fenômeno de sua doença" (p. 152).

3. Não estou sugerindo que o analista precise usar uma terminologia grosseira. Ele poderia simplesmente seguir a direção da paciente e evitar rodeios: não deveria ter medo de não fazer rodeios. Também não quero sugerir que o analista deva reforçar cada parte da terminologia sexual que a paciente usa, ou que siga obsessivamente cada associação com sexo. Apesar de a sexualidade ser uma importante parte da vida e de parecer que certos analistas contemporâneos se esquecem disso, precisarão prestar mais atenção à forma como a terminologia sexual e as insinuações permeiam nossa língua e na maneira com que sexo vai ao âmago do sentido de *self* da pessoa e colore seus diversos relacionamentos.

O analista deveria evitar qualquer tentação de usar um vocabulário que vai além do conhecimento da paciente (por exemplo, introduzir jargão psicanalítico com o qual a paciente não esteja familiarizada).

4. Quanto aos jogos de palavras possíveis em um idioma e não em outro, Lacan (1973, p. 47) disse o seguinte: "Uma língua específica é nada além da soma total de equívocos que sua história permitiu que persistisse".

A risada pode desempenhar muitos papéis diferentes e significar muitas coisas diferentes em análise, como veremos ao longo deste livro; aqui eu gostaria apenas de enfatizar a importância de notar e questionar uma risada que acompanha um comentário feito por um paciente pois isso frequentemente indica que algo veio à sua mente, que é igualmente, se não mais importante, do que o comentário que o paciente acabou de fazer. Um dos meus pacientes do sexo masculino estava falando que sentiria falta se a mãe morresse, e a segunda coisa que mencionou foi seu prazer em relação ao cheiro de sua mãe no lençol da cama, quando ele tirava um cochilo em sua cama depois que ela se levantava. Ele riu de ter dito isso e eu inicialmente pensei que a risada tinha sido porque ele se sentiu tolo ao dizer isso, uma vez que ele não dormia na cama dela há mais de 20 anos. Porém, quando ele parou de rir, decidi perguntar por que tinha rido. Ele respondeu que de repente tinha se lembrado de que uma vez, depois de ler alguns textos psicanalíticos e descobrir, por sua mãe, que ela nunca o amamentou no peito, ele a acusara abertamente de ser a causa de todas as suas "fixações orais" e acusava a mãe de ter ido contra tudo que dizia respeito ao seu pai. É provável que ele não teria posto em palavras a lembrança passageira que o levou a rir se eu não o tivesse levado a isso. A risada é algo em que precisamos prestar muita atenção na psicanálise!

5. Os intérpretes de certos textos literários também precisam ficar atentos. Considere o seguinte exemplo absurdo de *Finnegans Wake* de James Joyce: "*Who ails tongue coddeau aspace of dumbillsilly?*", Quando pronunciado em voz alta o som fica parecido com o francês "*Où es ton cadeau, espèce d'imbécile?*" (Onde está seu presente, idiota?). Este exemplo é discutido em Lacan (2005b, p. 166).

6. Veja os comentários de Freud sobre pé (1905a/1953, p. 155, nota de rodapé 2).

7. Veja sobre isso em Lacan (1988a, pp. 196-198) contando sobre seu trabalho com um paciente no norte da África e meus comentários a respeito (Fink, 2004, pp. 9-10).

8. Ligações importantes podem também existir, é claro, entre pensamentos, fantasias e eventos que não foram contemporâneos ou mesmo próximos no tempo e no espaço devido ao que Freud se referiu como "ação adiada" (*Nachträglichkeit*); ver Fink (1995, pp. 26, 64).

   Um paciente me contou certo dia que sua irmã fez sexo oral com ele quando ele tinha cerca de oito anos; algumas semanas depois ele me contou que a primeira vez que alguma garota fez sexo oral com ele foi por volta dos 16 anos e que ele não aguentou. Quando eu disse, "Mas isso tinha acontecido antes", ele respondeu, "Ah, está certo – você me conhece mais do que eu mesmo!". Ele, obviamente, nunca havia feito essa ligação entre os dois eventos; neste sentido, podemos dizer que a ligação ou o elo entre eles havia sido quebrado pela ação da repressão. No entanto, a reação ao segundo evento foi sem dúvida colorida pela experiência do primeiro, e pelo que ela significou nos anos posteriores à medida que ele aprendeu sobre sexualidade.

9. Freud postulou que a força motriz da análise seria o desejo do paciente em se tornar melhor, mas acabamos sempre descobrindo que o paciente, antes de mais nada, quer que as coisas voltem a ser como eram antes, e não na verdade melhorar (ver Fink, 1997, Capítulo 1).

10. Esta grande variabilidade entre os pacientes significa que os movimentos de abertura pelos quais os analistas se empenham para despertar o interesse da paciente e "prendê-la" na aventura

que é a psicanálise são infinitamente variados, diferente do xadrez em que os movimentos de abertura são bem limitados em número.

11. Analistas de outras perspectivas psicanalíticas tenderiam a caracterizar isso de outras maneiras – por exemplo, como identificação ou introjeção do analista pela paciente ou como a adoção de um "ego observador". Por razões que ficarão mais claras nos Capítulos 5 e 7, estou mais inclinado aqui a atribuir a Lacan a conhecida afirmação, "*O desejo do homem é o desejo do Outro*".

12. Como já indiquei em outro momento (Fink, 1997, pp. 11-14), é o ponto no qual a paciente formula amplas questões sobre os porquês e o sentido da sua vida que marca o fim dos encontros preliminares face a face; em outras palavras, esse é o ponto em que o analista deve encaminhar a analisanda ao divã.

3. Pontuando

> É fato que pode ser claramente visto no estudo dos manuscritos de escritas simbólicas, seja na Bíblia ou nos textos canônicos chineses, que a ausência de pontuação é uma fonte de ambiguidade. Pontuação, uma vez feita, estabelece o significado; mudar a pontuação renova ou desorganiza-o; e a pontuação incorreta distorce.
>
> Lacan (2006, pp. 313-314)

Pode-se pensar em um orador colocando uma certa pontuação em seu próprio discurso aparentando a pontuação que encontramos em textos escritos, fazendo pausas em alguns pontos, dando ênfase em certas palavras, apressando-se ou murmurando, repetindo frases específicas, e assim por diante. Esta é a pontuação preexistente, em certo sentido – a pontuação que corresponde à leitura do discurso sugerida pelo próprio orador, a pontuação que corresponde ao significado que o próprio orador atribui à sua fala. Essa pontuação preexistente algumas vezes permite somente uma leitura que pode ser superficial e pouco interessante, mesmo para o orador (ler é muito simples, nesse sentido), mas por vezes o texto fica difícil de ler, de qualquer modo. O ouvinte, por vezes, é confrontado com resmungos (que pode ser um ponto particularmente importante, ou um ponto sensível, difícil de acompanhar), com ênfase em uma parte do discurso, quando é a outra parte que parece mais importante, ou com o discurso mais ritmado sobre assuntos rotineiros, seguido por uma torrente de palavras sobre temas mais sensíveis (a afluência de palavras parece desmentir o desejo de esconder). Aqui a pontuação preexistente parece ocultar o significado do orador ou apresentar suas palavras de tal forma que só o significado que ele quer transmitir seja discernível em si.

A analista – ao tentar que o paciente vá mais devagar, fazendo com que ele repita mais claramente as palavras que resmungou entre uma respiração e outra, e que ele se explique um pouco melhor – procura realizar uma mudança naquela pontuação preexistente. Um paciente certa vez colocou um ponto final depois do comentário "Meu irmão não tinha importância". Na tentativa de mudar o ponto final por uma vírgula e o encorajar a elaborar esse comentário, respondi com um irônico "Hum?", o que o fez parar um momento e depois comentar que um amigo, certa vez, contou que aquilo só tinha acontecido com ele: "Eu odeio meu irmão; por que não posso matá-lo?". Colocar em dúvida (como vimos no Capítulo 2) pode levar a mais uma questão que reverte completamente o sentido da declaração precedente (a pessoa que alguém quer matar dificilmente é alguém "sem importância"!).

Parte da tarefa do analista é estabelecer uma pontuação levemente diferente, uma pontuação que dê sentido ao "texto" da fala do paciente que antes não estaria visível. Os textos da Bíblia ou os trabalhos de Aristóteles – que geralmente não tinham pontuação nos primeiros formatos – podem ser compreendidos diferentemente se os pontuarmos de um jeito ao invés de outro, e debates têm ocorrido ao longo dos séculos por sua correta interpretação. Não precisamos supor, em situação analítica, que exista uma pontuação ou interpretações corretas da fala do paciente para concluir que, não obstante, algumas formas de pontuar são mais produtivas que outras. Começamos com um texto que tem uma pontuação pronta dada pelo paciente e procuramos interpretar de maneira que desestabilize ou perturbe o sentido dado por ele e é, portanto, transformadora para o paciente.

Apontando para o reprimido

> Com nossa atenção flutuante ouvimos o que o paciente diz, às vezes simplesmente devido a um tipo de ambiguidade, em outras palavras, uma equivalência material [duas palavras ou expressões que soam exatamente iguais]. Percebemos que o que ele disse pode ser entendido completamente diferente. E é precisamente escutando de forma completamente diferente que permitimos que se perceba de onde surgem seus pensamentos: surgem do nada que não seja a ex-sistência de lalangue. Lalangue *existe em outro lugar que ele acredita ser o seu mundo.*[1]
> Lacan (1973-1974, 11 de junho, 1974)

Como saber o que pontuar? Afinal de contas, o paciente faz ampla variedade de afirmações; qual delas deveria ser pontuada?

Já que parte das estratégias globais da psicanalista com neuróticos (uma vez que o paciente deposita significativa confiança na analista por sua escuta atenta) tem como objetivo o reprimido, fica fácil uma resposta: pode-se pontuar – isto é, reafirmar, repetir com vigor, ou dizer enfaticamente "hum" depois – quaisquer (e potencialmente todas) manifestações do inconsciente.[2] Isso acontece bem mais do que atos falhos ou esquecimentos repentinos daquilo que o paciente já ia dizer, mas é surpreendente como as pessoas que trabalham com isso há muito tempo não ouvem ou acompanham estas manifestações tão flagrantes.

Eis aqui alguns outros exemplos de manifestações óbvias ou não tão óbvias do inconsciente:

- Começam a dizer as palavras, então interrompem, e depois começam de novo, algumas vezes dando chance a uma nova leitura. Por exemplo, uma das minhas pacientes vacilou quando tentou dizer "desesperada"; ao invés disso, ela disse "des-, des-, des-... desesperada", que poderia ser interpretada como uma insistência (embora inconsciente) no grau em que ela estava desesperada por ter sido "despejada" pelo rapaz sobre quem ela estava falando – que se tornou seu *des*-amor.

- Palavras são muitas vezes iniciadas no lugar errado. Um de meus pacientes começou a dizer *"my behavior"*, mas suprimiu o *"be"* de *"behavior"*. Ele percebeu e parou assim que disse algo que soou como *"my hate"*. Como era um pouco exagerado (*"hav"* pronunciado como a primeira sílaba de *"haven"*, com sons apenas parecidos, mas não exatamente o mesmo de *"hate"*), eu não precisaria ter pontuado, quando o paciente se adiantou e deixou claro que ele tinha uma boa dose de ressentimento daquela pessoa de quem estava falando.

- As frases são sempre iniciadas e depois se dissipam. Um dos meus pacientes estava falando sobre sua mãe e disse, "Minha mãe é uma bela, bela, bela..".. Assim que ele parou por um tempinho (procurando, conforme ficou claro depois, pela palavra *egoísta*), eu simplesmente interrompi a sentença dizendo, "Sua mãe é bela?". Ao dar ênfase nas palavras e expressões que o interlocutor não havia dado, provocamos um efeito diferente naquele mesmo texto estimulando o interlocutor a prestar atenção naquele efeito e elaborá-lo.

O interlocutor sempre começa uma frase de determinado modo e então faz uma das seguintes coisas:

- Para no meio da frase e inicia outra com outro assunto (por exemplo, "Eu realmente gostaria de... De qualquer forma, a questão é..."). Aqui o que precisamos é levar o paciente a completar o primeiro pensamento – que parece ter sido evitado ou censurado por ele, talvez por ter percebido sua desaprovação, uma vez que faltou uma parte em sua discussão.

- Interrompe na metade e reconstrói a sentença, presumivelmente preservando o mesmo pensamento, evitando o tempo todo aquilo que viria a seguir na frase já preparada em sua mente (não importa qual seja a intensidade da frase, de fato, que é preparada na mente do interlocutor). Mais uma vez, devemos tentar, aqui, que o paciente volte e complete o pensamento formulado inicialmente.

Obviamente, há pessoas que quase sistematicamente reconstroem suas frases ao falarem, mas isso não nos convence de que o que está ocorrendo não seja evitação; evitação ou evasão talvez sejam simplesmente mais endêmicas no seu jeito de falar do que são para outras pessoas.[3]

Realmente, conforme mencionei no Capítulo 1, a analista deve ficar atenta e detectar todas as formas de evitação na fala, se aquela evitação ocorre através de elipse (omite certas palavras na frase, intencionalmente ou não), se pela perífrase (usa uma forma complicada de expressão ao invés de uma palavra ou expressão idiomática que veio à mente), ou outro esquema retórico.

Evitação significa que uma parte da história foi posta de lado, e é nossa responsabilidade assegurar que as partes que faltam sejam restauradas o máximo possível. Embora nunca seja possível contar a história toda (contar "toda a verdade", conforme disse Lacan, 1973, p. 8), é importante estimular o paciente a contar o máximo da história que ele for capaz, naquele determinado momento. Não fazer isso é uma falha por parte da analista, que precisa seguir ativamente todos os sinais e pistas do material reprimido que é, em última análise, equivalente à resistência da analista para o progresso da análise; nesse sentido pode ser entendido como parte integrante da contratransferência da analista (ver Capítulos 4 e 7).

Afirmações precedidas de rejeições, como "aqui vai um pensamento ridículo", "a coisa mais estúpida que veio na minha cabeça", "tenho certeza que isso não tem nada a ver com nada", ou "isso é totalmente irrelevante", devem ser alvo de extrema atenção (note que sinais não verbais, como bocejos, expressões de tédio ou um tom de voz completamente monótono, podem simplesmente servir como rejeições). Tais rejeições geralmente são feitas quando a analista pergunta como de costume "O que está passando na sua cabeça?" após ter realçado alguma coisa ou feito uma interpretação e o paciente ter ficado em silêncio. O paciente parece não querer contar o que passou pela sua mente no momento da intervenção e acabou minimizando sua importância. Logo que ele nomeia uma ideia que lhe ocorreu de "estúpida", "irrelevante", "forçada", "idiota", "banal", "absurda", ou "inesperada", a analista pode ter certeza de que não é. Lacan (1998a, pp. 11-13) foi mais longe ao dizer que é precisamente por esses disparates que fazemos análise. Tais expressões são defesas contra pensamentos que o paciente julga impróprios ou fora de questão e por isso não deseja mencioná-los.

Muitas vezes um pensamento que inicialmente parece confuso ou desvio de assunto ("estava pensando no meu chefe de novo") muda, com a investigação, e passa a ser absolutamente pertinente – que é, sem dúvida, o motivo de ter ocorrido ao paciente logo após a pontuação e interpretação da analista. Tais rejeições precisam ser vistas como se sugerissem "má-fé" ou resistência "intencional" por parte do paciente: o paciente quase sempre ignora a aparente irrelevância de imagens, pensamentos e sentimentos que surgem em momentos específicos da terapia, e – seguindo as convenções da conversa diária – tenta ficar no tema (um hábito contraproducente que a analista precisa fazê-lo interromper).

Uma estratégia similar àquela manifestada pelas rejeições pode ser vista em comentários feitos no improviso pelo paciente, de modo a sugerir que eles não sejam importantes. Um sonho pode ter aparecido no início da sessão como tendo sido um pesadelo, mas não há menção de qualquer sinal de coisas ruins quando o sonho afinal é descrito. É somente quando a analista lembra o paciente do que ele disse no início da sessão que o paciente especifica algum ponto ruim ou conta novamente com as partes ruins que ele não tinha contado. É como se o paciente adotasse a estratégia de contar à analista algo importante e em seguida tentasse distraí-la, como se dissesse, "Por favor, não me faça falar sobre isso!". Em suma, o paciente parece querer e não querer que ela perceba alguma coisa, e ela deve ficar sempre com a parte que o paciente quer que ela note (não com suas defesas).

Algumas vezes uma associação importante sobre algum evento, ou a imagem de um sonho, pode vir em forma de devaneio ou comentário precipitado, feito depois que o paciente deixou a poltrona ou o divã e já está indo para a porta, momento em que ele acha que já é muito tarde para discutir naquele dia (os que adotam sessão de duração variável podem preferir que o paciente se sente ou se deite nesse momento e a sessão seja prolongada; ver Capítulo 4). A analista não deve deixar de lembrar o paciente sobre o comentário na sessão seguinte, se o paciente não mencionar ou parecer ter se esquecido.

Partes de um sonho deixadas para trás, quando contadas pela primeira vez e lembradas apenas após o processo de associação ter começado durante a sessão, são geralmente de especial importância para a compreensão do sonho. Da mesma forma, quando o trabalho analítico passou dos estágios iniciais com um paciente, a analista – em vez de estimular ativamente o paciente a associar cada e todo elemento do sonho, o que implica em um grande trabalho por parte da analista e que pode durar mais de um mês, sem o que o paciente provavelmente faça atalhos na tentativa de interpretar seus sonhos – pode limitar seus esforços para incentivar o paciente a associar esses elementos do sonho, se ele não o fizer espontâneamente, *enfatizando*, assim, *o que foi deixado fora* de seu trabalho de associação e interpretação. É esta ênfase contínua daquilo que foi deixado para fora da história (recontar um determinado evento, uma dinâmica de família, um sonho, uma fantasia, ou um devaneio) que permite que a analista mantenha o foco no reprimido.[4]

Negações não provocadas e afirmações muito acentuadas

> *Negação também é uma forma de admitir alguma coisa.*
> *Lacan (1974-1975, 18 de março, 1975)*

Outro tipo de defesa que a analista deveria sempre pontuar é o que chamo de "negação não provocada". Nesta forma de negação, o paciente insiste que alguma coisa *não* seja o caso, mesmo quando ninguém está dizendo que é. Um dos meus pacientes afirmou certa vez que, desde a nossa sessão anterior, uma lembrança havia voltado, mas apressou-se em adicionar, "Não acho que isso tenha algo a ver com minha orientação sexual". Ele então prosseguiu me contando que, quando tinha seis anos, seus primos insistentemente contaram a ele que logo ele se tornaria uma garota, alegando que antes eles também já tiveram membros do sexo oposto e que mudaram de um sexo para o outro, próximo à idade dele. Fizeram com que ele jurasse segredo, prometendo não contar nada para sua mãe. Não parece muito difícil simplesmente retirar o "não" de sua negação não provocada e fazer a leitura como se ele próprio reconhecesse em algum nível que esse evento, o qual ele admitiu ter sido muito angustiante na ocasião, teve influência em sua atual orientação sexual.

Em casos como esses de negação não provocada, pode-se perguntar sempre por que alguém perderia tempo e energia para negar algo que ninguém no contexto atual (nesse caso, no contexto analítico) tivesse sugerido ou afirmado. Alguém pode replicar que, dado o que ele conhece dos psicanalistas, o paciente está simplesmente tentando antecipar uma conclusão que ele acha que o analista irá tirar. Mesmo sendo verdade para alguns analistas, o pensamento, todavia, ocorreu primeiro ao paciente, em forma de rejeição ou projeção – em outras palavras, isso foi atribuído à pessoa com quem ele estaria conversando sobre o assunto mais tarde – e, realmente, no caso do paciente ter apenas mencionado, foi ele próprio que colocou essa ideia na cabeça, de que isso pode muito bem-estar relacionado com sua atual orientação sexual (eu ainda nem tinha ouvido a história).

Tais negações não provocadas são tão comuns no dia a dia quanto são no contexto da terapia: o comentário introdutório "Não pretendo ser crítica, mas...". é um aviso evidente de que seu interlocutor vê como crítica, só por este comentário, "Não estou tentando ser cruel, estou apenas dizendo que...". é uma indicação clara de que seu interlocutor reconhece que está de fato tentando ser cruel, pelo menos em algum nível.

Similar às negações não provocadas estão o que chamo "afirmações muito acentuadas". Aqui, o paciente (ou político, empresário, ou qualquer outra pessoa) afirma algo de forma tão forçada e repetitiva que o interlocutor começa a se perguntar por quê: se o interlocutor acredita tanto no que diz, por que ele sente tanta necessidade de enfatizar isso desta forma? Um dos meus pacientes disse, "Eu me lembro demais, sem dúvida...", me levando a suspeitar de que talvez ele na verdade não tivesse tanta certeza de se lembrar daquilo que pretendia lembrar; não tinha tido qualquer amostra de incredulidade da minha parte, já que ele havia acabado de trazer um novo assunto e eu não tinha ideia do que ele iria dizer. Novamente aqui, o interlocutor parece "protestar demais".

Fora de contexto

> *[A Psicanálise é] uma prática que se baseia na ex-sistência do inconsciente.*
> Lacan (1973-1974, 11 de junho, 1974)

Uma forma óbvia de pontuar o discurso de alguém é repetindo o que foi dito textualmente, destacando, sublinhando ou realçando, por assim dizer. Algumas vezes ouvir, simplesmente, exatamente as mesmas palavras ditas por outra pessoa lança nova luz sobre elas, fazendo com que sejam ouvidas diferentemente. Em outros momentos, pode ser mais útil repetir somente algumas palavras do discurso do paciente, isolando apenas uma ou duas palavras do contexto original para ressaltar o fato de que, por exemplo, as palavras usadas para qualificar sua amada foram as mesmas que ele usou, alguns minutos antes, para qualificar sua mãe.

Muitas expressões idiomáticas têm múltiplos significados, e reiterar apenas a expressão idiomática usada pelo paciente em sua fala pode trazer um sentido na frase bem diferente daquele que o paciente originalmente tinha proposto. Quando, por exemplo, um dos meus pacientes estava descrevendo um sonho e disse, "No sonho eu estava segurando um objeto qualquer e eu corri para dar para ela", eu simplesmente repeti "dar para ela", relembrando, como fiz, a importância daquela frase nas fantasias sexuais do paciente (sendo pronunciada por alguém que não estava identificada claramente na fantasia, dizendo a ele para fazer sexo com uma mulher).

Isolar a expressão permitiu que o paciente demorasse mais nas peculiaridades enigmáticas do objeto conforme foi apresentado no sonho (desprovido das qualidades como eram) e o que poderia significar dar para alguém como presente, em vez de considerar objetos metafóricos da expressão.

Em outro sonho, o mesmo paciente viu uma mulher que ele conhecia e notou que ela usava uma blusa vermelha. Então ele olhou para baixo, "como se eu quisesse transferir o vermelho da parte de cima do corpo para a de baixo, como se quisesse ver vermelho". "Ver vermelho" também significa obviamente ficar bravo, então fez muito mais sentido repetir somente aquelas palavras polivalentes e não toda a afirmação do paciente. (Nesse caso, o paciente percebeu o duplo sentido e isso fez com que as ideias tivessem nexo.)

Algumas vezes não é só a expressão idiomática em si que é ambígua, mas sim a maneira como ela foi incorporada na frase do paciente. Por exemplo, um paciente meu estava falando de seu relacionamento com a esposa e veio com a seguinte afirmação "Estava tentando ganhar o sustento dela". Quando perguntei, "Sustento dela?", ele percebeu que tinha feito confusão de tal forma que não tinha ficado claro se estava dizendo que estava tentando ser mantido por ela ou pagando a ela. Pouco tempo depois, o mesmo paciente falava sobre outra mulher e reclamou, "A atenção dela me fazia murchar". Quando perguntei "Fazia murchar?", ele percebeu a conotação sexual e o sentido pretendido (que provavelmente somente o contexto poderia revelar) de que a atenção dela o fazia se envergonhar. Ele logo se deu conta de que *atenção* também poderia ser entendida como lembranças ou olhar firme: ter sido olhado por ela o fez murchar.[5]

Quando confrontado com a descrição de um sonho longo e complicado em que o paciente inicialmente não consegue fazer associações, ou faz poucas, geralmente é útil destacar palavras ou frases do sonho que podem levar a diferentes direções devido à polissemia. Em um sonho detalhado, com diversas cenas, contado por um paciente, havia em algum ponto alguns monges sentados em volta de uma mesa redonda, cantando uma música alegre, um para o outro, mas havia "um falso anel", ele comentou. "Mesa redonda" obviamente poderia levar a uma série de diferentes pensamentos, mas foram as palavras "falso anel" que, quando as repeti para o paciente, muitas sessões foram necessárias para discutir as diversas ideias sobre seu casamento, as circunstâncias externas (problemas de visto) que levaram a isso, um tipo de anel falso que ele tinha comprado na ocasião (prata ao invés de ouro), e a eventual substituição pelo de ouro que foi perdido em seguida em um incêndio, e assim por diante. "Não estávamos levando a sério", ele comentou. Mencionou que queria escapar da instituição do casamento, pois associava isso com o seu pai. Embora seu pai dissesse sempre "você precisa ser feliz", aquilo não soava verdadeiro para o paciente – ao contrário, parecia que *ele vestia* (para a família) uma máscara com um rosto feliz. Para o paciente se tornar um marido seria o mesmo que se tornar como seu pai, a quem ele caracterizava como assexuado, domesticado e um bom e respeitado membro da comunidade, que parecia não ter desejo. E, realmente, embora a noiva do paciente e ele tivessem sido apaixonados um pelo outro antes do casamento, ele não se sentia mais atraído por ela depois. Separar as palavras polivalentes "falso anel" do contexto levou a uma grande quantidade de material não discutido anteriormente, assim como a uma discussão sobre seu ideal de casamento como promessa para "a pessoa especial" que "me curaria, me faria completo... eu poderia relaxar sendo quem realmente deveria ser".

"Incoerência" bem-vinda

> Não há nada além da retórica.
> Lacan (1974-1975, 21 de janeiro, 1975)

Restringir as pontuações às manifestações do inconsciente é certamente a abordagem mais segura que a analista pode adotar, no sentido de minimizar o impacto em um plano ideológico subjacente – tal como aguardar o paciente perceber uma determinada coisa, chegar a um ponto específico ou alcançar certo objetivo – e de modo mais fiel adotar o inconsciente do paciente como guia para o curso da terapia.

Ainda assim, tais manifestações algumas vezes não são suficientes para fazer a bola rolar no início de uma análise; alguns pacientes cometem muito poucos lapsos nas primeiras sessões e afirmam não se lembrar dos sonhos, devaneios ou fantasias, deixando muito pouco para a analista poder pontuar, e deste modo sem a participação de significados óbvios, além de mostrar que ela o ouve atentamente.

O que, então, a analista deve destacar, reiterar ou pontuar? Qualquer coisa que sugira que o paciente está se esforçando para ser coerente ao falar com ela. Por exemplo, o paciente pode dizer, "mas essa história é muito comprida", e então começa a mudar de assunto, ou pode dizer, "mas não era nisso que eu estava tentando chegar". Essas frases indicam uma mudança (talvez não intencional) nas associações e pensamentos do paciente em relação a certas áreas da sua história, que naquele momento foram censuradas, quando o paciente se lembra do ponto que estava tentando contar. Nesses casos, uma intenção consciente de se manter coerente e não sair pela tangente, de mostrar à analista que ele é uma pessoa lúcida e capaz de ter bom senso, começa a ultrapassar a direção "mais livre" das associações do paciente, e a analista faz bem em encorajá-lo a seguir aquele impulso – indicando implicitamente que a analista não está, de forma alguma, pedindo que o paciente seja coerente. É o ego do paciente que procura fazer com que os pensamentos e falas sejam coerentes, enquanto suas "associações livres" (nem tão livres como são, em última análise, em um sentido mais profundo) nos possibilitam ter um vislumbre do material reprimido.

Não presumimos que o paciente esteja de comum acordo – na verdade, presumimos que o paciente é habitado por pensamentos e desejos contraditórios, alguns conscientes, alguns pré-conscientes, e alguns inconscientes – e certamente não queremos ser cúmplices de seu ego, quando este tenta impor coerência e consistência naquilo que sai da sua boca. Não acusamos, de forma alguma, o paciente por ser inconsistente, quando as inconsistências aparecem (quer o paciente se contradiga ao falar o que sente, ou o que ele quer durante a sessão, ou o que ele quer de uma sessão à outra) – na verdade, nos esforçamos para destacar caminhos pelos quais ele não esteja de comum acordo, em que seja um "sujeito dividido", conforme Lacan (2006, p. 693) coloca.

O analista como artista

> *[É nossa tarefa apresentar] desde o início as três ou quatro referências nas quais a partitura musical constituída pela fala do paciente pode ser lida.*
> Lacan (2006, p. 253)

Um bom pintor pode ser visto como alguém que olha para "a mesma coisa" que outra pessoa olha, vendo-a diferente e tornando-a visível para nós: o pintor revela – torna perceptível – algo que não havíamos visto antes. No caso de van Gogh, poderia ser a humanidade em um velho par de sapatos, no caso de Monet, poderiam ser as cores cintilantes em um jardim sob a influência de um sol quente de verão. Uma fotógrafa faz algo similar com luz e texturas: usa filmes, filtros, obturador de velocidades, e configurações de abertura para revelar algo que está lá – já está lá, esperando para ser visto, de certo modo –, mas que não é visto sem sua ajuda. Um músico novato se empenha em tocar as notas escritas na partitura, mais ou menos na velocidade correta, mas o consumado músico sutilmente revela, com a variação da velocidade e de tensão, as múltiplas melodias ou vozes implicitamente lá, naquelas mesmas notas (como na fuga de Bach).

Este pode ser um modo frutífero de pensar sobre o que nós, terapeutas, igualmente fazemos: revelamos algo que está ali – já está ali, esperando para ser ouvido –, mas que não é ouvido sem a nossa ajuda. Como um de meus pacientes colocou uma vez, seu desejo era como um sopro, um sopro no coração tão fraco que ninguém jamais havia ouvido antes, nem mesmo ele, até começar sua análise.

Notas

1. *Lalangue* é um conceito complexo no trabalho de Lacan, e não entrarei nisso aqui, exceto para dizer que significa o que permite que duas palavras (como sexta e cesta) tenham sons exatamente iguais quando faladas.

2. Gill (1982, p. 63) definiu neutralidade como "dar igual atenção a todas as produções do paciente – isto é, a tudo o que ele diz ou

faz durante a sessão". O foco no inconsciente, aqui, deve deixar claro como o conceito de neutralidade é inadequado para um trabalho psicanalítico produtivo. O próprio Gill deu muito mais atenção a qualquer coisa que indicasse transferência, quer pelo caminho da alusão ou resistência, quer por outras coisas (ver Capítulo 7), sugerindo que sua abordagem é tudo menos neutra.

3. Alguns políticos americanos são conhecidos por reconstruir suas frases conforme falam e isso talvez seja tomado como indicador de sua franqueza (ou da falta dela).

4. Aqui estou falando como se o que foi deixado de fora da história estivesse realmente reprimido, ao passo que a repressão geralmente envolve algo mais abrangente: algo que tenha sido deixado de fora em *todas* as histórias que o paciente conta, seja para o analista ou para si mesmo. Não obstante, penso que há algum valor heurístico à ideia de que algo deixado de fora em determinada frase ou história é reprimida, como uma nota de rodapé que carrega uma certa relação reprimida com o texto de onde foi extraída. Rigorosamente falando, contudo, a *supressão* deve ser o termo correto para isso.

5. Casement (1991) forneceu um exemplo interessante daquilo que o paciente diz fora do contexto:

"Se o paciente ia dizer, 'Meu chefe está bravo comigo', isso pode ser silenciosamente abstraído para 'alguém está bravo com alguém'. Quem está bravo com quem, permanece obscuro... Poderia ser a afirmação de um fato relatado objetivamente; poderia estar se referindo à braveza de um paciente projetada no chefe; poderia ser uma referência deslocada para a transferência, o analista visto como zangado; ou poderia ser uma referência evasiva ao paciente estar bravo com a analista" (p. 37).

4. Escansão (sessão de duração variável)

> *O fim de uma sessão não pode ser vivido pelo sujeito como uma pontuação de seu progresso. Sabemos como ele calcula o momento de sua chegada a fim de vinculá-lo à sua própria agenda, ou até mesmo às suas manipulações evasivas, e como ele o antecipa usando-o como uma arma, ficando à espreita, como faria em um local protegido.*
> Lacan (2006, p. 313)

De todos os conceitos conhecidos de Lacan no mundo do idioma inglês, *escansão* talvez seja um dos mais, e dos menos, compreendidos. É o mais compreendido no sentido de que muitos estão cientes de que se refere ao ato pelo qual o analista finaliza a sessão – em certas circunstâncias, subitamente (talvez seja raro para muitos leitores compreenderem algo essencial sobre qualquer conceito de Lacan). Até agora, este talvez seja o conceito menos compreendido, no sentido de que poucos sejam capazes de dizer por que e como a escansão é empregada. De fato, quando dou palestras em instituições psicanalíticas nos Estados Unidos, independentemente do tópico que apresento, a discussão invariavelmente acaba desviando em direção ao tema sessão de duração variável, e algumas vezes o assunto continua até que eu pergunte se alguém da plateia teria alguma pergunta sobre outro tema que não seja escansão.

Neste capítulo tentarei explicar alguns aspectos dos porquês da escansão. Quero começar tentando esclarecer alguns equívocos. Variar a extensão da sessão não implica, necessariamente, que a sessão será mais curta do que qualquer que seja o tempo-padrão praticado por outros analistas no mesmo país, quer seja de 30, 40, 45, 50 ou 55 minutos. Todas essas durações de sessão são consideradas padrão por diferentes profissionais, em diferentes partes do mundo (e muitas vezes por profissionais diferentes no mesmo país ou na mesma cidade), embora ninguém pareça surpreso com esse tipo de variação.[1]

Na teoria, pelo menos, variar a duração da sessão permite que o analista prolongue a sessão além de qualquer tempo estabelecido (conforme Freud, 1913/1958, pp. 127-128, indicou que ele próprio fez isso algumas vezes) a fim de dar continuidade a um trabalho que está progredindo em uma direção muito útil; para completar, pelo menos num grau relativo, a interpretação de uma fantasia ou sonho; para encorajar o trabalho analítico com o paciente que fala vagarosamente por qualquer que seja o motivo (quer seja porque sua língua nativa é outra, porque tem muita idade, pelos padrões de fala regionais, ou simplesmente devido ao hábito ou capacidade) ou leva muito tempo para realmente entrar no assunto; ou, por uma veia diferente, para desconcentrar o paciente que sistematicamente prepara grandes quantidades de material para as sessões, para evitar que ocorra algo não planejado, espontâneo ou surpreendente, ou que faz suas mais significativas declarações apenas quando já está quase na porta indo embora. Nas primeiras semanas de análise, eu próprio raramente encerro a sessão antes dos 45 minutos, e as próximas sessões, com frequência, excedem uma hora e quinze minutos para que eu consiga ter uma visão mais completa possível da vida do paciente (o que me permite determinar mais cedo se acredito que poderemos trabalhar juntos e como orientar o tratamento, e permitir que o paciente tenha uma amostra do tipo de trabalho que talvez realizemos juntos). Com o progresso da análise, a duração das sessões tende a diminuir até certo ponto (mais com uns pacientes do que com outros), mas sessões mais longas do que 45 minutos ocorrem ocasionalmente.

Um segundo equívoco que tenho ouvido algumas vezes é que Lacan recomenda que o analista termine ("*escandir*" é a forma verbal de *escansão* que tenho adotado adaptando-a do Francês *scander*, porque o verbo *escandir* [*scan*] em inglês, tem muitos outros significados não relacionados) as sessões arbitrariamente ou randomicamente. Pelo contrário, Lacan recomenda que as sessões sejam encerradas no ponto mais surpreendente, quando possível – isto é, quando o paciente faz a afirmação ou a pergunta mais surpreendente na sessão. Não devemos subentender que o significado daquele ponto, afirmação ou questão precise ser manifestado, transparente ou óbvio. A afirmação ou questão em que o analista encerra a sessão pode ser entendida de diversas formas, e a paciente poderá pensar nela entre aquela sessão e a próxima. Interromper a sessão naquele momento tem o objetivo de fazer a paciente trabalhar, seja consciente ou inconscientemente, durante o período entre as sessões. Não apenas ela se lembrará melhor do que disse (ela mesma) por último, mas uma tarefa não concluída sempre ocupa a mente muito mais do que uma já finalizada (isso é conhecido em psicologia como "efeito *Zeigarnik*"). Uma afirmação ambígua ou enigmática é sempre bem mais útil para o progresso da análise do que uma questão clara e transparente. A meta aqui é garantir que a paciente trabalhe o máximo possível fora das sessões, e não apenas nelas, pois as associações e interpretações que ocorrem à paciente são frequentemente mais convincentes do que aquelas feitas pelo analista.[2]

Escansão é meramente uma forma especialmente enfática de pontuação. Quando o analista encerra a sessão, está efetivamente colocando um ponto final, exclamação ou interrogação, não apenas no final da sentença ou do parágrafo, mas sim no final da sessão ou do capítulo do texto. Assim, a pergunta "Como você sabe quando encerrar uma sessão?" está intimamente ligada à questão discutida no último capítulo: "Como saber o que pontuar em uma sessão?".

Como exemplo, mencionarei algumas "pontuações enfáticas" que fiz. Uma foi com uma paciente que falava sobre alguém a quem ela se referia como um "cara ótimo", que ela conhecia há 25 anos. No início da sessão – e, na verdade, por diversas sessões anteriores a essa – ela havia falado sobre a importância de "amar alguém". Após falar por um bom tempo sobre o "cara ótimo" ela disse que entre eles "havia familiaridade, compreensão", só que ao invés de dizer "compreensão" ela disse "contenção"; ela logo percebeu o ato falho e desatou a rir. Encerrei a sessão naquele ponto para enfatizar algo que tínhamos discutido um pouco em sessões anteriores: a competição e rivalidade que caracterizaram tantos relacionamentos dela.

O ato falho que ela fez foi em dizer quase que exatamente o oposto do que "pretendia" dizer, e não foi o tipo de ato falho cujo sentido não está claro desde o início, e que precisa ser associado e desenrolado longamente pela paciente. Ao invés disso, sua risada indicou que ela reconheceu que o que ela tinha realmente dito era diametralmente oposto àquilo que estava tentando mostrar naquele relacionamento. Acho essas manifestações do inconsciente – que aparecem depois de alguma discussão mais longa – especialmente úteis para encerrar a sessão, porque levam o paciente a refletir sobre as contradições.

Em outro caso diferente, um paciente me procurou para conseguir decidir sobre seu relacionamento com o budismo, como prática espiritual e estilo de vida (o que ele achou conflitante com sua vida sexual, em especial), e eu estava me lembrando que após alguns meses de análise sua "desculpa", como ele disse, por ter começado a análise seria para se tornar um budista melhor, "para domar (*to tame*) [sua] mente". Ao dizer isso, ele fez o ato falho e disse "*to time*", que tem o som idêntico a "*two times* (duas vezes)". Quando repeti as palavras "*to/two times*", ele parou um pouco e então disse, "Então estou enganando o budismo com você... ou enganando você com o budismo?". Encerrei a sessão ali, deixando o paciente refletindo sobre a questão que ele levantou; de fato, ele refletiu sobre ela, trazendo-a no início da sessão seguinte.

Existem muitos tipos diferentes de pontuação com os quais encerramos as sessões, mas é impossível relacioná-los, mesmo uma pequena porcentagem deles (para outros exemplos, ver a seção intitulada "A lógica interna da sessão"). Nos exemplos que dei, obviamente forneci somente o resumo mais simples do trabalho em curso nas análises, sobre os momentos referentes ao tempo. Já que as explicações de qualquer caso individual não convenceram alguns leitores sobre a adequação da escansão, deixe-me voltar à questão mais geral.

Escansão e o "enquadre terapêutico"

A neutralidade que manifestamos aplicando estritamente a regra de que as sessões tenham uma durabilidade específica obviamente nos mantém no caminho da inércia. Mas esta inércia tem um limite, de outra forma nunca faríamos a intervenção – então, por que tornar a intervenção impossível, neste momento, privilegiando-a desse modo?

Lacan (2006, p. 314)

Embora os analistas pontuem as sessões de um jeito ou de outro (obviamente, eles não aplicam as mesmas técnicas de pontuação), e embora eu nunca tenha ouvido qualquer analista discordar das noções de pontuação de Lacan, muitos têm sérias questões com a escansão. Enquanto a maioria deles recorre à importância do "enquadre terapêutico", ao qual voltarei em breve, muitos têm expressado preocupação de que eles próprios poderiam encerrar as sessões quando entediados, cansados, irritados, ou apenas querendo fazer qualquer outra coisa, o que me leva a desconfiar de seus próprios motivos quando intervêm em suas formas, *quaisquer que sejam elas*, nas análises que conduzem. Falam da sessão de tempo fixo como se ficar de mãos amarradas fosse salutar, como se sentissem que não são confiáveis para controlar uma pontuação daquela magnitude, e como se seus pacientes precisassem ser protegidos por um comum acordo vinculado às suas próprias descrenças. Pergunto sobre sua fé na própria capacidade de pontuar partes potencialmente importantes da fala do paciente, se existe tão pouca confiança em sua habilidade de encerrar sessões, nos momentos que seriam melhores para o progresso da análise.

Suspeito que a falta de confiança deles na habilidade de pontuar efetivamente, em maior ou menor grau, esteja relacionada a uma mudança radical na opinião dos analistas contemporâneos, de como e por que a análise é curativa: ao invés de enfatizar o preenchimento de lacunas da história e autoconhecimento do paciente, conforme Freud (1916-1917/1963, p. 282), ou enfatizar que apenas a dimensão simbólica é o que cura, conforme Lacan, os analistas contemporâneos endossam, com frequência, a ideia de que é o relacionamento em si, do paciente com o analista, que é curativo (o relacionamento, muitas vezes, está incluído sob o tópico de "fatores inespecíficos" ou "fatores comuns"),[3] não algo em particular que o analista diz ou leve a paciente a falar.[4] A atenção, dessa forma, é afastada do trabalho de simbolização na terapia, e o que é considerado de genuína importância é um relacionamento seguro, bem estruturado e protetor. Essa abordagem foi adotada na França dos anos 1950: Lacan citou um de seus colegas como tendo dito que "o analista cura não tanto pelo que ele diz e sim pelo que ele é".[5] É a ênfase colocada na personalidade do analista e em seu relacionamento – ao contrário do trabalho feito pela paciente e analista para articular a história e desejo da paciente – que levou à crescente importância conferida pelos profissionais, no final do século XX e começo do século XXI, ao "enquadre terapêutico".[6]

Winnicott (1954/1958b, pp. 279-289) apoiou firmemente os limites protetores na situação analítica, acreditando que um *setting* seguro, confiável e previsível seria especialmente importante para os pacientes psicóticos. Com seu modelo de desenvolvimento, sugere que os psicóticos precisam regredir a certos estágios anteriores para corrigir um tipo de processo relativo ao desenvolvimento natural, que está bloqueado e precisa ser desbloqueado.[7] Winnicott sentiu que o enquadre seguro seria necessário para que os pacientes confiassem suficientemente no terapeuta e se envolvessem nesse tipo de regressão. Não creio que ele próprio tenha feito sessões de duração fixa sempre e rigidamente (veja os registros das sessões que Margaret Little, 1990, fez com Winnicott, em que algumas delas parecem ter durado mais tempo que outras), sugerindo que um enquadre seguro não seja necessariamente incompatível com variações de tempo das sessões. Quer se aceite ou não a crença de Winnicott sobre a importância da regressão,[8] parece bem possível estabelecer relação de confiança com os pacientes psicóticos sem precisar aderir, rigidamente, a uma sessão de duração fixa.

O que convém salientar aqui, mais exatamente, é que Lacan formulou explicitamente a escansão – envolvendo algumas vezes o encerramento abrupto das sessões – no trabalho com neuróticos, não psicóticos.[9] De fato, atrevo-me a afirmar que ele não considera adequado que o analista faça afirmações polivalentes, ambíguas e enigmáticas com os psicóticos, ou que enfatize a ambiguidade em suas afirmações, muito menos que as considere pontos adequados para os finais das sessões (isto é, pelo menos em parte, devido à ausência dos usuais "*pontos de capitonê*" na psicose, como veremos no Capítulo 10). A meta com psicóticos é reconstruir significado, não destruí-lo, e a técnica de escansão é explicitamente desenhada para sacudir, levantar questão ou desconstruir a autoconcepção neurótica da paciente. Parece que o uso de todas as técnicas notáveis ou inesperadas diminuiu consideravelmente com o desaparecimento gradual da diferença que muitos analistas fazem entre neurose e psicose, e a formação gradual de um tipo de técnica analítica, que é supostamente adequada para ambos, neuróticos e psicóticos. Se todas as categorias diagnósticas de pacientes servem para serem tratadas com as mesmas técnicas, então claramente a escansão – e mesmo muitas formas de pontuação em suas formas mais brandas – deve ser descartada.[10] Lacan, entretanto, mantém uma firme distinção entre neurose e psicose (mesmo que na prática não seja sempre fácil fazer a distinção) e formula amplamente diferentes abordagens de tratamento para esses dois diferentes grupos diagnósticos.

Escansão como minicastração

> *Não sou o único a afirmar que escansão*
> *assemelha-se com a técnica conhecida como Zen...*
> *Sem ir aos extremos a que esta técnica conduz, já que eles*
> *seriam contrários a certas limitações impostas por nós*
> *mesmos, uma discreta aplicação dos princípios básicos em*
> *análise parece muito mais aceitável para mim do que certos*
> *métodos da então chamada análise das resistências, na*
> *medida em que não comportam em si, nenhuma ameaça de*
> *alienação do sujeito.*
> *Em vez disso, quebra o discurso somente*
> *para levar adiante a conversa.*
> Lacan (2006, pp. 315-316)

Lacan ocasionalmente refere-se à escansão como um "corte", e muitos analistas – quer encerrem as sessões precisamente na hora certa, variando um minuto ou dois, ou pratiquem sistematicamente uma sessão de tempo variável – estão cientes de que algumas vezes a paciente se sente como sendo cortada pelo analista quando este encerra a sessão: interrompendo no meio da frase, talvez, ou no meio de um pensamento ou história, e/ou o corte repentino do analista ao direcionar sua atenção para outros pacientes. Algumas vezes os pacientes se referem à escansão como minicastração, e a escansão da sessão pode ser usada em certos casos para efetivamente promover uma castração nos neuróticos, que sofrem do que pode ser denominado de "castração insuficiente" (ver Fink, 1997, pp. 66-71, 184-193).[11] Para os psicóticos, no entanto, a castração não ocorreu e escansões abruptas projetadas para enfatizar fortemente, ou para deixar dúvidas em algumas afirmações, simplesmente irritam a paciente psicótica ou a deixam em pânico. Parece que faz muito mais sentido que, nos casos de psicose, as sessões sejam terminadas tematicamente – isto é, quando a discussão de certo evento, experiência ou sonho estiver mais ou menos completa, ao invés de estar no meio. Suspeito que até os analistas que afirmam considerar as sessões de tempo fixo acabam encerrando as sessões um minuto ou dois mais tarde, ou até mais, com pacientes psicóticos, para poderem evitar encerramentos abruptos. Entendem, implicitamente, que encerrar a sessão com um corte abrupto pode ser experimentado como um ato cruel, e quer eles pensem nisso relacionado com castração ou não, eles aprenderam com a experiência que os neuróticos suportam mais do que os psicóticos.[12]

Outro argumento que é sempre feito a favor das sessões com tempo fixo, mesmo com neuróticos, é que isso limita o campo no qual a contratransferência do analista precisa circular livremente. O analista pode querer encerrar a sessão em algum momento em particular devido às suas próprias condições (que envolve fatiga, tédio, confusão, sentimento de inadequação ou incapacidade, ou o que seja), ao invés das condições da paciente. "Se uma faca não corta, também não pode ser usada para curar", Freud (1916-1917/1963, pp. 462-463) nos lembrou, e "nenhum instrumento ou procedimento médico é garantido contra abuso". O que não fica claro é por que o mau uso da técnica de escansão deve ser considerado mais sério do que o mau uso de qualquer outra técnica, da lista negra do que não fazer, tais como interpretação, insinuação, ou a chamada confrontação (Greenson, 1967). A contratransferência do analista, se este não tiver aprendido a lidar com isso adequadamente, não irá se expressar naquelas técnicas que podem ser até mais perigosas do que a escansão? Parece que, ao invés de excluir aquilo que para muitos é uma técnica particularmente útil, o mais importante é que o analista aprenda a lidar bem com sua contratransferência.[13]

Considere o que Lacan (1991) disse sobre a posição do analista e o que pode ser caracterizado como neutralidade, ou a que ele se refere aqui como "apatia":

Quanto mais o analista for analisado, mais será possível a ele estar sendo amado francamente ou repudiado por ela [paciente].

O que estou dizendo pode parecer um pouco excessivo, porque nos incomoda. Se sentimos que deve, não obstante, ter algo a ver com a condição de apatia analítica, então fica claro que está enraizada em outro lugar...

Se o analista fica apático, como na concepção do público em geral sobre ele... é na medida em que está possuído por um desejo mais forte, do que por outros desejos que possam estar envolvidos, isto é, para ir direto ao assunto, com sua paciente, levando-a nos braços ou jogando-a pela janela.

Isso acontece. Ousaria dizer que não esperaria muito de alguém que nunca sentiu tais desejos. Mas, tirando essa possibilidade, não deveria ser uma coisa regular.

Por que não? É por algum motivo negativo que a pessoa evita uma descarga imaginária da análise?... Não, é [porque] o analista diz, "Estou possuído por um forte desejo". Ele tem motivo para dizer isso como analista, na medida em que uma mudança ocorreu na moderação de seu desejo. (pp. 220-221)

Lacan sugere aqui que o analista não precisa sentir nada pela paciente, não precisa ter qualquer desejo de abraçar ou de dar cabo da paciente. Pois assumindo que o analista tenha sido suficientemente analisado, seus sentimentos e desejos pela paciente serão substituídos por um desejo próprio da psicanálise: o desejo de que a paciente prossiga o trabalho analítico e que fale, associe e interprete. Lacan (2006, p. 854) se referiu a esse desejo próprio da psicanálise como "o desejo do analista" e deve ficar claro que para que isso ocorra o analista não precise matar outro desejo que ele tenha, mas que simplesmente aprenda a definir outros desejos que apareçam durante o trabalho analítico.[14] Uma mudança deve ocorrer naquilo que Lacan se refere como "moderação do desejo" – uma mudança que só ocorre se o analista tiver feito sua própria análise.

Embora o estatuto moderno da psicologia americana permita que todos os tipos de pessoas pratiquem a psicoterapia sem terem se submetido à análise – uma verdadeira farsa, penso, como muitos concordariam – o melhor treino do terapeuta vem de sua própria terapia. E quanto mais profunda ela for, melhor treinado estará o terapeuta. Vários meses de aconselhamento com conselheiro religioso, conselheiro sobre drogas e álcool, assistente social, psicólogo escolar, psicólogo behaviorista, analista ou psiquiatra têm pouco valor ao terapeuta na transformação de sua "moderação do desejo". Somente quando alguém chega a profundezas angustiantes e complicadas de seus próprios prazeres, desejos e sofrimentos é que estará, de alguma forma, preparado para a variedade de "perversidade" dos prazeres, desejos e sofrimentos que os pacientes devem trazer para serem investigados, e a variedade de sentimentos, desejos e desprazeres que irá experimentar ao ouvi-los.

Embora Lacan não faça distinção entre análise pessoal e análise de treinamento – acreditando que qualquer análise pessoal pode se tornar uma análise de treinamento, e que se uma análise de treinamento não é pessoal, então não existe análise alguma – ele acredita claramente que é importante reverter a antiga prática em que, nos primeiros tempos da psicanálise especialmente, análise de treinamento era mais curta do que "análise pessoal" (Lacan, 2006, p. 231). Tais análises de treinamento talvez fossem justificadas no início do século XX pela necessidade dos estagiários deixarem suas cidades e países para se submeterem à análise com Freud ou algum outro pioneiro, coisa que poderia ser feita por poucos meses. Todavia, a tradição da análise de treinamento ser curta parece ter persistido para além daquela época, e, inclusive hoje em dia, muitos institutos solicitam somente quatro anos de análise, de cerca de três vezes por semana. Quem fez análise além desse prazo lhe dirá que muito mais poderá acontecer para a sua moderação do desejo nas fases posteriores da análise. Embora Lacan (1976, p. 15) tenha proposto que uma análise termina quando o paciente está "feliz por estar vivo", ele não fez distinção entre o objetivo "terapêutico" de uma análise e o que vem além da terapêutica necessária para "criar um analista" imbuído do desejo do analista (Lacan, 2006, p. 854). Os sucessos terapêuticos de uma análise não são necessariamente suficientes para permitir que alguém trabalhe alegremente como psicanalista de si mesmo, para estar imbuído de desejo para conduzir uma análise de si mesmo.[15]

A análise em si, não importa se extensa, não é, todavia, suficiente para permitir que o analista elimine todos os seus vestígios da contratransferência, especialmente na área das palas teóricas, por assim dizer. Lacan (2006, p. 225) incluiu diversas coisas em sua definição de contratransferência, "a soma total dos preconceitos, paixões e dificuldades do analista, ou mesmo de sua informação inadequada, em qualquer momento do processo dialético".[16] Embora a análise em si possa ter grande impacto sobre a paixão de alguém, ela pode ter menor impacto sobre os próprios preconceitos e menor ainda em sua "informação"; isso significa que o analista deve se engajar em um processo contínuo de autoanálise (em qualquer nível que seja possível; ver Capítulo 7), rever casos regularmente, estudar as múltiplas áreas da experiência humana e continuar se submetendo a supervisão por muitos anos. Assim parece bem mais provável limitar os efeitos possivelmente nefastos da contratransferência do analista do que a estrita observância de sessão com duração fixa do tempo.[17]

Tempo é dinheiro, dinheiro é tempo

> Por incrível que pareça, conforme os objetivos da análise perdem sua importância, os rituais da técnica se tornam cada vez mais valorizados.
> Lacan (2006, p. 464)

A sessão com tempo fixo pode ser criticada por aderir rigidamente a um princípio fundamental do capitalismo: tempo é dinheiro, dinheiro é tempo. Todavia, tempo e dinheiro *não podem* ser equiparados, de maneira simples ou direta, com o princípio de realidade e parece ainda ser total e completamente confundido com o princípio de realidade por muitos analistas, que acreditam não haver outra relação possível entre tempo e dinheiro (e que talvez não estejam informados que a equação de tempo e dinheiro é bastante recente em muitas partes do mundo). E mesmo se esse princípio do capitalismo pudesse ser equacionado com o princípio de realidade, a noção de que o trabalho do analista é colocar a paciente na linha com o princípio de realidade é equivocada, encorajando-o, como ele já faz, a impor, ele próprio, sua visão de realidade à paciente, como veremos no Capítulo 9.

A sessão de duração fixa dá à paciente a falsa impressão de que ao vir para a análise ela está pagando por um serviço como qualquer outro, um serviço cujas condições são reguladas por um tipo de acordo contratual, no qual os pacientes podem ficar certos de receber exatamente o que pretenderam pagar. Isso os leva a pensar em si mesmos como fregueses ou "*clientes*" – um termo agora consagrado pelo costume psicológico americano – que têm o direito de fazer demandas específicas ao analista.

Isso abre a porta para um equívoco fundamental sobre o que eles podem esperar da análise; praticamente todos os analistas concordam que é importante frustrar muitas, se não a grande maioria, das demandas e pedidos do paciente, porque (1) satisfazer as demandas dos pacientes não os ajuda, (2) a paciente sempre demanda coisas que o analista não pode atender e, mesmo que pudesse, destruiria a relação terapêutica, e (3) pessoas sempre demandam coisas que elas não querem de fato. Na verdade, Lacan (1965-1966, 23 de março, 1966) formulou o complexo relacionamento entre demanda e desejo, dizendo que a condição humana é tal que "só porque as pessoas demandam algo, não quer dizer que elas realmente queiram que você dê a elas". Dar-me o que eu sei que quero (isto é, o que peço ou demando) não irá, na realidade, me satisfazer porque aquilo a que eu disse não é o mesmo que desejo (o desejo humano é tal que não pode ser satisfeito com um objeto específico ou atitude).[18]

Como já disse em outro momento, "em terapia, o terapeuta evita as demandas da paciente, frustrando-a, e finalmente tentando direcioná-la para algo que nunca perguntou" (Fink, 1997, p. 9), para que descubra o próprio desejo. Esse projeto não se ajusta ao tipo de troca que ocorre entre prestadores de serviço e clientes, em uma economia na qual tempo e dinheiro são equiparados, e que alguém recebe tantos minutos de serviço (massagem, por exemplo, ou consulta jurídica) por tantos dólares. Fica assim explicado por que os lacanianos cobram por sessão, independentemente da duração, não pelo número de minutos que a sessão leva. Não surpreendentemente, talvez, analistas americanos com quem converso com frequência acham que o valor de uma sessão deve depender de sua duração (neste caso, as sessões ficariam cada vez mais longas, inevitavelmente).

O honorário fica vinculado ao trabalho analítico que se refere ao tempo que a paciente está em sessão, mas também ao tempo entre as sessões – presumindo que o analista consiga fazer com que o inconsciente da paciente trabalhe (por exemplo, nos sonhos, fantasias e associações) – e não a um determinado tempo em minutos que decorre enquanto estão juntos, na presença um do outro (o que, de qualquer forma, não inclui o tempo para ler anotações antes das sessões, fazer anotações após as sessões, conceituar o caso, supervisão do caso e assim por diante). Não está claro para mim o que faz a desconexão entre tempo e dinheiro parecer uma ideia tão impensável para certas pessoas, principalmente quando se trata de psicanálise: há, afinal de contas, vários campos nos quais alguém é pago para fazer um trabalho particular, ou parte de algum trabalho, não importa quanto tempo leve, quer aquele trabalho seja (desempenhado sozinho ou em conjunto com outras pessoas) ensinar uma classe, escrever uma música, dirigir uma empresa, preparar uma refeição, preparar uma campanha, pôr coroa em um dente, remover vesícula biliar, rascunhar uma história para o jornal, reformar a casa, ou qualquer outra coisa. Tais trabalhos podem ser rápidos em certas ocasiões e dolorosamente vagarosos em outros, requerendo quantidades diferentes de preparo e pesquisa em diferentes casos, encontrando obstáculos imprevistos que surgem quando menos se espera. Além disso, pessoas diferentes completarão o mesmo trabalho em um período de tempo muito diferente (sem falar dos diferentes graus de sucesso). O que impediria a relação tempo e dinheiro na psicanálise, se fôssemos obedecer a princípios e limitações amplamente aceitos, de seguir o modelo proposto pelos advogados que faturam estritamente por hora? Não é o que é feito na sessão que é primordial?

Usos incorretos parisienses

De grão em grão, a galinha enche o papo.[19]
Provérbio

A sessão de duração variável pode ser considerada, no tratamento psicanalítico, mais acessível para muitas pessoas em países onde é amplamente praticada. Uma vez que sessões com pacientes que já fizeram análise por algum tempo são muitas vezes mais curtas do que os habituais 45 ou 50 minutos, conforme praticadas pela maioria dos não lacanianos, os lacanianos conseguem ver mais do que um paciente por hora e portanto cobrar menos por sessão (e são os que têm, na minha experiência, as tabelas de honorários mais variáveis em relação aos outros profissionais).

Como praticamente tudo é levado longe demais por alguns, sabe-se que certos profissionais têm usado a escansão, em que a sessão de tempo variável significa "sessão curta" em seus trabalhos, levando a reduzir cada vez mais o tempo previsto para cada sessão individual. O próprio Lacan e muitos de seus proeminentes seguidores foram (e alguns ainda são) acusados de terem atendido quinze pacientes ou mais por hora, reduzindo o tempo da sessão ao ponto em que poucos sonhos, de qualquer tamanho, poderiam ser contados e associados durante uma única e mesma sessão. Enquanto esta abordagem força claramente a paciente a fazer a maior parte do trabalho, que é a associação e a interpretação, no tempo entre sessões, e possa teoricamente ser eficaz para algumas pessoas, pode--se imaginar seriamente a efetividade de não se ter nada além de uma sessão de quatro minutos para um trabalho analítico inteiro, mesmo com uma frequência de cinco sessões por semana.

Em minha análise pessoal, raramente sentia que as sessões mais longas eram necessariamente as mais produtivas (na verdade, elas tinham um tempo tão preciso que eram muito produtivas, bem estruturadas sobre o trabalho que eu havia feito no tempo entre as sessões). Ainda, em minha prática clínica, tais sessões extremamente curtas são raras; eu, como muitos outros lacanianos que conheço, encontro poucas razões para encerrar as sessões sistematicamente após alguns minutos.[20]

A lógica interna da sessão

> *A indiferença com que o encerramento de uma sessão, após ter decorrido um número fixo de minutos, interrompe o momento do sujeito pela pressa, pode ser fatal para a conclusão de um discurso que estava sendo articulado, ou até mesmo cristalizando um mal-entendido, se não tiver um pretexto para uma retaliação ardilosa.*
> Lacan (2006, p. 314)

Cada sessão pode ser entendida como tendo sua própria lógica interna, por assim dizer. A paciente pode anunciar um pressentimento, em suas primeiras palavras na sessão, que somente ficou claro ou perceptível bem no final; ela pode descrever seu pai como um "cabeça-dura" nos primeiros momentos da sessão, repetindo essa mesma expressão em relação ao namorado 25 minutos depois; ela pode não conseguir fazer associações com o "vaso" que apareceu enfeitando um bar no sonho que me contou no início da sessão, e então começar a falar muito sobre como estava contente ultimamente com o funcionamento de seu intestino, pouco antes de sair para suas consultas com o analista, e assim por diante.

Às vezes a sessão se desenvolve em círculos, com contradições daquilo que foi dito no início, terminando com a conclusão da sessão anterior, ou desmascarando a conclusão da última sessão, e assim por diante, estabelecendo marcos ou pontos críticos no movimento dialético da análise. Neste sentido, cada sessão pode servir como outro capítulo de uma determinada história – uma história que raramente é linear ao contar, movendo-se, por vezes, de uma forte afirmação sobre um ponto de vista para outra forte afirmação de um ponto de vista totalmente oposto (as diferentes vozes de Dostoiévski em *Os irmãos Karamázov*, por exemplo), terminando, provisoriamente, em um lugar completamente diferente, onde ninguém pudesse prever, só mesmo um clarividente. Cada sessão serve como um tipo de articulação ou junta (como, por exemplo, em um dedo) fazendo ligações e possibilitando que mudem para novas direções ao mesmo tempo. Cada sessão tem um tipo de lógica interna em relação ao trabalho que já foi feito nas sessões anteriores.

Nas seções a seguir, fornecerei alguns exemplos de como as articulações aparecem na história, em uma determinada série de sessões, começando com exemplos de sessões desde o início de uma análise e, em seguida, exemplos de sessões no final da análise. Dada a grande quantidade de material que os pacientes apresentam em cada sessão, que preencheria muitas páginas, forneço apenas uma parte esquematizada de cada sessão (todos os nomes e outras informações que pudessem identificar o paciente, naturalmente foram trocados).

A lógica interna das primeiras sessões

> Contamos a verdade da forma como conseguimos – em outras palavras, em parte. O problema é que a forma como a apresentamos é a verdade toda. E é aí que reside a dificuldade: devemos fazer o paciente perceber que esta verdade não é tudo, que não é a verdade de todos, ela não é geral, não é válida para todos.
> Lacan (1976, pp. 43-44)

As primeiras sessões sempre envolvem um tipo de instalação de "marcadores de quilômetros" ou sinalizadores introdutórios ao longo da estrada, de uma vida em que parecia faltar ou era definida por fatos externos – eventos "reais" como mudança de escola, mudança de uma cidade para outra, casamento, divórcio ou coisas semelhantes. A paciente nova sempre considera sua vida opaca, e o que atrai imediatamente o analista, alguns pontos críticos importantes, nunca foram pensados por ela como tal. Talvez ela perceba em algum nível que tenha confiado muito na sorte quando era mais nova, mas ela parece não conseguir uma pista de como se tornou uma mulher séria, que hoje vive só para o trabalho. Não sabe como as coisas começaram a mudar ou por que mudaram. As primeiras sessões sempre costumam levar a conexões admiráveis, estabelecendo ligações entre uma série de problemas da vida adulta e outros eventos mais específicos anteriores, que nunca mereceram muita atenção. Isso leva a um primeiro esboço de uma história de vida, parecendo que antes sua vida não tinha história, história compreendida aqui como registro dos principais pontos críticos ou pontos de referência simbólicos, ao longo do caminho, antes mesmo que suposições sobre causa e efeito pudessem ser feitas. A paciente é sempre capaz de se lembrar de "eventos dispersos" de seu passado, mas nunca estão conectados uns com os outros; ela nunca relacionou um com o outro ao pensar sobre sua vida, nunca os colocou em uma ordem cronológica ou em pensamentos, em termos de exemplos ou causalidade. Tudo isso muda uma vez que a análise começa.[21] Como disse um paciente meu, após apenas duas sessões, "Tenho a sensação de diferentes partes da minha vida se conectando, ficando conectadas como partes minhas".

No caso de um dos meus pacientes (eu o chamarei de Al), os primeiros encontros já deram uma ideia de sua intrigante história, mas não havia qualquer menção de irmãos. Al contou sobre seus relacionamentos com pessoas do sexo oposto, desde a primeira namorada, quando ele tinha sete anos, até sua parceira atual; uma das primeiras queixas desde o início da análise foi a fixação em determinados tipos de corpo. Ele havia tentado de várias formas colocar um ponto final nessa fixação, mas sempre voltava. Percebeu que saía com certas mulheres simplesmente por se parecerem com outras mulheres por quem ele esteve interessado ou envolvido, e disse que essa fixação por certas mulheres beirava a insanidade, fazendo com que ele percorresse enormes distâncias e gastasse muito dinheiro para vê-las. (Com quase trinta anos ele havia estado com uma terapeuta por oito vezes, que lhe deu uma missão: "acorde amanhã e decida ter uma relação saudável", o que ele achou que não tinha tido nenhum efeito!) Descreveu seu amor por certas mulheres como "viciante", indicando que seu pai havia sido alcoólatra e que ele próprio tinha ido às reuniões dos Alcoólicos Anônimos por muitos anos.

Na quarta sessão, Al começou a falar sobre alguma coisa que à primeira vista me pareceu uma questão secundária, ou alguma confusão: falou de uma parente distante que tinha se tornado uma espécie de figura materna para ele alguns anos antes, cuja filha adotiva havia dado certa liberdade à ele. Na quinta sessão, ele deixou claro como havia sido doloroso falar sobre o cenário que ele tinha orquestrado com a mãe e filha; ele se viu compelido a sair com a filha e sentiu que estava tentando chegar à mãe por meio da filha, um cenário incestuoso do qual ele não tinha a mínima vergonha. Ele tinha, na verdade, tido pesadelos que envolveram mãe e filha durante muitos anos depois daquilo.

Na quinta sessão ele também mencionou pela primeira vez que tinha uma irmã mais velha; isso veio apenas de passagem quando contou das tentativas de sua própria mãe de ter ficado amiga e sondado seus professores, conforme ele crescia, coisa que não havia feito com os professores de sua irmã. Sobre sua relação com a irmã ele simplesmente disse que brigavam muito quando crianças (em parte porque sua mãe deixava claro que preferia o Al, e a irmã ficara ressentida com ele por causa disso), se falaram pouco durante a adolescência, mas que estavam se dando bem depois disso. Ele então voltou para a sua história sobre a figura da mãe e sua filha. Até aquele ponto, as sessões haviam tido durações variáveis, mas todas mais longas; eu as encerrava quando ele parecia ter chegado ao fim da série de histórias ou associações de uma determinada época da vida (relações com sua mãe um dia, namoradas no outro, e assim por diante).

Na sexta sessão, contou sobre sua recente fascinação por uma mulher que ele tinha visto e que parecia não se dar conta do que seu corpo provocava em alguém – ele não conseguia "tirá-la da cabeça". Discutimos alguns pensamentos suicidas ou homicidas que pareciam estar envolvidos no medo de que seu carro explodisse (quando sua atual parceira estivesse sentada no banco do passageiro) e a ideia de que ele tinha brincado com vários pontos de sua vida, se fechando para o resto do mundo de modo a não pensar em mulheres e seus corpos. Encerrei a sessão quando ele disse que tinha percebido que seu interesse em isolar-se de todos seria motivado pelo desejo de ficar longe da vida e de sexo.

Na sétima sessão, Al falou longamente sobre agressão, o que indica que ele percebeu que seus medos/fantasias sobre seu carro explodindo por causa da traseira (traseira é um papel importante em sua fantasia), e falou sobre os diversos jeitos que ele expressava sua agressão contra as mulheres. Falou mais sobre os tipos de corpo que o atraíam e eu pedi a ele (de um jeito óbvio) para descrever sua mãe. Primeiro ele contou como é sua aparência atualmente, então pedi que contasse como era sua aparência antes. Encerrei a sessão quando ele disse que ela era "curvilínea e arredondada", pois, no final da terceira sessão, ele havia dito que a traseira que o atraía tinha aspecto de "bolha", uma formulação que trouxe na sexta sessão (na segunda sessão ele não tinha conseguido descrever as traseiras que o atraíram quando pedi que ele dissesse algo sobre elas).

Na oitava sessão, Al foi mais diretamente ao tópico da irmã, dizendo que embora eles tivessem tido um bom relacionamento até certo momento, em torno dos sete ou oito anos começou a piorar. Por quê? Ele não soube dizer. Ela se destacou em tudo, foi melhor que ele na escola, era superior nos esportes, e ganhava dele em todos os jogos. Em um ponto Al cometeu um ato falho e a chamou de "irmão" ao invés de "irmã" e eu perguntei o que ele achava disso. Talvez ela fosse um pouco masculinizada em sua cabeça? Ele afirmou que algumas vezes ele preferiria ter tido um irmão ao invés de uma irmã. Acrescentou que, até hoje, recusa-se a jogar, porque jogar com a irmã sempre acabava em acessos de raiva: "Eu saía de mim". Encerrei a sessão nessa expressão de conflito e tensão entre Al e sua inicialmente não mencionada irmã.

Na nona sessão, a importância de sua irmã começou a ficar mais clara: as duas primeiras paixões que ele teve envolveram garotas que se pareciam muito com a irmã, e sua primeira namorada de verdade foi por volta dos 19 anos e se parecia demais com a irmã. Ele tinha percebido, desde a última sessão, que tinha sido "a conexão com a irmã que (o fizera) transformar a garota em fetiche". Lembrou-se de que aos 15 anos escreveu um poema enaltecendo a irmã e quis conhecer e ser amigo (ou quem sabe sair com) das amigas dela. Aos 20 anos escreveu uma carta de amor virtual para ela em seu jornal, idealizando-a com imagens quase religiosas. Encerrei a sessão quando ele mencionou que quando criança ele tentou provocá-la, mas ela teria se mantido fria e distraída, o que o aborreceu e o fez ficar bastante nervoso e excitado.

Na décima sessão, Al começou falando sobre o fato de que ouviu alguma coisa no apartamento vizinho, e primeiro achou que estavam abusando de uma criança, mas depois percebeu que era o vizinho gemendo enquanto fazia amor. Ele teve vontade de ficar ouvindo durante horas, da mesma forma que sentia vontade de ouvir seus pais brigando, quando ele era criança: falavam cada vez mais e mais alto, até sua mãe começar a chorar e sua voz ficar estridente e ela se tornar incoerente ("falando em outras línguas"). Ter ouvido era um pagamento, em sua cabeça: ele tinha que ouvir até as coisas chegarem naquele ponto, um ponto que ele na verdade não entendia, mas que sentia que seu pai a levava até aquele ponto – seu pai tinha sido capaz de fazer aquilo com sua mãe. Perguntei, "Aquilo que você não conseguiu fazer com sua irmã?". Encerrei a sessão quando ele disse "é" um pouco assustado, com os olhos esbugalhados.

Na décima primeira sessão, ele começou dizendo que tinha percebido que, embora sua atual parceira às vezes gemesse como a mulher que ele ouvia no apartamento ao lado, isso não o afetava absolutamente. Depois de muita discussão sobre tudo o que ele sentia vontade de fazer (ouvir a mulher gemendo, assistir a filme pornô, se masturbar, e assim por diante) ele voltou ao tópico sobre o efeito do gemido e – mencionando que havia pensado no que tinha dito na sessão anterior sobre ser provocado e perder o controle na frente das pessoas – afirmou que o que ele queria era não causar aquele efeito na mulher, mas sim que ela tivesse efeito sobre ele. Encerrei a sessão sem pontuar que sua fala sugeria que ele havia se identificado (pelo menos em parte) com sua mãe durante as brigas com seu pai, em que ela se agitava e perdia o controle. Me parecia que não havia motivo para fazer isso: ele estava apto a tirar tais conclusões sozinho.

Apesar da minha descrição altamente esquemática, em que obviamente deixei muitos detalhes e elucidações (como os romancistas ou roteiristas chamariam de "tramas secundárias"), espero ter podido mostrar como as escansões das sessões mantêm o paciente no foco, sem, no entanto, conseguir determinar totalmente sua direção. Algumas vezes nas sessões, o foco parecia alternar entre sua mãe e sua irmã (deixei muito material relacionado com o pai e outras figuras paternas para simplificar minha exposição), e diferentes pontos de vista foram explorados sem que nenhum deles tivesse sido determinado com rigor: por exemplo, ele queria conseguir com sua irmã o que seu pai conseguia com sua mãe (e todas as implicações edipianas por colocar-se ilusoriamente no lugar de seu pai, o pai que também o superava em cada jogo que sempre jogaram), ele queria ser como sua mãe, à mercê de seu pai (ou de sua irmã-irmão), ou, como somente o tempo dirá, nenhum deles, ambos, ou uma combinação dos dois.

O paciente obviamente sentiu-se livre para trazer o material de sua vida atual (medo de seu carro explodir ou escutar seu vizinho) e lançar-se em uma variedade de tópicos (seu atual trabalho, relações com homens, *hobbies*, e assim por diante). Trouxe novos sonhos e velhos pesadelos, fez perguntas (tais como se deveria ou não se preparar para as sessões ou ler trabalhos psicanalíticos), e ele foi ainda capaz de estabelecer indicações claras ao longo do caminho da vida e extrair algumas articulações preliminares. Não foi necessário separar um tempo para a construção da "aliança terapêutica";[22] uma boa relação de trabalho desenvolveu naturalmente, lado a lado com a elaboração do material. Isso é típico em minha experiência: *se eu ouvir cuidadosamente o material trazido pelo paciente, a relação (ou aliança) cuida disso*. Al não parecia precisar que cada sessão tivesse a mesma duração para se organizar e falar comigo. Constatei que isso é verdade com ampla maioria de pacientes, quer conheçam a sessão com tempo variável ou não, antes de virem para a análise. Somente aqueles que já trabalharam extensamente com terapeutas que seguem religiosamente as sessões de tempo fixo me perguntaram sobre a duração das sessões e eu me lembro de apenas uma pessoa, nesses 20 anos de clínica, que tivesse me irritado com esse assunto.

Em um curto período de tempo (onze sessões) ficou claro o quão importante foi o papel que a irmã de Al desempenhou e continua desempenhando em sua vida erótica, mesmo que a maior parte dos aspectos daquele papel ainda deva ser esmiuçada. E enquanto sua discussão inicial sobre a mãe focalizasse quase que exclusivamente na intromissão de sua vida pessoal e escolar, outras facetas de seu relacionamento com ela poderiam agora ser vistas no horizonte. Não obstante, no início, ele ter situado a mudança no relacionamento com a irmã aos sete ou oito anos de idade e baseado-a no fato de "estragar" tudo na escola enquanto ela era uma "aluna maravilhosa", já havia ficado claro que este era o tipo da "história de cinema" – a história que ele contou a si mesmo durante muitos anos, mas que foi desmentida por fatos que ele recordou após algumas poucas sessões de análise. De fato, a mudança no relacionamento com a irmã aconteceu pelo menos dois anos antes, apesar de ele não saber por quê. Muitas portas foram abertas, muitas questões já estavam na mesa e Al ansiava por ir mais longe.

Deveria ser óbvio que as primeiras sessões de análise não visam "consertar" alguma coisa ("consertar" está muito longe do projeto em geral da psicanálise) e pode, de fato, como apontou Lacan (2006, p. 596), levar a uma cristalização ou sistematização dos sintomas.[23] A meta mais importante nas primeiras sessões é instigar a paciente, colocar a paciente – e acima de tudo seu inconsciente – para trabalhar (o analista deve deixar claro pelo seu comportamento em terapia que ele está lá para orientar até certo ponto, mas não para comandar), e para encorajar a paciente a esboçar um quadro preliminar de sua vida. Embora as primeiras sessões possam ter um efeito salutar para certos tipos de sintomas, os pacientes se queixam que quando vão pela primeira vez à análise – depressão, falta de energia, ansiedade – sofrem efeito contrário, na medida em que alguns problemas, que foram varridos para baixo do tapete, são colocados à vista. O analista pode apenas esperar que a paciente fique suficientemente fora da única relação libidinal com o analista e do tipo de trabalho imprevisível que fazem em conjunto para suportar o agravamento dos sintomas que ocorre às vezes.

A lógica interna das últimas sessões

> *A verdade revela-se em uma alternância de coisas que são estritamente opostas uma às outras, ocorrendo para suprirem uma às outras.*
> Lacan (2007, p. 127)

Vou voltar a um exemplo sobre o que uma série de escansão pode parecer nas últimas sessões de análise, neste caso, de uma jovem mulher, que esteve em análise por muitos anos. Sem entrar em tantos detalhes sobre sua complexa e tumultuada história, posso dizer com segurança que a maior parte do trabalho de análise envolveu sua tentativa de separar-se da mãe com quem era mortalmente confundida, e tornar-se uma mulher com seus próprios direitos. A mãe era provavelmente psicótica e, sob o pretexto do mais puro amor materno, estava cheia de ódio e raiva pela filha, que era idolatrada pelos homens da família e inconfundivelmente preferida por eles do que a própria mãe.

Embora muitos aspectos do relacionamento com a mãe tenham sido gradativamente trabalhados durante a análise, a paciente, a quem me refiro como Zee, ainda permanece envolvida, de alguma forma, com ela (i.e., libidinalmente ligada) no que ela descobriu ser uma forma insuportável de encerrar a análise e ficava tentando entender o porquê. Sua mãe havia lhe dito que não tinha espaço para ela no mundo – acima de tudo, como uma mulher que poderia sentir prazer em ser adorada e entregar-se a um homem – criticando-a violentamente, especialmente se ela mostrasse algum interesse em um homem que tivesse se interessado por ela. Zee se perguntou por que ela tinha que obedecer os desejos de sua mãe, esconder seus ressentimentos, e fazer de conta que não via aquilo que estava tão evidente: que sua mãe tinha muito ciúme dela.

Zee finalmente percebeu que o medo duradouro que ela tinha de que sua mãe pudesse "pirar" com algo que ela fizesse era na verdade sua "maior fantasia" – ver sua mãe se despedaçar, vê-la voltar ao pó. Era aquilo, perguntava-se, o que ela precisava para poder encerrar sua análise: destruir sua mãe? Precisaria, queria saber, reduzi-la verbalmente a entulho? E quanto ao perdão: "pelo que eu ainda não a perdoei?", ela perguntou.

Na sessão seguinte Zee queria saber por que ela não conseguia ver o ciúme de sua mãe. Seria porque ela *queria* ficar com raiva e, se reconhecesse o ciúme de sua mãe, não poderia mais justificar sua raiva por ela? Sentia como se precisasse escolher ter raiva, como se a raiva fosse o que há de mais precioso nela, a parte dela com a qual estava mais ligada. Encerrei a sessão naquele ponto, tendo ficado claro que ela estava há muito tempo extraindo seu principal "prazer" na vida – seu principal *jouissance* (uma forma paradoxalmente perturbadora de satisfação)[24] de sua raiva e ressentimento.

Na sessão seguinte proferiu uma formulação que nem ela tinha entendido completamente, mas mesmo assim sentiu que era verdadeira quando veio à mente: ela havia adotado a estratégia de não existir para impedir que sua mãe existisse. Desde cedo havia percebido que sua mãe vivia melhor quando criticava malevolamente, apaixonadamente, sua filha; Zee tinha portanto optado por dar à sua mãe a menor chance possível de críticas, desaparecendo virtualmente. Zee tinha se restringido e restringido tantas atividades suas na vida (gastando muito tempo dormindo, sabotando seus estudos e relacionamentos, e cerceando seus movimentos através do desenvolvimento de inúmeros sintomas) para não ficar aberta a críticas. Sufocava-se de ressentimento pela mãe, oprimindo sua própria vida para se vingar da mãe, privando-a do gozo incrivelmente violento que ela obviamente obtinha. Encerrei a sessão após esta discussão sobre automortificação e autoimolação.

Na outra sessão, Zee ligou alguns desses pontos aos sintomas contra os quais vinha lutando durante boa parte da análise, mas que já estavam enfraquecidos; na sessão depois dessa, ela disse que ver a mãe como ciumenta (não apenas teoricamente, mas realmente experimentando-a com ciúme) a habilitava. Sua mãe a tinha convencido desde pequena que elas eram vítimas, que eram menos fortes se comparadas aos demais, e à Zee tinha sobrado somente sonhar que tinha poder sobre os outros, algo que ela nunca sentiu que tinha. De repente sentiu que não era verdade! Encerrei a sessão após esta declaração.

Na sessão seguinte, Zee reiterou que fazer sua mãe pirar era sua melhor fantasia, mas que algo a impedia de desempenhar esse papel: será que ela só conseguiria ser mulher se sua mãe estivesse sofrendo? O que dizer se sua mãe ficasse sofrendo – destruída – e então? Se sua mãe não estivesse mais lá para ser odiada, como saber se valia a pena o ciúme – isto é, ela seria verdadeiramente interessante aos homens? Encerrei a sessão quando ela se perguntava se o senso de si mesma como mulher era tão precário que ela precisava da mãe para continuar viva, e que sequer podia se autorizar a fantasiar sobre sua mãe sendo totalmente destruída.

Na outra sessão ela disse que pensou que já tivesse parado de aborrecer sua mãe, para se aborrecer ainda mais. Não estava totalmente certa como tinha feito isso, mas suspeitava, há tempo, que o maior prazer de sua mãe, na vida, era reclamar e subjugar a filha. Quando Zee retaliava, sua mãe ficava mais excitada, divertindo-se visivelmente mais. Somente quando Zee não retaliava era que conseguia privar sua mãe de algo. Pensando sobre o tempo em que sua mãe havia recuperado a custódia depois de vários anos de ausência, Zee se perguntava por que tinha se permitido entrar no jogo da mãe, uma vez que ela não tinha feito isso com outras mulheres. Pareceu que se ela permitiu ser fisgada, foi para ferir sua mãe: Zee tinha, na verdade, feito uma armadilha para ela mesma. Encerrei a sessão quando ela postulou que o ponto não era destruir sua mãe ou deixá-la na sarjeta, mas simplesmente escolher outra coisa, outra coisa que não fosse sua mãe.

Na sessão seguinte, ela contou um sonho em que sua mãe tentou empalá-la com espetos usados para assar frango; ao invés de espicaçá-la ou lutar com ela, Zee simplesmente saiu dali derrubando tudo. Essa sessão bastante curta terminou quando comentou que aquilo era exatamente o que ela gostaria de fazer, mas que nunca tinha feito.

"Qual é o ponto de retaliação?", Zee perguntou na sessão seguinte. Ela procurava por justiça, querendo que sua mãe pagasse por seu comportamento horrendo, mas querer matar a mãe seria permanecer ligada a ela como antes, enredada com ela. Agora, tudo que ela queria era simplesmente existir, ser ela mesma, e falar a verdade. A justiça se faria melhor se simplesmente existisse, permitindo-se ser ela mesma.

Esta curta descrição da série de sessões com foco no fim de uma análise, mesmo resumidas e descontextualizadas, dá a noção de como cada sessão se constrói a partir das anteriores – e não como se fossem colocadas pedra sobre pedra, porque algumas sessões destroem ou tiram do lugar uma pedra colocada na sessão anterior – seguindo uma lógica não linear, dialética, que às vezes vai e vem de um extremo a outro, até a paciente encontrar seu próprio caminho.

As escansões permitem que cada movimento específico seja pontuado – no melhor dos casos, no exato momento, na expressão mais enfática – ao invés de ser sepultado sob o "recheio do material", material este que não seria necessariamente crucial para o progresso da paciente naquele estágio do trabalho. Nenhuma das sessões resumidas aqui durou mais que 25 minutos e algumas não passaram de dez. Mais movimentos como esses poderiam ter acontecido em qualquer dia se eu tivesse feito uma sessão de 50 minutos? Sinceramente, duvido: cada sessão já contém o cerne de horas de trabalho feitas pela paciente, sonhando e associando, entre uma sessão e a próxima, os intervalos entre sessões sendo de um dia ou dois, não mais. Essa paciente, em particular, trabalhou muito mais fora da sessão do que outros pacientes, mas isso foi bem atípico. Suas sessões não foram totalmente pensadas por antecipação e eu continuei pontuando e perguntando sobre os elementos de seus sonhos que ela ainda não havia feito associação. Neste estágio de sua análise não precisei fazer outra coisa que não fosse pontuar e encerrar – ela foi muito capaz de interpretar-se a si mesma!

Uma vez que os pacientes se sentem obrigados a falar durante toda a sessão de tempo fixo, eles são levados a buscar "preenchimentos", de certa forma: sabem que é muito importante trabalhar com o sonho que tiveram na noite anterior e que captou o tema preciso sobre o qual haviam falado na sessão anterior, mas também suspeitam de que isso levaria apenas dez ou 15 minutos de discussão. Consequentemente, são levados a ficar falando durante 30 minutos ou mais sobre detalhes da vida ou algum pensamento do cotidiano, os quais consideram menos importantes, apenas para que se sintam capazes de ocupar o tempo e fazer valer seu dinheiro. Na verdade, é uma estratégia comum por parte dos pacientes, "deixar o melhor para o final" (como fazem oradores de diferentes classes); eles também têm consciência, em algum nível, de que a última coisa que ouvem dizer é a que provavelmente ficará.

Se as sessões são de tempo variável e os pacientes não sabem quando terminarão, ficarão inclinados a trazer o que consideram mais importante logo no início (claro, a repressão é tal que às vezes aquilo que consideram mais importante, mais tarde, eles ou o analista talvez não achem o mais importante) por medo de não ter oportunidade de trazer depois. Isso ajuda a combater, em tom de brincadeira, aquilo que vou referir como a lei de Parkinson, aplicada às sessões de psicanálise: "Material de sessões tende a se estender para encher o tempo disponível".

No final do Capítulo 3, sugeri que pensássemos no paciente como um artista ou músico que, com essas questões ou pontuações, traga à tona algo que está lá, de certo modo, esperando para ser ouvido no discurso da paciente: seu desejo, que pode muito bem estar enterrado ou adormecido. A escansão traz à mente uma metáfora um tanto diferente, embora talvez discutível: algumas vezes disseram que Michelangelo simplesmente libertou David do mármore que foi cortado, que o escultor simplesmente tirou as partes do bloco de pedra que não serviam e até obstruíam nossa visão da figura que ali dentro esperava. Isso pode ser útil para os que pensam que cada escansão tira um pouco do bloco de pedra; mais comumente o analista simplesmente limpa pequenas porções por vez, mas talvez ocasionalmente atinja a profundidade total, a dimensão final da figura, só para aproximar-se do ponto exato da figura final por um caminho totalmente diferente, pouco a pouco aproximando cada ponto da superfície da figura final por múltiplas direções. Isso poderia pressupor que existe um tipo de figura final predeterminada, ao passo que dificilmente alguém tem essa impressão no início de uma análise, mas um escultor realmente tem a figura "final" em mente quando começa a esculpir?

Escansão e agendamento

Ninguém nunca sabe, até o depois.
Lacan (1973-1974, 12 de março, 1974)

Sempre me pergunto como é possível agendar pacientes quando se pratica sessão com tempo variável. Claramente, se alguém tem tempo suficiente para a mais longa sessão que se pode imaginar (pessoalmente, tento interromper em cerca de uma hora e meia nas primeiras sessões com um novo paciente), essa pessoa não encontrará conflitos de agendamentos. No entanto, os terapeutas normalmente acham que a maioria das sessões que eles têm com um paciente em particular ocorre dentro de um intervalo de tempo específico. Podem tirar uma média, adicionar um tempo para anotações e ainda ter uma pequena pausa, e calcular o tempo (lembrando que eles podem precisar agendar mais tempo para alguns pacientes, como já falei antes), assumindo que, se a sessão for mais longe do que a média com um paciente, pode muito bem ser mais curta a do próximo e assim tudo funcionará bem. Isso pode significar que os pacientes ocasionalmente esperem dez minutos ou mais para o início de suas sessões, mas tal espera dificilmente é inadequada. Este é apenas um outro jeito em que o trabalho analítico pode ser dissociado, na mente do paciente, das práticas americanas em que atrasar dez minutos é sempre considerado má educação.

Exemplos adicionais de escansão que fiz são fornecidos em capítulos posteriores no contexto de descrições de trabalho com sonhos, devaneios, fantasias, transferência e assim por diante.

Notas

1. Sem dúvida, contanto que cada profissional adote um padrão e mantenha-se fiel a ele, os dedicados ao enquadre terapêutico estarão satisfeitos.

2. A pressão para que se faça terapia em processos cada vez mais curtos – iniciada ultimamente, sobretudo, pelas companhias de seguro e clínicas patrocinadas pelo governo e consentidas, apesar de alguma relutância, pelos terapeutas de várias classes – quase provocou um inevitável curto-circuito no processo: o terapeuta é estimulado a "revelar o *insight* pela *interpretação*" (Malan, 1995/2001, p. 3) ao invés de permitir que a paciente tivesse tempo para formulá-la, ela mesma. Isso prolonga a alienação da pessoa, no sentido de que o *insight* e o conhecimento continuam vindo de outra pessoa e não dela própria. Além disso, geralmente negligencia um dos *insights* fundamentais de Freud (1925b/1961, pp. 235-236), segundo o qual o conhecimento de algo (de uma conexão entre presente e passado ou de um sentimento que foi encoberto ou esquecido) não constitui necessariamente um

"levantamento da repressão"; pacientes comumente dizem, "Conheço muito bem x, y, e z, mas continuo me sentindo o mesmo" ou "mas continuo agindo da mesma forma". Alguém articular conhecimento abstrato ou consciente de algo não significa que o problema está resolvido; como disse Freud (p. 236), "O resultado disso é uma espécie de aceitação intelectual do reprimido, enquanto que, ao mesmo tempo, o que é essencial para a repressão persiste". Existem diferentes tipos de conhecimento: conhecimento abstrato de alguma coisa não é nada parecido com ser capaz de pressentir, digamos, a experiência de um novo jeito. Freud (p. 236) indicou que algumas vezes pode acontecer de "ter uma aceitação intelectual do reprimido; mas o processo de repressão em si ainda não ter sido removido devido a este motivo". Ferdinand de Saussure (1916/1959, p. 68) estava chegando a uma conclusão similar quando disse, "é sempre mais fácil descobrir a verdade, do que lhe atribuir o devido lugar".

Escansão talvez possa ser usada de outras formas diferentes para realçar o ponto mais surpreendente; ver, por exemplo, Carrade (2000).

3. A noção de "fatores inespecíficos" foi introduzido por Rogers (1951) e inclui tais características no terapeuta como empatia, simpatia e sinceridade.

4. Esta ideia é supostamente apoiada em estudos (tais como Friewyck et al., 1986; Gaston, 1990; Goldfried, 1991; Castonguay et al., 1996; Ablon & Jones, 1998) que comparam diferentes formas de psicoterapia. Esses estudos supostamente mostram que, independentemente da técnica terapêutica adotada pelo profissional, os pacientes geralmente alegam terem encontrado uma terapia mais útil quando tiveram um bom relacionamento (uma boa "aliança terapêutica") com seus analistas. Ver meus comentários mais adiante neste capítulo e no Capítulo 7.

5. Sacha Nacht (1956, p. 136), citado por Lacan (2006, p. 587) em "Direction of the Treatment". Tais noções costumam andar lado a

lado com a crença de que o analista deveria prover o paciente com "reeducação emocional" ou uma "experiência emocional corretiva" (Alexander & French, 1946), ou servir ao paciente como uma "mãe suficientemente boa" (Winnicott, 1949/1958a, p. 245, 1960/1965a, p. 145).

6. A metáfora do "enquadre" foi, parece, introduzida primeiramente por José Bleger (1967) para descrever o conhecimento ("não ego") do contexto da situação analítica, não para descrever a análise como um "ambiente de exploração" à la Winnicott, mas a metáfora de Bleger assumiu claramente vida própria.

   Marion Milner (1952, p. 194) usou a palavra "enquadre" mais cedo, mas não a conceituou. Ela escreveu o seguinte: "Como [o paciente] torna-se capaz de tolerar melhor a diferença entre realidade simbólica do relacionamento analítico e a realidade textual da satisfação libidinal fora do enquadre da sessão, então ele fica melhor".

7. Ver meus comentários em modelos relativos ao desenvolvimento no Capítulo 9.

8. Note que, de alguma forma, a acanhada regressão de Winnicott na psicanálise foi, como de costume, vastamente divulgada. Eis o que ele tinha a dizer sobre isso:

   "Incidentalmente, penso não ser útil usar a palavra regressão sempre que o comportamento infantil aparecer na anamnese. A palavra regressão derivou de um significado popular o qual não devemos adotar. Quando falamos sobre regressão em psicanálise, pressupomos a existência de uma organização egoica e uma ameaça de desordem" (p. 281).

   Winnicott (p. 290) também restringiu regressão a psicóticos, a maior parte, e afirmou que "não existem razões para que um analista queira que o paciente regrida, exceto em caso de patologias muito graves". Para alguns comentários, ver Lacan (1998b, p. 426, 2006, pp. 617-618).

9. Com respeito ao trabalho com neuróticos, Winnicott (1955-1956/1958c, p. 297) disse o seguinte: "Onde existe um ego intacto e o analista considera que foram reconhecidos os detalhes dos cuidados infantis, então o *setting* analítico é insignificante em relação ao trabalho interpretativo (por *setting*, me refiro à soma de todos os detalhes do tratamento)".

10. Note, contudo, que até McWilliams (2004) – um analista que propôs uma forma de técnica para ser usada com diagnósticos de todas as categorias de pacientes (p. xi) – admite variar o tempo da sessão em alguns minutos por alguns dos motivos aqui mencionados (p. 113).

11. Outra maneira de dizer isso é que eles continuam tendo satisfação com atividades e sintomas que ao mesmo tempo causam grande dose de insatisfação. A escansão pode ser uma técnica efetiva para separá-los das satisfações ambivalentes [i.e., dos "*jouissances*" (prazeres/gozos), para usar o termo consagrado por Lacan] e para que possam experimentar uma castração dolorosa, e ainda assim salutar, das outras satisfações incestuosas e sintomáticas.

12. Note que Winnicott (1954/1958b, p. 285) caracterizou o fim das sessões após duração de tempo fixa como uma expressão de ódio por parte do analista.

13. Freud (1910/1957, pp. 144-145) disse o seguinte sobre contratransferência: "Estamos de certa forma inclinados a insistir que deve-se reconhecer esta contratransferência em si mesma e vencê-la... Temos notado que nenhum psicanalista vai além do que permitem seus próprios complexos e resistências internas".

14. Outras discussões sobre o desejo do analista podem ser encontradas em Lacan (1978, pp. 156, 160-161). Como eu disse em outro momento (Fink, 1997):

"A expressão de Lacan 'o desejo do analista' não se refere aos sentimentos contratransferenciais dele, e sim a um tipo de 'desejo purificado' que é específico para o analista, não enquanto ser humano com sentimentos, mas para a função do analista, enquanto papel, um papel a ser encenado e que *pode* ser encenado por muitos indivíduos extremamente diferentes. 'O desejo do analista' é um desejo focado na análise e apenas na análise... 'O desejo do analista' não é para que o paciente se sinta melhor, tenha sucesso na vida, seja feliz, o compreenda, volte para a escola para conseguir o que quer, ou para dizer algo em particular... É um desejo enigmático que não transmite ao paciente o que o analista quer fazer ou dizer a ele" (p. 6).

15. Embora Lacan (2006, p. 324) seja talvez mais conhecido por sua afirmação de que "a cura [é] um benefício adicional ao tratamento psicanalítico" ao invés de um objetivo direto, ele de forma alguma despreza os benefícios terapêuticos da análise. Considere seus comentários sobre os neuróticos: "Eles têm uma vida difícil e tentamos aliviar esse desconforto" (Lacan, 1976, p. 15). Deveria ficar claro que não é suficiente apontar para o paciente apenas uma ocasião que é bom estar vivo, porque ele pode – como fez um dos meus pacientes que disse aquelas palavras um dia – mudar o tom radicalmente na sessão seguinte! Deve ser um senso geral que perdure, não um sentimento fugaz.

Embora Freud seja mais conhecido por colocar os objetivos científicos da psicanálise à frente dos terapêuticos, às vezes sustentava o contrário: "Os resultados científicos da psicanálise são no momento um subproduto de seus objetivos terapêuticos" (Freud, 1909/1955, p. 208, nota de rodapé) e "casos que se dedicam desde o início para fins científicos e são assim tratados sofrem com seu resultado (Freud, 1912b/1958, p. 114).

16. Ver também Lacan (1988a, p. 114).

17. A meu ver, a fixação dos analistas contemporâneos na sessão com duração de tempo previamente definido tem gosto de obsessão e pode ser entendida como parte do esforço obsessivo da teoria

psicanalítica (ver Lacan, 2006, p. 609). Infelizmente, essa fixação muitas vezes faz com que o analista seja incapaz de perder a pista estratégica na terapia: esperando o mestre morrer (ver Lacan, 2006, pp. 314-315).

18. Conforme Lacan (1966-1967, 21 de junho, 1967) colocou, "É da natureza do próprio desejo não ser satisfeito".

19. N.T. – "*There's many a slip 'twixt the cup and the lip'.*" Tentamos manter a forma em trocadilho do ditado popular.

20. Alguns lacanianos, contudo, oferecem algumas razões intrigantes a esse respeito, em duas edições do jornal da *Cause Freudiene (École de La Cause Freudienne*, 2000, 2004).

21. Essas memórias dispersas podem ser ligadas a uma série inteira ou grande quantidade de S2, como Lacan os denominou (2007, pp. 11-12, 35), que são finalmente ordenados e configurados pela intervenção de um S1 que é introduzido pelo processo analítico, estruturando retroativamente as "memórias aleatórias" em uma história mais ou menos coerente.

22. Elizabeth Zetzel (1956/1990) introduziu esse termo, mas atribui o conceito a Edward Bibring (1937). Bibring argumentou (pp. 183-189) que o analista apela "ao ego consciente, uniforme e racional" e pedagogicamente apela à "razão, experiência e moral". Zetzel (p. 138) tomou este conceito para constituir uma "aliança terapêutica entre o analista e a parte saudável do ego do paciente".

Ralph Greenson (1965/1990) foi um dos primeiros analistas a sublinhar a importância do esforço para, especificamente, conseguir que o paciente "desenvolva uma relação confiável de trabalho com o analista", em certos casos incomuns, em que uma aliança positiva não se desenvolveu por si mesma. A esta relação ele deu o nome de "aliança para o trabalho", caracterizando-a como "relação não neurótica, racionalidade harmônica que o paciente tem com seu analista" e afirma que "pacientes que não conseguem cindir um ego razoável, observador, não serão capazes de manter uma relação de trabalho e vice-versa" (p. 152). Note que na descrição de Greenson é somente em raros casos que o analista deve especificamente se esforçar para construir tal aliança. Ver meus comentários mais adiante neste livro referentes ao valor duvidoso do "ego observador" no trabalho analítico com neuróticos. Note também que Bibring e Greenson usam o termo *racional*, como se o ego ou um relacionamento pudesse de alguma forma ser descrito como "*racional*" (no uso injustificável de tais termos em psicanálise, ver Capítulo 9). Note que Brenner (1979/1990, pp. 185-186) "não concordou com Zetzel de que a aliança seja distinta do que restou da transferência do paciente, nem da fórmula menos radical de Greenson, de que aliança para o trabalho e neurose de transferência devam ser distinguidas uma da outra, apesar de estarem estreitamente ligadas". Brenner demonstrou sistematicamente que nenhum dos exemplos que Greenson citou envolvia algo novo no trabalho psicanalítico. Como exemplo do perigo em se salientar a importância da construção de uma "aliança terapêutica" com pacientes que podem simplesmente considerar o relacionamento desastroso que Greenson construiu com um de seus pacientes mais famosos: Marilyn Monroe (ver, por exemplo, Spoto, 1993).

Freud (1905a/1953, p. 117) indicou que em certos casos a "histeria pode ser considerada curada não pelo método, mas pelo médico", mas ele estava se referindo ao tratamento por sugestão (sob hipnose), que era muito comum no século XIX em instituições psiquiátricas onde, por vezes, a influência pessoal do médico era suficiente para provocar um efeito curativo e tinha, naturalmente, duração limitada. Ele certamente não acreditava que os efeitos curativos da psicanálise deviam-se "à personalidade do analista" ou à harmonia entre analista e paciente.

Na minha experiência, a maioria dos pacientes sente que eles têm boa conexão com seus analistas quando o trabalho está indo bem.

A conexão essencialmente "se constrói" quando o trabalho que fazem está avançado e não há necessidade especial para devotar atenção à chamada "construção da conexão". A visão de Malan (1995/2001), todavia, contrasta desta:

"É uma das características mais importantes do terapeuta que ele esteja apto a sentir o grau de conexão em qualquer momento da sessão. Qualquer um que tenha esta capacidade pode entendê-la como um termômetro entre ele e o paciente e pode usar as flutuações momentâneas no nível de conexão para avaliar a adequação do que acabou de dizer. É exagerado dizer que ele *não pode errar*, mas como uma forma de transmitir um princípio tão importante, o exagero vale a pena" (p. 21).

Algumas linhas antes, o mesmo autor vai mais longe e diz que a "*intensificação da conexão*... é tão próxima quanto se possa chegar à prova científica de que a interpretação [do terapeuta] estava correta" (p. 21). O leitor poderá ver o grau da minha discordância deste ponto de vista nos Capítulos 5 e 7.

23. Ver também Freud (1914a/1958, p. 152) e Lacan (2004):

"O sintoma é constituído somente quando o sujeito nota, pois sabemos por experiência que há formas de comportamento obsessivo em que o sujeito não só não notou suas obsessões, como sequer as constituiu como tais. Neste caso, o primeiro passo da análise – e citações de Freud a respeito são famosas – é constituir o sintoma em sua forma clássica, sem o que, não há maneira de ir além dele, porque não há nenhuma forma de falar sobre isso" (p. 325).

24. *Jouissance* (gozo/prazer) refere-se ao tipo de prazer ou satisfação que as pessoas extraem dos sintomas, sobre os quais Freud (1916-1917/1963, pp. 365-366) disse, "O tipo de satisfação que o sintoma proporciona é mais do que somente um estranhamento... O sujeito não reconhece, pelo contrário, sente a alegada satisfação com o sofrimento e se queixa disso". "Não é um simples prazer",

por assim dizer, mas envolve um tipo de dor-prazer ou "prazer na dor" (*Schmerzlust*, conforme Freud, 1924/1961, p. 162, colocou) ou satisfação na insatisfação. Isso qualifica o tipo de "chute" que alguém pode ter, no lugar da punição, autopunição, fazendo algo tão prazeroso que até machuque (clímax sexual, por exemplo), ou fazendo algo que seja tão doloroso que se torna prazeroso. A maioria das pessoas nega que sente prazer ou satisfação com seus sintomas, mas "observadores externos" (aqueles ao redor) sempre conseguem ver que as pessoas aproveitam seus sintomas, que se livram do sintoma de um jeito indireto, "sujo", ou "imundo" para descrever em termos convencionais como agradável ou satisfatório. Lacan foi até mais longe quando disse, "*jouissance* nos dá uma surra!" (Lacan, 1973-1974, 13 de novembro, 1973). *Jouissance* não é necessariamente algo que alguém deliberadamente procura ou decide ter. Uma boa dose de nosso *jouissance* simplesmente nos acontece, muitas vezes sem saber o por quê, é como se fosse entregue em uma bandeja de prata pela graça da Providência Divina, quando menos esperamos, e não vem, por outro lado, quando mais esperamos. Para outras discussões sobre o termo, ver Fink (1997, pp. 8-9).

5. Interpretando

Muitas vezes temos a impressão de que, para usar as palavras de Polônio, nossa isca da falsidade pegou uma carpa de verdade.
Freud (1937/1964, p. 262)

Tirar do sujeito suas próprias palavras para poder voltar a elas, significa que uma interpretação pode ser exata somente se for... uma interpretação.
Lacan (2006, p. 601)

Antes de iniciar a psicanálise, a maioria de nós, provavelmente intuitivamente, considera que a meta da interpretação seja precisa. E, em certos domínios da atividade humana, um caso drástico pode ser feito, se a precisão estiver entre os critérios primários da boa interpretação. Alguns psicanalistas e pacientes com vários anos de análise nas costas se surpreenderiam com a noção de que a interpretação, na situação analítica, visa menos à precisão do que causar um certo tipo de impacto.

No domínio humano uma das primeiras questões levantadas é: para quem assumiremos que a interpretação pareça precisa ou verdadeira? A resposta natural seria supostamente que a interpretação deve parecer precisa para o paciente. Todavia, a maioria dos pacientes pode provavelmente lembrar de interpretações que suas analistas fizeram, que pareceram em um primeiro momento errôneas (e que eles talvez tenham tentado refutar ou até mesmo blasfemar contra), mas que os impressionou por terem sido bastante verdadeiras, mais tarde, às vezes bem mais tarde. A maioria dos pacientes pode provavelmente se lembrar das interpretações às quais chegaram sozinhos ou que suas analistas os ajudaram a compreender naquele momento, mas que mais tarde pareceram superficiais, incompletas ou desprovidas de embasamento. Portanto, se quisermos adotar o critério de que uma interpretação deve parecer precisa ao paciente, devemos acrescentar as palavras "cedo ou tarde" à formulação.

Em certos casos, no entanto, os pacientes podem perceber que estavam desejando e até mesmo satisfeitos, em um determinado momento, ao adotar interpretações específicas, porque podem dar suporte a opiniões valiosas a respeito deles mesmos (sejam positivas ou negativas). Mais tarde em análise eles começam a colocar aquelas opiniões em questão e descobrir que são providas de verdade. Em tais casos, o sentido inicial do paciente de que a interpretação tocou a verdade parece prejudicada após tal fato.[1]

A verdade está sempre em todos os lugares

> Não há verdade que seja dita pela metade, assim como o assunto que vem com ela. Para expressá-la, como afirmei antes, a verdade pode ser dita apenas pela metade.
> Lacan (2005b, pp. 30-31)

Para o paciente, a verdade não parece tão estável. Quando ele diz alguma coisa na sessão, que sente refletir genuinamente sua vida, relacionamentos, ou jeito de ser, na próxima sessão aquela "verdade" em particular, às vezes, não parece mais tão verdadeira, tão admirável, tão certeira. Por outro lado, algumas afirmações, feitas pelo paciente ou pela analista, podem continuar parecendo absolutamente verdadeiras por bastante tempo, constituindo limiares, pontos críticos, "*pontos de capitonê*"[2] ou placas sinalizadoras em sua análise; de fato, ele pode considerar as sessões em que tais afirmações foram feitas como momentos cruciais de mudança pelas próximas décadas. Mas muitas outras afirmações podem ser entendidas como absolutamente falsas quando feitas, talvez uma parte verdadeira e outra falsa, e depois, quem sabe, como completamente substituídas por uma forma inteiramente nova de ver as coisas.

A verdade tem uma classe de temporalidade estranha na psicanálise. O paciente algumas vezes tem a impressão de estar dizendo algo absolutamente fundamental, no exato momento em que o diz,[3] mas, uma vez que aquela verdade tenha sido articulada, pode já não ter mais o peso da verdade para ele. Cada vez mais frequentemente ele vai sentir só mais tarde o impacto do que disse: em minha experiência, os pacientes sempre comentam em uma sessão, como ficaram mexidos depois da última sessão, por algo que tenham dito naquela sessão. Mas a convicção subjetiva que eles tinham daquela importância, no intervalo entre as sessões, acaba sempre se perdendo pela sessão subsequente, e eles sentem às vezes que já não conseguem mais explicar o que os fez ficar tão mexidos.

A verdade, como experimentada pelo paciente no contexto da análise, tem a ver com o que ainda resta a ser dito, com o que ainda não foi dito. Aquilo que já foi dito sempre parece vazio, enquanto que o que está sendo dito, pela primeira vez, é o que tem potencial para mexer com as coisas, é o que sente importante, verdadeiro. Para o paciente, *a verdade está sempre em outro lugar*: em sua frente, ainda para ser descoberta.[4]

No que diz respeito ao "que resta ser dito", a verdade em psicanálise tem a ver com a experiência de simbolizar aquilo que nunca havia sido posto em palavras. Com Lacan, refiro-me ao "que nunca foi colocado em palavras" como "o real" (também pode se dizer "o real traumático"). A interpretação pelo analista, então, procura obviamente – em certo nível, pelo menos – inspirar ou provocar o paciente a se engajar no processo de simbolização, para colocar em palavras aquilo que nunca foi posto antes. A interpretação visa atingir o real;[5] uso o termo *atingir* aqui para indicar o grau em que aquilo que precisa ser colocado em palavras pode ou não ser fácil de alcançar, e talvez requeira mais do que simples estímulo ou questionamento – talvez algo mais na linha da sacudidela. A ideia aqui não é que a interpretação devesse chegar aos ouvidos do paciente como um acontecimento inesperado – sendo preferível esperar, conforme Freud (1913-1958, p. 140) recomendou, até que o paciente esteja a não menos do que um passo de algo a ser interpretado e, portanto, pronto para ouvir – mas, em lugar disto, a interpretação não precisa – e em certos momentos nem deve – mexer com o que foi dito até aquele ponto. Deve-se sempre sobressaltar, confundir ou desconsertar o paciente. O elemento surpresa pode ser muito importante aqui: as interpretações que têm maior impacto raramente são aquelas que o paciente espera, tanto temporariamente (por exemplo, se o paciente tem por hábito fornecer interpretações no final da sessão) como conceitualmente (o analista insiste sempre sobre a mesma coisa, o mesmo assunto).

Deve ficar claro que "verdade", como uso aqui, não é tanto um atributo das afirmações, como é uma relação com o real; chegar à verdade é iluminar algo que ainda não foi posto em palavras e trazê-lo ao discurso, embora a princípio hesitante e insuficientemente. Pois, é no impacto que o discurso pode ter sobre o real que repousa o poder da psicanálise. Deixado com seus próprios meios, o real não muda ao longo do tempo; como uma experiência traumática de guerra, ela persiste, insistindo em voltar nos pesadelos ou mesmo acordado (levando, às vezes, ao que eu chamaria de "pensamentos intrusivos"). Somente simbolizando em palavras – e em muitos casos devem ser articuladas várias vezes, de diferentes maneiras – que se consegue mudar de posição em relação a elas.

Se existe algum critério de precisão ou verdade em psicanálise, além da percepção subjetiva do paciente, mais cedo ou mais tarde, aquilo que o paciente ou a analista disse seria verdade (e além do senso subjetivo da analista, mais cedo ou mais tarde, aquilo que o paciente ou a analista disse é verdade), o que seria se as mudanças não ocorressem realmente para o paciente: os pesadelos recorrentes e os sintomas preexistentes desapareceriam, seria capaz de fazer coisas que antes não conseguia (em poucas palavras, uma mudança na "posição subjetiva")? Tais mudanças ocorrem, não como a sabedoria corrente diria, porque o paciente neurótico encontrou um novo jeito de se relacionar com pessoas que têm o modelo "mais perfeito" de relacionamento que ele conseguiu formar com a analista,[6] porque regrediu e foi reassociado pela analista,[7] ou porque ele aprendeu a imitar a analista ao estabelecer seus próprios limites no cotidiano.[8] Ao contrário, elas ocorrem porque o real (aquilo que ele nunca articulou) foi transformado: o que era inconsciente não se tornou simplesmente consciente – foi radicalmente metamorfoseado.[9] O paciente não precisa ser capaz de formular com exatidão, conscientemente, o que era inconsciente, ou precisamente o que foi dito que fez com que as coisas mudassem, mas ele sabe que não é mais o mesmo de antes.

Um dos meus pacientes disse que tinha percebido que não estava mais pressionando o giz até quebrar, no quadro negro, costume que tinha há tempo, quando estava diante da classe (tamanha era sua timidez). Esta mudança ocorreu, aparentemente, depois que rearranjei algumas de suas palavras, dizendo algo como "pressão no quadro" (referindo-me à pressão que ele tinha sofrido quando criança, ao ser chamado por seus professores para escrever no quadro negro, e a pressão que ele colocava em si mesmo para falhar por diversas razões). Ele não refletiu no momento em que falei, mas percebeu, algumas semanas depois, que não estava mais quebrando giz, ainda que ele não estivesse fazendo qualquer esforço especial para se acalmar, e não sabia por que havia parado. Embora este seja somente um microssintoma, ele aponta para o fato de que o paciente nem precisaria mais ter consciência daquilo que estava no inconsciente para o sintoma desaparecer,[10] bastando que o analista verbalizasse, o paciente ou ambos construíam a partir das palavras de cada um.

Muitos analistas concluíram, no entanto, que o objetivo da análise é ensinar ao paciente a observar-se, da mesma forma que a analista o observa durante a terapia. A ideia aqui é que quando a analista conduz o paciente para uma tomada de consciência sobre um padrão de comportamento que ainda está inconsciente, o paciente pode aprender a tentar conscientemente parar de envolver-se em tal comportamento. Daí a importância para tais analistas de promoverem o que eles referem como "ego observador" no paciente.[11] Isso sempre me pareceu um substituto pobre para uma mudança genuína: se a análise pudesse oferecer nada mais do que a possibilidade de aprender a observar-se constantemente, e conscientemente verificar os próprios impulsos, seria difícil reunir mais entusiasmo acerca desses benefícios.

Embora a promoção do "ego observador" seja valiosa no tratamento de psicóticos, ela é um tanto contraproducente no tratamento de neuróticos, levando a maior alienação do neurótico (como explicarei adiante). Se conduzida de maneira correta, a psicanálise pode ajudar a, efetivamente, eliminar a *tentação* do paciente se engajar em certos padrões de comportamento.

Muitos pacientes que estiveram em análise, após trabalharem com terapeutas que empregam abordagens convencionais, fizeram a mesma reclamação, que foi expressa nas sessões iniciais da seguinte forma: "agora sei o que estou fazendo, mas está muito difícil parar por mim mesmo". O efeito de tais abordagens para o tratamento parece bastante claro nessa queixa: apesar de um ego observador ter sido fomentado no paciente (por vezes de forma muito sofisticada com o emprego do moderno "psicologuês"), o real, o impulso ou o reprimido que motiva o comportamento, manteve-se intocado e intacto.

O objetivo da interpretação nas principais abordagens é trazer um modelo inconsciente para a atenção do paciente, para que ele se permita "ser pego em flagrante" no futuro e deter-se antes da repetição do modelo. Nessas abordagens, a interpretação é geralmente concebida para transmitir uma pequena informação ao paciente. Informação ambígua deve ser evitada pelos analistas, pois a questão é convencer o paciente de alguma coisa, fazê-lo ver de maneira precisa como a analista vê, e encorajá-lo a incorporar, internalizar ou assimilar o ponto de vista da analista (na prática, criar em sua própria psique um ego observador de si mesmo, permanente e inspirado no ego da analista).[12] Em tais interpretações, o significado tem primazia. O objetivo é transmitir um significado – uma conexão que a analista acredita existir entre o relacionamento do paciente e seu irmão mais velho e seu relacionamento antigo com seu pai, por exemplo – de forma tal que o paciente passe a entender esse relacionamento exatamente da mesma forma que a analista o entende.

Impacto versus significado

> Interpretação é uma enunciação sem um enunciado.
> Lacan (2007, p. 58)

> É falso pensar que uma análise chegue a um desfecho de sucesso porque o paciente conscientemente percebeu alguma coisa... O que está em jogo não é um movimento de nível inconsciente, um mergulho na escuridão, ao nível consciente, um lugar na claridade, por algum ascensor enigmático... O que está em jogo não é, de fato, um movimento para a consciência mas, antes, para a fala... e essa fala precisa ser ouvida por alguém.
> Lacan (2001, pp. 139-140)

As interpretações que dão primazia ao significado atingem o real? Elas têm efeito sobre o inconsciente? No *setting* analítico, a interpretação que visa amarrar um único significado, que esteja claro e nítido, geralmente faz com que o paciente pare de falar, em certo sentido, interrompendo o fluxo de suas associações. Tais interpretações podem permitir banalidade e não merecer mais nenhum comentário, fechando portas ao invés de abri-las. Quanto mais convincentes elas pareçam ao paciente, maior a chance de que ele já tenha feito descobertas e pensado a respeito. E mesmo que sejam novas ao paciente, é provável que ele simplesmente compreenda as ideias expressas e as incorpore em seu pensamento a respeito de si mesmo, ao invés de falar delas mais tarde. Resumindo, alguém pode dizer que o pensamento do paciente (ou seu ego) recristaliza em torno das interpretações facilmente apreensíveis, ao passo que o objetivo do trabalho psicanalítico com neuróticos seja frustrar tais cristalizações.

O neurótico sempre vem para a análise com todo tipo de entendimento da sua situação – entendimentos que bloqueiam sua capacidade de ver o que está contribuindo para a situação e qual sua real participação nisso. A meta não é fazer com que ele substitua os entendimentos da analista pelos seus próprios (isto é, que internalize o ponto de vista da analista) e sim levá-lo a suspeitar de todos os significados e entendimentos, na medida em que sejam formas de racionalização e fantasia.[13] Se ele ficou feliz por ver as coisas de determinada maneira, provavelmente tenha feito investimento para vê-las dessa forma, pois esse modo de ver as coisas sustenta certa imagem que ele tem de si próprio, positiva ou negativa. A preocupação da analista é enfatizar a parcialidade daquela imagem – em outras palavras, o grau ao qual aquela imagem inclui somente parte de si mesma. A preocupação da analista não é prover um novo sentido à situação, mas sim desenrolar, esclarecer, e de certa forma desconstruir os significados que ele tende a atribuir a ela. Se ela fornecer um novo sentido (ou "significado", como Lacan sempre dizia), é provável que ele se apodere disso e pare de pensar por si mesmo; enquanto isso pode fazer sentido em certas circunstâncias de desespero, quando o paciente está muito angustiado e considerando fazer algo precipitado, não é útil forçar os limites do seu ego para conter sempre mais do que foi reprimido.

Uma interpretação que contém um significado que pode ser facilmente compreendido não será uma interpretação psicanalítica, precisamente falando.[14] É, isso sim, equivalente à sugestão. A particularidade da interpretação psicanalítica, como as diversas outras técnicas psicanalíticas que já mencionei em capítulos anteriores, não serve para dar ao paciente algum significado em que ele se apegue, e sim para fazê-lo trabalhar. Questionamentos, pontuações, escansões são destinados a descobrir, revelar e, em alguns momentos, destruir os significados implícitos na fala do paciente, levando-o a se esforçar para colocar em palavras o que nunca disse antes.

Significado e o poder nefasto da sugestão

> *uma interpretação não pode propor
> somente um velho significado.*
> Lacan (1978, p. 250)

> *Interpretação analítica não é destinada a
> ser entendida e sim a fazer ondas.*
> Lacan (1976, p. 35)

Interpretações que fornecem significados simples e facilmente apreensíveis deveriam ser entendidas como sugestões, por oferecerem um caminho específico de pensamento ou modo de ver as coisas. Se o paciente confia bastante na analista, ele levará muito a sério o significado dado por ela, o que reforçará sua posição de dependência. Sempre se observou, nos primeiros tempos do trabalho com hipnose, quando o tratamento era feito por sugestão, que o paciente precisava voltar no tempo e de novo ao médico, para renovar suas sugestões; isso indica que sugestões são tão efetivas quanto a fé que o paciente tem na hipnose. Aquela fé tende a diminuir quando o contato com o hipnotizador se rompe, implicando que somente a influência pessoal do hipnotizador é responsável pelas melhorias reconhecidamente espetaculares, algumas vezes, obtidas após o tratamento por sugestão. Podemos dizer que a convicção do paciente de que ele pode fazer certas coisas nunca é internalizada durante o tratamento por sugestão; ele deve sempre ser convencido novamente pelo hipnotizador – isto é, por alguma outra pessoa.

O objetivo da psicanálise é bem diferente: uma vez que as pessoas geralmente pensam que suas próprias ideias são mais convincentes do que as dos outros, e que não precisam validá-las constantemente por outras pessoas, a analista deve levar o paciente a procurar suas próprias respostas.[15] Embora tenhamos a tendência, devido à nossa cultura, em pensar na analista como alguém que fornece respostas, seu primeiro propósito é transformar o maior número de solicitações de respostas do paciente em um desejo de que as encontre por si mesmo (é por isso que a analista, como o lendário *Judeu*, "responde" a muitas perguntas com outra pergunta). Naturalmente, o paciente não está sozinho em sua busca por respostas, pois a analista o assiste em suas explorações, porém ela faz o possível para continuar sendo uma colaboradora discreta, uma "parceira silenciosa" em muitos aspectos. Para assegurar que as descobertas e realizações do paciente sejam sentidas como dele, na maior medida possível, a analista geralmente intervém apenas quando o paciente está muito próximo ao ponto, e fica dando voltas sem conseguir dizer.[16] Seu trabalho não é dar o peixe, como diz o provérbio, mas sim ensiná-lo a pescar.[17] Note que psicanalistas de diversas correntes não lacanianas ainda mantêm-se fieis à ideia de que a analista, ao interpretar, oferece ao paciente um significado específico; os lacanianos, no entanto, empenham-se em interpretar de tal maneira – como poderemos ver em breve – que o próprio paciente encontre os significados, ou enfrente o fato de que aquilo que vem dizendo não faz sentido algum (não quero dizer com isso que o paciente, nessa forma de psicanálise, chegue rapidamente ao ponto em que pode dispensar o analista completamente, pois a presença da pessoa com que ele fala continua sendo crucial em todas as análises, na medida em que continuamos a racionalizar e a manter certas ideias fora da mente, indefinidamente).[18]

Deixar de dar um significado específico pode provocar concordância e algumas vezes até levar à gratidão, reforçando a dependência do paciente, posição infantilizada – pois se ele precisa da analista para que ela forneça tais significados, é porque é incapaz de chegar a eles sozinho. Esses significados específicos também podem ser muito gratificantes ao paciente, pois indicam uma forma de pensar sobre si mesmo, quem sabe uma nova e satisfatória identidade para ele [esta é uma das razões do por que Lacan, 2001, p. 551, enfatizou o som da palavra francesa *sens* – em inglês, "*sense*" ("sentido") ou "*meaning*" ("significado") – em francês a palavra *jouissance* escrita como *jouis-sens*, que literalmente quer dizer "sentido do prazer"; ver também Lacan, 1990, p. 10]. Mas no trabalho com neuróticos, novas identificações não deveriam ser estimuladas, uma vez que a satisfação que trazem (que muitas vezes levam a resultados que a própria analista considera desejável – em outras palavras, "bom" para o paciente – e que o paciente acha terapêutico) tende a interromper o trabalho da analista, provocando um efeito curto--circuito no processo de examinar aquilo que está por trás de todas as identificações do ego.

Alternativamente, deixar de dar um significado específico pode levar à discórdia e à desconfiança da perspicácia da analista, levando algumas vezes ao estéril debate intelectual e à uma fraqueza, ainda que temporária, da habilidade da analista por ocupar o lugar que Lacan chama de "o sujeito que presume saber" (ver Fink, 1997, pp. 28-33). Resumidamente, "o sujeito que presume saber" refere-se ao fato de que o paciente tende a assumir que aquele conhecimento que o angustia – que na verdade está estabelecido, livremente falando, em seu inconsciente – está localizado na analista.[19] É essa projeção de seu conhecimento inconsciente na analista que faz com que o paciente procure fora sua própria verdade, via analista, mas essa projeção (que normalmente é de grande importância até quase o final de uma análise de longa duração) pode ser colocada em risco se a analista fornecer repetidamente interpretações muito específicas que o paciente considere sem credibilidade. Esta é uma das razões pelas quais os analistas, no início da carreira ou mais tarde, tantas vezes apresentam interpretações na forma de perguntas; eles parecem acreditar que a posição da analista de uma pessoa que supostamente deveria saber é menos suscetível de ser posta em risco por perguntas como "Você acha que isso tem alguma ligação com o que disse antes sobre seu pai?" do que ser mais assertivo, como "Exatamente como foi com o seu pai" (uma reivindicação assertiva, afirmativa, apofântica);[20] examinarei a veracidade desta opinião mais adiante.

A analista deve ocasionalmente proferir significados – por exemplo, quando a análise ficou emperrada devido a certo tipo de transferência que a analista foi incapaz de lidar. Nesses casos a analista precisa arriscar uma interpretação não ambígua da transferência (o que não aconselho; ver Capítulo 7) entendendo que pode estar errada, mas que o paciente irá tomar pela palavra ou pela ação (ver Lacan, 2006, p. 225; Fink, 2004, p. 6). Uma inundação de interpretações diretas poderia por a análise em risco, mas supondo que um bom trabalho tem sido realizado, a análise pode passar por momentos difíceis, como ocorrem de tempos em tempos (Freud, 1937/1964, pp. 261-262).

Contudo, com o interesse de colocar o paciente para trabalhar, as interpretações poderiam geralmente ser polivalentes – isto é, suscetíveis a terem pelo menos dois significados, o paciente teria então, como tarefa, explorá-los. Se o paciente perguntar à analista qual significado ela pretendeu dar, a analista pode responder devolvendo a pergunta: "Há algum que você acha que considero o correto?". Essa resposta provavelmente provocará aspectos da transferência que não devem ter sido elucidados ainda – pensamentos que o paciente tem dele mesmo que estão projetados na analista.

No interesse da polivalência, a analista faz bem em usar expressões idiomáticas que ela extrai do discurso do paciente, uma vez que tenham múltiplos significados, assim como preposições que no inglês coloquial americano signifiquem praticamente qualquer coisa [tal como *with* (com)]. Trabalhando dessa forma, com as próprias palavras do paciente, e evitando a clareza como objetivo,[21] a analista pode achar que suas interpretações são ainda mais polivalentes do que pensou quando foram enunciadas, ressoando com outros aspectos da experiência do paciente que a analista não tinha consciência quando falou. Isso faz sua declaração mais rica e mais difícil de ser definida.

Se a meta da interpretação não é fornecer significado, mas sim de alguma forma impactar, então que tipo de impacto temos em mente?

Novo material: incitando a análise a seguir em frente

> *Interpretação não é a verificação de uma verdade que pode ser decidida com sim ou não; ela desencadeia a verdade como tal.*
> Lacan (1970-1971, 13 de janeiro, 1971)

> Rei: "Você vai prestar atenção nesta carta?"
> Biron: "Como se fosse um oráculo".
> Shakespeare, Amores Perdidos

Como Edward Glover (1931) indicou há muito tempo, a interpretação pretende ser *produtiva* na terapia, isto é, provocar novo material. Lacan (2006), discutindo esse ponto de vista três décadas depois, escreveu:

> Todos reconhecem à sua maneira, que para confirmar a pertinência de uma interpretação, o que importa não é a convicção com que é recebida pelo sujeito, já que melhor se reconhecerá sua pertinência no material que vier a surgir depois dela.
>
> Mas psicologizar a superstição controla de forma tão poderosa as nossas mentes, que as pessoas sempre procuram o fenômeno fundamentado no parecer favorável

> *no consentimento do sujeito, com vistas inteiramente ao alcance do que Freud disse sobre Verneinung [negação] como forma de reconhecimento – o mínimo que se pode dizer, é que a negação pelo sujeito não pode ser tratada como equivalente a algo absoluto. (p. 595)*

O objetivo da analista ao interpretar não é dizer algo que o paciente vá concordar (embora a terapeuta iniciante algumas vezes seja inclinada a fornecer tais interpretações para provar ao paciente que ela está oferecendo algo que ele descobrirá que vale a pena). Conforme Freud (1937/1964) colocou:

> *Um simples "Sim" do paciente não é de maneira alguma ambíguo. Na verdade, pode significar que ele reconhece a exatidão da construção que lhe foi apresentada; mas também pode não ter sentido, ou mesmo merecer ser descrita como "hipócrita", uma vez que pode ser conveniente para a sua resistência, fazer uso de um parecer favorável em tais circunstâncias, a fim de prolongar a ocultação de uma verdade que não foi descoberta. O "Sim" não tem valor, a menos que seja seguido de confirmações indiretas, a menos que o paciente, imediatamente após o seu "Sim", produza novas lembranças que completem e ampliem a construção. (p. 262)[22]*

De fato, os casos em que o paciente discorda da interpretação da analista podem ter mais valor para a análise, essencialmente,[23] admitindo que sua discordância seja veemente e não simplesmente indiferente. Quanto mais inflexível ou intensa for a negação, mais provável que a interpretação tenha atingido a resistência, digamos assim. Ainda que não seja possível explorar aquela resistência, a analista guarda mentalmente, na esperança de poder retornar a ela depois, não obstante talvez indiretamente, ou em outros termos. Relembrando a máxima perspicaz de Freud (1905a/1953, p. 46), "Uma acusação que erra o alvo não agride", podemos formular uma para a situação analítica como: "uma interpretação que erra o alvo não provoca negações e refutações".

Todavia, o ponto mais importante aqui é que o valor da interpretação deve ser julgado pelo que provoca – isto é, se ela aprofunda a análise ou não (Freud, 1937/1964, p. 265).[24] Em certos casos, pode levar a diversas associações imediatas, enquanto em outros, pode ter efeito mais demorado, estimulando sonhos, devaneios, ou reflexões durante algum tempo depois da sessão na qual foi proferida. Ainda em outros casos, pode não produzir efeito, não levando a novo material (confirmando ou invalidando a interpretação) em curto ou longo prazos. Claro, é um assunto complicado para determinar, enfim, o que basicamente promove a análise e o que não. Alguns conjuntos de associações podem parecer muito encorajadores a princípio, mas podem essencialmente paralisar, levando a um impasse. Certas linhas de pensamento que brilham com a interpretação podem parecer produtivas a princípio, para serem rejeitadas por terem perdido o momento, mais tarde. Todavia, costuma-se ter a impressão de que muitas linhas de pensamento precisam ser exploradas exaustivamente, de alguma forma, antes que linhas mais estáveis, linhas de maior alcance sejam encontradas. Nem sempre se acerta a melhor linha de pensamento de imediato, nem Roma foi construída em um dia.

A preocupação com a geração de novos materiais levou Lacan a caracterizar, algumas vezes, interpretação como um tipo de "discurso oracular".[25] Muito parecido com o oráculo de Delfos, a analista diz algo suficientemente polivalente, mesmo que não seja entendido, que *ressoe* provocando curiosidade e desejo de adivinhar por que a analista disse o que disse. No melhor dos casos, o paciente é levado, a princípio, a trabalhar não em nível consciente – em que ele pudesse comentar na próxima sessão, "Estava pensando no que você disse da última vez, e concordo em um sentido, mas por outro lado..". (um tipo de comentário que é desencorajado pela própria polivalência da interpretação oracular) – mas sim no nível inconsciente, em que pode levar a imagens inesperadas, sonhos, fantasias ou pensamentos não induzidos de pronto pela reflexão consciente.

Discurso oracular não é uma linguagem que se esforça em demonstrar o controle do significado – para demonstrar que entende perfeitamente a fala do paciente –, mas sim uma linguagem evocativa, fala confusa, discurso que deve projetar significados, linguagem que é preciso trabalhar para conseguir atribuir significado a ela. Conforme Lacan (1975a, p.16) coloca, "o oráculo não revela e nem esconde: *shma'inei*, dá um sinal". E um sinal – por exemplo, a trajetória do voo da andorinha sobre a água, ou o aspecto das entranhas de um animal sacrificado – precisa ser decifrado, tem que ser interpretado. Não há significado independente; depende do observador. O símbolo grego *shma'inei* significa também "indica", "mostra", ou "aponta para"; quando alguém aponta para algo – digamos, uma árvore – não sabemos, *a priori*, se ela está tentando nos mostrar a espécie, a forma, a casca, a cor, as folhas ou os ninhos de pássaros, entre outras possibilidades. A interpretação precisa ter a virtude de ser "alusiva", Lacan sugeriu (2006, p. 641), com a ambiguidade sendo o instrumento psicanalítico mais provocativo.

A interpretação não fornece a metalinguagem

> *Interpretação... aponta para o desejo, o que é idêntico, em certo sentido. Desejo é, em suma, a própria interpretação.*
> Lacan (1978, p. 176)

> Se há uma regra básica da psicanálise, é que se evite o nonsense, até mesmo em nome das categorias analíticas. Sem análise selvagem: não se joga fora palavras que têm sentido só para o analista.
>
> Lacan (1976, p. 34)

Durante décadas, a teoria psicanalítica serviu como base para um grande número de interpretações feitas por analistas; o complexo de Édipo foi o grande padrão, a grade primordial através da qual a experiência do paciente podia ser vista. A linguagem da teoria analítica foi considerada perfeita para expressar a experiência do paciente – nesse sentido, pode ser pensada como metalinguagem, com respeito à espontaneidade da linguagem empregada pelo paciente – e foi algumas vezes considerada suficiente para limitar sua experiência à teoria analítica, para que o trabalho da analista pudesse ser feito, digamos. Uma vez que a vida do paciente havia sido formulada na linguagem da teoria, acreditava-se que seus sintomas desapareceriam. Nos anos 1920, Freud já tinha indicado que as interpretações baseadas em constructos teóricos, como o complexo de Édipo, não eram mais eficazes: os pacientes que procuravam os analistas já haviam lido diversos textos analíticos, e procuravam enquadrar suas próprias experiências usando conceitos psicanalíticos antes mesmo de deitarem-se no divã, e faziam afirmações como, "Meu problema, doutor, é que ainda amo minha mãe e é por isso que odeio meu pai". As formulações edípicas têm se tornado lugar comum, a ponto de não terem mais efeito ao usá-las como base para interpretações. Conforme foram feitas adições nas teorias – quer fossem conceitos pós-freudianos como id e superego, quer fossem conceitos como o objeto parcial de Abraham, ou objetos bons e maus de Klein – os analistas sempre tentavam transladar as experiências de seus pacientes para essas teorias; tais translações devem ter tido algum impacto desde o início, mas seu efeito foi desaparecendo à medida que outros conceitos psicanalíticos foram sendo assimilados pelo público.[26]

Acertadamente, analistas como Casement (1991) opuseram-se à essa forma de interpretação, porque negligenciavam a particularidade de cada paciente, tendendo a vê-los de uma só perspectiva que todos têm em comum: conflitos supostamente universais, como o complexo de Édipo, ou as fases do desenvolvimento supostamente universais como a posição depressiva. Como Casement (pp. 206--209) indicou, não podemos pressupor de imediato que o silêncio do paciente signifique resistência, só porque a teoria analítica sugere que isso pode ocorrer em certas ocasiões; em muitos, se não na maioria dos casos, seu significado é bem mais complexo do que isso.

Mas precisamos criticar a noção de interpretação como uma espécie ainda mais perfeita da metalinguagem (Soler, 1996). Traduzir a experiência do paciente de um idioma para outro – de sua língua cotidiana para o jargão psicanalítico – não vai mudar sua experiência; vai simplesmente colocar um significado teórico nela. Ele pode ficar satisfeito com aquele significado, pois sente que ao proferi-lo a analista o iniciará na teoria psicanalítica e o levará a ser um sério candidato ao treinamento analítico ou um sério analista em treinamento. Sua satisfação com isso, no entanto, vai servir como obstáculo para ele ir além, e ele provavelmente sentirá que a formulação teórica é a última palavra: isso estabelece uma explicação final com a qual ele deve ficar satisfeito.

Isso pode levar a um curto-circuito do processo psicanalítico, o qual, em sua expressão mais completa, envolve enfrentar o fato de que não existem explicações finais ou respostas definitivas. Embora o paciente repetidamente queira saber o porquê e o para quê do sentido de sua vida – sobre por que ficou do lado de um dos pais e não do outro, por que acreditou que seus pais queriam algo dele em detrimento de todo o resto, por que aceitou ser humilhado por alguém, por que ele agiu de acordo com o desejo de outra pessoa, por que fez coisas que, vendo depois, foram prejudiciais a ele e pareceram até bloquear seu progresso na vida – e embora ele venha com uma infinidade de razões que explicam, em parte, o que parecem ter sido escolhas feitas em diferentes momentos cruciais ou decisivos, fica sempre alguma coisa sem explicação e, de fato, inexplicável. Quanto mais suas investigações voltam ao passado, menos discerníveis seus motivos parecem tornar-se. Ao invés de tentar preencher as lacunas em suas interpretações ou encobrir essas decisões enigmáticas com teorias ou normalizar comentários ("todo mundo precisa fazer alguma coisa para se separar dos pais e se individualizar"; ver Capítulo 9), *a analista deve trazer à tona essa falta de interpretações.*[27]

Não há resposta definitiva ou uma explicação final do porquê uma pessoa é de um jeito, ou fez determinada coisa. Há certas construções a que se pode chegar, com respeito à direção da vida de alguém, mas em última análise é assim, e *a pessoa deve aceitar isso*. Deve-se tomar as próprias decisões ou fazer escolhas que não se pareçam decisões ou escolhas. Exatamente como as perguntas sem fim das crianças (Por que o céu é azul? Por que a luz refrata? Por que a luz vem em forma de ondas? etc.), mais cedo ou mais tarde alguma pergunta não será respondida – e nem sempre fica claro que a motivação verdadeira da criança é conhecer a resposta –, a interminável ponderação do paciente leva ao imponderável, algo essencialmente incognoscível que deve ser simplesmente aceito.

Existe sempre alguma coisa que impede de se dar uma resposta. Os pais, quando questionados pelo paciente sobre o porquê e o para quê dos acontecimentos passados, não conseguem dizer nada além de seus próprios pontos de vista, supondo que eles ainda se lembrem dos eventos em questão; nem a analista pode propor nada além do que uma série de possíveis reconstruções, em que nenhuma delas tenha a força da convicção. Nenhum desses repositórios de conhecimento tem a resposta, significando que o conhecimento em si é falho nesse pormenor. O Outro (com O maiúsculo) como repositório de todo conhecimento – que é um modo de compreender o termo de Lacan – está faltando, está incompleto, e não há nada a ser feito a esse respeito, exceto aceitar a difícil situação.

Esta é uma forma de falar sobre o que Freud chamou de "castração", algo que se aplica a homens e mulheres e envolve todas as nossas óbvias limitações: não somos imortais, nossos dias estão contados; não sabemos quando vamos morrer; não podemos fazer tudo, não podemos nos tornar peritos em todas as áreas, ou dominar todos os campos; e há limites para o nosso conhecimento. Conforme disse Freud (1937/1964, p. 252) o analista deve levar o paciente a confrontar o "alicerce" da castração (sugerindo que a analista não pode fazer mais do que foi feito até aquele ponto, cabendo ao paciente aceitar ou rejeitar o fato de que ele é castrado), Lacan argumentou que a analista deve levar o paciente a confrontar a falta no Outro e encontrar um caminho para ajudá-lo a aceitar aquela falta ou limitação e ir além.

Teimosia e muita persistência para descobrir a resposta conclusiva sugerem investimento libidinal em continuar culpando alguém pela difícil situação, nas circunstâncias ou com outras pessoas, ao passo que, na ampla maioria dos casos, as particularidades e ações dos outros conseguem explicar bastante e o paciente deve aceitar, finalmente, que na verdade ele próprio desempenhou um papel muito importante na maneira como sua vida se desenrolou.

O investimento libidinal implica uma certa fixação da forma com que o paciente busca o prazer (ou gozo, um tipo de satisfação que o paciente não experimenta necessariamente como prazeroso ou agradável *per se*) na vida, assim como falta de vontade de buscar satisfação de outras maneiras. Esta fixação, no entanto, é precisamente o que o paciente mais reclama, desde que chegou pela primeira vez na análise: não está se divertindo na vida (talvez ele estivesse acostumado a se divertir mais, ou sente que os outros em volta divertem-se ainda mais), seu estilo de vida o faz sofrer ao invés de proporcionar prazer, e ele não se sente capaz de quebrar esse padrão de sentir-se miserável. Refiro-me a isto em outro momento como uma "crise de satisfação" ou uma "crise do gozo" (Fink, 1997, pp. 8-9), na qual a antiga maneira de o paciente ter prazer (seja de maneira explicitamente sexual ou qualquer outra) foi destruída e ele vem para a análise pedindo que a analista devolva isso a ele, da forma como era no passado. A analista, por outro lado, espera que seu paciente divirta-se de outra forma, de uma forma que não envolva investimentos dele ver o mundo como via antes, e culpar os outros ou as circunstâncias pelos seus apuros.

Se a analista for preenchendo as brechas nas interpretações dele com interpretações suas, o paciente vai continuar no mesmo lugar que estava, ao invés de inspirá-lo ou provocá-lo para que possa ir além. Ele terá um novo jeito de procurar coisas, novo jeito de compreender sua vida, mas irá continuar sofrendo como antes, e continuará o "divertimento" da mesma maneira que era intolerável para ele, antes de iniciar a análise.

Esta é uma das razões por que Lacan (1977b, pp. 15-16) afirmou que "a interpretação não precisa ser mais verdadeira do quanto é falsa. Deve ser alvo, que em última análise signifique que a busca por significado parou, em uma situação na qual o significado, ao invés disso, parece despertado", esta situação seja de tal forma que algo tenha sido reprimido e "um inesgotável fluxo de significados seja pedido" – significados (na verdade, racionalizações) que "os atiram no vão que a repressão produziu". A abordagem de Lacan para interpretação visa algo além de incitar o paciente a trazer cada vez mais novos significados, embora isso seja obviamente importante no início de uma análise; mais tarde, a ênfase continua provocando mudança na "posição subjetiva", mudança na forma com que o paciente consegue prazer na vida, uma mudança que coloca um ponto final à tentativa de buscar incessantemente explicar o que é essencialmente inexplicável.

Exemplos de interpretações equivocadas

> É somente pelos equívocos que a interpretação se efetua.
> Precisa haver algo significativo que ressoe.
> Lacan (2005b, p. 17)

> Os efeitos de uma interpretação são incalculáveis,
> mesmo se forem calculados.
> Aparicio (1996, p. 55)

Em muitos casos, uma interpretação pode ser construída simplesmente citando algo que o próprio paciente disse e parecia confuso, pois o paciente nem sempre toma conhecimento da ambiguidade naquilo que disse. Um dos meus pacientes, que estava em pleno apogeu, tinha comentado em várias ocasiões que não ocupava a posição hierárquica corporativa, que normalmente deveria ocupar pela idade, sempre se queixou dos chefes e de outras pessoas na vida que tentaram agir com ele como figuras paternas, eu simplesmente repeti a ele algumas dessas palavras quando ele disse, "Tenho tropeçado sempre na minha ascensão ao poder". Quando eu repeti, "ascensão ao poder", ele percebeu que o som da palavra *ascensão* (*ascent*) também poderia ser entendido como "*consentimento*" (*assent*), e começou a se perguntar sobre sua recusa em assumir o poder, sua falta de vontade em ocupar o poder em qualquer situação de trabalho, delegar responsabilidade aos outros, e assim por diante. Aquilo permitiu que nossas discussões sobre poder deixassem o plano abstrato da crítica generalizada de autoridade como tal (esclarecedora como tinha sido no início) e voltassem para os seus próprios desejos expressos de forma sufocada ou velada para dominar outros, como senhor absoluto, e agir agressivamente em relação aos outros.

Interpretações baseadas nas citações da fala do paciente são talvez as mais comuns e sempre as que menos chocam o paciente; em minha experiência, os pacientes nem mesmo pensam nelas como interpretações.[28] Outrossim, citações seletivas e citações fora do contexto funcionam de forma ambígua no discurso do paciente, ambiguidades que a analista considera ter certa importância (em alguns casos, há tantas ambiguidades na fala do paciente que a analista deve escolher apenas algumas mais promissoras dentre todas), calculando – embora talvez em uma fração de segundo – que elas serão úteis por abrir novos caminhos de discussão. A ambiguidade neste caso foi uma simples homofonia: *ascent* tem o mesmo som de *assent* na maioria (se não em todas) das formas do inglês americano contemporâneo.

Em um outro caso, a homofonia não foi tão completa: repeti deliberadamente a frase do paciente "Nós dois estamos andando de bicicleta (*riding*)" (como no sonho que ele me contou) de um jeito que pareceu que "*riding*" tinha o som de "*writing*" (escrita) (que pode ser fácil de ocorrer no inglês americano), porque ele havia falado durante várias sessões sobre sua escrita. Em seguida modifiquei, falando alto a palavra "*righting!*" (corrigindo), insinuando que sua escrita talvez estivesse amarrada com o projeto, corrigindo certos erros percebidos, corrigindo algumas coisas ou pessoas.

Ainda em outros casos, a ambiguidade tirada da fala do paciente é gramatical ou idiomática.[29] Um paciente, cujo irmão mais velho se envolveu durante vários anos em uma prática sexual muito específica, enquanto ele, que era o irmão mais novo, fazia de conta que dormia, contou em diversas sessões sobre como ele achava repugnante a ideia de pagar por sexo. Embora algumas vezes ele tenha tentado pagar, sempre conseguia "afastar a ideia", preocupado que a parceira paga o veria como um "bruto", "uma presença repulsiva", e completou, "e eu nem saberia". Este foi um resumo fiel do que ele pensava sobre o irmão mais velho, que o dominou em vários contextos, fazendo-o pagar, de maneiras diferentes, por sua submissão, e a quem ele gostaria de ter pago na mesma moeda – isto é, com sofrimento e humilhação. Teria bastado isolar as palavras "pagar por isso" para ele fazer a conexão com dinheiro, dominação, e sofrimento e perceber que, para ele, pagar para alguém fazer sexo com ele significaria assumir o papel do irmão com ele, pelo menos em algum nível – algo que ele relutava em fazer. Além desta ligação direta, seu maior interesse em fazer a outra pessoa pagar logo veio à tona. Aqui os múltiplos significados idiomáticos do verbo "pagar" e a expressão "fazer (alguém) pagar por algo" foi o que proporcionou essa simples interpretação com certa riqueza.

O objetivo neste caso foi obviamente não revelar um "significado oculto" específico, mas sim levar o paciente a querer saber o que ele queria dizer com "pagar por sexo", pois o que ele pretendeu foi mais enigmático do que ele pensou inicialmente. De fato, os pacientes sempre respondem às citações da analista sobre sua fala ambígua com comentários do tipo "O que eu quis dizer com isso afinal?" ou "Mas o que isso quer dizer?" (Aparicio, 1996, p. 53).

Naturalmente, nem todas as interpretações são restritas a citações da fala do paciente. No caso da paciente que, quando discutimos sua frequente náusea, em sua vida adulta, lembrou-se de que ia ao quarto dos pais, muitas vezes, quando tinha cinco ou seis anos, pedir um sal de frutas porque estava com náuseas, lembrei a ela de que seu irmão era seis anos mais novo que ela.

Embora tenha vindo à minha mente muitas coisas rapidamente, incluindo o pensamento de que ela havia visto sua mãe com náuseas na gravidez e provavelmente quis estar grávida como ela, ou ao invés da mãe, imaginando-se tendo um bebê de seu pai, eu simplesmente perguntei se ela tinha visto alguém mais tomando sal de frutas. Ela disse ter visto os pais tomando sal de frutas algumas vezes, lembrando primeiro das ressacas do pai e depois dos enjoos matutinos esporádicos da mãe. A paciente disse então que, quando criança, ela conseguia fazer seu estômago doer, empanturrando-se (coisa que ela fez algumas vezes depois de adulta), quando eu disse: "Como se você tivesse enjoos matinais". As palavras enjoos matinais eram dela, mas eu adicionei um pouco mais; e sem esquecer que o som que compõe a palavra matinal (*morning*) também pode ser luto (*mourning*), fiz uma pausa entre as palavras "matinal" e "enjôo" para ver se ela ouviria também "luto matinal".

Havíamos falado em sessões anteriores sobre as diversas perdas que ela teve na família, mas sua resposta a essa interpretação foi bem mais além do que eu imaginei naquele momento: o luto pela atenção de sua mãe, quando nasceu seu irmão (como era previsível); o luto de sua mãe pela perda da juventude, dando à paciente a nítida impressão de que ter filhos era o ponto de partida de toda a sua angústia; e a decisão da paciente logo cedo na vida de nunca ter filhos. Talvez sua periódica dor de estômago durante décadas fosse um lembrete de que ela nunca havia aceitado aquela decisão, e que não havia vivido o luto pela criança que ela poderia ter, se não tivesse interrompido sua gravidez duas vezes. Antes de fazer essa interpretação, eu não fazia ideia de que ela havia ficado grávida, menos ainda duas vezes. Parafraseando Lacan (1966, p. 13), uma interpretação, cujos efeitos podem ser totalmente previsíveis não é uma interpretação psicanalítica.

Um ponto importante dessa interpretação foi ressaltar a participação da paciente no processo – ela estava ativamente fazendo seu estômago doer por empanturrar-se repetidamente (talvez querendo imitar ou competir com o bom apetite de sua mãe durante a gravidez e também ficar enjoada como ela) – e provocar discussões sobre os desejos ou anseios que pudessem ter por trás disso. Embora a paciente estivesse ciente de estar alimentando a ideia de adotar um filho, ela não tinha consciência do desejo que teria em gerar seu próprio filho, apesar de sua decisão consciente, desde cedo na vida, de não querer. Neste sentido, a interpretação pôde tocar em algo que ela nunca tinha contemplado, algo ostensivamente reprimido: um desejo.

Uma vez que praticamente toda fala (se não absolutamente toda fala) é ambígua, a analista nem sempre consegue pensar em todas as possibilidades de interpretação antes de exprimi-la. Mesmo se tivesse tempo para isso – sem se importar em malhar o ferro enquanto está quente, a maioria das interpretações conta, de forma significativa, com o teor do discurso bastante específico, que difere notadamente de momento a momento – ela não poderia antever os possíveis modos que sua fala fosse ouvida pelo paciente, pelo menos em parte, porque a analista está predisposta a compreender o que ele vai dizer, baseado nos significados pretendidos e apenas poderia ouvir, se ela fosse outra pessoa, no momento em que a interpretação fosse feita. Portanto, a interpretação que a analista faz muitas vezes torna-se polivalente, levando a direções que a analista não esperava: embora sua interpretação tivesse sido calculada (antevisto alguns dos possíveis significados e efeitos de sua fala), ela pode conseguir mais do que barganhou, digamos, pelos efeitos de sua fala serem de alguma forma incalculáveis.

Talvez isso descreva pelo menos algumas das "interpretações angustiadas" feitas por analistas principiantes – uma variação dos bloqueios dos escritores, que têm medo de perder o controle das coisas, uma vez que as colocam no papel – e sua acentuada preferência em exprimir algo que beire uma interpretação em forma de pergunta. Logo aprendem, desconfio, que as interpretações enquadradas como perguntas são tão propensas a abrir uma imprevisível (e imprevisivelmente longa) série de portas como interpretações que estejam enquadradas como afirmações. Em muitos casos, elas têm tanto medo de dizer algo que o paciente considere estúpido e rejeite, que sentem que é melhor ir por um caminho mais seguro, lançando suas interpretações em forma de indagações. Mas tais interpretações são feitas para incluir outras insinuações insensíveis ou absurdas de certos pacientes, como interpretações que são proferidas apocalipticamente, e os analistas geralmente não têm vantagens apostando desse jeito. Tais interpretações fazem com que o fator surpresa se perca: a tentativa de surpreender o paciente de forma produtiva fica comprometida e com sua força atenuada, pois é como se a analista dissesse, "Não preste muita atenção ao que digo, é apenas uma especulação". Além disso, há algo fundamentalmente desonesto, que é a apresentação feita pela analista de algo que está convencida de ser um jeito melado, diluído. Ela possivelmente se tornará mais insistente se o paciente não levar a sério a interpretação, como ela esperava, mas terá apenas a si mesma para culpar, por ter sido ela própria a convidá-lo, com reservas, a enquadrá-la como uma questão.

A brevidade é a alma da perspicácia

*Quando as palavras são escassas,
raramente são usadas em vão.*
Shakespeare, Richard III, II, i

*É na medida em que uma interpretação adequada [justa]
extingue um sintoma que a verdade
pode ser particularizada como poética.*
Lacan (1976-1977, 19 de abril, 1977)

Espero ter deixado claro, com os diversos exemplos que dei aqui, que interpretações provocativas, produtivas não precisam ser prolixas. Tais como as longas e envolventes questões que tendem a deixar o paciente perdido ou confuso, interpretações loquazes sempre se tornam difusas, difíceis, se não impossíveis, de serem respondidas.

Reflita sobre o exemplo a seguir da literatura psicanalítica: Casement (1991) transcreveu uma interpretação que ele fez a uma paciente que quase sempre ficava em silêncio por grandes períodos durante as sessões, mesmo estando obviamente angustiada. Um dia, após um prolongado silêncio, ela gaguejou, "Sinto muito, mas não tenho culpa de ser tão difícil assim". Casement, ligando isso com o fato de que a mãe dela sempre a acusava de ser difícil quando estava quieta e se afastava quando ela tentava falar com a mãe, disse,

> *Talvez seja exatamente esta dificuldade, de comunicar o que está sentindo, que você precisa transferir para mim agora; mas você acha que não estou realmente preparado para ficar com você, se eu experimentar um pouco dessa dificuldade, então você sente que precisa se desculpar.*

Possivelmente Casement não disse tudo isso de uma vez para sua paciente, e simplesmente tenha juntado as frases para o propósito de sua exposição, senão pareceriam muitos segmentos separados levando a diferentes direções ao mesmo tempo. Dada a resposta da paciente para essa interpretação, conforme Casement reporta, ele transmitiu aquilo que pretendia – que ela estava esperando que ele fosse como sua mãe, que não conseguia tolerar o silêncio, nem sua fala, tampouco seu pedido de desculpas. Mas ele não optou nem pela economia de expressão, nem pela polivalência, ambas são, é claro, mais facilmente encontradas em percepções tardias do que no calor do momento. Parece-me um bom princípio – no caso de alguém fornecer significados específicos – evitar interpretações com tantos elementos incitantes, digamos assim, tantas ideias separadas.³⁰

Justamente pela brevidade ser a alma da perspicácia, quanto mais enérgica a interpretação for, melhor. E as interpretações não precisam ser desprovidas de perspicácia, embora alguém dificilmente pudesse perceber o tom sério, sincero e mesmo pesaroso de boa parte dos trabalhos e de muitas interpretações relatadas na literatura psicanalítica contemporânea, que oferecem um contraste marcante ao tom, muitas vezes brincalhão e espirituoso, da literatura das décadas de 1920 e 1930 (ver, por exemplo, o livro de Silberer, 1921, *Der Zufall und die Koboldstreiche des Unbewussten*, "O acaso e as brincadeiras travessas do inconsciente"). Suspeito que não seja essencialmente porque os analistas estejam vendo casos de psicopatologia cada vez mais graves, mas sem dúvida por terem voltado a atenção da exploração do inconsciente para o desenvolvimento de uma relação de paternidade entre eles próprios e seus pacientes, eles têm pouca experiência com a perspicácia que envolve as formações inconscientes, como os sonhos, devaneios e fantasias.

Embora o humor não impere na maior parte das vezes em uma sessão, algumas vezes pode ser útil (e outras vezes o único jeito) de se chegar até certos pacientes. Além disso, não há razão da analista não poder ser divertida, de alguma forma, tanto para ela como para o paciente; conforme Lacan (1988a, p. 77) disse, "Quanto mais conseguirmos nos divertir com a psicanálise, mais real ela será". De fato, momentos de diversão podem ser as únicas coisas que mantenham certos pacientes na análise quando as coisas ficam difíceis.

Um paciente meu, obsessivo, cujo desejo era combinar impotência, castração e ineficácia, desde o início de sua análise, falava repetidamente sobre um ponto de conflito entre o seu trabalho com computadores e sua escrita acadêmica e literária. Ele levou duas sessões falando sobre "obsessão por UNIX", um sistema operacional de computador. Quando eu disse que o som da palavra poderia ser dito diferentemente, como "*eunuchs*" (eunucos), ele riu histericamente e na sessão seguinte me disse que eu tinha "matado" sua obsessão por aprender linguagens de computador. O inconsciente, como uma criança pequena (e até mesmo muitos adultos), tem "prazer com o *nonsense*" (Freud, 1905b/1960, p. 125) e faz conexões entre homônimos (como *UNIX* e *eunuchs*) que não têm qualquer relação semântica entre eles. Os sintomas sempre dissimulam seus significados e origem, tirando proveito de tais homônimos para formar "pontes verbais" entre uma ideia ou desejo e outro, que parecem não relacionados (Freud, 1909/1955, p. 213).

Outra paciente minha, por algum tempo, ficou relutante em reclamar de sua mãe, ainda que parecesse haver muitas coisas que alguém pudesse reclamar a respeito. Um dia ela me contou que quando jovem sempre fazia um jogo em que ela se imaginava como certo Professor Betwick (o nome foi mudado aqui), "um cientista maluco que fazia experimentos no porão". Conversamos sobre diversos aspectos da personalidade do professor e então falamos do nome dele. Para *wick* (pavio) ela fez a associação com *witch*, (bruxa), *wicca* (um tipo de religião das bruxas), e então *wicked* (perverso) trouxe imediatamente a expressão "Não há descanso para os perversos", que era sempre usada em sua casa. Eu perguntei, "é por isso que você trabalha tanto?", porque ela tinha dito várias vezes que era uma *workaholic*; talvez ela se considerasse perversa e estaria pagando por isso trabalhando o tempo todo. Após dar uma risadinha, falamos bastante sobre seu trabalho, feitiços malévolos, "*the wicked witch of the West*" (a bruxa malvada do oeste), o fato dela ocasionalmente pensar em si mesma como uma bruxa, e assim por diante. Então passamos para a primeira parte do nome: *Bet*.

Embora não tenha vindo nada em mente no início, ela se aventurou na associação lembrando o apelido de sua mãe: Elizabeth. Sua mãe normalmente atendia por Elizabeth, mas algumas pessoas a chamavam Betty, Beth e até mesmo Bet. Neste ponto eu disse, "*wicked* Betty", e depois, "Betty *the witch*", neste momento a paciente desatou a rir.

Encerrei a sessão ali e na sessão seguinte a discussão foi sobre alguns aspectos perversos de sua mãe e sobre o porquê da paciente ter dado tal nome para seu personagem favorito: seria para divertir-se às custas de sua mãe sem ter percebido isso (nem ela, nem sua mãe, nem ninguém na família tinha feito essa ligação, talvez parcialmente, porque ela pronunciava a primeira parte do nome diferente, tipo *bate*, ao invés de *bet*)? Para conseguir localizar em si própria a perversidade que via em sua mãe? Para se proteger da perversidade da mãe? Não havia dúvida sobre isso e muito mais. Minhas interpretações, "*wicked* Betty" e Betty *the witch*", não tinham fechado nenhuma porta e, ao invés disso, tinham aberto a porta para muitas outras coisas, o que levou a diversos materiais associativos. Além disso, na medida em que provavelmente houvesse uma certa pitada de agressividade por ridicularizar sua escolha inconsciente dessa alcunha (*Betwick*), minha formulação permitiu que ela desfrutasse daquela agressão, de ter ridicularizado a mãe, coisa que ela nunca se permitiu fazer manifestamente. A risada permitiu a expressão – uma expressão que era socialmente aceita no *setting* analítico – de um pouco de sua agressividade, permitindo que ela visse, de forma não punitiva e nem ameaçadora, o que a habitava agressivamente há muito tempo em relação à sua mãe (e talvez até mesmo por um desejo de atormentá-la ou enfraquecê-la). Seu inconsciente tinha, no modo de falar, formulado um dito espirituoso sobre si mesma que satisfez parte de sua agressividade, um dito que simplesmente decifrei. Foi, acredito, uma experiência surpreendente para nós dois.

Em nossa busca para chegar ao que está reprimido, precisamos usar expressões verbais que levem a caminhos em que o neurótico cuidadosamente mantém trancados sob chaves, tão cuidadosamente, às vezes, que ele esquece que havia alguma coisa trancada, ou até mesmo onde ele a escondeu pela última vez. Precisamos saber se estamos trabalhando com neuróticos ou psicóticos, e assim podemos nos situar e usar expressões adequadas. Quando um paciente meu, neurótico severamente inibido, contou à analista com quem ele esteve antes de mim sobre uma fantasia agressiva que a envolvia, sua primeira reação foi avaliar se ele estaria realmente pensando em viver aquela fantasia com ela. Embora tais fantasias possam sinalizar perigo em algumas circunstâncias com certos psicóticos, esse paciente já havia dado a ela muitas provas de sua considerável inibição na vida e de sua tendência generalizada em punir-se por tudo, ao invés de atacar alguma pessoa. Tomando sua fantasia e trazendo para a "realidade", como se fosse algo que ela havia considerado que ele fosse capaz, ela efetivamente o inibiu fazendo com que ele não mencionasse qualquer outra fantasia agressiva novamente, e ele logo desistiu da análise. Para os neuróticos há uma séria barreira entre pensamento e fato, entre pensar e fazer, e é possível estimular com bastante segurança a expressão verbal das propensões, não importa o quão violentas sejam. Com os psicóticos nem sempre esse é o caso, daí a importância de poder distinguir entre neurose e psicose. De fato, com neuróticos precisamos alimentar todos os aspectos dos sonhos e fantasias em que os elementos se mostrem, uma vez que são aspectos do real que provavelmente nunca foram trazidos à fala, e que sempre se repetem até que sejam articulados das mais variadas formas.

Ao invés de tentar avaliar se seu paciente estava planejando viver a fantasia com ela, essa analista poderia ter feito melhor se aceitasse verbalmente a agressão na fantasia, repetindo as palavras mais carregadas libidinalmente que o paciente tivesse usado. Quando, em sua análise comigo, ele falou de um sonho no qual havia um cavalo morrendo, um cavalo que ele associava a mim, eu repeti com certa vivacidade, "Morrendo!", pontuando e enfatizando a agressão que havia por trás e simultaneamente transmitindo ao paciente que mesmo que ele estivesse com medo daquilo que gostaria de fazer comigo, eu não estava. Não vi como algo dirigido a mim como um ser humano que está vivo e respirando, mas como uma parte normal da transferência – ou seja, destinada a alguém ou a alguma coisa diferente do que de mim mesmo (ver Capítulo 7).

Outros exemplos de interpretações, que alguém sempre manda, fornecendo um texto generoso de paciente em determinada sessão, bem como o vislumbrar de um cenário maior para torná-lo compreensível – teoricamente poderia ser apresentada uma análise inteira para que a interpretação ficasse bem compreensível, mas isso raramente é viável – são encontrados nos capítulos que seguem.[31]

Notas

1. Os analistas costumam fazer interpretações que lhes parecem ir ao alvo no impulso da ação, no contexto das palavras que o paciente proferiu, mas que podem muito bem vir a pensar mais tarde como apenas parcial ou até mesmo fora de propósito. Assim as interpretações não são úteis, mas criam algo como um enigma atemporal em termos de precisão. O que parece preciso em algum momento na sessão, talvez não pareça mais alguns minutos depois, após o paciente ter contado suas lembranças e associações. Mas essas outras lembranças e associações poderiam nunca ter sido contadas se a interpretação imprecisa não tivesse sido feita. Alguém pode achar que é a imprecisão (ou a precisão parcial) da interpretação que permitiu a evolução da análise, pois em muitos casos o paciente não menciona certos pensamentos ou lembranças até ouvir a interpretação desajeitada do analista.

O paciente nem sempre compreende o efeito que a interpretação teve sobre ele, mas inconscientemente volta a ela na sessão seguinte sob um novo ângulo, indicando certo impacto no sonho, devaneio, ou simplesmente nos pensamentos sobre o que viesse a falar em seguida. Houve o impacto sem que ele percebesse. De fato, a analista poderia comentar, ele algumas vezes mal consegue se lembrar da interpretação conscientemente, mas o impacto, por outro lado, foi real.

Talvez seja mais comum que o paciente nem reconheça, como interpretação, o que o analista disse. Combina tanto com o que o paciente tem dito ou é tão breve e enigmática que não se encaixa na noção preconcebida do paciente sobre o que seja uma interpretação.

2. Ver descrição de "*pontos de capitonê*", de Lacan; ver Capítulo 10 e Fink (2004, pp. 111-116).

3. No início dos anos 1950, Lacan considerava a noção de "discurso total", um tipo de discurso no qual o paciente sente o peso da verdade ao falar; a verdade, em tais casos, pode estar bem mais ligada com a enunciação (isto é, o ato da fala) do que com o enunciado (a afirmação feita – em outras palavras, o conteúdo). Mais tarde, Lacan percebeu que a temporalidade da verdade seria mais complexa, uma vez que é alcançada em um futuro indicativo anterior: não é bem uma verdade quando ele pensa nisso entre as sessões, e não é completamente verdade quando relatado na sessão seguinte (de fato, pode parecer ridículo para ele enquanto relata, não encontrar mais a verdade). Tudo o que dizemos é que *terá sido verdade* para ele. Nos anos 1970, Lacan (1973, p. 6) ofereceu a seguinte formulação: "[a anunciação] *ex-sists* com respeito à verdade", sugerindo que verdade e enunciação juntas não são coincidentes ou alinhadas uma com a outra. Para a noção de Lacan sobre *ex-sistence*, ver Fink (1995, Capítulo 8). Para uma visão mais recente de discurso total e discurso vazio, ver Bruno (1995).

4. Considere, nesta conexão, o comentário de Freud (1937/1964, p. 263) com respeito às interpretações que não são aceitas pelos

pacientes: "Um 'Não' da pessoa em análise é quase tão ambíguo quanto um 'Sim'..... Um 'Não' do paciente não é evidência de uma construção precisa, embora seja perfeitamente compatível com ela. Uma vez que tal construção [isto é, uma espécie de interpretação abrangente] esteja incompleta, por cobrir apenas um pequeno fragmento dos eventos esquecidos, ficamos livres para supor que o paciente não está de fato disputando aquilo que foi dito a ele, mas sim baseando-se em sua contradição na parte que ainda não foi descoberta".

5. Minha expressão aqui, "tocar o real", é uma adaptação livre de algo que Lacan disse (1973, p. 30): "A interpretação... tem como alvo a causa do desejo". Neste caso a causa do desejo é equiparada com o real lacaniano. Podemos pensar que o real aqui, alternativamente, como o conhecimento não subjetivado, o conhecimento sem um sujeito, que é encontrado no inconsciente: está lá o verdadeiro executor das ações, digamos assim, sem o conhecimento do paciente (ver Fink, 1995). O analista pode ter uma boa ideia do que é aquele conhecimento, por tudo que o paciente negou: "Não tenho ideia de por que fiz aquilo", "Não tenho ideia do que aconteceu depois", "Nem sei porque eu disse aquilo". Tais afirmações sobre o que o paciente não sabe, vão lentamente se ausentando; apontam em direção a uma lacuna no conhecimento do paciente, que pode ser ocupada pelo mínimo de coisas possível; conforme Lacan coloca (1968a, p. 21), "O que não é conhecido é organizado como a estrutura do conhecimento". Se ouvirmos com cuidado aquilo que é deixado de fora do discurso do paciente, e aquilo que ele alega não saber, podemos discernir o que provavelmente é sabido no inconsciente, desconhecido para ele. A interpretação visa tocar a lacuna em seu conhecimento.

6. McWilliams (2004, p. 17) escreveu, "A aliança terapêutica é internalizada como um novo modelo de relacionamento".

7. Para discussão de *reassociado*, ver, por exemplo, Guntrip (1971).

8. Ver, por exemplo, McWilliams (2004, pp. 258-259).

9. Lacan (1977b, p. 14) algumas vezes igualou o inconsciente ao real: "O real como aquilo que é impossível ser dito". Para o paciente, a verdade está sempre em algum outro lugar, à medida que ele consegue falar algo que estava no inconsciente (o que uma vez foi real, porque falar a respeito era impossível) e pode então mover-se ao encontro do que ainda permanece inconsciente.

10. Isso também aponta para o fato de que o analista não precisa saber que o que disse ontem teve efeito – eu não teria sabido se o próprio paciente não tivesse me contado algumas semanas depois.

11. O termo "ego observador", com frequência justaposto ao "ego experimentador", deriva da noção de Richard Sterba (1934) de "dissociação egoica terapêutica". Para exemplos de seu uso no trabalho contemporâneo, ver Casement (1991, pp. 30-32) e McWilliams (2004, p. 211). Como veremos no Capítulo 7, Casement dá mais um passo ao pedir que o analista se divida da mesma maneira em analista engajado e "supervisor interno".

12. Freud (1940/1964, p. 175) alertou contra o seguinte: "Por mais que o analista seja tentado a se tornar professor, modelo ou ideal para outra pessoa e criar o homem à sua imagem, ele não deveria esquecer que não é sua tarefa no relacionamento analítico, e na verdade que ele será desleal em sua tarefa se se permitir ser levado por suas inclinações. Se o fizer, estará somente repetindo o erro dos pais que comprimem a independência em seus filhos, por sua influência, e estará só substituindo a antiga dependência que o paciente tinha, por uma nova". Esse erro é, todavia, repetido por numerosos profissionais que acreditam na formação de uma "aliança" entre a chamada parte saudável do ego do paciente e da analista.

13. Como Spotnitz (1999, p. 260) disse, "Somente a compreensão não ajuda ninguém a melhorar".

14. Lacan (1966, p. 13) proporcionou o seguinte pensamento auxiliar: "Uma interpretação cujos resultados sejam entendidos não é uma interpretação psicanalítica".

15. Há, é claro, pessoas que, pelo menos inicialmente, são bem mais inclinadas a acreditar nas ideias propostas pelos outros do que em suas próprias.

16. Conforme disse Lacan (2007, p. 130), "A interpretação que o analista fornece não é o conhecimento encontrado no assunto, mas sim o que acrescenta àquele conhecimento com o propósito de dar um significado". Esta afirmação feita por Lacan em 1970 – e mais tarde, tais como "Muitos analistas têm o hábito de nunca abrir suas bocas" (Lacan, 1974-1975, 11 de fevereiro, 1975) e "Analistas acreditam sempre que sua profissão envolve ficar em silêncio... É um erro, um desvio, quando o analista fala muito pouco" (Lacan, 1976, p. 42) – me parece sugerir que Lacan de modo algum considerou a interpretação como "morta", como foi recentemente reivindicado por certos seguidores seus. Serge Cottet (1994) parece ter se influenciado com este pensamento quando, na reunião de junho de 1993, referiu-se ao "declínio da interpretação", o que foi então acolhido e desenvolvido por outros, em particular por J. A. Miller (1996, p. 13), declarando que "a interpretação está morta". Um estudo sobre os comentários do assunto, no entanto, indica que eles quiseram simplesmente dizer que a velha forma "clássica" de interpretação, em que o analista conta diretamente ao paciente o significado de algo (um lapso, sonho ou sintoma), está morta, e não a mais nova forma lacaniana de interpretação, a qual é misteriosa, ambígua, "meia-dita", e mais propensa a cortar ou desestabilizar o significado, fazendo então com que se prendam em algum significado específico. Lacan (1973, p. 252) indica também (em seu posfácio francês para o Seminário XI, não incluso em Lacan, 1978) que os psicanalistas têm o "dever de interpretar".

Deve haver um ponto para certos tipos de interpretações no início do trabalho da analista com alguns pacientes – de fato, às vezes, certas interpretações surpreendentes podem ser a única coisa que permita que as pessoas se tornem pacientes pela primeira vez. Contudo, eu recomendaria que tais interpretações prematuras, inesperadas, fossem feitas por analistas experientes, com muito bom senso, após terem conduzido várias análises, pois nem todos se envolvem e provavelmente não se envolverão no processo analítico sem uma sacudidela.

17. Os analistas são sempre compelidos a dar ("suprir") ao paciente interpretações em certos momentos quando eles pedem insistentemente por alguma coisa – alguns se referem a isso como "demanda por suprimento" –, mas geralmente é suficiente fazer pergunta por sua conta. Winnicott provavelmente iniciou o "suprindo o frenesi" entre os analistas com a frase sempre repetida de um de seus pacientes: "Um bom tratamento como o que experimentei durante esta hora é um suprimento" (ver, por exemplo, Winnicott, 1960/1965a, p. 141).

18. Um ponto de vista similar pode ser encontrado em Casement (1991, p. 7): "Ninguém pode conhecer seu próprio inconsciente sem a ajuda de alguma outra pessoa".

19. A analista, naturalmente, "sabe que ele não é" o sujeito que sabe (Lacan, 1966-1967, 21 de junho, 1967).

20. Para discussão do termo *apofântica*, ver Lacan (1973, p. 30). *Apofântica* vem de *On Interpretation* de Aristóteles em que se encontra o termo *logo apophantikos* (significando "discurso declarativo"), sobre o qual Heidegger (1975/1982, p. 180) explica o seguinte: "o discurso que tem a específica função de mostrar, exibir, chamamos de afirmação, declaração, proposição".

21. Neste sentido, a analista é como Alan Greenspan, ex-presidente do Federal Reserve, que disse certa vez: "Preocupo-me incessantemente que possa estar sendo muito claro".

22. Sobre a diferença entre construção e interpretação, Freud (1937/1964, p. 261) disse, "'Interpretação' se aplica a algo que alguém faz com um único elemento do material, tal qual uma associação ou uma parapraxia [isto é, ato falho ou lapso]", enquanto

que uma construção é algo que cobre uma grande faixa do material analítico.

23. Para alguns apontamentos interessantes sobre a discordância do paciente com relação à interpretação do analista, ver Freud (1937/1964, pp. 262-263).

24. Isso não quer dizer que, só porque o paciente ficou "tagarelando" após uma interpretação, ela tenha sido útil. Conforme Lacan (1966-1967, 21 de junho, 1967) colocou, "Se a interpretação fosse simplesmente o que rendeu do material – digo, se alguém elimina radicalmente a dimensão da verdade – a interpretação não seria mais do que sugestão".

25. Para discussão da interpretação analítica de natureza oracular, ver Lacan (1970-1971, 13 de janeiro, 1971; 2006, pp. 106, 588; 1973, p. 37; 1975a, p. 16). Ver também o admirável comentário sobre oráculo de Stéphanie Gilet-Le Bon.

26. A esse respeito, pode ser pensado que a análise foi vítima de seu próprio sucesso. Isso pressupõe, no entanto, que a translação para termos teóricos é uma forma válida de interpretação, num primeiro momento.

27. Lacan refere-se a esta "falta de explicações" como "falta no Outro" ou "Outro barrado" (A), e para o encontro do paciente com esta falta no Outro através de seu discurso como S(A), designa-se "o significante da falta no Outro". A fantasia básica (ver Capítulo 6) é o que normalmente cobre esta falta para o paciente e é somente quando a fantasia básica aparece e começa a reorganizar que o paciente é forçado a lidar com essa falta no Outro.

28. Esta é uma das características interessantes, em que se permite confusão sobre de quem é a autoria. Como veremos no Capítulo 7, as interpretações são sempre ouvidas pelo paciente como vindas da analista que é a pessoa em que ele projeta transferencialmente (uma figura decisiva do seu passado, por exemplo),

tornando difícil de ser ouvida ou aceita pelo paciente. As interpretações que usam algo dito pelo paciente – talvez repetindo alguma coisa que alguém falou – fora do contexto têm a virtude de contornar esse enigma transferencial (ver Lacan, 2007, pp. 39-40).

29. Lacan (1973, pp. 48-49) propôs que, na interpretação, a analista tem três diferentes tipos de ambiguidade: homofonia, gramática e lógica. Como exemplo de ambiguidade lógica, considere a seguinte afirmação relatada a mim pelo paciente: "Nada é melhor do que algo ruim". A intenção ostensiva do paciente era dizer que é melhor ser deixado sem nada do que ter algo de ruim acontecendo, mas isso pode ser ouvido como um elogio a eventos trágicos (ambiguidades gramatical e lógica obviamente estão juntas aqui, a gramática sendo crucial à lógica em seu uso diário, isto é, informal).

30. Tais interpretações prolixas podem ser encontradas no trabalho de Casement (1991; ver, em especial, pp. 43 e 45), mesmo que o uso do seu "supervisor interno" ou da "identificação da experiência" (ver minha discussão a respeito no Capítulo 7) tenha teoricamente o levado a evitar interpretações as quais seriam de difíceis respostas (p. 41). Freud (1937/1964, p. 261) refere-se a essas interpretações extensas como "construções" em oposição a "interpretações", mas isso não as torna mais agradáveis ao paciente.

31. Como ainda não introduzi o conceito de Lacan de objeto *a* neste livro (ver Capítulo 8 para um breve relato), não discuti interpretação aqui em termos da forma com que o analista, especialmente nos estágios mais avançados da análise, trabalha para isolar o objeto *a* na fantasia fundamental (mencionado no Capítulo 6) e isolar o paciente disso através de várias escansões e outras intervenções que nem sempre se encaixam com facilidade sob o título de interpretação. [Para comentário sobre essas técnicas, referidas por algumas pessoas como "o outro lado da interpretação", ver especialmente edição 32 do jornal francês *La cause freudienne* (*École de La Cause Freudienne*, 1996), intitulado "*Vous ne dites rien*".] Também ainda não introduzi a noção de Lacan sobre mestre (ou

unário) significante S_1 e do binário significante S_2 (ver Capítulo 10 para uma breve discussão sobre eles); por isso não discutimos a interpretação aqui em termos da forma como a analista, às vezes, corta o paciente antes que este forneça um S_2 significado para algo (um S_1) que é puro e simplesmente sem sentido, reservando-o para livros técnicos mais avançados onde as propensões e o prazer sejam tratados em detalhes. A respeito dessa aproximação mais tardia à interpretação, ver, por exemplo, os comentários de Soler:

"Esta outra [forma de] interpretação... também não diz nada: destaca o que Lacan chamou por muito tempo de significado que é assemântico, fora da cadeia, vazio de significado, mas cheio de prazer... Este corte não leva a qualquer compreensão, mas reduz o significado, eu poderia dizer que castra o significado, não em benefício do significado mas para separar os sinais aos quais o tema é submetido" (p. 30).

O leitor da língua inglesa pode encontrar algum comentário bom nas últimas noções de interpretações de Lacan em Nobus (2000, Capítulo 4).

6. Trabalhando com sonhos, devaneios e fantasias

> *Dentro de uma análise, muito mais do que o que foi reprimido é trazido à tona em conexão com os sonhos do que em qualquer outro método.*
> Freud (1932a/1961, p. 117)

> *Ninguém pode praticar a interpretação de sonhos como atividade isolada: ela é uma parte do trabalho de análise.*
> Freud (1925a/1961, p. 128)

A maior parte do material de uma análise é normalmente fornecida pelos sonhos e fantasias. Por que isso? Porque através das criações oníricas, o inconsciente "participa" do trabalho analítico, em algum nível pelo menos, complementando a história da vida da paciente contada por ela, aludindo às memórias que esta deixou de fora. Em alguns casos a paciente pode simplesmente ter falhado ao contar suas memórias, ao relatar os primeiros eventos mais importantes da história de sua vida, no início da análise, mas consegue facilmente se lembrar deles quando são evocados por elementos do sonho (ou seja, eram pré-conscientes). Em outros casos, a paciente pode ter se esquecido (isto é, tê-los reprimido). O inconsciente *alude* a essas memórias omitidas; sonhos, devaneios, e fantasias normalmente não ficam diretamente na memória, contudo fornecem fragmentos de cenas ou elementos associados a cenas do passado: nomes, lugares, cores, sons, cheiros, e assim por diante. É bastante raro que tais cenas se reproduzam diretamente neles; ao invés disso, são geralmente evocadas de uma nova forma, de modo desejável, nos permitindo chegar às ideias sobre as cenas que podem não ter sido evocadas, se tivessem vindo à mente de outro modo. Esse tipo de (re)presentação criativa das cenas do passado, nas produções oníricas dos pacientes, nos permite supor outros motivos, intenções, ou desejos nas cenas que aludem ao que podemos ter se a paciente simplesmente relatar em um simples discurso sobre sua vida.

Como os sonhos, devaneios e fantasias podem ser bem utilizados em análise? Enquanto a paciente tenta espontaneamente interpretar um sonho como um todo – como uma história que, com algumas substituições, pode ser mais ou menos aplicado em sua vida (interpretando, por exemplo, um sonho em que ela dá a partida em um conversível amarelo gasto, para tentar se relacionar com um homem que ela conheceu recentemente) – o analista precisa solicitar associações para praticamente cada palavra e frase do relato do sonho da paciente, sem desconsiderar sua interpretação feita de forma grosseira e global: "Gasto?", "Amarelo?", "Conversível?", ele deve perguntar. Suas associações a esses elementos podem levar além desse relacionamento que está brotando. Alternativamente (ou em combinação com o método anterior), a paciente pode espontaneamente tentar "decodificar" o sonho substituindo um ou dois elementos por outros elementos, do mesmo modo que Joseph fez ao interpretar o sonho de Faraó das sete vacas gordas e das sete vacas magras, referindo-se aos sete anos de fartura e sete anos de escassez. A primeira conduta que a paciente teve espontaneamente tentou corresponder ao que Freud, em *Interpretação dos Sonhos* (1900/1958, pp. 96-97), caracterizou como o método "simbólico" da interpretação do sonho; a segunda conduta corresponde ao método "decodificado". Esses dois métodos predominaram nos tempos pré-psicanalíticos.

Muito mais esclarecedor, no entanto, é o método de Freud de pegar cada palavra ou expressão no relato do sonho, devaneio ou fantasia da paciente como ponto em potencial de partida para uma série completa de pensamentos relatados sobre a vida e fantasias da paciente. Um paciente meu certa vez se lembrou de uma cena muito poderosa de seu passado (uma cena que relatou não ter pensado a respeito durante muito tempo, talvez desde quando aconteceu) simplesmente associando uma cor a um objeto que apareceu no sonho que ele teve, o qual inicialmente descreveu como "azul ou verde". Seguindo o conselho de Freud para que se pegue dois elementos de uma alternativa ("azul ou verde") como termos para serem associados,[1] mesmo o paciente tendo sentido que ele tinha corrigido o primeiro pelo segundo, eu o encorajei que associasse com ambos. Enfim, ele concluiu que a cor do objeto no sonho era a mesma que aquela do tapete "azul pálido" de sua sala de jantar da infância. De repente ele se lembrou de que um dia ele estava deitado naquele tapete e ouviu sons vindo da porta ao lado; ele foi lá e olhou pela persiana que tinha entre a sala de jantar e a sala de visita e viu sua mãe e seu irmão fazendo sexo no chão, seus corpos sendo virtualmente cortados em fatias horizontais pelas persianas. Recordando esta cena graças ao trabalho associativo no sonho, as imagens perturbadoras que ele teve naquela época, de corpos parciais praticando atos sexuais, desapareceram. A cena aludida para este elemento do sonho ("azul ou verde") não poderia ser pensada através do conteúdo manifesto do sonho, que envolvia escolher um *notebook* na loja. Mesmo assim, esse pareceu ser um dos pensamentos latentes que entraram na construção do sonho.

Como mencionei no Capítulo 2, nenhum sonho é tão curto que deva ser descartado como sendo improdutivo para uma análise. Mesmo se a paciente não se lembrar de nada mais além de "era alguma coisa sobre capa de chuva", um bom trabalho pode ser feito, considerando que o analista insista que a paciente faça associações com isso. Os pacientes sempre acham os sonhos curtos, dos quais lembram-se vagamente, ou são sonhos obscuros que obviamente não serão úteis; estão induzidos a pensar que somente os sonhos bem elaborados e recordados nitidamente servem para algum propósito analítico, porque eles procuram interpretar espontaneamente o *conteúdo manifesto* ao invés de tentar encontrar o *conteúdo latente*, sendo este a série completa de pensamentos, memórias, e sentimentos que são evocados por cada um dos diferentes elementos do sonho. No entanto, o fato de que uma paciente se esqueceu da maior parte do sonho pode dar a entender que se trata de um evento que traz muito desconforto a ela, um assunto que está sujeito à repressão, nos dando mais motivos para tentar trabalhar com o pouco que ela se lembrou. *Afinal, o esquecimento é um sinal de repressão.* E também, quando uma paciente diz que lembra-se vagamente de um sonho obscuro, nossos ouvidos deveriam prestar muita atenção ao fato de que este sonho pode estar carregado de significados, mais que os outros, e por isso que é mais difícil para ela se lembrar.

Um dos meus pacientes mencionou uma vez um longo sonho, cujos detalhes de que ele se lembrava eram o nome Chrysippus e uma vaga sensação de que no sonho ele estava procurando seus trabalhos. Embora estivesse relutante inicialmente em ponderar tal "sonho reduzido", ele forneceu as seguintes associações quando eu pedi que falasse o que viesse na mente sobre Chrysippus:

ele era um filósofo estoico e o paciente estava estudando sobre a lógica estoica ultimamente. No dia seguinte ocorreu a ele que tinha lido em algum lugar que "Chrysippus era tão maravilhoso quanto Aristóteles", mas como seus trabalhos estavam perdidos ficava difícil fundamentar essa hipótese. Depois de uma pausa ele disse que, como ainda não havia publicado seu trabalho, eu deveria ser como Aristóteles para ele, e ele seria Chrysippus, sugerindo certo desejo de ser tão "bem publicado" quanto ele. "Se não melhor!", acrescentou. Apesar de sua recordação do sonho ter sido resumida, trouxe uma ligação inteira de pensamentos e desejos sobre as ambições do paciente e sua rivalidade comigo, sendo este o ponto sobre o qual ele inicialmente relutou em dizer.

No início de uma análise o analista precisa sempre fazer mais do que solicitar que a paciente faça associações com os diferentes elementos do sonho; as memórias recordadas nesse processo ajudam a preencher a história de vida da paciente e geralmente a convencem que ainda tem muito mais coisas no sonho do que ela pensava. Não tem necessidade de pedir que a paciente faça associações com todos os elementos do sonho, pois algumas associações podem levar a direções importantes e merecem ser vistas para seu próprio bem.

Por exemplo, um paciente me contou uma vez um sonho muito bem elaborado, que resumi aqui para meus atuais propósitos:

> *Ele estava em uma loja que já tinha fechado e teve a sensação de que os dois outros homens que estavam lá eram ambos de* 2001: Uma Odisséia no Espaço. *Ele virou--se e viu Darth Vader, que havia matado os outros dois homens. (Deveria, disse enquanto contava o sonho, ser* Star Wars, *não* 2001). *Darth Vader disse que ia matar o*

paciente, que ficou estagnado por um instante, dizendo que tinha que ir ao banheiro. Darth Vader o seguiu até o banheiro; ao caminhar para o mictório, ele ouviu Darth Vader sacar uma arma, e então a sentiu atrás de seu pescoço. De repente ele percebeu que tinha levado um tiro atrás de sua cabeça, e quis saber por que não tinha ouvido o tiro. "Se eu tivesse ouvido estaria morto", concluiu. Ele colocou a mão e viu que tinha um buraco em sua cabeça. "Então é assim que é estar morto", ele disse a si mesmo. Ele então saiu da loja e sua família estava lá; tentou falar com sua irmã, mas ela não o ouvia. Ficou na frente dela e ela trombou com ele – ele estava invisível! Na outra cena, ele estava em uma sala de espera. Seus amigos também estavam lá, e ele tentou falar com eles, mas eles não o ouviam. Então a cena mudou e ele estava em um carro com três ou quatro pessoas. Ele percebeu que eles estavam indo para um encontro, mas não sabiam como chegar no lugar marcado. Ele sabia como chegar lá, mas eles não o ouviram quando indicou a direção. Ele saltou para o lugar do motorista e começou a dirigir. "Olha, o carro está indo sozinho", alguém disse. Chegaram ao destino e ele deu a volta na casa, achando que era a casa de Conan O'Brien; foi até o banheiro e fez xixi no vaso sanitário. Uma mulher entrou e ele pensou que poderia ser a esposa de Conan. Ela olhou para a água no vaso sanitário e disse, "Oh, que estranho". Ela não o via, mas via a água. Ele festejou, "Finalmente consegui alguma coisa no mundo, afinal! Vou tentar chamar *a atenção dela". Pôs as mãos em seus seios e ela deu uma risadinha. "Finalmente consegui tocar alguém", pensou e então acordou.*

Há tantas cenas e tantos detalhes neste sonho (aqui já está resumido) que, em apenas uma sessão, poderíamos obviamente ver cada um com muita pressa. Nossa discussão do sonho na sessão em que ele contou novamente ficou concentrada apenas em alguns pontos principais (que estão bem condensados aqui), e ele retomou o assunto nas sessões seguintes, mas nunca de forma exaustiva. Começou dizendo que tinha sentido que ele estava tendo pouco resultado no mundo, que ele era invisível, mas que o sonho tinha oferecido um vislumbre de esperança. A explicação para *Star Wars*, disse, é que Darth Vader é pai de Luke Skywalker; o sonho, continuou, era sobre como sobreviver no mundo depois de ter sido morto por seu pai. Fez uma pausa.

"Enquanto urinava?", perguntei. Ele respondeu que urinar era um tipo de competição: ele tinha dito uma vez, em relação ao seu irmão, "Não vou entrar na competição de urinar com ele". Os parceiros eram iguais na competição fraterna, mas não entre pai e filho. Uma competição (de urina) entre pai e filho não seria fútil, ele afirmou, como seria entre dois irmãos.

Em relação a Conan O'Brien, o paciente indicou que Conan assumiu o programa David Letterman quando este foi para CBS. Conan era desconhecido na época e se desculpava repetidas vezes pela sua *performance* durante os primeiros anos de *show*. O paciente disse que ficava muito agitado quando ouvia as desculpas de Conan, sentindo que Conan não deveria se desculpar porque ele era muito bom. Confessou que não sabia por que se preocupava tanto com isso. Finalizei a sessão aí, achando mais útil encerrar com algo que ele não havia entendido sobre ele mesmo, do que revelar todos os fragmentos do sonho naquele momento (eu sabia que teríamos outra sessão no dia seguinte).

Em nosso próximo encontro, o paciente disse que havia pensado mais sobre o sonho, especialmente no ponto em que eu tinha encerrado a sessão. Disse que percebeu que tinha se identificado com Conan e que, como ele, deveria parar de se desculpar pelo seu "trabalho anterior". O trabalho que tinha feito "não foi tão mal", disse, "na verdade foi bom". Bastante interessante foi que, durante a noite, entre essas duas sessões, ele tinha tido seu primeiro sonho sobre sexo com sua esposa (ele normalmente sonha com esposas dos outros, menos a dele). Isso talvez estivesse relacionado à sua crescente aceitação da validade e qualidade de seu próprio trabalho e conquistas. Embora não tenhamos explorado cada ângulo e fresta de seu sonho, ou cada possível desejo realizado nele, muitas articulações importantes foram localizadas e o sonho contribuiu para movimentar totalmente a análise.

Um paciente pode ficar muito intrigado com algum sonho e voltar a ele nas futuras sessões, fornecendo novas associações. No entanto, mesmo quando o paciente não volta a algum sonho em especial, o analista não precisa se preocupar, achando que o material com que o paciente não fez associações se perderá para sempre. Conforme Freud (1911b/1958) nos contou:

> Podemos descansar na certeza de que cada pulsão de desejo que gera um sonho hoje ressurgirá em outros sonhos, uma vez que não tenha sido compreendida e retirada do domínio do inconsciente. Sempre acontece, no entanto, que a melhor maneira de completar a interpretação do sonho é deixá-lo, e dedicar atenção a um novo

sonho, que pode conter o mesmo material de forma mais acessível. (p. 92)

Como já indiquei antes, recomenda-se frequentemente permitir que a paciente inicie as sessões e traga diferentes assuntos para discussão, ao invés de a conduzir sempre para que faça associações sobre o sonho contado na sessão anterior (ou retomar qualquer assunto que o analista tenha achado especialmente interessante ou importante nas sessões passadas). O analista que se preocupa com alguma associação em particular ou crucial, que pode se perder ao deixar de retomá-la na sessão seguinte, possivelmente descobrirá que ele perdeu muito mais por usurpar o papel da paciente na terapia: a paciente talvez sinta que ela está ali simplesmente para responder às perguntas do analista e seguir sua linha de questionamento, ao invés de levantar suas próprias questões sobre a vida e assumir as rédeas da análise do seu jeito.

Uma vez que a análise esteja bem encaminhada e a paciente tenha assumido para ela o projeto analítico, o analista pode, naturalmente, tomar as rédeas brevemente, de vez em quando; dizendo de forma mais genérica, o analista pode apontar conexões verbais ou temáticas entre o material que a paciente traz na sessão seguinte e a discussão do sonho da sessão anterior – simplesmente sublinhando (isto é, pontuando) uma expressão idiomática ou adjetivo que foi usado em ambos ou apenas dizer algo sutil como "como no último sonho que contou?".

Embora Freud (1911b/1958, p. 92) tenha dito uma vez, "A quantidade de interpretações que pode ser alcançada em uma sessão deve ser entendida como suficiente e não deve ser considerada perdida se o conteúdo do sonho não foi totalmente descoberto", há certos sonhos que incomodam ou intrigam os pacientes a ponto de tornarem-se representativos de certas partes de suas análises, voltando de tempo em tempo por meses ou anos. Pelo menos algumas partes de diversas sessões podem ser dedicadas ao início de suas análises, e não há razão para afastar discussão sobre elas em momentos posteriores. Os sonhos não devem ser considerados potencialmente exaustivos, não havendo ponto de parada predeterminado em suas interpretações e, portanto, não há tal coisa como "interpretação completa" de um sonho. A paciente para espontaneamente de especular sobre o significado do sonho, quando ela não se sentir mais inspirada, quando não a incomodar mais, não a deixar perplexa ou intrigada, ou quando outro material mais urgente vier à tona.

Uma das minhas pacientes uma vez teve um sonho cheio de detalhes, sobre estar em um avião que foi forçado a fazer um pouso de emergência. Ela estava preocupada, no sonho, em retirar sua bagagem do compartimento, e o comandante veio à cabine principal para ajudá-la com sua bolsa, que virou uma caixa de leite. Sua discussão inicial do sonho ficou em torno do papel do comandante de pousar o avião com segurança, uma vez que por muitos anos ela havia imaginado aviões mergulhando no oceano e tinha tido ataque de pânico durante os voos; tinha dificuldade em confiar nos homens e de aceitar deles assistência ou amor de qualquer espécie. No entanto, ela continuou perplexa com a caixa de leite que havia sido sua bagagem de mão, e só muitos meses depois voltou ao assunto da maternidade evocado por isso, elaborando o papel de um homem em seus pensamentos e ela ter tido filhos, algo que era bem conflituoso. Um sonho de meses atrás foi muito útil para ela explorar seus pensamentos e sentimentos nessa esfera, e isso levou a interpretações do sonho que diferiam em alguns aspectos das interpretações feitas por ela inicialmente.[2]

Dedicar mais de uma sessão para a interpretação do sonho pode ser especialmente útil quando não for simplesmente para extrair associações de todos os diferentes elementos, como é feito na exploração dos desejos que podem ser encontrados no início do sonho. Muitos pacientes começarão espontaneamente o processo de associação aos seus sonhos antes de contá-los na sessão, e isso indica que eles estão envolvidos na análise, e nesse ponto o analista pode focar sua atenção mais para tentar ouvir aqueles elementos do sonho que a paciente não associou, deixou de fora do processo associativo e pareceu ter dado pouca importância (não podemos dizer que as associações que a paciente faz ao pensar sozinha no sonho sejam idênticas àquelas de quando ela fala do sonho em voz alta para o analista, pois dinâmicas adicionais entram em ação: dirigir-se a outra pessoa e imaginar o que ela pensa, assim como ouvir sua própria pronúncia das palavras faladas em tom alto, podem levar a múltiplas interpretações). Mas poucos pacientes tentarão espontaneamente descobrir o desejo ou completar os desejos de um sonho, e é onde o analista deve trabalhar mais forte.

Encontrando um desejo no sonho

> *A interpretação completa de um sonho coincidirá com a inteireza de toda a análise... É o mesmo que as explicações de um simples sintoma (o principal sintoma, talvez). A análise como um todo necessita de explicação; durante o tratamento é preciso esforço para colocar primeiro o que se espera, fragmentos do significado do sintoma, um após o outro, até que todos estejam reunidos. Similarmente, nada mais pode ser esperado de um sonho que ocorreu nos primeiros estágios da análise; deve-se ficar satisfeito se o empenho com a interpretação trouxer um simples... estímulo esclarecedor.*
> Freud (1911b/1958, p. 93)

Articular o desejo ou desejos desempenhados em um sonho muitas vezes não é fácil, e não há regras rigorosas ou fixas de como isso é feito.[3] Algumas vezes o desejo pode ser percebido diretamente, de alguma forma. Por exemplo, se a paciente sonha que perdeu o trem, e a associação que ela faz é com uma visita à sua mãe, poderia parecer que ela estivesse tomada pelo desejo (embora provavelmente não seja seu único desejo) de não visitar sua mãe. Talvez ela diga a si mesma, conscientemente, que estava entusiasmada para ver sua mãe, mas seu sonho parece indicar uma história diferente. O que fica faltando para ser entendido é o porquê: estaria com medo de sua mãe? Brava com ela? Com vergonha dela? Com medo de sua atração pela mãe? A paciente precisa ser levada a cogitar a ideia de que alguma coisa a impediu de ir, e ser estimulada a explorar o que poderia ser. Quanto mais difícil for para ela imaginar por que não queria ir, mais provavelmente o sonho tenha tocado em algum material reprimido, quer seja um desejo inconsciente de punir sua mãe, uma identificação com seu pai, que falhava regularmente não vindo quando a promessa à sua mãe era que viria, ou quaisquer outros motivos. Ao mesmo tempo que o desejo de um sonho relativamente de fácil compreensão – o desejo de não ir – pode ser expressado simplesmente, uma afirmação mais completa desse desejo talvez fosse bem mais complicada. Se, por exemplo, a paciente associa a perda do trem com a expressão "perder o barco", o desejo realizado no sonho poderia ser um desejo para confirmar a crença que seu pai tinha de que sua filha não fazia nada certo ou não apoiava ninguém quando necessitavam dela; ou ela poderia, de outra forma, estar tomando as dores de seu pai contra sua mãe. A relativa simplicidade do sonho quando contado não deveria ser usada para sugerir que o(s) desejo(s) da sonhadora deva(m) ser direto(s) ou transparente(s).

Algumas vezes o desejo é proveniente de uma sequência de cenas, em que cada uma delas forma uma parte do pensamento onde o desejo é expresso. Por exemplo, considere um sonho relativamente simples em que a mãe da paciente – que não está de forma alguma doente na vida real – morre na primeira cena e a paciente sente-se livre, perseguindo e alcançando seus objetivos mais desejados, na segunda cena. No nível mais básico, o sonho poderia ser interpretado como se dissesse, "Se minha mãe morresse, eu finalmente ficaria livre para ser eu mesma", e o desejo nesse particular poderia ser formulado como, "Eu desejo que minha mãe morra, assim finalmente serei eu mesma". Pelo menos nos primeiros estágios da análise, a paciente não conseguirá ligar as duas cenas dessa forma, mas sim expressar perplexidade com a justaposição das cenas, em que algo que causou tanta angústia a ponto dela ter acordado seria seguido de algo tão animador. O sonho em si não fornece os "se... então...", condição necessária para conectar as duas cenas (se minha mãe morresse, então eu ficaria finalmente livre): o analista precisa sempre ajudar a completar (ver Freud, 1900/1958, pp. 310-326).

Deveria estar claro aqui que o desejo ou desejos implícitos no sonho nem sempre são extremamente complicados ou diretamente inefáveis. Conforme Freud (1923a/1961) nos contou:

> *É muito fácil esquecer que um sonho, como regra, é um simples pensamento como qualquer outro, feito possivelmente pelo relaxamento da censura e pelo reforço inconsciente, e distorcido pelo funcionamento da censura e pela revisão do inconsciente. (p. 112)*

Os pensamentos expressos em um sonho podem, em várias ocasiões, ser notoriamente como outros pensamentos expressos pela paciente, durante suas sessões de análise. Não precisamos ficar procurando algo terrivelmente extravagante, confuso ou obscuro.

Algumas vezes múltiplos desejos podem ser facilmente percebidos, e aqueles desejos podem ser complementares ou contraditórios, como se anulassem um ao outro. Um paciente meu sonhou que nós estávamos tendo uma sessão presencial (apesar de todas as nossas sessões terem sido realizadas por telefone) e ele estava em pé. De repente, percebeu como era estranho ficar em pé daquele jeito, e sentou-se em uma confortável poltrona próxima dali. Discutindo o sonho, ele disse que havia algo de independente e quase desafiador em sua atitude de fazer isso, pois ele não tinha me perguntado se poderia se sentar e nem onde sentar, mas foi em frente e fez conforme quis. Ao mesmo tempo, sua decisão de se sentar em uma poltrona confortável o chocou, por indicar que sua atitude em relação ao analista estava mudando, que ele estava baixando a guarda: quando estava em pé, parecia mais alerta e poderia deixar a sala rapidamente se fosse seu desejo, da mesma forma que ele ficou durante meses de sobreaviso, se preparando para sair da análise a qualquer instante. Expressou preocupação porque a poltrona era muito relaxante, muito íntima: iria dar muito mais trabalho para se levantar da poltrona, se ele de repente quisesse ir embora.

O sonho, assim, o atingiu de forma paradoxal, em que ele pareceu expressar um desejo de se autoafirmar, de agir independentemente sem qualquer preocupação com o que eu pudesse querer, e, por outro lado, um desejo de se permitir relaxar na análise, ficar mais íntimo e menos defendido comigo. Ele também ficou intrigado com o duplo significado que foi atribuído a ter ficado em pé na minha frente: viu isso como uma deferência (como se ele estivesse em pé diante de seu antigo mestre da escola ou de alguém superior) e em uma posição que ele fosse capaz de olhar para mim de cima. Sentar-se, então, o faria parar de ser tão respeitoso e simultaneamente de me olhar de cima; sua atitude até aquele momento estava caracterizada com uma curiosa mistura de deferência e desprezo, de sentimentos de inferioridade e de superioridade.

Embora os significados e desejos implícitos em um sonho possam parecer contraditórios de alguma forma, eles devem ser levados a sério: nenhuma tentativa deve ser feita para reduzi-los a um simples significado ou desejo. Fazer isso seria prejudicar a complexidade das atitudes, motivações e desejos de cada paciente. Não há motivo *a priori* para pensar que as pessoas são estáveis em suas atitudes com qualquer pessoa ou coisa, e seria tolo tentar trazer artificialmente algum tipo de concordância.

Em alguns casos, encontrar um desejo no sonho é como achar uma agulha no palheiro. Se, finalmente, conclui-se que nem todo sonho realiza um desejo – discordando das afirmações de Freud, às vezes absolutas (Freud, 1900/1958, p. 121), outras moderadas (Freud, 1920/1955, p. 32, 1923a/1961, p. 118) – ou simplesmente que não tenha sido possível conduzir suficientemente a análise do sonho, o ponto importante é ficar de olho no potencial dos desejos ao trabalhar com sonhos.

Desejos contraintuitivos

> *Há um conhecimento compreensível nos sonhos, que não tem nada a ver com o que você se lembrou quando estava supostamente acordada. Por isso é tão importante decifrar sonhos.*
> *Lacan (1973-1974, 18 de dezembro, 1973)*

Um obstáculo frequentemente encontrado ao levar as pacientes a procurar seus desejos nos sonhos, devaneios e fantasias é que os desejos expressos neles são quase sempre contraintuitivos à paciente enquanto acordada, em muitos casos sendo exatamente o oposto daquilo que ela conscientemente pensa querer. Muitos sonhos desempenham desejos de punição, por relacionamentos ou trabalhos impróprios, ou por falha de alguns projetos de vida. O primeiro instinto de uma paciente raramente é dizer, "Não consigo ir bem na escola – queria saber por quê", e continuar refletindo que talvez ela esteja inconscientemente tentando provar que seu pai estava certo quando disse que ela nunca daria valor a nada, ou tentando mostrar ao mundo que ela não faz parte da sua família supostamente perfeita e bem-sucedida. Quando os possíveis motivos foram apresentados, a paciente provavelmente responderá, "Por que eu quero provar que ele está certo? O que isso me faria de bom?". Mas é claro que, como isso não traria nenhum "bem" de um jeito simplista e criterioso, não significa que ela esteja inconscientemente tentando provar a ele imediatamente. Talvez o que ela esteja tirando disso é algo que seja basicamente "ruim" para ela, mas algum motivo está fazendo com que continue. Nós mortais buscamos todos os tipos de coisas que, em nosso mais sério julgamento, consideramos ruins para nós. Freud (1900/1958, p. 476) ficou satisfeito, inicialmente, por explicar sonhos que pareciam envolver autopunição para satisfazer "impulsos masoquistas"; como podemos ver, no entanto, isso não serve para todos os sonhos.

Sempre existe uma considerável diferença entre o *desejo manifesto* representado em sonho – digo, um sonho de acordar tarde para um exame importante e não ser capaz de chegar até o local a tempo – e o desejo ou os desejos mais primordiais e recorrentes que estão subjacentes a ele: querer, por exemplo, desrespeitar certa autoridade ou gritar por socorro aos pais, considerados pelo analista como muito exigentes. Os pacientes tendem a ficar angustiados com esses sonhos e procuram qualquer desejo neles, devido à sua tensão aparentemente masoquista; durante a análise o analista precisa levar seus pacientes a olhar mais longe.

Freud (1920/1955, p. 32) forneceu tardiamente um outro jeito de pensar sobre "sonhos de punição": sugeriu que eles sempre "simplesmente substituem a realização do desejo proibido pela punição adequada a ele". Por exemplo, sonhar que foi posto na cadeia pode satisfazer um desejo de cometer um crime pelo qual alguém iria para a cadeia. Um paciente meu teve um sonho bem detalhado em que ele tentava evitar a detenção, tendo acabado de escapar da prisão. Ele viu um homem vestido com casaco preto (depois ele comentou que seu pai tinha um casaco como aquele) e ouviu o homem dizer a um jovem, "Existem muitos tipos de pervertidos. Precisa tomar cuidado com eles; se os encontrar, precisa matá-los". O homem e o jovem de repente perceberam o paciente, puxaram as facas e correram atrás dele; o homem pôs a faca no pescoço do paciente, o que o fez acordar em extremo estado de ansiedade.

A ansiedade que ele experimentou desviou com sucesso sua atenção do comentário feito pelo homem no sonho com respeito aos pervertidos, a punição que ele recebeu no sonho (sendo ferido no pescoço) pôde ser entendida aqui como um sinal que o paciente havia feito algo que ele mesmo considerava uma atitude perversa. Neste sentido, o sonho realizou seu desejo de agir como ele achava que um "perverso" faria, mas ao invés de encenar a realização do "ato perverso" em questão, encenou a realização da punição que achava que deveria receber por se envolver em tal ato (conforme veremos adiante, também é possível imaginar que o sonho realiza um desejo de ser punido pelo pai por se envolver nesses atos – um desejo que uma figura paterna ponha limites em suas travessuras e o force a entrar na linha).[4]

Desejos conscientes *versus* inconscientes

Deve-se acostumar que um sonho é capaz de ter muitos significados.
Freud (1925a/1961, p. 130)

Terapeutas contemporâneos raramente prestam atenção na distinção que Freud faz entre desejos conscientes e inconscientes, expressos nos sonhos. Freud nos estimula a tomar nota dos desejos conscientes, mas continuar nosso trabalho no sonho, quando adequado ao contexto do tratamento analítico como um todo, em busca por desejos inconscientes. Esses são, afinal, mais úteis para nos ajudar a chegar lá.

Um paciente uma vez me contou que tinha tido um sonho na noite anterior à nossa sessão, mas que havia se esquecido. Na próxima sessão ele me disse que tinha se lembrado do sonho previamente esquecido, mas que era algo como:

> *Ele estava fazendo um transplante de coração. Havia um saquinho Ziploc onde seu coração seria colocado, ou para ser dispensado ou simplesmente para ficar aguardando em um local estéril, enquanto a cirurgia fosse realizada, e então poderia ser reimplantado em seu peito. Ele ouviu alguns enfermeiros conversando, dizendo que talvez colocassem uma ponte de safena ao invés de fazer o transplante. Ele queria mudar de ideia, mas era tarde demais. Queria se levantar e sair de lá, mas era tarde.*

Disse que, ao acordar, imediatamente associou o sonho com a análise: com a análise ele teria um novo coração. Ele não se considerava "magnânimo", o que para ele significava uma pessoa emocional, calorosa e ligada a outras pessoas. Ter um novo coração seria tornar-se mais caloroso e mais conectado aos outros.

Continuando a discussão do sonho, comentou que tinha tido dúvidas sobre a análise desde o início do tratamento, a abordagem analítica pareceu a ele conflitante com suas crenças e hábitos espirituais. Às vezes ele "mudava de opinião" sobre a análise e contemplava deixá-la. Porém, referia-se à análise como "o elo duradouro da corrente" de seu caminho espiritual, mas cometeu um ato falho e ao invés de "o elo duradouro da corrente" disse "o último elo da corrente". É como se ele dissesse que a análise seria sua última chance. Embora nos primórdios da vida e com boa saúde, recentemente havia se imaginado com Alzheimer ou com problema no coração, e estava preocupado com pensamentos sobre a morte.

Durante a sessão não fizemos associações com os enfermeiros e o saquinho Ziploc – trabalho para uma futura sessão, talvez, pensei – pois me pareceu mais importante destacar o fato de que o sonho enfatizava a inevitabilidade da operação: a análise não poderia parar mesmo que ele quisesse. Eu disse, "Gostaria que fosse impossível parar". "Sim", ele disse, "agora é tarde demais para voltar atrás – me sentiria culpado se parasse e eu sei que você me diria para ficar... [Sendo impossível parar] colocaria um fim nas minhas dúvidas e medos. Tudo que poderia fazer é continuar".

Isso, podemos dizer, foi pelo menos um dos desejos *conscientes* do paciente, expressos no sonho. Um desejo *inconsciente* mostrou sua face na discussão, com a frase "ser forçado", que o paciente usou diversas vezes ao contar e fazer associações com o sonho: descobriu que ele sempre fantasiou que uma mulher o forçava a fazer diversas coisas diferentes e tinha, na verdade, contatado uma dominadora em algum momento. Ser forçado tinha um papel dentre suas fantasias sexuais, e em sua vida diária nada despertava sentimentos conflituosos, como ter a sensação de que estava sendo forçado a fazer alguma coisa: isso o fazia se sentir revoltado e ao mesmo tempo secretamente satisfeito; ele se continha e se irritava, mas ao mesmo tempo orquestrava certas situações de tal forma a se sentir forçado. Achava difícil tomar decisões – especialmente as decisões mais importantes – e desejava que alguém ou alguma coisa o forçasse a fazê-las, tornando suas dúvidas e receios ineficazes. Pode-se sugerir que foi como se no sonho ele desejasse que o médico (isto é, o analista) o forçasse a seguir com a operação.

Nenhum de seus "mestres espirituais" o forçou a assumir um compromisso com determinada prática e ele havia abandonado todas elas, uma após a outra, bastante decepcionado. Sua atitude com eles nunca havia sido de submissão, que ele sentisse não poder ir embora, e mesmo que ele tivesse conseguido evitar a operação (isto é, "ponte de safena"), ele sentia que precisava muito dela. Um novo coração possibilitaria que ele tomasse decisões, mas estava numa sinuca pois ele seria incapaz de tomar a decisão de obter um novo coração, até que já o tivesse obtido!

O desejo inconsciente parecia ter sido forçado pelo Outro a fazer o que ele queria fazer, e sabia que precisava fazer (e seria considerado incapaz de evitar fazê-lo, se fosse embora). O paradoxo aqui é que apesar de ser castrado, digamos (perder toda autonomia), ele acreditava que poderia superar o tipo de castração que experimentou em sua constante inabilidade de tomar decisões e executá-las, aceitando que a decisão de fazer uma coisa necessariamente elimina as outras, limitando assim a capacidade de se fazer e ser tudo e qualquer coisa. Ou seja, ele precisou ser castrado (submeter-se a uma operação cardíaca) para superar a castração. De fato, ele sempre se queixou de que seu pai não havia lhe ensinado "a ser homem"; a consequência parecia ser que seu pai o teria ensinado a ser homem se ele tivesse demonstrado para o filho o que significava ter os testículos para castrá-los, figurativamente falando. O desejo inconsciente, então – e esse é extremamente comum, conforme indicado nos Capítulos 4 e 5, embora os terapeutas tenham tendência a fazer vistas grossas –, é que o pai/ médico/analista forneça a desejada castração, a castração que o pai biológico ou adotivo falhou em fornecer.[5] Esse não foi um desejo que discuti com o paciente naquela sessão; eu simplesmente anotei para futura referência, sentindo que o paciente poderia se assustar caso eu falasse de tal desejo aparentemente tão chocante (melhor que ele próprio o formulasse, presumi, o que fez mais tarde com suas próprias palavras).

Devaneios e fantasias

> *O que é fantasia se não... ein Wunsch, um desejo um tanto singelo, como todos os desejos.*
> Lacan (2004, pp. 61-62)

> *Ninguém fala mais sobre sexualidade nos círculos psicanalíticos. Jornais analíticos, quando abertos, são os jornais mais castos imagináveis.*
> Lacan (2005a, p. 29)

Devaneios e fantasias parecem mais difíceis de serem lembrados para a maioria das pessoas em suas apresentações noturnas. Além do período da adolescência e início da vida adulta, quando muitas pessoas passam bastante tempo devaneando, deliberadamente enfeitando seus devaneios e conduzindo-os a certas direções, poucas pessoas conseguem ao menos perceber que continuam devaneando – sem dúvida pelo menos em parte, dada a natureza contraintuitiva de seus devaneios. Os pensamentos que surgem em suas mentes os chocam por serem desagradáveis ou muito atrozes, e nem mesmo pensam neles como devaneios, que no linguajar comum deveriam ser agradáveis, realizadores de desejos. Fazem o que podem para esquecê-los o mais rápido possível.

Uma vez em análise, somos encorajados a prestar atenção aos pensamentos, imagens e cenários efêmeros que passam pelas nossas mentes (e que podem tomar a forma de "pensamentos intrusivos", como os chamei no Capítulo 5). Os únicos que podem ser considerados fantasias, rigorosamente falando, são os pensamentos, imagens e cenas sexuais que ocorrem a eles, mas é surpreendente como a maioria das pessoas tende a se lembrar de poucas fantasias sexuais, mesmo quando tais fantasias são recorrentemente evocadas ou satisfeitas durante habitual masturbação. É como se no momento em que o orgasmo é alcançado, as fantasias que acompanham a masturbação não recebessem atenção e, de fato, geralmente "evaporam" da consciência completamente.

Muitos pacientes são pressionados para se lembrar de simples fantasia de masturbação, especialmente quando essas fantasias conflitam claramente com seus modos de pensar sobre si mesmos, durante a vida.[6] Uma paciente, por exemplo, só conseguia atingir o orgasmo imaginando que seu chefe a assistia ao ser manipulada por outro homem, ao passo que, durante sua vida em vigília, ela pensava em si mesma como uma mulher que tinha uma carreira moderna que havia estabelecido relações e parcerias de igual para igual com homens. Um outro paciente imaginava a mulher por quem estava interessado fazendo sexo com outro homem enquanto ele olhava, ao passo que ele acreditava que desejava uma "relação total" com uma mulher: ela seria sua amante, melhor amiga, alma gêmea, e *alter ego* – em resumo, alguém com quem ele pudesse dividir tudo. Não é surpreendente que fantasias que contradizem completamente o que alguém pensa que deseja na vida diária sejam tão rapidamente esquecidas. Desde os anos 1950, muitos analistas parecem ter levado em consideração o esquecimento como permissão para ignorar o reino sombrio e contraintuitivo das fantasias sexuais, que fala por si a respeito da intensidade dos analistas de desistirem de chegar ao material reprimido.

Enquanto a paciente consegue pelo menos enxergar tais pensamentos e imagens sexuais como fantasias, ela é menos capaz de considerar os pensamentos e imagens agressivos que passam pela sua mente como fantasias; eles lhe parecem bizarros e irritantes, e talvez até inexplicáveis, mas certamente não como fantasias *per se*. Se ela carrega sua criança e se imagina escorregando e deixando a criança cair, ela fará o possível para expulsar o horrível pensamento, retirando a imagem repugnante da mente, completamente, de forma a não recordá-la outra vez, se possível. Se um barulho a acorda de noite e ela começa a se imaginar pegando um taco de beisebol no *closet*, descendo as escadas, surpreendendo o intruso, e batendo nele freneticamente com o taco, de novo e de novo – essa brutalidade de repente faz a cena se dissolver, trazendo-a de volta à consciência, suando abundantemente e com o coração disparado – ela é incapaz de considerar isso como fantasia! Estará provavelmente mais inclinada a achar que isso é um pesadelo (de fato, não há palavras reais para cenários tão horríveis que passam pela nossa mente quando estamos acordados, *devaneio* parece ser a única adequada) e não consegue pensar em nenhum impulso de desejo.[7] Podemos dizer que no nosso tempo, em que a sexualidade permeia a cultura popular – que assumiu o interesse pela sexualidade, previamente demonstrado pela maioria dos psicanalistas –, os pacientes têm menos capacidade de negar qualquer componente de desejo de seus impulsos agressivos do que de seus impulsos sexuais, os últimos atualmente sendo mais aceitos (pelo menos nos Estados Unidos) do que os primeiros para as mentes populares.

Esquece-se sempre que devaneios e fantasias são tão capazes de dissimulações quanto os sonhos, e que eles também precisam ser associados e se possível interpretados. Um paciente uma vez contou que ele tinha tido um "pensamento terrível" sobre seu irmão e então se imaginou tendo um "acidente horrível". Isso pareceu mostrar o jeito típico com que ele se punia por quaisquer impulsos agressivos que tivesse em relação aos outros, e ele rapidamente os catalogava dentre suas habituais "tendências masoquistas". Nem por um minuto ele considerou que a fantasia inicial, digamos, de que seu irmão estava em um acidente horrível e que sua substituição pelo irmão tivessem sido uma dissimulação, algo que tornaria a fantasia mais aceitável em sua consciência parcialmente alerta. Quando eu disse, "Imagine seu irmão tendo um acidente...", ele respondeu, "*Isso* sim seria um devaneio!".

Algumas vezes os elementos nos sonhos, devaneios e fantasias precisam ser construídos, significando o oposto do que eles parecem achar, para distinguir qualquer significado neles (ver Freud, 1900/1958, pp. 245-246, 471). Uma mulher com quem trabalhei, cuja mãe havia deixado claro a ela (filha) que não permitia que a filha tivesse um homem somente dela, tinha fantasias sexuais em que o parceiro dela tinha um harém, e que ela seria apenas mais uma. Embora satisfazendo ostensivamente a proibição de sua mãe, de ter um homem só dela, a fantasia, todavia, pelo menos em certo nível, simplesmente substituía a poligamia pela monogamia: isso satisfez um desejo dissimulado por um relacionamento exclusivo com um homem (ou podemos dizer que realizou seu desejo por um relacionamento exclusivo com um homem, de forma dissimulada). Ela também tinha fantasias em que estava servindo aos caprichos sexuais de um homem velho e feio; por um lado, essas fantasias a obrigavam a obedecer aos desejos de sua mãe para que ela seduzisse e ficasse disponível para todos os homens, não importando o quão repugnante isso fosse, e ainda que assim os homens jovens e bonitos dos seus sonhos simplesmente seriam substituídos por um velho gagá.

É sempre difícil para a paciente mensurar como os desejos expressos em "suas" fantasias são seus próprios desejos, de qualquer modo; não parecem ser seus, tais como os de qualquer outra pessoa que ela conhece (e sempre odeie com paixão). Um dos meus pacientes se lembrou e me contou uma fantasia de masturbação em que ele ouvia essas palavras em sua mente, "Ok, vamos fazer ela funcionar"; de repente percebeu que eram essas as palavras que seu pai usava para falar sobre seu carro.⁸ O paciente comentou que seu pai falava de seu carro como se fosse mulher, o paciente falava com o seu próprio pênis como se ele fosse mulher (a mulher do seu pai). De alguma forma parecia que era o desejo de seu pai (fazer algo funcionar) que estava sendo representado na fantasia. Encerrei a sessão ali e na sessão seguinte o paciente relatou que nossa discussão sobre a fantasia havia servido como um tipo de exorcismo – ele sentiu como se seu corpo não fosse mais o da sua mãe: "Eu tenho o meu", ele disse, "Estou totalmente equipado".

O desejo do homem é o desejo do Outro

As forças motoras das fantasias são os desejos insatisfeitos, e cada fantasia é a realização de um desejo.

Freud (1908/1959, p. 146)

Quando a paciente tem fantasias que não parecem dela, ela se sente invadida, alienada pelos desejos que reconhece habitá-la. É fato inevitável da vida que nós assimilemos os desejos dos outros, os tomando como nossos, e nossas fantasias sempre representam os desejos do outro de forma dissimulada, ou não. Conforme Lacan sempre coloca, "o desejo do homem é o desejo do Outro" (ver Lacan, 2006, p. 628, por exemplo), uma formulação que tem vários significados, o mais relevante para a nossa discussão aqui é que nós passamos a querer a mesma coisa que os outros querem.⁹ Ainda assim, a paciente está sempre relutante em reconhecer as coisas que vão em suas fantasias como expressão de desejos, porque ela não sente como se fossem seus próprios desejos. Contudo, essa relutância deve ser superada, se ela conseguir distinguir os desejos que a habitam, e chegar a um ponto em que sejam sentidos como seus, ou for além desses para outros. Na medida em que nosso desejo esteja tão amarrado aos desejos de outra pessoa, é inútil, estritamente falando, falar sobre "os desejos de alguém" – como se alguém pudesse *possuir* desejos, como se alguém pudesse ser o único proprietário de desejos – e mesmo assim é importante para a paciente alcançar o ponto em que ela possa se sentir em harmonia ou em paz com os desejos que a habitam.[10]

Uma paciente minha teve longas séries de fantasias sexuais que ela achou especialmente revoltantes e vergonhosas. Nessas fantasias, uma mulher estava lambendo as partes sexuais de outra mulher, uma delas era consideravelmente mais velha do que a outra. Algumas vezes ficava claro que era a própria paciente que estava lambendo, mas os papéis nunca ficaram claros. Durante a análise ficou evidente que as lambidas estavam associadas em sua mente com o ato de curar uma ferida (como, por exemplo, quando um cachorro ou gato lambe o machucado) e, por extensão, fazendo algo melhor. Isso foi como se, na fantasia, ela tentasse curar as feridas da sua mãe; sua mãe havia deixado muito claro, através de suas atitudes e discurso, que ela se sentia privada de um pênis, sentia uma imensa ausência na região genital, e que tinha esperança que a filha a recompensasse por isso, se aproximasse dela (como se a filha fosse culpada pela "castração" da mãe).

A paciente não sentiu, inicialmente, que havia assumido para ela compensar ou curar sua mãe ao nível genital (o que não era problemático para a própria paciente também), mas reconheceu que havia há muito tempo feito de tudo para tornar a vida de sua mãe o mais fácil possível, ficando longe de problemas, e a obedecendo em todos os sentidos. Fazer o sacrifício necessário no altar de sua mãe era o modo da filha conseguir se livrar dela: apenas uma vez que ela fez o que sua mãe queria sentiu que podia se livrar dela, pensando em sua própria satisfação. Nessas fantasias, ela garantia a satisfação de sua mãe, fazendo-se de instrumento para o seu prazer ("o orgasmo do Outro", como coloca Lacan), e poderíamos dizer, de algum modo, que essas fantasias representavam "o desejo do Outro" (Lacan, 2006, pp. 823-826), mesmo que elas também fossem designadas a preservar a paciente de ser "totalmente engolida" pela mãe. O número de significados e motivos envolvido nessas fantasias foi ainda bem maior (não consigo colocar todos aqui),[11] mas eles ilustram o grau em que, geralmente, é difícil dizer onde, em uma fantasia, o desejo do próprio sujeito termina e o do Outro começa. Uma vez que os vários significados e motivos foram desenrolados, essas fantasias, que tinham persistido por anos, desapareceram de uma vez e foram substituídas por fantasias sexuais com um teor bem diferente.

Um paciente me contou das recorrentes fantasias sexuais em que havia uma mulher e outro homem com um grande pênis – esse último ficava sexualmente gratificado nas fantasias, pelo menos explicitamente. O paciente associou o grande pênis com seu pai, recordando que, quando era criança, tinha ficado impressionado com o "enorme pênis" de seu pai (essa comparação feita entre seu pênis, quando garotinho, e o do pai, em tamanho adulto, em minha experiência, é uma fonte de constante preocupação dos homens, de que seus pênis sejam pequenos demais), e ele associou o fato de que a figura paterna nas fantasias era a única coisa gratificante nos diversos aspectos de sua relação com o pai, que é o que tínhamos discutido durante algum tempo. Percebeu que estava, digamos, sustentando seu pai, sentindo que seu pai precisava que o filho fizesse coisas erradas para que o pai pudesse consertá-las, e mostrar ao filho como deveriam ser, quando o paciente colocou isso, "[Tenho] me situado como um problema para ele resolver".[12] Isso permitia que o pai mostrasse suas proezas em muitas áreas e sustentasse a imagem que o pai tinha dele mesmo como um homem capaz, competente, comparado ao seu filho. Quanto ao fato de que a figura do pai era a que fazia sexo nas fantasias, o paciente comentou, "talvez isso calasse a boca dele!". O pai gastava muito tempo e energia criticando o filho e o filho nunca conseguiu encontrar palavras que o fizessem silenciar; quem sabe sexo?

As discussões dessas fantasias tomaram muitas sessões e, em cada uma, era mencionado um fato que fazia o paciente se culpar por ter sido um "fracassado" – por ter ido mal na escola e dado trabalho de um jeito ou de outro – e nunca atribuía qualquer culpa ao pai (que, além disso, caçoava dele, quando era criança, se ele se queixasse do tratamento de seu pai com ele). No entanto, ele acaloradamente comentou sobre um parente seu que parecia ter "fracassado" da mesma forma que ele, na infância, e que os pais desse parente devem ter dado muito castigo a ele e o tratado como uma criança-problema (da mesma forma como os pais do paciente o tinham tratado) e que o parente deve ter se vingado deles. Talvez muito de seu "mau comportamento" quando criança tenha sido motivado secretamente pelo desejo de não apenas sustentar a própria imagem do pai como sendo superior ao filho problemático, mas também de jogar o nome de seu pai (o nome da família) na lama.

Em suas fantasias sexuais, o paciente garantia a satisfação de seu pai, tornando-se seu instrumento de prazer. Fazia o que o pai exigia dele – que ele fosse um fracassado, incapaz de fazer amor com uma mulher adequadamente – e o que ele sentia que o pai queria (sentir-se superior ao filho, rebaixá-lo em relação a todas as mulheres). Contudo, apesar dessas fantasias representarem "o desejo do Outro", elas simultaneamente envolviam o pai em um cenário "sórdido" com conotações homossexuais e um tom adúltero de estupro (esses eram detalhes de algumas fantasias que ele não mencionou). Mesmo assim o paciente atuava nessas fantasias para sustentar seu pai – isto é, ele atuava como "o fiador do Outro" (Lacan, 2006, p. 824) – e simultaneamente enfraquecia o pai, atacando-o.

As discussões dessas fantasias no contexto de sua vida ajudaram a trazer o ódio que o paciente tinha pelo pai, que estava fadado a ser mostrado de forma deslocada em relação a outras pessoas e a mim, e deixou claro alguns aspectos da sua postura na vida, cara a cara com o Outro (isto é, certos aspectos da sua "fantasia fundamental", um conceito que discuto mais adiante).

Sonhos de angústia e pesadelos

> Freud menciona que um sonho nos acorda no momento preciso em que a verdade possa se revelar.
> Lacan (2007, p. 64)

Existe uma classe de sonhos que é tão perturbadora que parece fora de questão procurar neles algum componente do desejo. Certos sonhos trazem tanta angústia que eles acordam o sonhador, por serem vividos como pesadelos. Freud (1900/1958, p. 580) levantou a hipótese de que, nesses casos, a censura não foi bem-sucedida em sua tentativa de dissimular um desejo que fosse altamente inaceitável ao pré-consciente, e o sonho acaba abruptamente; o sonho, portanto, falhou na proteção do sono, permitindo que o sonhador continuasse dormindo. Vinte e cinco anos depois ele sugeriu uma explicação um pouco diferente: tomou por hipótese que, pelo menos em tais casos, a censura envolvida na formação do sonho não fez seu trabalho adequadamente – falhou ao dissimular o desejo representado no sonho, que provavelmente era repreensível ao senso moral do sonhador – e introduziu a angústia em um esforço tardio de confundir o sonhador que estaria inclinado a perceber somente a angústia gerada pelo desejo vivido no sonho, e não a satisfação nele encontrada (Freud, 1925a/1961, p. 132).

Um dos meus pacientes me contou um sonho em que ele estava transando apaixonadamente com uma de suas subordinadas do trabalho, em um local onde poderiam ser vistos pelos outros colegas. Estava extremamente angustiado por pensar que poderiam ser vistos por alguém – o que o levaria a perder o emprego e sua esposa descobriria por que ele havia sido demitido – e repetidamente tentou levar sua colega para seu escritório particular, em vão. A angústia vinha antes de tudo em seus pensamentos sobre o sonho, fazendo com que ele desprezasse boa parte de sua atração pela mulher com quem ele transava no sonho e seu prazer em fazer amor em público. Nesse sentido, a angústia serviu para esconder dele um desejo muito claro expresso no sonho. Serviu também para obscurecer um possível desejo de que sua esposa descobrisse a paquera e o fizesse pôr um fim nisso e o punisse pela infidelidade (com a qual ele persistia, mesmo se sentindo desconfortável).

Um outro homem me contou um sonho bem detalhado, em que ele deveria encontrar sua esposa em uma determinada hora, num certo lugar, mas as coisas continuaram acontecendo no sonho para impedi-lo e ele acordou angustiado por ter deixado sua esposa esperando. Quando comentei que a encenação do sonho foi por ter deixado sua mulher esperando, ele imediatamente disse que tinha pensado que sempre tenta satisfazer rapidamente todas as vontades dela e a despreza para que ela o deseje, para manter seu desejo aceso, algo que ele sentia que não era muito bom. (Outros elementos no sonho e suas associações sugeriram uma ligação entre a esposa e sua mãe e trouxerem à tona o quanto ele gostava de adiar ao máximo sua volta para casa da escola, ainda criança, quando sua mãe o esperava.) Sua angústia no final do sonho serviu como uma barreira eficaz, impedindo-o de reconhecer um desejo que o sonho havia cumprido descaradamente: deixar sua esposa esperando.

O surgimento da angústia no sonho, frequentemente, é uma isca: a angústia serve para dissimular ou desviar a atenção dos desejos em muitos sonhos, na verdade, muito mais sonhos do que as pessoas poderiam suspeitar. No entanto, Freud também deixou espaço para sonhos que não se encaixam de forma alguma na categoria dos sonhos realizadores de desejos.

Em *Além do Princípio do Prazer* (Freud, 1920/1955), introduziu a noção da compulsão à repetição ("compulsão para repetir") e destacou uma categoria de sonhos em que a sonhadora revive uma experiência traumática, repetidamente, na esperança de apresentar alguma angústia na situação em que ela estivesse de fato despreparada, angústia que foi associada por Freud como um tipo de prevenção ou primeira etapa da prontidão para um problema. Por exemplo, alguém que esteve em um acidente de trem em que não houve nenhum alerta pode sonhar repetidas vezes com os momentos do acidente e anteriores a ele, na esperança de se preparar de alguma forma ou se segurar para esperar a batida inevitável, como se o fato de se preparar ou se segurar a poupasse do trauma (se não dos ferimentos físicos pelo acidente, pelo menos de sua reação ao trauma deixado). É como se ela tentasse, retroativamente, introduzir alguma expectativa de angústia, alguma presteza, ao evento anterior. Freud (p. 32) levantou a hipótese de que a psique tenta espontaneamente "dominar o estímulo" e continua lutando para conseguir, em casos excessivos, mesmo que a tentativa seja inútil.

Na minha experiência, tudo o que o clínico pode fazer em tais circunstâncias é encorajar a paciente a falar exaustivamente sobre todo o material que envolveu o trauma – sua relação com todas as pessoas envolvidas, sua vida naquele tempo, e as consequências do evento – até que toda libido ligada ao trauma seja eliminada. No caso de uma das minhas pacientes, que teve pesadelo repetidamente durante duas décadas sobre um acidente de carro em que ela estava, quando perdeu sua melhor amiga, levou muitos anos de trabalho em análise para destrinchar todos os tópicos de seu relacionamento com sua melhor amiga, sua ligação com todos os outros atores envolvidos no acidente, sua vida na época, e assim por diante. Os pesadelos finalmente paravam e não voltaram mais até agora.

Lacan (2006) ofereceu uma forma de pensar sobre os pesadelos que *não* são simples repetições de um evento anterior: a qualidade de seus pesadelos deriva, ele sugere, do fato de que não seja um de nossos anseios (isto é, um dos nossos "desejos" em sua terminologia), mas sim uma de nossas demandas que é satisfeita em tais sonhos.

> *No meu caso, digo por experiência, quando meu sonho começa a coincidir com minha demanda (não com a realidade, como é impropriamente dito, que pode proteger o meu sono) ou com o que demonstra ser equivalente a ela aqui, a demanda do Outro – eu acordo. (p. 624)*

Em seu ponto de vista, sempre exigimos dos outros coisas que nem mesmo queremos que nos deem, em certo sentido, pois, se nos derem, nosso desejo poderá se extinguir, nosso desejo (que ele entende que é sempre um desejo por alguma coisa a mais, por alguém) como sendo o que há de mais caro para nós, e ficamos mais preocupados em ter e experimentar o desejo do que com a satisfação em si. Pois é o ter e experimentar o desejo que nos faz sentir vivos, e não a própria satisfação. Em geral, preferimos não ter o que exigimos – mesmo que expressemos insatisfação quando não conseguimos – assim podemos continuar desejando. Lacan teorizou que acordamos de sonhos de horror quando nossas demandas estão a ponto de serem satisfeitas, porque isso ocasionará a queda e extinção do nosso desejo; tais sonhos ameaçam arruinar nossa existência como seres desejosos, desejo sendo o que temos de mais precioso (muito mais precioso, em muitos casos, do que a própria satisfação).

Uma paciente me contou seu sonho: ela estava tendo um pesadelo em que pedia ao namorado que se mudasse com ela para outra cidade e ele concordava. À primeira vista, parecia que ela tinha conseguido o que queria no sonho, mas, contando sobre sua situação com o namorado, ficou claro que, embora ela tivesse pensado em pedir a ele para se mudar com ela, seu desejo mais sincero era de que ele não fosse como o seu pai, que se comprometia muito rapidamente e não era flexível com ela, quando ela sabia muito bem que ele não queria mudar de cidade. O desejo que ela mais nutria, digamos assim, era que ele não desistisse de seus desejos! Quando ele desistiu no sonho, o desejo dela de que ele fosse de determinado jeito, que fosse certo tipo de pessoa, foi aniquilado. Foi como se ela estivesse sendo privada de seu desejo por certo tipo de homem: um homem que sabia o que queria, que não se curvava por ela, que era fálico, em sua mente.

A fantasia fundamental

> *O inconsciente é na verdade a entidade que tem prazer, e...*
> *não quer saber nada mais sobre isso.*
> Lacan (1998a, pp. 104-105)

Embora os pacientes sempre apresentem diferentes e abundantes fantasias ao longo de apenas dois anos de análise, Lacan levantou a hipótese que virtualmente todas essas fantasias específicas originam-se de uma e mesma estrutura: uma "fantasia fundamental" (ver, por exemplo, Lacan, 2006, p. 614) que define a relação básica do sujeito com o Outro ou a posição em relação ao Outro.[13] Os inúmeros cenários que passam pela mente do paciente, devaneios, fantasias de masturbação, foram considerados por Lacan como permutações da fantasia fundamental, apresentando, geralmente, uma faceta dessa fantasia, embora de forma dissimulada. Ou, colocando de outro modo, os inúmeros cenários, devaneios e fantasias de masturbação, todos se resumem em uma "simples" fantasia fundamental, uma fantasia que tem um importante papel na estrutura dos relacionamentos significativos da vida da paciente.

Não discutirei a fantasia fundamental aqui, pois já o fiz em outros momentos (Fink, 1955, pp. 61-68, 1997, pp. 56-71; ver também mais alguns comentários adicionais neste livro, Capítulo 9), mas eu gostaria de pontuar que a ideia geral é que a fantasia fundamental da paciente é vivida por ela como intolerável: ela não consegue suportar a ideia de que a fantasia lhe dá satisfação – não suporta pensar no que dá prazer a ela – pois acha isso tão repulsivo, contrário a tudo que ela sente, ao que é e ao que representa. "Ela não quer saber mais nada... sobre isso" (Lacan, 1998a, p. 105). Se a sua fantasia fundamental envolvesse, por exemplo, ser criticada e desprezada por um homem (as principais formas de atenção que ela recebia de seu pai eram de crítica e desprezo), ela tramaria as coisas com cada novo rapaz que conhecesse de tal forma que ele começaria a desprezá-la e criticá-la (ou escolheria homens que já tivessem essa propensão), como se isso a deixasse satisfeita ao nível da fantasia, mas insatisfeita com relação a seus ideais e objetivos. E quanto mais relacionamentos ela "contaminava", de forma sutil ou não, ao induzi-los a se adaptar à fantasia fundamental, mais intolerável ela achava aquela fantasia. O objetivo do analista, ao pedir que ela faça associações e conte seus sonhos, devaneios e fantasias durante a análise, é obviamente levá-la a modificar aquela fantasia fundamental, para reconfigurá-la ou "atravessá-la", como diria Lacan (1978).

Não é fácil detectar e articular uma fantasia fundamental; pode levar vários meses, se não anos, de análise. Na verdade, o que penso é que, já no momento em que a paciente trouxe a maioria dos elementos de uma fantasia fundamental, que eram claros e convincentemente articulados, a mudança já estaria ocorrendo e dando espaço para outra coisa: uma nova fantasia. Essa é uma característica comum do trabalho psicanalítico: a paciente é muito mais capaz de argumentar algo que não a afeta mais do que articular algo que ainda a afeta. Por exemplo, o paciente que mencionei, cujo pai aparecia em suas fantasias sexuais, embora de forma dissimulada, conseguia elaborar muitas facetas de sua fantasia fundamental (envolvendo simultaneamente a ideia do pai ser superior a ele, em todos os sentidos, e arrastar o "bom nome" do pai na lama para "consertá-lo") quando certos conflitos em sua vida se agravavam, mas também quando, após muitos anos de análise, ele já conseguia ir mais além em sua relação com o Outro que foi tão problemática para ele – isto é, quando ele estava quase reconfigurando sua fantasia fundamental.

Uma vez que a reconfiguração da fantasia fundamental seja algo a ser trabalhado mais no final da análise, deixarei uma discussão mais abrangente sobre isso para um livro de técnicas avançadas (leitores interessados podem encontrar principalmente discussões teóricas sobre o assunto em Fink, 1995, 1997).

Notas

1. Freud (1900/1958, pp. 516-517) fez essa sugestão em geral: "Ao analisar um sonho, insisto que a escala geral de certezas estimadas deve ser abandonada e que a possibilidade mais remota de que algo dessa ou daquela espécie possa ter ocorrido no sonho seja tratado como uma certeza completa... A dúvida produz esse efeito interrupto sobre uma análise que a revela como um derivativo e ferramenta de resistência física".

2. Tais sonhos algumas vezes são pontos de partida úteis para construções mais amplas, conforme mencionado no Capítulo 5.

3. Note que muitos analistas já desistiram de buscar seus desejos nos sonhos, seja consciente ou inconscientemente (ver, por exemplo, Segal, 1964, pp. 18-20).

4. Lacan (1988b, pp. 127-129) discute um sonho (baseado em material encontrado na novela de Raymond Queneau, *On est toujours trop bom avec lês femmes*) de um homem que na vida em vigília queria denunciar o Rei da Inglaterra como sendo um imbecil, ou *con* (Queneau talvez tenha se baseado nos comentários de Freud no caso do Homem dos Ratos, Freud, 1909/1955, p. 179). Uma vez que fazer isso seria ilegal no Reino Unido e a punição seria a morte, o homem, ao invés, sonhou que sua cabeça estava sendo decapitada. A punição encenada no sonho representou (de forma deslocada) seu desejo de chamar o Rei de imbecil.

Muitos pacientes meus têm contado pensamentos *"intrusive"* (intrusivos) em que eles imaginaram suas próprias cabeças (e outras partes do corpo) sendo cortadas por diferentes razões, não obstante relacionadas. Outros reportaram sonhos e devaneios com punições recorrentes relacionados ao fato de que sentiam que deveriam ser punidos mais cedo na vida por comportamento sexual precoce com um(a) irmã(o), o que foi descoberto por pelo menos um dos pais, mas que não foram punidos na época, aparentemente devido à crença (durante um tempo em particular) de que isso seria "perfeitamente natural" ou para querer esconder do outro cônjuge que ficaria "furioso". Nesses casos, a falha em receber punição por alguma coisa que eles sabiam que geralmente era considerada errada levou a considerável ansiedade, na verdade atrapalhou a vida.

5. Sua sensação era que o desejo do Outro era (ou deveria ter sido) de castrá-lo, e seu desejo de alguma forma seria (se deixar) ser castrado.

6. Em numerosos casos, o analista deve perguntar, a cada poucas sessões, se a paciente se lembra de algumas fantasias de masturbação (assim a paciente percebe que o analista quer que ela preste

atenção, recorde-se e fale sobre elas) ou quaisquer fantasias sexuais, se o termo não parecer demais. Perguntar uma vez raramente é suficiente! E mesmo quando a paciente menciona tais fantasias, ela provavelmente as descreverá em termos vagos; o analista tem sempre que fazer inúmeras perguntas "indiscretas" para conseguir um sentido genuíno sobre o que envolvia a fantasia. A paciente talvez não esteja inclinada a falar a respeito de tais fantasias mas sim de outros aspectos da sua vida, sentindo que sua diversão secreta (isto é, orgasmo) será retirada dela ou destruída de alguma forma se ela falar sobre isso. O analista não deve ceder aos esforços requeridos para superar a resistência da paciente de falar sobre tais coisas, pois caso contrário ele permitirá que sua própria resistência desvie a terapia de assuntos delicados. Os sintomas dos pacientes são sempre relacionados à sexualidade, de alguma forma, e a discussão aberta e completa sobre o que excita o paciente deve surgir mais cedo ou mais tarde em análise.

7. Ela também não conseguirá ver qualquer ligação possível entre seu estado de excitação no "devaneio" e a excitação sexual.

8. Esta fantasia aparentemente simples ilustra a afirmação de Miller (1996, p. 11) de que "fantasia é uma sentença que dá prazer, uma mensagem cifrada que nutre o orgasmo".

9. Para outros significados a respeito, ver Fink (1997, pp. 54-56, 2004, pp. 26, 31-32, 119).

10. Como Freud (1933/1964, p. 80) colocou, e como Lacan sempre repetia, "*Wo Es war, soll Ich werden* (onde ele [aquele desejo estranho] estiver, eu preciso estar presente)" (Lacan, 2006, p. 801).

11. Só vou adicionar aqui que suas satisfações ainda estiveram ligadas: a filha sentiu que não podia obter mais satisfação do que sua mãe obtinha, pois, caso contrário, a mãe se sentiria "enganada" e o resultado não valeria a pena. Note que, como a análise foi conduzida em francês, o outro significado na língua inglesa para *licking* (lamber) – bater ou punir – não era relevante.

12. De fato, ele cometeu um ato falho ao dizer isso, quando na verdade queria dizer, "[Tenho] me situado como um problema para que ele se resolva", com relação ao que ele observou, quando eu o fiz pensar sobre o que aquilo poderia sugerir, que para ele, seu pai era um problema a ser resolvido, um problema que ele próprio tinha resolvido.

13. Para saber mais sobre o provável uso mais antigo do termo, ver Lacan (1988, p. 17).

7. Tratando transferência e contratransferência

> *Ela [transferência] permanece, com a força de adesão de um comum acordo, identificada com um sentimento ou uma constelação de sentimentos experimentados pelo paciente, enquanto, caracterizando-a simplesmente como um tipo de reprodução que ocorre em análise, fica claro que grande parte dela deve continuar despercebida pelo sujeito.*
>
> Lacan (2006, p. 461)

Reconhecendo a transferência

Na literatura psicanalítica contemporânea, o termo *transferência* serve para designar praticamente tudo que acontece no consultório da analista. Freud (1905a/1953, p. 116) introduziu o termo *Übertragung* – que tem sido traduzido como *transferência*, mas literalmente significa transmissão, translação, transposição ou aplicação (de um idioma ou registro para outro idioma ou registro) – para se referir a "novas edições ou cópias idênticas dos impulsos e fantasias que surgem... durante o progresso da análise" e que "substituem uma pessoa anterior por aquela que ocupa o lugar do analista. Dizendo de outra forma: sequências completas de experiências psicológicas são revividas, não como se pertencessem ao passado, mas aplicadas à pessoa do médico no presente momento". Essas translações ou transposições podem ter diversas e diferentes formas:

- Em um nível perceptivo – seja visual, auditivo, olfativo, tátil ou outro – alguns aspectos da analista fazem com que o paciente se lembre de um de seus pais (ou de alguém muito importante de seu passado), tais como o som de sua voz, a cor dos olhos, cabelo ou pele, sua compleição, palmas das mãos suadas ou frias, quando se cumprimentam no início ou no final da sessão, e assim por diante.

  Por vezes, basta que a analista simplesmente tenha um nariz – independentemente do formato e tamanho – para o paciente "vê-lo" como se fosse o nariz de sua mãe (ele pode dizer que só quando olhou por outro ângulo ou com a claridade, por exemplo, que se lembrou dela). Em outras palavras, não é que alguma característica real da analista tenha feito com que ele se lembrasse de sua mãe, mas sim por projetar na analista algo de sua mãe que ficou preso em algum momento, algo associado com uma característica especial de seu rosto. Ele "vê nela" como se fosse, como se registrasse uma percepção.

- Alguma característica "codificada" da analista, sua companhia ou o próprio ambiente, faz o paciente se lembrar de um dos pais (ou de alguém importante para ele no passado), tais como sua idade; seu jeito de se vestir (roupa, joia, maquiagem e acessórios), que pode sugerir uma determinada classe socioeconômica ou o empenho para criar um tipo de aspecto (profissional, casual, étnico, desgrenhado, garota má, formal ou patricinha etc.); seu vocabulário, gramática e a maneira de falar (que, de novo, podem indicar algo como classe socioeconômica ou aspirações[1] sociais, nível educativo, país ou região de origem); ou sua escolha pelo tipo de consultório, localização e decoração (tudo isso a situa em diversos contextos codificados, socialmente, linguística ou semanticamente).

Esses aspectos envolvem sistemas de sinais de um tipo ou de outro – sistemas de sinais que estão envolvidos com uma cultura e grupos linguísticos específicos (mesmo se uma ou mais língua for falada, e mesmo se mais de uma cultura estiver representada naquele grupo). Como sempre, o paciente é "livre" para interpretar o vestido da analista, a forma dela falar, e assim por diante, como significado de alguma coisa que de modo algum é pretendido pela analista; afinal, não podemos controlar ou determinar o significado de nossa fala, vestimenta, ou ações – outras pessoas os determinam (Fink, 2005b, pp. 574-575).

- Alguma expressão de emoção por parte da analista pode fazer o paciente se lembrar de um dos pais (ou de outra pessoa que foi importante em seu passado), tal como um constrangimento manifestado no rosto corado em certos momentos durante a terapia; nervoso que aparece pela voz tremida ou agitada, o manusear agitado das mãos, mexer-se na cadeira, ou cruzar e descruzar as pernas; a angústia refletida em olhares de pânico, rosto corado, ou rigidez na postura; raiva dissimulada percebida pelo tom de voz controlado, gestos bruscos, irritação deslocada (i.e., falar de forma irritada com alguém que telefonou enquanto ela estava presumivelmente brava com o paciente), e assim por diante. Todas essas emoções detectáveis, que podem ser lembradas pelo paciente como vistas em outras pessoas do passado, são colocadas sob o título de *efeitos afetivos*; envolvem libido ao invés de imagens ou sinais *per se*.[2]

Na verdade, a analista não precisa sentir ou manifestar qualquer emoção para o paciente "perceber" uma determinada emoção que venha dela: em vários casos, o paciente projeta na analista, emoções que percebia em sua mãe – emoções que o perturbaram e com as quais ainda luta.

Embora eu não acredite que Freud tenha enunciado todos os diferentes aspectos – perceptivo, semiótico e afetivo – da analista (e adjacências) que serviriam como alimento para transferências, ele certamente nunca limitou a transferência à sucessão de sentimentos positivos ou negativos que o paciente teria pela analista. Isto é, no entanto, indiscutivelmente, o entendimento mais difundido da transferência – Malan (1995/2001, p. 21), por exemplo, admitiu que "a palavra 'transferência' foi sendo usada gradativamente para *quaisquer* sentimentos que o paciente pudesse ter pela terapeuta". Talvez seja melhor dizer que a incompreensão da transferência é mais difundida, porque a transferência é bem mais complicada do que isso.

Configurações transferenciais

Logo percebemos que a transferência é em si apenas um fragmento da repetição, e que a repetição é a transferência do passado esquecido, não apenas para o doutor, mas também para todos os outros aspectos da atual situação.
Freud (1914a/1958, p. 151)

Prefiro deixar a noção de transferência enquanto totalidade empírica, salientando que é polivalente e que envolve diversos registros: o simbólico, o imaginário e o real.
Lacan (1988a, pp. 112-113)

O que acontece quando um paciente encontra uma peculiaridade na analista que o faz se lembrar de algo sobre seu passado?[3] Vamos supor que a analista ocasionalmente use óculos, e que seus óculos sejam parecidos com os óculos da mãe do paciente, mesmo que a analista e o paciente tenham quase a mesma idade. Se o sentimento do paciente por sua mãe sempre foi positivo, podemos esperar que ele transfira alguns desses sentimentos positivos para a analista e trabalhe cooperativamente com ela nas sessões. Se, por outro lado, os sentimentos do paciente por sua mãe têm sido sempre negativos, podemos esperar que ele transfira alguns sentimentos negativos para a analista e seja hostil com ela nas sessões.

Mas, enquanto as transferências algumas vezes tornam-se evidentes à analista, na forma de sentimentos que o paciente expressa a ela, de um jeito ou de outro, intencionalmente ou não, elas talvez tornem-se evidentes mais frequentemente de outras maneiras: o paciente, cujas relações com sua mãe eram um tanto azedas, pode permanecer mais caloroso e muito cooperativo durante as sessões, mas não acreditar secretamente na analista de óculos, mesmo jurando a si mesmo que todos os seus melhores *insights* estarão protegidos contra ela. Ele pode se empenhar em convencer a analista de que está levando a sério suas interpretações, ridicularizando-as em sua mente durante todo o tempo, e fazendo o que for para tornar seu trabalho tão inútil quanto chinelos são para peixes. Ele não pode transparecer nenhuma emoção e talvez esteja completamente inconsciente sobre seus sentimentos negativos em relação a ela; todavia adota uma posição em relação a ela que provavelmente reflete uma postura similar em relação à sua mãe, posição esta que envolve protesto dissimulado e revolta.

Vamos imaginar agora um caso mais comum: o paciente diz, e gostaria de acreditar, que sua relação com sua mãe é boa, mesmo que as ações e omissões na vida sugiram o contrário (por exemplo, ele nunca segue seus conselhos, nunca procura as mulheres que ela aprova, nunca se prepara para carreiras que ela recomenda, e assim por diante). De fato, leva algum tempo para que os pacientes possam ir além de suas afirmações iniciais, de que tudo está bem na família: a repressão é muitas vezes de tal ordem que eles se convencem conscientemente que as relações com os pais são ótimas, quando na verdade é tudo menos isso, e eles ainda adotam uma postura de oposição em direção a esses pais, uma postura cujas origens são misteriosas para eles.

Quando esse paciente vê a analista usando óculos que parecem com os da sua mãe, sua postura transferencial opositora não encontrará expressão nos olhares de reprovação ou qualquer tipo de impulso emocional; todavia, pode levá-lo a atrasos recorrentes, longos silêncios, saídas antecipadas, ausências e férias, que o paciente justificará com motivos perfeitamente plausíveis (seu chefe pediu para ele trabalhar até mais tarde, ele está exausto por ter trabalhado demais, tem que sair correndo para as consultas médicas, seu carro velho quebra o tempo todo, e assim vai). E ao fazer isso não estará necessariamente agindo de má fé: está dando os motivos de que tem conhecimento, e esses podem ser os únicos de que ele tenha consciência.

Não faz sentido dizer aqui que o paciente não tem "consciência de seus sentimentos de raiva" pela mãe e, portanto, em relação à analista, pois não é, estritamente falando, um sentimento se ele for inconsciente: a*inda não se tornou um sentimento; só pode ser sentimento quando for sentido.*[4] Não obstante, os aspectos reprimidos do relacionamento com a mãe se manifestam ao criar uma postura rebelde por parte do paciente, sem que nem mesmo ele perceba.

A transferência não é, portanto, de maneira alguma, apenas uma forma confinada no campo afetivo: assim como um dos sintomas dos pacientes pode refletir toda a estrutura familiar, a transferência pode envolver uma repetição de uma estrutura altamente complexa do mesmo tipo. Vamos considerar brevemente o seguinte caso que supervisionei. A paciente fazia prolongados silêncios e sua analista já estava perdendo as esperanças. Tanto a analista quanto eu assumimos, desde o início, que a paciente achava que o que ela teria para contar seria vergonhoso de se dizer, ou possivelmente que uma vez que ela nunca tenha falado sobre isso com ninguém, os próprios eventos reais que ela tinha vivido estavam resistindo à simbolização – ou seja, estavam resistindo a serem postos em palavras. Logo veio à tona que a paciente havia sido estuprada por um médico; tinha permanecido em silêncio durante o estupro, mesmo sabendo que sua mãe estava perto, na sala de espera do consultório. Neste ponto sua analista e eu começamos a nos perguntar se ela estaria experimentando a análise como uma espécie de estupro, mesmo que sua analista fosse mulher – em outras palavras, levantamos a hipótese de que ela tinha transferido a figura terrível de seu médico do sexo masculino para sua atual analista mulher.

Uma discussão dessa possível ligação, no entanto, não faria a paciente soltar a língua. Ela permaneceu em silêncio – como que teimosamente – e sentia-se desconfortável durante as sessões, ansiosa antes de entrar, mas mesmo assim impaciente para vir para a análise. Lentamente, um trabalho tedioso sobre poucos fragmentos dos sonhos e escassas associações finalmente trouxe um período em que por dois anos, quando a paciente era criança, seu pai a teria tocado sexualmente quando sua mãe estava fora de casa. Ele ameaçou mandá-la embora de casa se ela falasse uma palavra sobre isso com sua mãe, e ela nunca contou nada para ninguém por décadas. *A situação da família, que ela reproduzia na análise, tornou-se muito complexa*: seus silêncios prolongados eram uma forma dela se proteger e manter-se fiel ao pai, de reviver seu estado assustado e ainda excitado enquanto ficava em silêncio, como quando seu pai a tocou, mantendo o segredo da mãe/analista que resultava uma vitória desconcertante sobre ela na demanda por atenção de seu pai, de poupar sua mãe do choque duplo pela traição do pai e pela cumplicidade da filha e, indubitavelmente, de realizar outras coisas também.

Tais transferências complexas são sempre muito difíceis de serem detectadas e talvez isso explique por que muitos terapeutas veem a transferência simplesmente como aquilo que o paciente sente pela analista em um determinado momento.[5] Pode-se postular que as dificuldades para detectar transferências complexas têm sido levadas ao que pode ser chamado de "caça afetuosa", com perguntas constantes ao paciente, "Como você se sentiu com isso?", *como se o sentimento fosse a chave de todas as coisas* (transferencialmente e de outra maneira), o que evidentemente não é.[6] Terapeutas contemporâneos também têm a desagradável tendência de atribuir aos silêncios refratários, e muitas outras dificuldades de tratamento (por exemplo, escassez de associações, inabilidade de se lembrar de sonhos ou devaneios, falta de pontualidade, cancelamentos, não comparecimentos, e assim por diante), resistência intencional ao tratamento por parte do paciente, ao invés de olhar para um panorama maior. Tais dificuldades de tratamento geralmente surgem: (1) do fato de que não é fácil articular o que nunca antes tenha sido articulado, (2) da repetição de uma situação anterior, que pode ser muito complexa e difícil para elucidar, ou (3) de algo que a analista está ou não fazendo, por exemplo, se recusando a ajudar o paciente a articular o que nunca tinha articulado antes (na verdade, permitindo que os dois, paciente e analista, evitem a difícil tarefa) ou não se empenhando em descobrir se a condição anterior do paciente estaria se repetindo.[7]

Por isso que Lacan (2006, p. 595) decidiu adotar um ponto de vista diametralmente oposto ao dos diversos analistas contemporâneos, quando disse, "Não existe outra resistência para a analista do que aquela da própria analista",⁸ a ideia de que quando as analistas estão propensas a concluir que o paciente está resistindo é sempre falha delas mesmas, e não do paciente. Em outras palavras, as dificuldades do tratamento são propensas a surgir quando a própria analista adota o que Freud (1900/1958, p. 639) atribuiu como a "política avestruz", que enfia a cabeça na areia para não ver. Uma vez que "aquilo que interrompe o progresso do trabalho analítico é resistência" (p. 517; ver também Freud, 1915a/1958, p. 162), faz perfeito sentido caracterizar a obstrução da analista ao tratamento como resistência.

A transferência está em toda parte

> *Mesmo se assumirmos que devemos considerar a transferência como um produto da condição analítica, podemos dizer que essa condição não poderia criar um fenômeno do zero e que, para produzi-la, deve haver, fora da condição analítica, possibilidades preexistentes, em que a condição analítica combine com aquele que talvez seja o único caminho.*
> Lacan (1978, pp. 124-125)

O tipo de transposição de um registro para outro encontrado na transferência na situação analítica pode ser encontrado em muitas outras situações também. A maioria de nós teve experiência de gostar ou não de alguém que acabamos de conhecer, simplesmente porque ela se parece com alguém de quem gostamos ou não gostamos, tem o mesmo nome de alguém de quem gostamos ou não, ou alguma outra característica (aparência, profissão, voz etc.) que nos faz lembrar dessa pessoa de quem gostamos ou não.

Tais transferências podem nos levar a fazer coisas estúpidas, por exemplo, confiar em uma pessoa em que não deveríamos ter confiado, evitar pessoas com quem poderíamos ter boas ideias em comum, e até mesmo nos apaixonar por alguém que tenha apenas as qualidades superficiais de uma outra pessoa por quem nos apaixonamos no passado, e não as qualidades mais profundas. (Um dos meus pacientes me contou que quando tinha sete anos apaixonou-se por uma garota que conheceu no primeiro dia de acampamento de verão, que se parecia exatamente como sua irmã.) De fato, apaixonar-se e a experiência de estar apaixonado devem-se muito à transferência: quanto mais intensamente alguém está *amando*, mais parece ser um "caso de identidade equivocada", como aquela encontrada na transferência que está sendo tratada, parecendo que uma "falsa conexão" (Freud & Breuer, 1893-1895/1955, p. 302) foi feita entre as figuras do antigo e do atual amor.[9] As mais apaixonadas formas de amor geralmente envolvem um desconhecimento total da alteridade da outra pessoa, e uma projeção massiva de todos os tipos de qualidades desejáveis em alguém que conhecemos muito pouco. O objeto dessa projeção massiva algumas vezes até desaprova que ele queira ser amado por si próprio, e não ser colocado em um pedestal ou idealizado. Em muitos casos, a pessoa se apaixona exatamente quando as qualidades do outro começam a aparecer e a perfeição que tinha sido projetada pelo amante sobre o amado revela-se ilusória.[10]

Similarmente, a transferência sempre tem um papel considerável nas relações de estudantes e professores. Os estudantes logo assumem que seus professores têm muito conhecimento e apaixonam-se por eles, para só depois reconhecer os limites de seus conhecimentos. No início eles os consideram virtualmente onicientes, que talvez seja o que pensavam de seus pais quando crianças; e exatamente como no caso dos pais, cujos limites de conhecimento eles reconheceram, no devido tempo perceberão os limites de conhecimento de seus professores, muitas vezes tornando-se uma boa ideia ficar menos apaixonados por eles. O professor é a primeira pessoa que eles conhecem como "sujeito que tem obrigação de saber" (ver Capítulo 5), que extrai o amor dos estudantes e finalmente cai, em maior ou menor grau, daquele pedestal, levando ao desapontamento, desilusão ou até ao desespero – isso ocorre às vezes somente após alguns anos. O amor do paciente pelo conhecimento, conhecimento que espera encontrar na analista, tem um importante papel em uma análise que já irá se encerrar. Como os discípulos de Sócrates, que acreditavam que Sócrates tinha muito conhecimento, mesmo que ele dissesse que não tinha (exceto em relação ao amor), e foram em busca do conhecimento precisamente porque acreditavam que ele o possuía, os pacientes são capazes de se engajar em uma árdua tarefa na busca de conhecimento sobre eles mesmos, precisamente porque acreditam que a analista o possua. De fato, Lacan considerou essa crença uma força motriz indispensável na análise com neuróticos.

Todavia, embora a transferência seja encontrada em muitas facetas da vida e assuma diferentes formas (fortes sentimentos pelo contador, furtos cada vez mais descarados,[11] provocações ao policial rodoviário, concordâncias escrupulosas com convenções etc.), nem tudo que alguém encontra na situação psicanalítica é transferência.

Nem tudo é transferência

Transferência é colocar o inconsciente em funcionamento.
Lacan (1978, p. 267)

A antiga analista de um paciente meu sempre atrasava possivelmente dez minutos ou mais em todas as sessões com duração de tempo fixo. O paciente não se sentia exatamente desconsiderado pelos pais e nem se queixava, por exemplo, de que um de seus pais estaria sempre atrasado para levá-lo para a escola ou buscá-lo depois das atividades extracurriculares. Por isso, quando eventualmente expressava aborrecimento pela analista que muitas vezes chegava tarde, não seria considerado tratar-se de transferência *per se*: ele estava aborrecido com ela, como podia se aborrecer com qualquer outra pessoa que agisse como se o tempo dela fosse mais importante que o seu. Ele pode, é claro, ter ficado mais chateado com ela do que com o encanador, digamos assim, que fez a mesma coisa, por causa da importância que ela tinha em sua vida, em parte pelo resultado de outras transferências, mas seu aborrecimento por ela ter se atrasado repetidas vezes não pode ser denominado de transferência.

Nem pode ser criticado pela forma como reage a todos à sua volta – ele deve rapidamente pensar que todos agem como se o tempo deles valesse mais do que o seu, por exemplo – como os analistas gostam de presumir. Não devemos concluir que a maneira com que o paciente reage à analista seja necessariamente a maneira com que reage a todo mundo, como se não houvesse formas específicas de se comportar com diferentes pessoas.[12] Afinal, a analista provavelmente se apresenta a ele mais como uma tela em branco ou um "espelho" (Freud, 1912b/1958, p. 118) do que a maioria das pessoas em sua vida, o que presumivelmente o autoriza projetar e repetir mais aspectos de relacionamentos e situações do passado com ela do que ele seria capaz com colegas, amigos e amores, que não têm a pretensão de ser "a mulher sem qualidades" (parafraseando o título do romance inacabado de Robert Musil). Embora transferência seja encontrada em todos os aspectos da vida das pessoas – elas obviamente projetam e repetem no local de trabalho e em casa – elas geralmente têm diversas formas diferentes de se relacionar com os outros em seus repertórios, sendo amigáveis e cooperativas com algumas, obsequiosas com outras, e ainda competitivas e não cooperativas com outras, por exemplo. Sugerir que o paciente deva agir com todos da mesma forma, como faz com a analista é forçar demais: é uma abdução no sentido de mundo para Pierce (ver Eco, 1984), e não uma inferência!

Há, é claro, casos em que um paciente presume que as pessoas estão sempre tentando humilhá-lo ou convencê-lo de que ele é inútil, e qualquer coisa que a analista fizer será interpretada como uma confirmação disso. Mas muitas vezes, conforme o caso do paciente que mencionei antes, cuja analista sempre se atrasava para as sessões, não é o "jeito habitual de ser" do paciente ou seu "complexo de inferioridade" que está atuando (através da chamada identificação projetiva ou outra coisa), mas sim "o jeito habitual de ser" da analista ou a contratransferência que a faz se atrasar sistematicamente.

Ao mesmo tempo que é sempre útil ver se há mais do que aparenta o aborrecimento do paciente com tais coisas, os analistas devem reconhecer suas próprias contribuições em tais situações. Isso não significa que eles deveriam desabafar com seus pacientes, explorando com eles seus próprios motivos por chegarem tarde, mas deveriam articular um compromisso para chegarem na hora, daqui por diante, e trabalhar em supervisão ou em suas análises pessoais os motivos inconscientes que estão em jogo. Talvez a analista tenha passado a não gostar do paciente; talvez ela sinta que ele está ali relaxado e que ela pode facilmente executar algumas tarefas antes das sessões, sem que ele fique perturbado; ou talvez ele tenha estimulado sutilmente seus atrasos por não reclamar deles, por gostar de se sentir superior ou por ter queixas dela. Muitas outras coisas poderiam ser trabalhadas também, é claro, mas eles acham menos importante a relação real entre a analista e o paciente, enquanto indivíduos, do que a transferência; na verdade, em muitos casos, a transferência pode não ter nada a ver com eles, enquanto a contratransferência estiver fazendo o papel principal.[13]

Deveria ser óbvio que a contratransferência não é mais simples do que a transferência: pode envolver também a repetição de uma situação passada ou paralela (como, por exemplo, quando a analista traz um problema de casa para o consultório, ou um problema de um paciente durante o trabalho com outro paciente) com componentes imaginários, simbólicos e reais. Como mencionei no Capítulo 4, Lacan (2006, p. 225) definiu contratransferência muito amplamente, quando a caracterizou como "a soma total dos preconceitos, paixões e dificuldades do analista, ou mesmo de sua informação inadequada, em qualquer momento do processo dialético" da análise (ver também Lacan, 1988a, p. 23).

Essa ampla definição nos permite ver que mesmo a perspectiva da analista sobre a teoria psicanalítica pode funcionar de forma contratransferencial; se ela acredita na existência da "identificação projetiva", poderá ver (como veremos depois neste capítulo) o aborrecimento do paciente com ela, como citei acima, por seus constantes atrasos, como sendo parcialmente da responsabilidade do paciente: pode estar propensa a pensar que ele estava "projetando nela" suas crenças de que todos colocam seus desejos acima dos dele, ou tiram vantagem dele, e acabou *fazendo* com que ela cumprisse suas expectativas! Os analistas talvez não só tenham "conhecimento inadequado", pois deixam de estudar importantes literaturas psicanalíticas, como também, na medida em que abraçam conceitos psicanalíticos, transferem convenientemente o ônus pelas dificuldades no tratamento deles para o paciente. A contratransferência inclui os próprios preconceitos e tudo o que cega, independentemente da forma que tomem: seja porque a analista se recuse a considerar qualquer teoria, ou se acha incapaz de ver alguma coisa no caso diferente das suas noções preexistentes na psicologia pop que ela aprendeu com os meios de comunicação; conceitua o caso a cada semana, dependendo do que tenha lido; conta excessivamente com a teoria nas sessões, a ponto de não conseguir ouvir o que o paciente está dizendo, e tenta comprimir o que acontece nas sessões em um formato de sua teoria preferida; ou tenta usar o caso para embasar suas próprias teorias recém--formuladas, adequando os "fatos" à sua própria estrutura. Tudo isso pode, no meu ponto de vista, ser proveitosamente pensado como parte essencial da contratransferência da analista.

Como lidar com a transferência

> *Se a psicanálise é um meio, então situa-se no lugar do amor.*
> *Lacan (1973-1974, 18 de dezembro, 1973)*

Tendo falado um pouco sobre como reconhecer o que, em uma situação analítica, é devido à transferência e o que não é (devido, em vez de contratransferência),[14] vamos voltar ao chamado *lidando* com a transferência.

Embora os parâmetros de transferência, que até agora tenho delineado, possam chegar ao leitor como uma ideia abstrata, a experiência da transferência pode ser tudo menos considerada ponto de vantagem da analista, que está na ponta final da recepção, ou do paciente que está em seu controle.

Transferência positiva

> *Eu diria que transferência positiva é quando a pessoa em questão, o analista neste caso, é considerada; transferência negativa é quando a vigiamos.*
> *Lacan (1978, p. 124)*

Em certos casos, o paciente se pega pensando na analista boa parte do tempo, querendo saber de sua vida, e quem sabe até tentando saber mais a seu respeito; resumindo, ele se apaixonou ou está, de alguma forma, obcecado por alguém que pouco conhece ou que tem algumas características da mulher por quem ele se interessou no passado (se é que alguma mulher interessou a ele no passado). A analista pode nem ser fisicamente atraente para ele, talvez algumas décadas mais velha ou mais nova, pode se vestir de forma que ele ache que não a favorece ou que indique classe, cultura ou meio social que seja repugnante para as suas suscetibilidades, e ainda por alguma razão ele pode se achar muito entusiasmado e ansioso para vê-la a cada nova sessão. (Este tipo de paixão também ocorre entre pacientes que são do mesmo sexo de seus analistas.)

O paciente acha que encontrou alguém que o ouve de verdade, que pode entendê-lo, e quem sabe até seja capaz de ajudá-lo neste momento de necessidade. Ela lhe parece bem informada – alguém que sabe, ou consegue saber, qual é seu problema e como resolvê--lo. Resumindo, ele a vê como uma figura positiva do passado, como alguém que, ao menos em um determinado momento, parece aberta, querendo e podendo ajudar. Contudo, *ele não experimenta a transferência como transferência*. Não diz a si mesmo, "A única razão para eu me sentir desse jeito a respeito de minha analista é porque ela me lembra o jeito que minha mãe tinha, quando eu era pequeno, e ela age como uma mãe para mim". Ao invés, ele vivencia isso como um forte sentimento por essa pessoa em particular, aqui e agora. É apanhado nisso, não consegue tomar distância: sua paixão pela analista parece muito real.

Uma vez que sua transferência tomou essa forma e não interfere com o trabalho que está sendo feito em terapia, *não há necessidade de intervir de nenhuma maneira para moderar seu entusiasmo*.[15] A psicanálise explora um tipo de excitamento (energia libidinal) gerado pela situação analítica e pela identificação equivocada que a promove; não há tentativa de neutralizar ou dissipar, conforme outras formas de tratamento fazem. Quando uma das minhas supervisionandas me disse que estava com problemas por conta de um paciente ter dito a ela, "Às vezes eu acho que a única razão para eu pegar o ônibus e vir à terapia é porque você é bonita", eu respondi, "Pelo menos isso é bom para você". Mais tarde ela me disse que minhas palavras tinham ajudado muito a ela e à análise, por perceber que não importava se o interesse que o levou à terapia fosse estético ou erótico, contanto que ele se comprometesse com o trabalho de investigação e mudança de vida. Quando o paciente tem esse tipo de transferência positiva à analista, a analista se empenha em levar o paciente a iniciar o trabalhoso processo de análise, sem que seja por amor a ela, começando a recordar certas partes de seu passado, e também os sonhos e fantasias a que ele habitualmente não dá atenção, e fazer associações a eles. É um trabalho duro, e o paciente precisa de toda motivação que puder ter.

Lembre-se de que a psicanálise começou com uma história de amor: Anna O. (cujo nome verdadeiro era Bertha Pappenheim) propôs a "cura pela fala" por amor a Joseph Breuer, o atento jovem médico que a atendia em domicílio de manhã e de noite durante horas, algumas vezes. Ele era a única pessoa cuja presença ela notava e com quem falava durante algumas fases do tratamento (Freud & Breuer, 1893-1895/1955, pp. 21-47). No início (da psicanálise) era amor. E seu amor foi inspirado por um homem que, independentemente dela achar bonito ou não, era um médico muito respeitado, e ela presumia que ele soubesse algo de sua vida que pudesse curá-la (mesmo assim, a história mostra, ela era a única que tinha o conhecimento, e ele era simplesmente inteligente o suficiente para acompanhá-la). Embora partes da história de amor, com as quais nascia a psicanálise, não tivessem sido "viveram felizes para sempre", a verdade é que o amor, inspirado pela crença de que a outra parte possui o conhecimento, foi a mola mestra do tratamento que Anna O. inventou.

Muitos alunos graduados em psicologia clínica que supervisionei tentam rapidamente dissipar a crença do paciente de que eles têm considerável conhecimento daquilo que os atormentam. Normalmente fazem isso em nome da honestidade, digamos assim, e para garantir ao paciente que ele tem tanto poder no relacionamento quanto o clínico. Tão louváveis quanto podem ser seus objetivos – e de fato é o paciente que tem a maior parte do conhecimento, a analista fica com a menor parte, especialmente no início do tratamento – eles sempre acabam minando a crença do paciente ao procurar ajudá-lo. Ao invés de "capacitá-lo", eles acabam incapacitando-o, fazendo com que se sinta deprimido e desanimado. Ele sente que não tem conhecimento que possa ser útil nesse campo; se tivesse, não se encontraria na situação em que está, em primeiro lugar. É sempre muito importante que ele acredite que alguém tem conhecimento para poder ajudá-lo; dissipar essa crença é tirar seu último resquício de esperança. Consequentemente, esta tentativa de intervir na transferência de conhecimento do paciente para a analista pode levar à desesperança.

Tentar convencer o paciente, logo no início, de que ele tem tanto, se não mais, conhecimento quanto a analista é provável que dê certo quando a analista é jovem e trabalha em um centro de treinamento em que todas as terapeutas estão diante de seus primeiros pacientes ou têm apenas um ou dois anos de experiência. Em tais casos, os pacientes geralmente sabem que eles terão os resultados pelos quais pagaram, digamos – que seus terapeutas têm comparativamente menos "experiência" do que outros terapeutas da cidade que já têm muitos anos de prática.

Apesar disso, em diversos casos, o paciente simplesmente sente que a analista "protesta demais" e está sendo reservada ou tentando se privar de seu sentimento de inferioridade. A afirmação de Sócrates sobre não saber nada (exceto sobre amor) nunca convenceu seus discípulos, que continuaram acreditando que ele era uma verdadeira fonte de conhecimento. Isso nos leva a um ponto importante da técnica psicanalítica: a tentativa de dissipar ou "liquidar" a transferência do paciente está fadada ao fracasso, porque a recusa da analista – por exemplo, "Possivelmente não saberei qual é o problema, é você que tem o conhecimento aqui" – é ouvida pelo paciente como vindo da pessoa que ele projeta que seja: uma pessoa muito bem informada (se não fosse, ele se pergunta, por que seria analista?). A tentativa de mitigar um dos mais pesados aspectos da transferência, comentando ou interpretando-a a partir da própria transferência (isto é, quando alguém é objeto da transferência do paciente em oposição a uma terceira pessoa, como um amigo, colega, ou médico), acabará falhando pela mesma razão. Se o paciente, por exemplo, perceber que a analista está brava com ele e a analista negar, sua negação será ouvida pelo paciente como vinda de alguém que ele presume que esteja bravo; na verdade, ele pode tomar a negativa em si como um sinal de raiva!

No entanto, a maioria dos analistas parece concordar com o ponto de vista de Freud (1913/1958), que devemos interpretar a transferência quando ela começar a chegar na resistência:

> *Enquanto as comunicações e ideias do paciente fluírem sem obstrução, o tema da transferência deveria ficar intocado. Deve-se aguardar até que a transferência [o lidar com ela], que é o mais delicado dos procedimentos, torne-se resistência. (p. 139)*

Parece que não eles não percebem que uma interpretação da transferência, que é proveniente do objeto transferencial, à analista não seja uma saída da transferência, mas que simplesmente reproduz a transferência; a respeito, Lacan (2006, p. 591) disse:

"o discurso da analista é [sempre] ouvido como vindo da transferência do Outro". Se, por exemplo, a analista for associada a uma figura paterna crítica, sua interpretação será ouvida como crítica; se ela for associada com uma figura sedutora, sua interpretação será ouvida como sedutora. Não conseguimos algum tipo de metaposição fora da transferência interpretando-a (apesar das reivindicações dos terapeutas, como Levenson, 1995, p. 88, de que podemos "metacomunicar"). Permanecemos profundamente imersos na transferência. Como Lacan (1967-1968, 29 de novembro, 1967) disse, "não existe transferência da transferência", querendo dizer que – como não há um modo de pensar sem depender da linguagem, que nos possibilite discuti-la como um todo, sem ter que depender da linguagem em si em nossa discussão – não há como tomar certa distância da transferência para poder discutir o que está acontecendo na própria transferência (ver também Lacan, 1998b, p. 428). A interpretação de transferência é um ciclo vicioso!

Os analistas tentaram ficar fora desse ciclo vicioso, dividindo o paciente em duas partes: o "ego experienciador" e o "ego observador" (Sterba, 1934). O truque, na visão deles, é convidar o ego observador, considerado "racional", a ficar fora da transferência (a qual é presumivelmente envolvida pelo ego experienciador) em determinado metaespaço, um espaço fora da transferência onde analista e paciente podem se encontrar como egos observadores "aceitáveis" e concordarem com o que está acontecendo entre os egos irracional, imoderado e experimental, que são capturados na transferência/contratransferência.[16]

Pode parecer que eu esteja sendo irônico aqui, mas diversos outros autores usaram esses mesmos termos, como se "racional", "irracional", "aceitável" e "imoderado" fossem categorias simples, úteis,[17] que pudessem ser associadas, sem problemas, a um ou outro agente psíquico, e como se – mesmo que pudesse ser feito um acordo do que está acontecendo entre aceitável, "desinteressado", egos observadores fazendo um "intervalo" na estufa da relação transferencial – alguma coisa mudasse quando retornassem para a estufa (além de incentivar o paciente a suprimir toda e qualquer reação transferencial no futuro). O paciente, por exemplo, provavelmente permanecerá tão hipersensível a críticas como era antes, mas pode começar a "falar de forma condescendente" de sua grande indignação quando se lembrar da discussão com a analista, no sentido de que ele se sentia constantemente criticado por seu pai quando criança, o que é a origem de sua hipersensibilidade à crítica hoje. A conclusão é que ele continuará bravo, mas aprenderá como suprimir sua raiva depois do fato, ao invés de atuá-la. Ou ainda experimentará os comentários de mulheres sobre ele invariavelmente como sedução, mas aprenderá como "argumentar consigo mesmo", fazendo-o lembrar-se de cada ocasião em que ele experimentou seus comentários daquela forma, por causa das coisas que ocorreram com sua mãe. Tal é a utilidade (ou inutilidade, conforme o caso) de se buscar ajuda do ego observador do paciente![18]

Gill (1982) é um dos principais defensores, no mundo psicanalítico não kleiniano (discutirei Klein ainda neste capítulo), da interpretação sistemática da transferência, ainda que reconheça algo (que aparentemente viu como uma simples anomalia ou curiosidade, mas mesmo assim repetiu-a várias vezes em seu livro) que parece corroborar com a visão de Lacan de que normalmente não tem sentido interpretar a transferência. Gill indicou que, nas transcrições de sessões inteiras que ele fornece no volume 2 de seu trabalho, pode-se ver "com que regularidade a análise da transferência tem suas próprias repercussões na transferência – muitas vezes repercussões que resultam no decreto dos mesmos padrões de interações a que se referem as interpretações" (Gill & Hoffman, 1982, p. 8; observações similares são feitas nas pp. 105-170). Ele indica, por exemplo, que quando o analista, do sexo masculino, trabalhando com um paciente do mesmo sexo, que Gill chamou de "Paciente E", fez uma interpretação no sentido de que o paciente estava preocupado que houvesse "algum componente homossexual em seu relacionamento com o analista", o paciente ouviu a interpretação "como uma abordagem homossexual" ou alguma insinuação (p. 105). O analista, nesse caso, tinha sido aparentemente percebido, há algum tempo, pelo paciente como se estivesse estimulando o paciente a formar um vínculo homoerótico com ele, e a interpretação do analista foi levada pelo paciente como uma confirmação do que ele já havia suspeitado. Outro paciente, que Gill chamou de "Paciente G", estava sentindo há algum tempo que ele estava competindo com seu analista e perpetuamente perdendo a disputa. Quando seu analista comentou finalmente sobre isso, o paciente "sentiu cada interpretação como uma confirmação da disputa. Mesmo as interpretações [que seriam] exatamente sobre isso" – por exemplo, o analista disse, "Minha fala que você sentiu como uma disputa em que estou superando você é, no entanto, um outro movimento neste jogo para você se superar" – foram "experimentadas como se fosse um jogo para estar um passo à frente do concorrente", por parte do analista (p. 170). Quando seu analista lhe disse que ele parecia querer sua aprovação, o paciente concluiu que isso seria só mais uma forma de dizer que ele estava errado e fracassado. Quando o analista comentou que o paciente sentia que ele o punha para baixo, o paciente levou o comentário como se fosse outra tentativa de colocá-lo para baixo (pp. 162-164). A fala do analista é ouvida como se viesse da pessoa a quem o paciente atribui ser, e não como proveniente da pessoa que o analista é ou pensa ser, ou como proveniente de algum observador externo. Neste sentido, a interpretação da transferência, que pretende supostamente "resolver" ou "liquidar" a transferência, acaba simplesmente nutrindo-a, tornando-a ainda mais intensa e pesada.[19]

Esta é uma das razões por que os lacanianos proferem com frequência interpretações curtas que omitem o sujeito da declaração (evitando, por exemplo, "eu acho") e que consistem basicamente das próprias palavras do paciente – possivelmente encadeadas em uma ordem um pouco diferente – de tal forma que não fique inteiramente claro ao paciente *quem é* o autor das declarações. Assim fica mais difícil que essas interpretações (ver Capítulo 5) sejam experimentadas e rejeitadas "como vindas do Outro transferencial".

Apesar de todas essas considerações teóricas sobre a interpretação da transferência e um segundo volume de transcrições de sessões, que pretendem mostrar ao leitor como detectar e interpretar a transferência, Gill forneceu pouca ou nenhuma evidência de que a interpretação da transferência leva a uma mudança duradoura nos pacientes por ele citados. As possíveis fontes e a evolução do Paciente E, o medo da intimidade e da homofobia nunca foram mencionados, nem as prováveis causas da disputa com figuras de autoridade do Paciente G. Com esses dois pacientes fica claro que o medo e a disputa caracterizaram muitas de suas relações com os outros, ainda que o leitor não tivesse muito mais que um vislumbre de suas ligações com as histórias dos pacientes. Tão importante quanto pode ser para os analistas estarem em sintonia com as "alusões à transferência" (Gill, 1982, p. 21) nas histórias dos pacientes contadas durante as sessões, e tão importante quanto pode ser levar os pacientes a elaborar essas alusões em detalhes, virtualmente cada interpretação direta da transferência, nas sessões que Gill e Hoffman coletaram, levou a um dilema, a uma situação lamentável, cujos casos apresentados foram deduzidos por eles mesmos com grande dificuldade. Involuntariamente, Gill e Hoffman forneceram ampla evidência de que *é contraproducente interpretar a transferência*.

Embora não se veja qualquer grande resultado benéfico para os pacientes apresentados, é possível ver que a tentativa, por parte de alguns analistas cujas sessões foram incluídas no volume, de encontrar alusões à transferência em todo lugar, e sistematicamente interpretá-la, levou-os a examinar os aspectos mais básicos da técnica psicanalítica:

- Examinaram *atos falhos* (o paciente G disse "estou com raiva de mim" ao invés de "estou com raiva dele", implicando em algo bem diferente, de fato; Gill & Hoffman, 1982, p. 174).

- Falharam ao perceber *metáforas mistas* (o Paciente G disse, referindo-se aos momentos finais da terapia, "O tempo está acabando. A areia da bola de cristal acaba dia 21 de julho", obviamente querendo dizer "ampulheta" e não "bola de cristal", e ainda se referindo de forma bem transparente sobre a ideia de que o analista era, ou acreditava ser, clarividente – se não cartomante; p. 156).

- Raras vezes pediram aos pacientes para *terminarem as sentenças*, permitindo que seus pacientes censurassem muitos pensamentos, muitos dos quais começavam com uma alusão direta a um pensamento ou sentimento sobre o analista [por exemplo, "Você realmente.."; levando à suspeita de que esses analistas nem precisariam trabalhar muito para obter informações sobre "alusões indiretas à transferência" se tivessem simplesmente se empenhado mais para levar seus pacientes às *associações livres* (talvez estivessem procurando pela transferência em lugares errados)].

- Não prestaram atenção à *especificidade do uso da linguagem de seus pacientes* (o Paciente E usou a palavra *homossexual* para se referir a um ato sexual específico, enquanto seu analista o usou como quis, como se fosse ele que determinasse o significado das palavras) e permitiram que formulações ambíguas proferidas pelos pacientes passassem despercebidas, como se fossem perfeitamente compreensíveis.[20]

• Permitiram que seus pacientes falassem monotonamente e interminavelmente sobre minúcias de suas semanas, ao invés de os levar a falar sobre algo mais relevante, parecendo se apegar a "alusões à transferência" como um último esforço para que dissessem alguma coisa significativa durante as sessões (Gill, 1982, pp. 21-22; Gill & Hoffman, 1982, pp. 149-154).

Tenho para mim que é muito mais provável que a analista se mantenha em sintonia com a transferência, em todas as suas variadas formas, se seguir os princípios gerais delineados nos capítulos anteriores, do que se ela se concentrar exclusivamente na transferência (ou em alguma outra coisa relativa a isso) e tentar entender tudo que o paciente diz em termos daquilo que significa para ela e seu relacionamento com ele. A última hipótese provavelmente a faça escorregar em um registro imaginário e deixar de ver algo simbólico, digamos assim.[21]

Transferência excessivamente positiva

> *Não temos o direito de contestar que o estado da paixão, que aparece durante o tratamento analítico, tenha o caráter de um "amor genuíno".*
> Freud (1951a/1958, p. 168)

Conforme já observado, enquanto a analista for capaz de canalizar o entusiasmo do paciente pela análise e a paixão pela analista em um genuíno trabalho psicanalítico, ela não precisa fazer nada de especial, exceto evitar minar a crença do paciente de que ela possui o conhecimento sobre o que o aflige e de como pode ajudá-lo. Vamos supor, no entanto, que o paciente atinge um ponto em que sua paixão vá tão longe que ele comece a vir às sessões não para se tratar, mas simplesmente para se expor ao calor da presença da analista maravilhosa e iluminada. Se não adianta interpretar seu amor como não sendo pela analista, mas por alguém mais,[22] o que deve ser feito? Aqui a transferência se tornou resistência ao trabalho de análise: "Qualquer coisa que interfira com a continuação do tratamento pode ser expressão da resistência" (Freud, 1915a/1958, p. 162).[23] O que concretamente pode ser feito, uma vez que a interpretação também está fadada a falhar, ou a alienar o objeto, apelando para um ego observador que presume-se que não esteja apaixonado?

Em geral, a melhor política é fazer o mínimo necessário para trazer o paciente de volta ao tratamento. A analista não deveria acusar o paciente de estar apaixonado por ela; pode ser suficientemente simples fazer menos contato visual e dar menos atenção quando o paciente não estiver dizendo nada, mostrar-se indiferente quando ele parecer contente por estar ali, ou perguntar sobre seus sonhos, devaneios, e fantasias. Se necessário for, ela pode fazer uma ligação entre a situação atual e as cenas do passado do paciente já relatadas, em que algo análogo ocorreu (por exemplo, aqueles momentos felizes de sua infância em que ele se deitou feliz no chão da cozinha, enquanto sua mãe assava pão, saboreando o calor do forno e o delicioso aroma). Isto mantém a ênfase em uma situação similar, sem pontuar explicitamente o amor do paciente, o qual ele talvez nem tenha consciência, ou orgulho, ou queira reconhecer.

Em todo caso, a analista precisa se preocupar essencialmente com uma questão totalmente diferente: por que uma manifestação de transferência de amor está ocorrendo naquele instante? Especialmente quando a transferência de amor não aparece exatamente no início da análise (amor intenso que surge exatamente no início da análise pode sugerir um diagnóstico de psicose, não neurose), e sim mais tarde, o que geralmente ocorre é que, face à virtual impossibilidade de falar sobre algo, de colocar em palavras alguma experiência traumática, o paciente desviou sua atenção para algum aspecto da própria analista. Ele se frustrou na tentativa de se lembrar ou formular algo e sua atenção alternou para a única pessoa ali com ele na sala: a analista. Pode ter ocorrido a ele algo sobre ela que o incomodou (por exemplo, o jeito que ela apertou sua mão naquele dia, a roupa que estava usando, um novo objeto de arte no consultório, ou algum comentário feito por ela na sessão passada), ou ele pode de repente se lembrar de alguma coisa positiva sobre ela (por exemplo, seu sorriso ao cumprimentá-lo, seu jeito de andar, ou sua presença).

Nesses casos, a transferência não se torna resistência, como no exemplo dado em que o paciente simplesmente se sentia aquecido na presença da analista; pelo contrário, a *resistência* ao trabalho de simbolização erigida pelo real traumático *deu lugar à transferência* como uma tática diversionista, como forma de desviar a atenção dos "núcleos patogênicos" (Freud, 1912a/1958) do problema que o paciente está tentando combater com algo que não é transparentemente vinculado a isso.[24] Conforme Lacan (1978, p. 145) coloca, "Transferência é tanto um obstáculo para a lembrança como o fechamento do inconsciente, o que resulta na falha em atingir o alvo no momento certo". Em outras palavras, a transferência surge no momento em que o paciente se vê incapaz de aproximar-se um pouco mais (com ou sem a assistência da analista) daquele núcleo patogênico, incapaz de "atingir o alvo".[25]

O paciente certamente pode não estar consciente de criar esse desvio. De fato, ele provavelmente quase nunca está consciente disso em tais casos: é enganado pela manobra diversionista, assim como a analista. Se a analista consegue reconhecer a transferência aqui como desvio, ela perceberá que estavam se aproximando do núcleo patogênico e tentará encontrar maneiras de ajudar o paciente a continuar se aprimorando. A transferência surge consistentemente em tais momentos que poderíamos, de fato, provavelmente presumir que uma transferência em particular é um *produto* da resistência (entendida como real resistência para a simbolização e como a relutância do paciente em falar alto certas coisas para a analista, por medo de sua reação, que seja uma crítica, censura moral, perda da estima aos olhos da analista, ou qualquer outra coisa) mais do que presumir que a transferência *em si* tornou-se resistência. Afinal, se não era antes, por que de repente se tornaria agora?

Transferência não tão positiva

> *Em e de si mesma, a transferência constitui uma objeção à intersubjetividade.*
> Lacan (1968a, p. 18)

Quando surge como desvio de um trabalho difícil de simbolizar o real, a transferência não é sempre especialmente positiva. Considerando que o paciente fica frustrado com a dificuldade da tarefa, ele talvez ache que a analista não o esteja ajudando, até mesmo *deliberadamente*, pois acredita que a analista conhece a resposta que ele procura e se ela se recusa a fornecer, deve estar deliberadamente sonegando alguma coisa a ele! No entanto, uma vez que ela não tenha a resposta de fato, o melhor que pode fazer é evitar falar de qualquer pensamento ruim sobre ela, que possa chegar à mente do paciente como significado manifesto, e tentar ajudá-lo com o que tiver à mão.

Isto requer uma postura contraintuitiva por parte da analista: ela deve, em primeiro lugar, ter em mente que a maioria (esperançosamente, a vasta maioria) dos pensamentos positivos e negativos do paciente sobre ela e suas reações não têm nada a ver com ela enquanto pessoa, ser humano que vive e respira, com sua própria personalidade, gostos, valores e assim por diante. Estão, ao invés disso, relacionados a uma posição preexistente da economia física do paciente que ela ocupou. É isso, precisamente, que chamamos de transferência! No entanto, parece ser a coisa mais fácil de esquecer e os terapeutas têm quase que uma incurável tendência a cair na armadilha de pensar que referem-se a eles, quando não (e de pensar que não é sobre eles quando é, como veremos depois).

Enquanto a analista trabalha para manter sua própria contratransferência no menor nível, os pensamentos do paciente e suas reações a eles estão relacionados ao trabalho que estão fazendo, e não à analista propriamente.

Conforme Lacan (1968a, p. 18) nos lembra, a própria existência da transferência "constitui uma objeção à intersubjetividade". A situação analítica não é um fórum em que dois indivíduos diferentes se encontram enquanto sujeitos, porque o indivíduo da primeira parte (digamos assim) presta-se a toda e qualquer projeção convocada pelo indivíduo da segunda parte. Isso significa que algo essencial sobre sua própria subjetividade desaparece no encontro, ficando à margem. Mesmo assim, Lacan foi um proponente da ideia de intersubjetividade nos anos 1950, quando percebeu que falar sobre a situação analítica como intersubjetiva seria dissimular a existência da transferência.[26]

É contraintuitivo para a analista sempre ter em mente que a maior parte dos pensamentos e reações do paciente, que parece ser sobre ela, na verdade não tem nada a ver com ela, porque no dia a dia a maioria de nós é propensa a considerar o que os outros pensam e falam sobre nós de forma bem pessoal. Mas, mesmo no cotidiano, faríamos bem se percebêssemos que as pessoas pensam e dizem todo tipo de coisas sobre nós, que tem um pouco, se é que tem, a ver com o que somos como pessoas e muito a ver com suas próprias lutas e conflitos (seja porque se sentem negligenciadas ou inadequadas, ciumentas, irritadas com todos, ou qualquer outra

coisa, levando as pessoas a se perguntarem se uma relação sujeito-
-sujeito é possível). E, embora em nossa vida amorosa muitos tendem a aceitar críticas de um amor, manifestamente, dada a prevalência da transferência e da projeção em relacionamentos, muitas vezes é melhor perceber que a crítica em questão diz respeito a outra pessoa na vida amorosa (alguém do passado ou o amor atual).

Na vida cotidiana, precisamos aprender a nos ver como verdadeiros alvos de críticas das outras pessoas (ou brincadeiras, sarcasmos, comentários depreciativos) e mesmo de elogios, e precisamos até mais no *setting* analítico. À medida que o paciente não experimenta a transferência como "mera projeção" e ao invés disso leva seu aborrecimento para a analista como uma verdade absoluta, *a analista precisa fazer um esforço especial para não aceitar críticas no espírito em que foi dado, ou responder da mesma forma*. Se não for assim, ela vai acabar debatendo as críticas com o paciente ("Eu *também* estou tentando ajudar"), desaprovando suas acusações ("eu fiz duas novas interpretações ontem"), replicando com sua própria crítica ("é você que não está cooperando"), ou simplesmente ficando brava. Ao invés disso ela deve tentar se colocar em um nível diferente: deve aprender como não reagir como se ela fosse o verdadeiro alvo da crítica, lembrando-se o tempo todo (pelo menos tentando) que ela está lidando com a transferência.[27]

Sua meta nas comunicações com o paciente não é acusá-lo de estar projetando coisas horríveis nela, que é uma pessoa tão refinada, ordenando que ele, de alguma forma, separe da mente as figuras do passado, com as quais está furioso, da tão bem-intencionada analista, que é uma pessoa que tem seus direitos. Se o paciente conseguisse mantê-las totalmente separadas, ele não poderia mais projetar coisas na analista. Isso colocaria a análise rapidamente em perigo, porque, quando os pacientes não conseguem se lembrar de certas facetas do passado com outras pessoas, eles tendem a repeti-las com a analista, o que significa que a analista pode, no entanto, ter acesso a elas, embora de modo disfarçado e um pouco desajeitado. Um de meus pacientes, cuja habilidade para se lembrar sempre requeria desvio da repetição, contava certa vez sobre como eram as coisas quando ele morava com os pais, antes da situação familiar mudar drasticamente. Ele se lembrou de estar sentado à mesa com o pai após o jantar, mas não conseguia se lembrar direito como tinha sido. De repente ocorreu a ele que eu estava bravo com ele, permitindo-me levantar a hipótese de que a sensação dele de eu estar bravo *não* teria relação com alguma coisa que eu havia feito ou dito antes, mas sim que lembrava seu pai que às vezes ficava irritado com ele à mesa. Ele confirmou, dizendo que seu pai ficava sempre gritando com ele para "comer", o que ele sempre achou muito desagradável quando criança. A irritação de seu pai com ele, desse modo, emergiu primeiro na projeção da transferência e só então como memória.

Se essa repetição tivesse sido verdadeiramente frustrada – se eu, por exemplo, contestasse sistematicamente o sentimento do paciente de que eu estaria irritado, eufórico ou cético, quando ele sentiu que eu estava (assim ele teria uma visão sobre mim mais "baseada na realidade", por exemplo, e não me confundiria com outras figuras) – a análise poderia ter perdido uma das principais fontes de informação sobre o passado do paciente. Como Freud (1920/1955, p. 18) coloca, "O paciente não consegue se lembrar de tudo que está reprimido nele, e aquilo que ele não consegue lembrar pode ser a parte essencial". Frustrar a repetição daquilo que ele não consegue se lembrar, então, é prejudicar a terapia.[28]

A analista deve, então, aceitar todas e quaisquer projeções. Ela não pode, por exemplo, dizer ao paciente, "Você está me confundindo com sua mãe, mas não sou como ela", pois isso seria afirmar sua própria individualidade e frustrar futuras projeções dessa natureza. Ela precisa andar por um caminho estreito: não pode rejeitar as projeções do paciente, e não pode responder aos seus ataques e insinuações com ataques e insinuações próprios (coisa que pode estar propensa a fazer na vida cotidiana). Responder no mesmo tom, fazer com os outros o que eles fazem com você, pagar com a mesma moeda como fazem as crianças (ou toma lá, dá cá, como muitos adultos e nações fazem) é ficar irremediavelmente em dificuldades na dimensão imaginária, em que "os sentimentos são sempre mútuos" (Lacan, 1988a, p. 32, 1973--1974, 13 de novembro, 1973), o amor de um provoca o amor do outro, o ódio de um provoca o ódio do outro. A analista não deve estar "acima disso", e sim situada em diferente dimensão: na dimensão simbólica.[29] Ela deve pontuar não o simples fato da projeção (ela não deve dizer, "Você está projetando!" ou "Você está mesmo bravo com outra pessoa"), mas achar um jeito de direcionar a conversa para o tópico que estava sendo discutido antes de ter ocorrido a reação à transferência.[30]

Considere o seguinte exemplo: meu trabalho com certo paciente foi tranquilo desde o início, mesmo ele tendo me alertado que, em suas outras análises anteriores, ele tinha se emperrado em prolongados silêncios. Durante cerca de dois meses ele contou sua história e situação atual, mas com o passar do tempo começou a trazer pouca coisa para as sessões: um breve trecho de um sonho, um pensamento fugaz, ou um vislumbre de devaneio. Após contar um trecho ou um pequeno vislumbre ele caia no silêncio, professando que não tinha tido pensamento algum sobre sonhos, devaneios ou pensamentos fugazes e que não tinha associações para fazer durante a sessão. Fiz o que pude para mostrar a ele vários detalhes diferentes dos sonhos, pensamentos e devaneios, mas no decorrer de muitos meses as coisas pioraram e ele foi trazendo cada vez menos material em cada sessão.

Logo começou a faltar às sessões regularmente e não conseguia dizer mais nada sobre suas ausências, além de que achava as sessões dolorosas quando não tinha nada para dizer. Continuou pagando todas as sessões, aparecesse ou não, e eu não fiquei muito frustrado com suas ausências, até que começaram a ser mais frequentes do que uma vez por semana, e eu sabia que isso não era um bom presságio. Havia aspectos de sua história que me levaram a pensar que, por um lado, ele talvez esperasse de mim um discurso bombástico, que eu me enfurecesse e dissesse a ele que voltasse ao trabalho. Seu pai, de alguma forma, tinha sido fraco, uma figura ineficaz que, quando bravo uma vez com suas crianças que faziam barulho, colocou uma cadeira atrás da parede em um quarto no final do corredor e ameaçou, "Da próxima vez vai ser de outro jeito". Não estava totalmente claro para o paciente o que ele quis dizer com aquilo, mas na verdade nunca aconteceu. O paciente, no entanto, sentiu que ele deveria ter sido punido por diversas coisas que tinha feito quando criança e adolescente. A raiva do paciente pelo pai (por não tê-lo punido; ao que parece, teria aliviado o paciente do fardo de punir-se constantemente) estava bem guardada, e sua raiva por mim tinha apenas começado a surgir, particularmente em um sonho em que eu aparecia em forma de bicho, praticamente morrendo de fome e reanimado pelo próprio paciente. Suas repetidas ausências podem ter sido um jeito dele me pedir que o punisse, como sentia que merecia.

Depois de um período tumultuado, de certa forma, em que o paciente fez uma fraca tentativa de encerrar a análise, ocorreu-me que ele estaria repetindo algo que aconteceu em sua infância: em um ponto de suas brincadeiras sexuais com sua irmã mais nova (que sua mãe certa vez surpreendeu, mas entendeu como "perfeitamente natural" – esse foi um dos episódios pelos quais ele sentia que deveria ser punido), ele tinha aparecido com a ideia, aparentemente sua, de que seu pênis ereto "talvez tenha entrado lá [na vagina da irmã]". Aparentemente ele nunca tinha visto sua vagina antes do dia em que se propôs a colocar seu pênis lá, e ele caracterizou sua vagina como parecendo "uma grande ferida vermelha". Ela respondeu à sua provocação gritando "não!" e nunca mais quis "brincar de médico". Ele se identificou fortemente com ela (mesmo tendo um ponto erótico muito sensível em seu corpo, de um dos lados de seus órgãos genitais, que ele mesmo descreveu como um tipo de imagem especular, em seu corpo, do clitóris da irmã) e eu postulei que ele estava repetindo alguns aspectos dessa cena com os papéis invertidos: estava se comportando na análise comigo como ela tinha se comportado com ele – brincaria comigo até certo ponto e então se fecharia. Ele diria alguma coisa para ver até onde eu iria e, então, se calaria, e não iria além por conta própria.

Para conseguir que ele falasse mais claramente sobre esta cena em particular, e toda a gama de pensamentos e sentimentos que permeou o caso, eu me dispus a pôr um fim ao tratamento do tipo "silencioso" que prejudicava a análise. Uma das questões que pareceram incomodá-lo foi que ele havia forçado sua irmã a seguir em frente. Em certo nível, ele parecia pensar que, se tivesse feito isso, ele não teria tanto medo de vaginas (nunca mais olhou para elas depois daquele evento com a irmã). À medida que o que acontecia na análise era uma repetição daquela cena, ele parecia pensar se eu o forçaria a seguir em frente – em outras palavras, será que eu faria com ele o que ele não fez com a irmã?

Parecia que a dificuldade do paciente estava em tentar formular esta quase impensável questão ("Eu a estuprei?") que parecia desviar sua atenção para o relacionamento comigo: imaginando-me crítico em relação a ele, e assim ficando mais difícil para ele vir às sessões e falar; querendo que eu o punisse por algo (um pensamento? um desejo?) e ainda, ao mesmo tempo, esperando escapar da punição.

Estávamos aptos a ir além desse momento de inatividade na análise, retornando para o que propus ser a fonte da repetição, não por uma sugestão minha a ele, de que essa situação difícil em que nos encontrávamos na análise (eu curioso, ele se afastando) era parecida com sua antiga situação com a irmã; uma comparação especulativa, na melhor das hipóteses, teria simplesmente dado na mesma do que lhe dar um bocado de conhecimento sobre algo que estivesse acontecendo na análise, e não teria mudado nada no que diz respeito ao *recalque que estava provocando a repetição em primeiro lugar*. Mais do que interpretar sua reação transferencial, que tomou a forma de longos silêncios e ausências, o foco ficou no que foi interrompido: uma discussão mais completa da cena de infância.

Acting out

> *Mas se, conforme a análise avança, a transferência torna-se hostil ou excessivamente intensa e, portanto, necessitando ser reprimida, lembrar imediatamente abre caminho à atuação* (acting out).
> Freud (1914a/1958, p. 151)

Assim como a analista deve aceitar as projeções do paciente, agradáveis ou não, desde que possam oferecer acesso a certos aspectos do que foi reprimido, também deve aceitar seu "*acting out*". "*Acting out*" é um conceito genuinamente psicanalítico, o qual, nas últimas décadas, passou a significar nada mais do que "*acting badly*" (atuar mal) ou "*acting inappropriately*" (atuar inadequadamente) na linguagem psicológica comum (ver Capítulo 9 sobre este último termo), mas Freud o introduziu para referir às ações que o paciente empreende fora do consultório, para expressar algo de forma deslocada, que ele não foi capaz de expressar no consultório, não necessariamente por culpa sua ou da analista. Ao descrevê-lo, Freud (1914a/1958) disse:

> O paciente não se lembra de nada do que foi esquecido e reprimido, mas atua. Ele reproduz, não como memória, mas como uma ação; repete, sem saber que a repete. (p. 150)

À medida que o paciente que apresentei há pouco faltou em uma ou mais sessões na semana, devemos dizer que ele estava atuando algo que não conseguia se lembrar: o doloroso tratamento silencioso que sua irmã deu a ele e seu desejo de, quem sabe, forçá-la (alguns analistas contemporâneos referem-se a esses longos silêncios durante as sessões como "*acting in*", uma vez que seria a expressão do material reprimido nas sessões, que tomou forma do ato de permanecer em silêncio).[31]

A analista pode tentar encorajar o paciente a falar, mesmo que aos gritos, ao invés de atuar, expressar sua raiva verbalmente, ou quebrar coisas ou socar alguém, mas se ela tentar proibir toda atuação por parte dele, é provável que acabe privando a análise de uma de suas possíveis e importantes fontes de informação. E mais, o *acting out* serve como um tipo de corretivo ao analista: exatamente como as crianças que envolvem atividades destrutivas ou autodestrutivas fora de casa, quando sentem que os pais não os escutam, os pacientes algumas vezes se envolvem em atividades autodestrutivas fora do consultório, quando sentem que seus analistas recusam-se a ouvir algo que estão tentando transmitir, ou estão recusando levar a sério algo que os pacientes tentam dizer. Em outras palavras, as atuações dos pacientes deveriam lembrar que, para bom entendedor, meia palavra basta.[32]

Transferência completamente negativa

> Sempre pedem minha opinião sobre casos em que o médico se queixa que ele havia apontado sua resistência ao paciente e que, no entanto, nenhuma mudança havia ocorrido; de

fato, a resistência tornou-se mais forte, e a situação toda ficou mais obscura do que nunca.
Freud (1914a/1958, p. 155)

Em face da negatividade evidente e persistente por parte do paciente, a analista poderia considerar diversas possibilidades diferentes – à parte as escolhas óbvias de iniciar o trabalho com um bom (ou com um potencialmente novo) supervisor, a supervisão contínua é essencial para o trabalho analítico.

Se a analista tem pontuado a fala do paciente e procurado fazer as interpretações, e suas pontuações e interpretações não têm tido efeito, apenas enfurecido o paciente, mesmo que ela as tenha introduzido gradualmente e até um ponto em que o paciente pareceu estar pronto para ouvi-las, ela deveria, primeiro e antes de tudo, considerar a possibilidade de não ter feito um bom diagnóstico do paciente: talvez ele seja psicótico, não neurótico, e ela precisa se reorientar totalmente no tratamento (ver Capítulo 10). O trabalho com psicótico como se ele fosse neurótico pode facilmente levar à transferência seriamente negativa; supervisionei casos em que muitas coisas que não seriam tomadas como persecutórias pelo neurótico – tais como pontuação, interpretação, encerramento abrupto da sessão, tomar notas, e mesmo pedir para gravar ou filmar as sessões (algo que é sempre sugerido pelo supervisor do terapeuta, em certos programas de treinamento, sem levar em conta o nível de paranoia do paciente) – levaram a terríveis reações negativas por parte do paciente psicótico e algumas vezes até ao encerramento da terapia.

Se a transferência do paciente começou ligeiramente positiva e devagar foi ficando inflexivelmente negativa, e se as tentativas da analista em ligar essa negatividade às figuras do passado do paciente e reconceituar o caso (com a ajuda do supervisor) foram infrutíferas, a analista precisa considerar a possibilidade de ter se tornado tão intimamente associada, na mente do paciente, a um de seus pais ou alguém significativo, com quem ele esteja muito irritado ou por quem tem grande rancor, que ela não pode fazer nada naquele momento: a única coisa a ser feita é encaminhá-lo a outro analista, de preferência do sexo oposto.[33]

Embora existam muitas outras razões para que a negatividade evidente e persistente por parte do paciente seja citada aqui no texto introdutório, a próxima seção poderá clarear e ir além, pelo menos em algumas delas.[34]

Lidando com impasses transferenciais/ contratransferenciais

> Na autoanálise o perigo da incompletude é especialmente grande. Pode-se ficar satisfeito com uma explanação parcial, atrás da qual a resistência pode facilmente estar ocultando o que talvez seja o mais importante.
> Freud (1935/1964, p. 234)

> Uma verdadeira autoanálise é impossível; se assim fosse não haveria neurose.
> Freud (1985, p. 281)

O trabalho analítico atola em diferentes momentos por diversas razões. Muitas dessas razões podem ser atribuídas à contratransferência no sentido mais amplo do termo – isto é, como "a soma total das preferências, paixões e dificuldades da analista, ou até mesmo de sua informação inadequada, em algum momento no processo dialético" (Lacan, 2006, p. 225). A analista conceitua o caso de uma forma particular e consequentemente comporta-se da mesma forma diante do paciente (esses dois pontos são na verdade teoricamente inseparáveis), e essa conceitualização e postura – tão úteis como puderam ser em um ponto da análise – estão agora a caminho de novos progressos.

Como a analista deve proceder? Se entendermos que a analista está presa em uma relação imaginária específica com o paciente – como tendo feito certo investimento na imagem que ela tem do paciente, e dela própria com o paciente – temos que reconhecer que ela tornou-se surda para as coisas que poderiam não combinar com sua conceitualização, e cega para qualquer outra forma de ver caso. Esta conceitualização tornou-se preciosa para ela que, de certa forma, consolidou seu próprio sentido de quem ela é como um analista em torno dessa conceitualização. Resumindo, ela saiu de seu papel como o Outro simbólico e como a real causa do desejo do paciente e acabou ficando presa em um impasse de ego para ego – "ego para ego" porque ela própria levantou a hipótese ou reificou o paciente como um ego através de sua rígida conceitualização do caso.

A solução óbvia aqui é deixar uma rajada de ar fresco entrar, o tipo de ar que o simbólico proporciona. Parâmetros e pontos de referência simbólicos do caso precisam ser reconsiderados, e isso é extremamente difícil, se não completamente impossível, de ser feitos pela própria analista. Assim como é difícil reconhecer e mudar as coordenadas e determinantes simbólicos (isto é, o inconsciente) dos próprios sintomas e padrões repetitivos sem a ajuda da analista – é por isso que a autoanálise é impossível (aqueles que pensam que é possível estão se iludindo, assim como em relação ao que seja uma análise e ao que ela pode realizar) – é quase impossível dar um passo atrás em um caso, pessoal e conceitualmente, e formulá-lo a partir de um ponto de vista completamente novo sem a ajuda de outra pessoa: um supervisor.

O supervisor não fica nunca no consultório com o paciente que está sendo tratado, e ele não pode se relacionar com o paciente e o paciente não pode mandá-lo sair de lá, como de outra forma poderia ser (quando Freud, por exemplo, comentou que uma de suas pacientes era bonita e charmosa, com certeza ele cometeu uma gafe contratransferencial). E o supervisor também não pode sentir que está na linha de tiro – isto é, sentindo-se à mercê das demandas do paciente ou tentando satisfazê-las. O supervisor não deve cair na armadilha de associar o paciente com alguém do seu passado que tivesse o mesmo olhar, estilo, vestimenta, tom de voz, gestos, e coisas do tipo. Em outras palavras, o supervisor é automaticamente colocado em uma posição na qual está imune a armadilhas imaginárias. Claro, suas perspectivas teóricas mais ou menos rígidas podem cegá-lo para certas coisas, mas pelo menos *sua cegueira não se sobreporá à da própria analista*. O supervisor é apresentado somente às palavras do paciente, à medida que são mais ou menos fielmente reproduzidas pelo supervisionando. Em outras palavras, o supervisor é capaz de situar o paciente imediatamente ao nível simbólico, sem se envolver em dificuldades no imaginário (há, naturalmente, alguns efeitos imaginários que entram na supervisão entre supervisor e supervisionanda).

O supervisor é, pois, capaz de ouvir muito mais do discurso do paciente do que a própria analista poderia ouvir, o que se deve não necessariamente aos anos de experiência ou ao "extraordinário poder de *insight*", e sim à sua distância das muitas facetas do registro imaginário que são inevitáveis no consultório. Muitos dos meus pacientes de graduação ficam surpresos ao ver seus colegas de estágio sendo capazes de fornecer tantos novos ângulos em um caso e fazer conexões no material simbólico que eles próprios não tinham percebido, e ficam propensos a pensar que seus colegas estudantes são muito mais perspicazes do que eles – até a situação virar completamente e eles se verem no papel de supervisor, surpreendendo os colegas com seus próprios e perspicazes poderes.[35]

O acesso praticamente direto ao material simbólico de um caso é o que faz com que a supervisão seja, por um analista sênior ou por um grupo de colegas sérios, de fato muito produtiva na reformulação de um caso.[36] Isso é verdade mesmo para alguém que tenha muita prática na função, e sugere sua utilidade e importância até mesmo para os analistas seniores que apresentam casos regularmente a grupos de colegas (duas – ou mais – cabeças funcionam melhor do que uma). A supervisão é bem vista como um empenho ao longo da vida, e não algo que dure os poucos anos de treinamento.

Após tantos anos sendo supervisionado, e supervisionando o trabalho de outras pessoas, sou capaz de ver e experimentar os benefícios do processo de supervisão, tanto no nível micro quanto no macro, digamos assim. No nível micro, sempre achamos que alguma coisa presente ao nível simbólico na sessão não é ouvida pela analista, mesmo que ela tenha anotado. Em uma ocasião, um paciente cometeu um ato falho que sua terapeuta não reconheceu como ato falho, até que ela repetiu o termo na supervisão comigo (o paciente se descreveu como sendo o tipo do cara que está "em baixa procura", (*in short demand*), quando pretendia dizer "em baixa oferta" (*in short supply*). Em outra ocasião, uma conexão simbólica bem direta não foi percebida entre a afirmação da paciente, de que ela estava "cansada de deixar as pessoas se alimentarem" dela, e um sonho contado na mesma sessão, em que ela morava dentro da geladeira. Em um terceiro caso, uma paciente repetia uma metáfora de não ter "nada embaixo" (*nothing underneath*) e estar "sem vara" (*no rod*) – e ela aparentemente pretendia querer dizer "sem coragem" (*no backbone*) – o que foi ouvido por uma terapeuta bem sintonizada com a angústia de castração.

No nível macro, posso citar um caso no qual consegui propor uma inversão dialética da conceitualização da analista, de um caso baseado em um sonho que ela me contou. A paciente se apresentava repetidamente à analista como vítima de cuidados maternos inadequados, e a analista tinha se sentido incapaz de desentocar a paciente das constantes demandas de ser maternalmente cuidada pela analista (que também parecia ter problemas em colocar limites em relação às demandas da paciente, que queria ter contato com ela fora das sessões). Em um sonho, a paciente contou que estava em um ônibus cercada por mulheres, cada uma carregando uma grande pilha de fraldas. Depois de alguma discussão, sugeri à analista que não foi, talvez, tanto que ela sentisse que havia sido severamente negligenciada pela mãe quando criança, mas sim que acreditasse que ela continha tanta merda que seria demais para *qualquer* mãe lidar. A analista achou que isso foi extremamente útil para ela reverter o que pensava sobre o caso, e aliviou um pouco a pressão que vinha sentindo, por ter cedido algumas vezes nas várias demandas da paciente.

Supervisores e colegas meus – de consultas individuais ou de apresentações mais formais – me forneceram exemplos de reversões similares que me permitiram levar a uma nova abordagem às análises que tenho conduzido. Isso deveria enfatizar a importância de conversar com supervisores e colegas sobre os casos mais difíceis ou trabalhosos, não apenas sobre os casos que vão indo bem; esses últimos são os que estamos mais propensos (ou mesmo estimulados) a mostrar em nossa tentativa de transmitir aos outros que estamos fazendo um bom trabalho e que deveriam nos indicar pacientes!

Em alguns exemplos, tem ficado claro, com o material relatado a mim pelos supervisionandos, que eles têm seguido somente uma linha do discurso dos pacientes (a única que eles sentem-se aptos a compreender, ou a que mais agrada às suas fantasias, por alguma razão pessoal ou teórica) apesar do fato de que outras linhas são claramente visíveis e poderiam propor perspectivas muito diferentes no caso. Se uma linha se esgotou ou levou a um impasse temporário, é hora de explorar outras.

Em outros casos, tem ficado claro para mim que, simplesmente pela escassez de material simbólico – detalhes da família, eventos do passado, escolaridade, primeiros relacionamentos, sonhos, fantasias, e assim por diante –, a analista tem ficado atolada nas histórias dos pacientes sobre a vida cotidiana e pedidos de ajuda para dificuldades gerais. O paciente tem persistido em ver a analista simplesmente como alguém com quem se queixar ou como uma especialista que pode resolver problemas, e a analista tem permitido que o paciente ocupe as sessões com queixas (talvez sentindo que a vida deles é ou foi horrorosa) ou morde a isca (por ficar lisonjeada por ser vista como especialista) e vem oferecendo respostas ao invés de colocar o paciente para trabalhar e elucidar seus próprios problemas.

Alguns analistas poderiam, penso, discordar de mim sobre a importância da supervisão contínua. No entanto, eu gostaria de comentar a proposta de Casement (1991) sobre uma forma clara da supervisão, que ele denominou de "supervisor interno" (ver especialmente pp. 30-32). Casement propôs que, no processo de supervisão de casos, a analista acaba desenvolvendo um tipo de supervisor internalizado: ela imagina ouvir a voz do supervisor ou ver coisas como o supervisor as veria, lado a lado com sua própria voz e visão das coisas. Casement parece acreditar que o desenvolvimento de tal supervisor interno permite que a analista se envolva na terapia e ao mesmo tempo a elimine. Ele comparou explicitamente esta cisão na analista com a cisão que Sterba (1934) propôs de encorajar o paciente, entre o "ego observador" e o "ego experienciador". Mencionei no Capítulo 5 que tal cisão simplesmente aliena o paciente ainda mais, estimulando-o a se observar como se fosse outra pessoa (neste caso, a analista) e checar seus próprios impulsos como se fossem externos a ele. Casement nos levaria a duplicar ou prolongar essa alienação na analista (é "em sua própria experiência enquanto paciente que o terapeuta estabelece as primeiras raízes do que virá a ser mais tarde o supervisor interno") mesmo que possa, algumas vezes, levar à "uma preocupação com o automonitoramento [que] pode perturbar a atenção flutuante".

Existe claramente um tipo de função de autopoliciamento que é registrado aqui, como os analistas "aprendem a olhar para eles mesmos [presumivelmente como seus supervisores os olham] assim como o paciente". O supervisor também parece ser estimulado por Casement a moldar a supervisionanda à sua própria imagem, ao contrário de ajudá-la a encontrar seu caminho e estilo como analista, sendo esta possibilidade próxima do que Lacan disse (1975b, p. 183) quando defendia claramente, "Não me imitem".

Embora possa haver uma homologia superficial entre o "ego experienciador" e a analista capturada no registro imaginário, por um lado, e o "ego observador" e a analista funcionando no registro simbólico, por outro, acho que é importante enfatizar o grau em que a analista consegue funcionar melhor, e tão exclusivamente quanto possível, no registro simbólico, e não cultivar a cisão entre sua experiência e pensamento. Caso a analista se perceba sentindo regularmente o que acontece na análise, no registro imaginário de luta, sedução, rivalidade e agressão, sem auto--observação (a repetição da voz de seu supervisor em sua mente – e aquela voz é nada mais do que ela *imagina* que o supervisor estaria falando, mas não é o que realmente diria se conhecesse os fatos relativos ao caso), isso irá atenuar e a analista precisará voltar para sua análise pessoal.

Casement (1991) também parece acreditar que ele pode lidar adequadamente com muitas dificuldades que são levantadas na transferência que, seguindo Robert Fliess (1942), chamou de "identificação experimental", quando a analista tenta mentalmente imaginar-se no lugar do paciente (desta forma "ela pode monitorar o que sentiria se fosse o paciente") e antecipar como a reação do paciente às interpretações e outras invenções podem ser.[37] Isso, ele sente, o previne em muitas ocasiões de fazer interpretações que, embora "precisas", sejam provavelmente entendidas pelo paciente como banais, estereotipadas, ou previsíveis. Os limites da "identificação experimental" estão, espero, claros com meu discurso do imaginário nos capítulos anteriores deste livro: as pessoas diferem significativamente uma da outra e, a menos que sejamos incrivelmente imaginativos ou tenhamos uma vasta e inacreditável experiência com pessoas de todos os tipos, nunca seremos capazes de imaginar realmente como é ser outra pessoa. Não é nos colocando empaticamente no lugar do outro (assumindo que o outro seja uma pessoa comum) que podemos determinar o que dizer ou fazer, mas sim pelo trabalho com outras linguagens e histórias. Caso contrário, estamos mais propensos a acabar nos iludindo em pensar que podemos imaginar, com sucesso, como o paciente se sente e experimenta o mundo, e aderir cegamente à nossa imaginada formulação de seu mundo.

Talvez analistas amadurecidos tentem imaginar como seria ser outra pessoa, e simultaneamente tenham a mente aberta o suficiente para ouvir o que o paciente diz, de modo que não combine nesta figura imaginada, mas suspeito que sejam muito poucos. Nesse caso, eu levantaria a hipótese de que não é por causa de poderes especiais bem desenvolvidos de empatia que tais analistas amadurecidos sejam capazes de fazer isso (se forem, de fato), mas por causa de seus reconhecimentos de especificidades das *coordenadas simbólicas* da existência do paciente, e seus conhecimentos de que tais coordenadas são *fundamentalmente diferentes* de suas próprias.

Se há algo que pode ajudar uma analista a se autossupervisionar é escrever uma formulação completa do caso – coisa que eu recomendaria como uma introdução para ou preparação para supervisão por outra pessoa. Essa formulação incluiria: (1) tanto quanto possível a infância do paciente e sua história atual e como conseguir juntar as peças, em ordem cronológica; (2) o que o paciente informa como sendo seu atual problema, assim como o que apareceu durante o trabalho, são questões que precipitaram a busca pela terapia; (3) as principais articulações do trabalho que têm sido feitas até o momento, incluindo conexões importantes que foram elaboradas sobre a história e os relacionamentos do paciente, assim como qualquer mudança de perspectiva a que se chegou (por exemplo, o paciente deve ter colocado, inicialmente, todos os problemas da família em seu pai, concluindo depois que seu pai na verdade foi vítima e sua mãe passou a ser a culpada e, mais tarde ainda, chegou com uma ideia mais branda sobre os problemas); (4) todos os sintomas, os mais transitórios e os mais duráveis, que foram amplamente discutidos e seus possíveis significados, com hipóteses sobre o que o material reprimido fez para a sua formação; (5) as fantasias (de todos os tipos) que o paciente tem contado e suas possíveis convergências em algo como uma fantasia fundamental, sugerindo o que sua atitude mais básica em direção ao Outro pode ser; e (6) diagnósticos (se o diagnóstico não estiver claro, as razões para se pensar que certo diagnóstico faz sentido deveriam ser elucidadas, assim como as razões para pensar que um diagnóstico diferente também faz sentido).

Uma vez que a analista tenha articulado em palavras (isto é, através do simbólico) tudo que ela gostaria de contar aos outros sobre o caso, incluindo sua própria posição na análise e suas dificuldades anteriores e atuais, e tenha relatado o caso de forma coerente e compreensível para os demais, deveria voltar e procurar por qualquer coisa que ela tenha deixado de fora do relato, voluntária ou involuntariamente. Porque quando tentamos contar a alguém uma história clara sobre alguma coisa, nós (como os nossos pacientes quando nos contam suas histórias de vida) inevitavelmente deixamos coisas de fora – coisas que podem muito bem ser cruciais. Em meu próprio trabalho de supervisionar analistas, sempre que encontro aqueles detalhes mencionados pela analista de forma descuidada (não estão incluídos em suas anotações ou não tinha intenção de mencioná-los, respondendo somente à minha pergunta ou numa discussão improvisada) noto que são aqueles que fazem toda a diferença no caso e nos permitem repensar neles de forma produtiva. Da mesma forma, quando escrevo meus próprios casos para apresentação, sempre descubro que aqueles detalhes que eu deixei nos rodapés, ou que deixei de lado em um arquivo de texto, ou que escrevi em intermináveis pedaços de papéis, são os que me levam a um novo *insight* sobre o caso. Descobri também que, quando releio minhas anotações algumas semanas depois de tê-las escrito, vejo mais perspectivas nelas: àquela altura, não estou mais tão preso ao processo de construção de uma história coerente e posso ler melhor as histórias, como se outra pessoa as estivesse lendo.

Formular o caso assim pode ser útil, porque podemos pensar e repensar nas *coordenadas simbólicas* do caso e articulá-las em palavras. Percebemos de repente que o que foi escrito – quer seja com nossas próprias palavras, ou a transcrição das palavras do paciente – pode ser entendido de mais de uma maneira, e o simples fato de colocar as coisas no papel ou na tela do computador frequentemente nos possibilita fazer conexões que de outra forma não teríamos feito (por exemplo, os nomes de duas pessoas importantes no passado do paciente são idênticos, ou o nome exótico de uma religião praticada pelo paciente é escrito exatamente como o seu sobrenome). No entanto, tal formulação de caso poderia ser vista apenas como um prólogo para supervisão individual ou em grupo:

somente outra pessoa pode nos ajudar a ver o que nós mesmos ainda não estamos prontos para (nem somos capazes ou desejamos) ver.

Nossa formulação de um caso em qualquer outro momento acaba virando teoria – uma teoria que simultaneamente nos permite ver certas coisas e nos cegar para outras e uma teoria a que, conforme Kuhn (1962) nos ensinou, nós aderimos e da qual desistimos com uma dificuldade muito grande.[38] Como os cientistas, quando confrontados com dados que inicialmente não pareciam adequar-se à teoria dominante, não abandonam suas preciosas teorias, mas ao invés disso as ajustam aqui e ali para acomodar os dados (quando não os desprezam simplesmente como sendo estranhos), os terapeutas estão propensos a se dobrar para adequar a fala sobre os eventos da vida, como sonhos e fantasias, a uma estrutura conceitual preexistente. Somente sob o peso de uma evidência esmagadora é que certos cientistas se dispõem a desistir de suas preciosas teorias e procurar uma nova; um temperamento preguiçoso, teimoso e indigesto como esse num analista, provavelmente, levaria todos, exceto os pacientes mais obsessivos, à confusão, e muitas análises ao declínio e à ruína. A análise do próprio analista e a supervisão contínua, juntamente com constante estudo, são nossas melhores garantias contra tal efeito.

Identificação projetiva

> *Quem não é apaixonado pelo seu próprio inconsciente se perde.*
> Lacan (1973-1974, 11 de junho, 1974)

Nenhuma discussão de transferência em nossos dias seria completa sem uma discussão de "identificação projetiva", um processo ao qual a contratransferência negativa é sempre atribuída por psicanalistas não lacanianos de diferentes crenças.

À medida que os analistas estão propensos (como já mencionei antes) a sentir pessoalmente as reações do paciente, eles se pegam tendo pensamentos e sentimentos mais negativos em relação a ele. Ao invés de serem encorajados a perceber que estão erroneamente se situando como alvo da raiva do paciente, e que devem tentar situar-se diferentemente na análise, eles preferem acreditar que estão experimentando "identificação projetiva", um estado de sentimento em que a analista supostamente experimenta aquilo que o paciente pode estar experimentando, mas que não quer (ele projetou "nela"), ou sente que o paciente recusa-se a sentir, sendo aquele sentimento supostamente cindido por ele. (Esta explicação, como logo veremos, é um tanto simplista, mas pode servir para meus propósitos iniciais.) Os sentimentos contratransferenciais da analista, nesta perspectiva, não refletem suas idiossincrasias pessoais ou sua postura infeliz na terapia, mas sim algo "objetivo" sobre o paciente; como Paula Heimann (1950, p. 83) colocou, "A contratransferência do analista não é só parte essencial da relação analítica, mas sim da *criação* do paciente, parte da personalidade dele".

A primeira coisa que deveríamos notar aqui é que, ao invés de serem encorajados a pensar que eles estão se situando incorretamente face a face com o paciente, os analistas são estimulados a pensar que se tornaram *extremamente sensíveis* a algo que nem o paciente percebe. Talvez precisássemos suspeitar do fato de que a reação negativa da analista ao paciente é, desse modo, magicamente convertida em virtude, reversão dialética da situação que está sendo afetada aqui, não por consideração ao paciente, mas aparentemente para que a analista possa ter a consciência tranquila. Se não por outro motivo, o fato de a analista ser deixada sem responsabilidade, seu *mau humor sendo metamorfoseado para sensibilidade divina*, deveria nos deixar prevenidos. Esta metamorfose alquímica de algo despretensioso – a escória dos sentimentos contratransferenciais confusos e da raiva da analista – em algo respeitável (o ouro do alquimista) pode explicar bem parte da popularidade do conceito.

Vendo analistas abraçarem um conceito que transforma contratransferência em transferência – ou seja, que coloca o ônus no paciente, ao invés de na analista – podemos nos lembrar do comentário de Lacan (2006, p. 595) que "não existe outra resistência à análise do que a da própria analista". Usando a teoria psicanalítica, como fez Lacan, para analisar a história da psicanálise, eu proporia que considerássemos a hipótese de que a crescente fascinação com a contratransferência após a Segunda Guerra Mundial, e sua redenção na teoria psicanalítica, refletem bem a resistência dos analistas ao próprio processo psicanalítico. Como podemos ver, certamente reflete uma predileção do registro imaginário sobre o simbólico.

O desenvolvimento histórico do conceito de identificação projetiva

> *Usamos a linguagem de tal modo que vai além daquilo que de fato foi dito.*
> *Lacan (2005b, p. 41)*

Identificação projetiva é um conceito altamente complexo, e usado de diferentes formas por diferentes autores.[39] Como sempre acontece na história dos conceitos psicanalíticos, o termo ganhou vida própria e os analistas atribuíram significados a ele que Melanie Klein, quem criou o termo, originalmente não pretendia.

Klein (1946/1952) explicou os processos que ela agrupou sob o termo "identificação projetiva", conforme segue:

Quando a projeção é derivada principalmente do impulso infantil de prejudicar ou controlar a mãe, ele a sente como perseguidora. Nos transtornos psicóticos essa identificação de um objeto com as partes odiadas do self contribui para intensificar o ódio direcionado contra a outra pessoa.

Parece bastante simples, no contexto de seu artigo, que Klein quis dizer que a criança ou adulto psicótico atribui suas próprias agressividades (por exemplo, uma de suas partes odiosas) à mãe ou alguma outra pessoa, "identificando" a outra pessoa como a agressora, ao invés dela mesma. Ela então pode, em boa consciência, odiar a outra pessoa ao invés de se odiar, pois seu ódio é simplesmente uma resposta à agressão preexistente no outro.

Não há nada novo nesta informação – é um caso clássico de projeção de um de seus próprios pensamentos ou afetos por outra pessoa[40] exceto o próprio termo *identificação projetiva*. O que a criança atribui mentalmente à mãe não foi literal ou materialmente para a mãe em si e nem invadiu a mãe enquanto pessoa – simplesmente tornou-se parte da visão da criança (ou representação ou fantasia) da mãe.[41] Note que Klein associa as projeções desse tipo, feitas pelos pacientes adultos, com psicose e não neurose.

Em uma apresentação feita em 1958, Heinrich Racker (1968) usou os termos de Klein para se referir a algo mais: de acordo com Racker, o paciente projeta alguma coisa na analista e a analista, em troca, se identifica com a projeção do paciente. (Joseph Sandler, 1987, cuja descrição da história do termo *identificação projetiva* eu acompanho de certa forma, chama de estágio 2 no desenvolvimento do conceito).[42] De acordo com Racker (1968, p. 134), no curso normal dos eventos, a analista se identifica com o paciente para poder entendê-lo; na verdade, ela identifica "cada parte da [sua] personalidade com a parte psicológica correspondente no paciente – [seu] id com o id do paciente", seu ego com o ego do paciente, e seu superego com o superego do paciente. Essas "identificações concordantes (ou homólogas)" são, afirmou Racker, "a base da compreensão"; se a analista não se identifica com o paciente em todos os níveis, ela falhará para compreendê-lo. A analista pode, em vez disso, no entanto, identificar o nível de seu ego "com os objetos internos do paciente, digamos, com [seu] superego" – por exemplo, com a figura parental punitiva – especialmente quando tais "objetos internos" são projetados na analista pelo paciente. Racker referiu-se a isso como "identificação complementar". Identificações complementares indicam que a analista falhou ao identificar-se completamente com o paciente de forma concordante, pois nelas ela se identifica não com o paciente, mas sim com o que o paciente projeta; ela se identifica com o tipo de objeto pelo qual o paciente a toma. Como Racker coloca,

> O mecanismo de defesa do paciente [identificação projetiva] frequentemente alcança seus objetivos – em nosso caso, fazer a analista se sentir culpada – e não somente implica (como foi dito algumas vezes) que "o paciente espere se sentir culpado", ou que "a analista deveria ficar triste e deprimida". A identificação da analista com o objeto com o qual o paciente a identifica é, repito, o processo contratransferencial normal. (p. 66)

Se aceitamos ou não a noção de Racker, de que identificações concordantes são necessárias se a analista quiser entender o paciente – uma noção que critiquei de alguma forma no Capítulo 1 –, fica pelo menos visível na descrição de Racker que existe algum envolvimento subjetivo por parte da analista, se ela se identifica com o próprio paciente ("identificação empática", poderíamos dizer) ou com o que ele projeta sobre ela ("identificação projetiva"). Em outras palavras, não parece ser um processo automático ou cuidadosamente objetivo que acontece sem qualquer contribuição por parte da analista. De fato, parece sugerir, na interpretação de Racker, uma falha pela analista – uma falha que presumivelmente não precisa ocorrer ou que ocorre raramente (mesmo assim, Racker se refere a isso como "processo contratransferencial normal").

Sandler (1987) sustentou que o estágio 3 no desenvolvimento do conceito de identificação projetiva veio com Wilfred Bion, que, do ponto de vista de Sandler, tem uma vantagem sobre Racker: mais do que ver a analista atuando no papel da identificação, concordante ou complementar – sugere que a subjetividade da analista está de alguma forma envolvida –, Bion (1962) descreveu a analista como um objeto de várias espécies (oposto a um sujeito), como um "*container*" dentro do qual o paciente simplesmente coloca o que quiser, a analista não aceita nem rejeita algumas ou todas as projeções do paciente (Ogden, 1982, p. 161, chamou a analista de "um receptáculo no qual as partes indesejadas podem ser despejadas").[43] O efeito dessa reconceitualização é tirar a analista dessa igualação, de certa forma, sugerindo que a analista não pode, de forma alguma, ser culpada ou, ao contrário, ser responsabilizada pelo que está sentindo e experimentando: seus "sentimentos contratransferenciais" na verdade não são totalmente contratransferenciais, uma vez que correspondem diretamente e de uma forma *intuitiva* à transferência do paciente.[44]

Note que, enquanto Klein já havia sugerido, nos anos 1940, que certos processos projetivos e introjetivos poderiam ser encontrados não apenas nas psicoses, mas também nas neuroses severas, Racker e Bion não deixaram as coisas claras quando comentaram que identificação projetiva ocorre com todos os pacientes. Klein (1957, p. 69) sustentou que esses estados confusionais – processos projetivos e introjetivos – normalmente desaparecem depois que o trabalho segue ao que ela chama de "posição depressiva", "a qual normalmente ocorre na segunda parte do primeiro ano e começo do segundo ano" de vida, levando a uma considerável "diminuição na identificação projetiva". Racker, Bion e alguns analistas seguidores ampliaram o último conceito para praticamente todas as idades e todos os diagnósticos.

Uma crítica ao conceito de identificação projetiva

> Todas as formas de expressão das emoções no ser humano têm uma característica formal para isso. Não é preciso ser freudiano para saber que a suposta espontaneidade para expressar emoções transforma-se, após exame, não simplesmente em problemática, mas altamente inconstante. O que significa uma emoção em uma região em que certo idioma é falado pode ter um valor expressivo completamente diferente em outra região.
> Lacan (1998b, p. 429)

Notemos que os analistas geralmente reconhecem que tudo o que sabem ou suspeitam sobre os pensamentos e sentimentos de seus pacientes é interpretado ou processado por eles de algum modo: não é um "dado bruto", digamos. A fala dos pacientes, que muitos profissionais consideram ser o meio mais importante do trabalho psicanalítico, deve ser interpretada, se é para ser compreendida ou se para o trabalho.[45] Similarmente, conforme discuto no Capítulo 8, a chamada linguagem do corpo não é transparente, universal ou óbvia da forma como muitas pessoas pensam: pelo menos, não significa a mesma coisa para todos, independentemente do meio sociocultural e do conhecimento. A linguagem corporal é algo que a analista precisa "ler" – com isso queremos dizer interpretar –, mas o único jeito de a analista ter certeza de que sabe o que a linguagem corporal do paciente quer dizer é perguntando a ele em conversa, o que nos leva de volta ao meio de expressão. As ações do paciente também nos dizem algo sobre seus pensamentos e sentimentos, mas precisam ser interpretadas, pois elas nem sempre têm o mesmo significado no início da terapia como têm depois, ficando dependente, pelo menos em parte, do que está acontecendo na análise naquele momento que ocorrem. Nem uma ação específica tem necessariamente o mesmo significado para diferentes pacientes.

Nenhuma dessas coisas – a fala do paciente, a linguagem corporal, ou a ação – pode ser entendida de forma transparente pela analista. Todas elas devem ser consideradas no contexto – social, cultural, e político, mas também no contexto de tudo que ocorreu até agora em análise. Isso quer dizer que a analista é sempre e inevitavelmente parte da igualação, na medida em que ela é aquela que interpreta todos esses contextos e está claramente envolvida na história da análise. Por mais que tente, ela não é um meio transparente (como um médium que contata espíritos e vira mesas), um instrumento puro e simples que não contribui com a situação, cuja própria neurose e inseguranças podem ser consideradas como papéis atuantes na análise. Mesmo quando ela se torna adepta da posição simbólica, ela nunca será capaz de eliminar completamente a interferência imaginária.

Mas o conceito de identificação projetiva, conforme empregado desde os anos 1960, sugere que a analista pode ter acesso ao que está acontecendo com o paciente, de maneira instintiva! O conhecimento que a analista supostamente obtém aqui vai muito além do previsto por um sentido intuitivo bem desenvolvido ou alguma sensibilidade apurada, adquirida através de anos de prática: a analista é solicitada a ter contato direto com a mente e paixões do paciente, como uma espécie de telepata (como o que Mr. Spock conseguia fazer ao tocar uma pessoa ou uma criatura de outra galáxia em *Jornada nas Estrelas*). Tais poderes me parecem verdadeiramente implausíveis. É difícil acreditar neles se considerarmos que, em pelo menos uma maneira proeminente e generalizada de pensar sobre identificação projetiva, a analista não está em contato com o que o paciente está pensando ou sentindo, mas sim com o que ele *não* está pensando ou sentindo!

Discutirei isso através de alguns exemplos encontrados na literatura, mas antes quero mencionar que muitos pacientes gostariam de encontrar tal telepata, mesmo que assustador, para dizer o mínimo. Na verdade, eles sempre acham assustador dizer seus próprios pensamentos e sentimentos em voz alta, e conseguem articulá-los aos poucos na terapia, cada vez mais na medida em que confiam em seus analistas; de fato, algumas vezes eles se refugiam no fato de que a analista não conhece seus pensamentos e sentimentos desde o início, e que eles ainda podem retê-los em determinados pontos, se não estiverem prontos a explorá-los ou deixar a analista explorá-los. Como disse Winnicott (1960/1965b),

> *É muito importante... que o analista possa não saber as respostas, exceto se o paciente der as pistas. O analista liga as pistas e faz interpretações, e geralmente acontece dos pacientes falharem ao dar as pistas, e dessa forma o analista não pode fazer nada. Essa limitação de poder do analista é importante para o paciente, assim como o poder do analista é importante, representado pela interpretação que é... baseada em pistas e na cooperação do inconsciente do paciente que está fornecendo o material que constrói e justifica a interpretação. (pp. 50-51)*

As crianças pequenas às vezes acreditam que seus pais conhecem todos os seus pensamentos sem que precisem falar (ver, por exemplo, Freud, 1909/1955, p. 164), mas os adultos sempre se consolam com o fato de que eles podem deixar outra pessoa conhecer seus pensamentos e sentimentos somente quando quiserem, e que eles podem escondê-los, pelo menos até certo ponto, pelo resto do tempo. Apesar de muitos de nós, às vezes, querermos uma ligação do tipo intuitivo com outra pessoa, geralmente é só o psicótico que acredita que consegue.

Algumas vezes, especialmente com pacientes com quem trabalhei por muitos anos, eu digo algo e eles respondem que era exatamente naquilo que estavam pensando – como eu sabia disso? É claro, foi algo que me ocorreu baseado na integralidade do contexto: suas falas naquele dia, a soma total das coisas que me disseram no passado, o contexto social e cultural, e as expressões e formulações disponíveis a eles no idioma em que falam. Em outras palavras, é essencialmente produto de conhecer muito sobre como eles pensam e sentem as coisas e, por conhecer sua língua materna muito bem. Tal "leitura da mente", por exemplo, acontece menos com os meus pacientes cuja língua-mãe é a francesa, o que para mim é uma segunda língua: não tenho à minha disposição toda a gama de expressões que pode ocorrer a eles, tão extenso quanto meu conhecimento da língua pode ser.[46] Todos os acessos aos seus pensamentos são mediados pela minha interpretação (consciente ou inconsciente, intelectual ou visceral) de seus discursos, gestos, e ações. E a interpretação é, necessariamente, mediada por toda a formação: criação, educação, e conhecimento da linguagem que usamos para conversar um com outro. Não posso, por exemplo, comentar acerca de certas alusões religiosas que o paciente faz se eu não estiver familiarizado, pelo menos um pouco, em relação aos princípios de sua fé – eu posso, na melhor das hipóteses, perguntar sobre algo que não entendi, mas não posso nem mesmo pensar em fazer uma insinuação, só porque achei que entendi o significado pretendido, quando na verdade há mais do que um significado pretendido.

Isso é algo que encontro o tempo todo quando me pedem para revisar o trabalho de outros tradutores: eles nem mesmo percebem que determinada coisa é uma expressão idiomática e deveriam consultar o dicionário, porque tem um significado que é muito diferente do significado literal. Em vez disso, tomam as palavras ou expressões idiomáticas literalmente, porque já tem um significado aparente, mesmo que não seja aquele concebido pelo autor. Esta é só mais uma indicação de que toda a formação cultural e educacional está envolvida na interpretação da fala, assim como em texto escrito por outra pessoa.

O primeiro exemplo da pretensa identificação projetiva que discutirei aqui é fornecido por Patrick Casement (1991, pp. 64-78), que classificou a identificação projetiva entre as diversas formas do que ele chamou "comunicação interativa" ou "comunicação pelo impacto". Relatou um caso conduzido por uma terapeuta que presumivelmente foi sua supervisionanda, e eu o escolhi pela brevidade e clareza. Certa senhorita G perdia as sessões com frequência e sempre ficava em silêncio no início das sessões, por longo tempo. Sua terapeuta sentiu uma "pressão enorme" para falar primeiro durante as sessões e se viu desamparada e incerta do que estava acontecendo quando G não vinha às consultas. A única coisa que nos contaram sobre a história de G foi que ela "tinha sido uma criança traumatizada pelas repetidas ausências de sua mãe, que estava no hospital com câncer, e (aos 4 anos) pela morte da mãe". A conclusão de Casement foi que G tentou impressionar a terapeuta sobre "o quão insuportável deve ter sido ao ser deixada sem saber nada do que estava acontecendo com sua mãe"; em outras palavras, G estava tentando fazer a terapeuta se sentir desamparada e confusa, como ela própria havia se sentido quando era uma criança pequena. G sentiu, aparentemente, que não conseguiria causar esse efeito em sua terapeuta com palavras (não soubemos se foi devido ao fato de se tratar de um trauma quando ainda era pequena que não conseguia se expressar em palavras, ou se a terapeuta não estava muito atenta às palavras de G) e, assim, foi inevitavelmente levada a buscar esse efeito com ações. Quando a terapeuta pôde lhe falar sobre isso, "a paciente foi se tornando gradativamente capaz de reconhecer que aquilo fazia sentido a ela" e consequentemente deixou de faltar tanto às sessões e começou a falar no início das sessões.

Casement presumiu que a paciente tinha lançado seus sentimentos de desamparo pela mãe para "fora de si mesma",[47] e a terapeuta talvez os tenha assimilado inconscientemente e "posto para dentro" – ou seja, se identificou com eles (a maneira como se "identificar" com sentimentos que nunca foram expressos continua sem definição) ou no mínimo se identificou com a difícil situação de seu início de vida.

Há muitas maneiras diferentes, parece-me, com as quais podemos pensar sobre a situação de G, e algumas delas discutirei aqui. Se, conforme Freud (1915b/1957, p. 178) colocou, "Estritamente falando... não existem afetos no inconsciente", somente "ideias inconscientes", faz pouco sentido dizer aqui que a paciente tem um "sentimento de desamparo inconsciente" em relação à sua mãe. Como já disse antes, algo não é um sentimento a menos ou até que seja *sentido*, mesmo que sentido de forma deslocada ou dissimulada – na forma, por exemplo, de ansiedade ou rancor. G, que já havia transmitido à sua terapeuta que ela estava traumatizada pelo desaparecimento da mãe quando era criança, não tinha, eu diria, reprimido seus sentimentos (sentimentos suscetíveis à supressão, mas não à repressão, no sentido psicanalítico do termo) nem os projetado; de fato, estava com medo de se aproximar muito de sua terapeuta e *sentir algo* por ela. Admitindo sua experiência na infância, daria para supor que G normalmente evitava chegar perto das pessoas – talvez de mulheres, especialmente – por medo de que elas a desamparassem. Sua meta era sentir o mínimo possível pela terapeuta e não esperar nada dela. No momento em que começou a sentir algo por ela ou querer alguma coisa dela, G foi embora. Ela tinha feito todo o possível para não efetivar os sentimentos de desamparo! Na verdade, deve ter seguido o lema da amante sempre abandonada: "Deixe-os antes que eles possam deixá-la".

Neste sentido, seus sentimentos não foram projetados para fora dela, de alguma forma; em vez disso, ela estava insensível e tentando permanecer insensível. O que a terapeuta sentiu foi como ela própria, como pessoa com suas próprias características e sensibilidades, reagiu aos silêncios e faltas nas sessões de G. Outros terapeutas, constituídos de forma diferente, com suas próprias características particulares e sensibilidades, poderiam ter usado o silêncio como uma oportunidade para refletir sobre outros casos e talvez ocupassem as faltas às sessões com suas leituras; ou poderiam ter ficado irritados com a paciente por ter faltado às sessões; ou poderiam não ter ficado nem irritados nem preocupados, e sim terem estabelecido um limite de faltas que pudessem tolerar, dizendo "Se você faltar mais duas vezes seguidas, não poderei mais manter seu horário". Uma supervisionanda minha contou que seu paciente estava projetando algo nela, fazendo com que ela sentisse algo específico, e na hora ficou claro para mim que eu não teria reagido de forma alguma como ela, simplesmente por não ter me sentido desse jeito com *qualquer* paciente meu. Acredito que seja porque eu me coloco na terapia diferentemente de muitos outros colegas, pois não me sinto na linha de tiro como eles estão acostumados; mas sinto que, mesmo se eu considerasse as provocações, silêncios e faltas pelo lado pessoal, não lidaria com isso da mesma maneira que eles. Diferentes terapeutas têm personalidades muito diferentes e reagem aos seus pacientes de muitas formas, sendo que algumas delas poderiam ser atribuídas diretamente aos pacientes.

O que Casement chamou de "identificação projetiva" parece não ser nada além de (1) repetição de um estilo de relacionamento por parte do paciente – evitação de aproximação para afastar a possibilidade de sentimentos insuportáveis de abandono – que geralmente se dá pelo simples nome de *transferência*, junto com (2) uma reação contratransferencial por parte da terapeuta. A última reação contratransferencial, sem dúvida, dificilmente poderia ser dito que foi *imposta* pela paciente.

Em vez de caracterizar a paciente como tendo *necessidade* de fazer a terapeuta sentir o que ela uma vez sentiu, e não se permitir mais sentir, poderíamos, alternativamente – estávamos certos de que a reação da terapeuta aos silêncios e ausências da paciente indicavam algo significativo sobre o que acontecia na análise –, levantar a hipótese de que a paciente estava repetindo uma situação do passado, involuntariamente, com o detalhe de que as posições estavam invertidas dessa vez, a paciente fazendo o papel daquela que desaparece. Isso pode ser entendido, durante as discussões de Freud (1920/1955, p. 16) sobre compulsão à repetição, como uma repetição da situação traumática para dominá-la, tornando-se agente em vez de receptor da experiência traumática. Nesse caso, também, não há um motivo especial para postular uma tentativa por parte da paciente de levar a terapeuta a sentir ou fazer alguma coisa em particular. Vemos aqui de novo que "a transferência é em si apenas um pedaço da repetição, e que a repetição é a transferência do passado esquecido, não apenas sobre a analista, mas sobre outros aspectos da atual situação" (Freud, 1914a/1958, p. 151).

Uma questão que eu levantaria aqui relativa à identificação projetiva é a seguinte: se assumirmos (e esta é uma grande suposição) que a paciente está "tentando se livrar de" certos sentimentos ou "projetando-os para fora dela", por que sua terapeuta "se identificaria com eles" – isto é, os sentiria?[48] A terapeuta é, de alguma forma, obrigada pela paciente a sentir os sentimentos da paciente, como Casement (1991, p. 70) sugeriu quando, falando sobre um paciente diferente, ele disse, "A Sra. T fez muito mais do que projetar seus sentimentos em mim. Me *fez* sentir o que *ela* não suportava sentir conscientemente" – ou conforme Bollas (1987, p. 5) sugeriu quando disse que a analista é "compelida a experimentar um dos objetos internos do paciente"? Se a terapeuta é *obrigada* a sentir os sentimentos do paciente, *não há nada a ser feito* além de senti-los, *não se pode evitar* sentir os sentimentos do paciente, como explicar o fato de que alguns terapeutas na verdade não os sentem? Devemos concluir que esses que não sentem sejam simplesmente uns covardes insensíveis?

Talvez haja uma explicação simples. Sentir o que a outra pessoa sente é algo a que todos nós estamos familiarizados em certos contextos, e parece não requerer nenhum dom especial ou sensibilidade incomum: a risada pode, como dizem, ser "contagiosa", e a tristeza de alguém próximo a nós nos deixa tristes e a alegria nos deixa felizes. Mas isso nem sempre é verdadeiro, pois a tristeza de um ente querido pode nos tornar mais determinados, ao invés de tentarmos animar a pessoa, e a alegria de um ente querido pode nos deixar deprimidos se as coisas não estiverem mais acontecendo como eram antes. Em outras palavras, precisamos estar *dispostos* a rir ou chorar, e até mesmo querer rir ou chorar, para que isso aconteça. Muitos podem, pelo menos alguma vez, ficar insensível à dor do amor, quer seja por sentirmos que é uma farsa projetada para nos manipular, quer seja para desempenhar o papel de forte, ou decidirmos terminar com aquela pessoa. Isso sugere que, para uma analista ser contagiada pelos (leia-se "identificada com") sentimentos de seu paciente, ela precisa se dispor ou predispor a fazer isso; ela deve – voltando ao nosso exemplo – estar susceptível ao sentimento de abandono ou propensa a se preocupar com os outros (essa última é sem dúvida uma característica muito comum, embora não em todos aqueles que têm esse tipo de profissão).

Nem todas as emoções são contagiosas ou contaminam as pessoas. Quando, por exemplo, viajo de avião, sempre vejo pessoas angustiadas perto de mim, segurando os braços da poltrona obstinadamente, como se o avião fosse despencar na pista ao se preparar para decolar, mas eu não fico angustiado de forma alguma. Em vez disso, prefiro apreciar a aceleração do avião durante a decolagem. De forma similar, raramente fico ansioso com a ansiedade dos pacientes nas sessões; se eu fosse ficar ansioso como eles, acho que seria muito difícil poder ajudá-los com suas ansiedades. Talvez, devido à minha própria constituição, eu seja mais impermeável aos sentimentos das pessoas do que outros analistas (especialmente aqueles treinados em outras tradições), mas suspeito que seja por eu ter uma concepção particular a respeito do meu papel como analista, que é bem diferente da concepção de outros analistas, e eu procuro atribuir quaisquer sentimentos que possa ter pelo paciente e pela análise a mim mesmo, e não ao paciente.

Vamos admitir, entretanto, que alguns analistas sejam menos impermeáveis aos sentimentos dos outros, e regularmente sentem--se desamparados quando seus pacientes se sentem desamparados, angustiados quando seus pacientes estão angustiados, deprimidos quando seus pacientes estão deprimidos, e assim por diante (não por culpa deles – isto é, não porque eles queiram sentir tais sentimentos ou estão propensos a senti-los). Não está claro para mim que valor teria isso para seus pacientes, mas pelo menos parece que pisamos em terra firme em relação à "comunicabilidade do afeto", de uma pessoa para a outra, em certos casos. O que precisa ser salientado aqui é que o conceito de identificação projetiva (como usado por muitos analistas) vai mais além, pois *considera que os analistas sentem o que o paciente não sente*. Em outras palavras, não se pode contar com uma noção como a "comunicabilidade do afeto", pois presume-se aqui que o paciente não tem o afeto que a analista está experimentando!

A emoção é geralmente uma experiência corporal, ou pelo menos tem um componente visceral: quando presos a fortes emoções, podemos senti-las fluindo em nosso peito, estômago, pescoço, face, e assim por diante. Um bom ator aprende como produzir tais sinais corporais que o papel exige, e o político profissional aprende como suprimir tais sinais corporais visíveis, adotando uma "cara de pôquer" em frente ao público hostil ou repórteres. No entanto, mesmo os jogadores contumazes de pôquer algumas vezes deixam escapar algum sinal facial ou corporal mostrando forte emoção (espasmos do músculo facial, gesto nervoso, mexer no cabelo, ou algo desse tipo), que equivale a um "contar" pelo jogador, e mesmo o político tende a, cedo ou tarde, cometer um ato falho ou omitir palavras de tal maneira que mostre alguma emoção mais intensa.

A maioria de nós consegue interpretar esses sinais fluentemente nas pessoas que amamos, e os terapeutas experientes podem facilmente ler muitos desses sinais em pessoas que acabaram de conhecer, viram na televisão, escutaram no rádio ou falaram ao telefone (ver Capítulo 8).[49] Parece-me notável, então, que analistas que adotam a noção de identificação projetiva possam dizer que eles *não* estão captando sinais sutis da emoção em seus pacientes – de fato, eles argumentam que a identificação projetiva está ocorrendo precisamente nos momentos em que não existem esses sinais para serem captados. Eles não argumentam que estamos lidando aqui com algo no sentido clássico da noção freudiana de repressão, pela qual a conexão entre pensamento e afeto é quebrada, o afeto continua existindo e é sentido pelo paciente, e que certos sinais ficam visíveis para a outra pessoa. Em outras palavras, eles não discutem que seus pacientes estejam sentindo algo, mas que simplesmente não querem sentir, nem reconhecer, nem saber como chama, nem o motivo, e nem saber o que se liga a isso. Eles nem discutem que o paciente esteja suprimindo deliberadamente ou involuntariamente suas emoções. O que eles discutem é que as emoções estão "cindidas" de tal forma que são completamente projetadas para fora da psique e do copo.

Parece-me uma afirmação bastante incrível. Quando Freud introduziu a noção de cisão (*splitting*), ele sugeriu que em alguns casos raros (como no fetichismo) o paciente passa a ter duas mentes, dito de forma simples. Em seu trabalho mais importante sobre o tema, Freud (1938/1964) estabeleceu que a cisão envolve um tipo de lógica pela qual o paciente ou acredita que as mulheres não têm pênis, *e/ou*, ao mesmo tempo, não pode deixar de pensar que elas têm pênis. O paciente parece ser capaz de não somente abrigar as duas hipóteses, como genuinamente acreditar nas duas ao mesmo tempo, mesmo sendo contraditórias. Em nenhum lugar Freud sugere que um dos dois pensamentos – ou que uma das duas mentes pela qual o paciente seja caracterizado, digamos assim – fique localizado em outra pessoa, ou pode ser encontrado em alguém como o pai, irmão ou analista. Cisão é algo que, para Freud, ocorre dentro de uma mesma pessoa, e os dois lados cindidos permanecem "dentro" daquela pessoa, no entanto, devemos entender os termos em psicanálise, *dentro* e *fora*.[50] E de acordo com Klein (1946/1952), embora uma pessoa possa fantasiar que ela não é caracterizada por certa emoção, e que outra pessoa, por outro lado, é a cisão permanece ao nível da fantasia: a emoção não deixou a economia psíquica daquela pessoa.[51]

Eu argumentaria que o ônus da prova recai sobre os ombros daqueles que acreditam na versão da identificação projetiva de longo alcance (a de Bion, correspondente ao estágio 3 na descrição de Sandler): eles precisam (1) conceituar convincentemente o mecanismo pelo qual as emoções "cindidas" podem ser projetadas completamente para fora da mente e corpo de alguém; (2) nos contar para onde essas emoções "vão" quando estão cindidas – porque presumivelmente são cindidas várias vezes, senão o tempo todo, pelo paciente, não somente quando o paciente está na presença da analista (ou devemos presumir que voltam para o paciente no final da sessão?), e (3) explicar como é que elas são sentidas pela analista, quando de fato são sentidas por ela, pois como vimos, não são sentidas por todos os analistas. Na ausência de explicações convincentes desses processos, a noção de identificação projetiva parece contar com mecanismos ou procedimentos que beiram a mágica. Poucas noções em psicanálise são, para mim, repletas de confusões conceituais e aporias.

Para os que acreditam na navalha de Occam – princípio segundo o qual a melhor explicação é geralmente a mais concisa, a que requer a menor quantidade de debates hipotéticos – eu recomendaria procurar uma explicação do que a analista está sentindo antes, e principalmente depois, na relação próxima entre ela e o paciente, desenvolvida ao longo da análise e, só por último – se todo o resto falhar –, em algo que o paciente não esteja nem mesmo experimentando.

Identificação projetiva como normalização

A tendência humana de torcer a faca na ferida é universal.
Wodehouse (1933/1981, p. 536)

O subtexto da noção de identificação projetiva, como a interpreto, é sempre baseado em um conceito específico daquilo que o paciente *deveria estar sentindo* quando discute certas coisas. Chamo de subtexto porque é raramente mencionado explicitamente pelos analistas, e também parece fazer parte do pano de fundo implícito de seus comentários de casos. Como indico no Capítulo 9, as noções de normalidade vêm desempenhar um papel cada vez maior na teoria psicanalítica nas últimas décadas, e os analistas apelam cada vez mais para *o que eles pensam que qualquer ser humano normalmente estaria sentindo* em certas situações. Em vários casos presumíveis de identificação projetiva, a analista pretende sentir o que o paciente estaria sentindo se não estivesse tão perturbado, tão anormal.

Considere o seguinte exemplo dado por Casement (1991, pp. 68-70). O Sr. e a Sra. T foram falar com Casement por causa, diz o marido, da frigidez da Sra. T. Ela contou que "o casal dedicou os primeiros cinco anos de casamento para comprar a casa e decorá-la, preparando-se para começar uma família"; depois nasceu o filho que aos seis meses teve sérios problemas médicos – ele morreu depois dela ter cuidado dele por nove meses. Estava grávida de sete meses de sua filha no funeral do filho, em que ela "se sentiu triste mas conseguiu se segurar"; ela contou a Casement que nunca mais tinha chorado desde então, sentindo-se insensível. A filha morreu com dez meses "do mesmo distúrbio cerebral inato que seu irmão".

Casement comentou o seguinte: "O mais impressionante nesta terrível sequência de acontecimentos dolorosos e perdas foi que o rosto da Sra. T e o tom de voz permaneceram rígidos e sem vida... Ela não mostrou quaisquer sentimentos. Mas meus próprios sentimentos, após ouvi-la, quase que me dominaram completamente. Eu estava literalmente chorando por dentro" (p. 69). Querendo saber sua própria reação, o marido nos contou que sabia que "ficaria perturbado com a morte de qualquer criança",[52] mas, em vez de concluir que sua reação tinha primeiramente a ver com sua própria constituição, ele concluiu, "O que estava produzindo esse efeito em mim tinha a ver com a inabilidade dela para mostrar qualquer expressão de seus sentimentos". Agora, o que o possibilitaria conhecer "os próprios sentimentos dela" assim que a encontrou pela primeira vez? Não seria possível que ela fosse uma pessoa muito pouco sentimental? Tanto quanto posso ter sentido, como Casement sentiu na sessão com ela, eu não chegaria a essa conclusão:

> A Sra. T fez muito mais do que projetar seus sentimentos em mim. Ela me fez sentir o que ela não poderia ainda sentir conscientemente dentro dela... eu pude ver que tinha sido a falta de emoção da paciente que provocou o grande impacto em mim. Como resultado, eu me sentia em contato com lágrimas que não pertenciam a mim. (p. 70)

Casement, como tantos outros analistas (como veremos no Capítulo 9), parece aceitar como verdadeira a noção do que poderia ser o tipo e a quantidade de afeto "apropriados" para todas as pessoas exibirem em tal situação. E de onde vem esta noção? Poderia parecer que é do afeto que ele próprio mostraria naquela situação.

Certamente, a falta de afeto da Sra. T, ao contar sua história, impressionaria quase todos os ocidentais em nossos dias, onde a exceção é maior que a regra, quando se trata de perder um filho na infância. Não obstante, existem partes do mundo moderno em que a taxa de mortalidade infantil é extremamente alta – por exemplo, hoje, metade das crianças morre por volta dos cinco anos no Haiti (Arnst, 2006) – e não era incomum nem no século XVIII, na Inglaterra, as mulheres perderem a maioria de seus filhos antes que alcançassem os sete anos (os pais de John Law, considerado o inventor do papel-moeda, perdeu 10 dos seus 14 filhos com doenças infantis). Os ocidentais modernos sem dúvida ficariam chocados com a forma como os não ocidentais falam (e as pessoas de séculos anteriores escreveriam) sobre a perda de suas crianças, que somam uma em cada cinco no primeiro ano de vida, em alguns países ainda hoje, em que, nas palavras de Thomas Hobbes, a vida continua "desagradável, brutal e curta". Todavia, suas atitudes não são sinal de sentimentos, mas refletem sem dúvida uma realidade severa, austera e por vezes o sentimento de que é desejo de Deus.

A presunção de Casement de que ele "tinha se sentido tocado com as lágrimas que não lhe pertenciam" subentende que *as lágrimas dela talvez fossem as lágrimas que ele chorava por dentro*. Se ela não estava chorando, seria necessariamente – conforme suas suposições – porque sua tristeza estava cindida e projetada em outra pessoa. Mas não seria possível, pelo menos teoricamente, que os sentimentos da Sra. T sobre a perda de seus filhos fossem muito diferentes dos sentimentos de Casement ao ouvir a sua história, quer seja porque ela veio de cultura diferente, uma situação socioeconômica diferente, religião diferente, família diferente, ou mesmo uma categoria diagnóstica diferente da dele? A suposição de que o analista estivesse sentindo o que a paciente estaria sentindo, se somente ela estava em contato com seus próprios sentimentos, é frequentemente rude quanto à potencial alteridade do outro, quanto às diferenças genuínas entre as pessoas, confiando no pressuposto de que somos todos fundamentalmente iguais em nossa "humanidade básica". Uma suposição mais segura poderia ser se Casement tivesse determinado como a Sra. T se sentiu durante as doenças dos filhos e com suas mortes, mas que aquilo que *ele* estava sentindo seria sua própria reação pela combinação da história e a suposta apatia por parte da paciente.

Seja como for, Casement poderia levantar a hipótese de que a Sra. T se reprimiu muito ao relatar sobre seus filhos, e talvez seu marido também, na medida em que ela contou no início que tinha se sentido incapaz de ter relações sexuais nos últimos 5 anos, devido a uma "dor ginecológica" inexplicável pela medicina – em outras palavras, devido, provavelmente, a uma formação de sintoma relacionado ao sexo e reprodução. Se formularmos esse trecho do caso em termos de repressão, pode-se levantar a hipótese de que sua "dor ginecológica" ocupou o lugar de sua dor mental. *Suas emoções não saíram de seu corpo e foram para o de outra pessoa; estavam simplesmente localizadas em seu corpo de forma distinta.* O que poderia ser a mais clássica neurose, na verdade histeria, do que isso? O que nos levaria a apelar a uma improvável noção dos sentimentos sendo projetados pelo espaço ou sobre um desejo por parte da Sra. T de fazer alguém que ela acabou de conhecer experimentar algo de tal modo que ele saberia o que ela (não) tinha passado?

Método empírico

> *Todo mundo sabe que precisamos arranjar as coisas de acordo com o nosso próprio inconsciente, se não quisermos ser enganados ao detectá-las em serviço do material que o paciente fornece no artifício analítico.*
> Lacan (1977b, p. 11)

Eu proporia, de forma empírica, que os analistas (especialmente os iniciantes) nunca presumissem que sentem o que o paciente está sentindo, ou que deveria estar sentindo, ou que não quer sentir, ou que o fez sentir, e que as noções como identificação projetiva (e todas as descendências mais recentes, tais como "transidentificação projetiva" e "contraidentificação projetiva") fossem usadas somente como último recurso, quando todas as outras explicações falharem.

Proporia também que, se for para confiar em tais explicações, que sejam usadas somente em discussões de psicose – que é, afinal, a área proveniente da psicopatologia. Muitos exemplos recentes de identificação projetiva na literatura, no entanto, vêm dos casos óbvios de neurose; Ogden (1979, pp. 368-369) foi além ao sugerir que todo mundo emprega a identificação projetiva o tempo todo em análise, inclusive os analistas! A própria noção de tratar os pensamentos, sentimentos e "partes" do *self* como objetos que podem ser movidos à vontade – uma noção que é central para o conceito de identificação projetiva – parece seriamente o tipo de "pensamento concreto" sempre associado com psicose. Talvez seja por isso que os psicóticos não rejeitam imediatamente interpretações que envolvem o movimento de tais objetos: tais interpretações imitam seu próprio modo de pensar nas coisas (o que não quer dizer que os objetos se movam de fato daquele jeito: para contradizer Hamlet, o pensamento não é necessariamente bem-sucedido!).

Há, obviamente, interações complexas que ocorrem entre paciente e analista; as últimas são mônadas não isoladas (no sentido de Leibniz), que não têm nenhum efeito real no outro. Por exemplo, com o paciente cujo caso apresentei no início deste trabalho não há dúvidas de que minha inclinação a indagações incentivou sua repetição da cena específica que ocorreu com a irmã dele quando criança, levando-o a ficar em silêncio com mais frequência, o que aumentou ainda mais minha curiosidade (o que o levou a mais silêncio, e assim por diante). Às vezes, as analistas pressionam o paciente a agirem de determinadas maneiras, outras vezes o paciente pressiona a analista para agir de determinada maneira, o que resulta em uma dança sutil e complexa.[53] A analista exerce claramente uma parte importante nas repetições que ocorrem na análise: ela é tudo, menos uma observadora neutra e objetiva. Uma analista que não acredita fazer parte daquilo que o paciente traz está, na verdade, abraçando uma teoria altamente obsessiva de tratamento psicanalítico.[54]

Note que os tipos de interpretações feitas pelos analistas aos seus pacientes, quando estão trabalhando em certa estrutura conceitual, que inclui identificação projetiva, não são, estritamente falando, interpretações de fato, conforme o critério apresentado no Capítulo 5. Para que algo seja considerado interpretação, no termo segundo Lacan, ela deve ser evocativa e polivalente. As coisas que os analistas dizem, referindo-se às chamadas identificações projetivas, raramente operam em várias pautas da partitura dos discursos e devem, em vez disso, ser qualificadas como explicações – ou seja, afirmações que fornecem significados específicos e concretos. Como já vimos, esses tipos de afirmações devem ser evitados ao se trabalhar com neuróticos, e, como veremos no Capítulo 10, são tipos de afirmações que fazem total sentido ao se trabalhar com psicóticos.

Um conto preventivo

"Você está pondo sonolência no ar".
De um analista para sua paciente

Uma terapeuta excepcionalmente perspicaz, com quem trabalhei por muitos anos, uma vez me contou que sua primeira análise, que durou 3 anos, terminou quando seu analista apelou para a identificação projetiva para explicar que ele se sentiu sonolento em uma das sessões com ela. Pouco antes da sessão, o irmão dela havia pedido que ela cometesse o suicídio com ele, e ela, conforme contou, entrou em crise, se debulhou em lágrimas, e não estava nos seus melhores dias. Em meio a tudo isso, percebeu que seu analista parecia sonolento, mas imaginou que ele estaria lendo suas anotações. Quando sua cabeça tombou para o lado e ele acordou com sobressalto e um ronco alto, não havia mais dúvida para ela de que ele havia cochilado. Ele tentou agir como se nada tivesse acontecido e perguntou o que ela estava pensando. "Que você está cansado?" ela disse, mortificada e chocada. Ele admitiu que estava cansado mas proferiu, "Você está pondo sonolência no ar". Ele explicou que ela queria, inconscientemente, que ele a abandonasse e acabou *fazendo* isso acontecer.

O fato desta explicação não ter correspondido à sua própria experiência da sessão e da análise não a fez encerrar a análise imediatamente – ela queria conhecer suas intenções inconscientes e buscou explorá-las nas futuras sessões. Porém, quando ela as trouxe, seu analista mudou de assunto e parecia sem vontade de trabalhar esse incidente. Foi isso, junto com reações contratransferenciais malfeitas por parte dele, que envolviam perda de sessões, que a fez sair da análise e encontrar outro profissional que a atendesse. Se ele tivesse, simplesmente, reconhecido seu cansaço ou privação de sono, se desculpado pelo cochilo, e talvez até reagendado a sessão, provavelmente nada disso teria acontecido. Parece que a existência de um conceito como o da identificação projetiva em sua maleta de truques psicanalíticos o permitiu negar sua responsabilidade por ter adormecido e atribuir a "causa do sono" à sua paciente – mais inflexível do que outros, sem dúvida, mas graças a pessoas como Bion (1955, p. 226), que descreveu um de seus pacientes como falando "de uma forma sonolenta para fazer o analista dormir".[55] Ninguém que seja treinado na abordagem lacaniana sobre transferência e contratransferência jamais teria, me parece, afirmado que a paciente foi responsável pelo cochilo do analista. Como Gill (1982, p. 63) disse, "Contratransferência pode ser racionalizada facilmente em termos de uma teoria da terapia".

Nem todos os apelos ao conceito de identificação projetiva são tão ingênuos e insensatos como aquele que incluo neste conto preventivo, mas espero que possa dissuadir terapeutas a evitarem assumir a responsabilidade por seus próprios lapsos.

Privilegiando o imaginário

> *O que temos aqui é somente o efeito das paixões do analista... Não tem nada a ver com contratransferência por parte deste ou daquele; tem a ver com as consequências da relação dual [i.e., imaginária], se o terapeuta não a superar, e como ele poderia superar se ele a entende como o ideal de sua ação?*
> *Lacan (2006, p. 595)*

A tentativa de fazer uso das reações do paciente ao nível do imaginário, por parte da analista (tal como sentir-se aborrecido, irritado, entediado, rejeitado, abandonado, assustado, e assim por diante), para as projeções do paciente estimula o analista a situar seu trabalho no registro imaginário, pensando que a maior parte do trabalho está na transferência e contratransferência. Entretanto, de acordo com Lacan, as reações transferenciais ocorrem no momento em que a simbolização falha – ou seja, quando o paciente é incapaz de seguir adiante em sua articulação do "núcleo patogênico" – e a contratransferência é indicativa da falha do analista para se situar na posição do Outro simbólico, por ter atolado na relação imaginária (isto é, na relação dual entre dois egos; ver Fink, 1997, Capítulo 3).

Em outras palavras, de acordo com a perspectiva lacaniana, a transferência e a contratransferência ocorrem em momentos em que o processo de grande importância da simbolização falha, e não quando algo produtivo para a análise está acontecendo. Transferência e contratransferência são, assim, desvios, iscas imaginárias, e estão associadas a momentos de estagnação, não a momentos nos quais algo psicanaliticamente importante pode ser feito. O trabalho direto com a transferência e contratransferência pode satisfazer ao paciente em certo nível, mas não produz o tipo de mudança que os psicanalistas lacanianos visam.[56]

Quando Heimann (1950, pp. 83-84) salientou que "a contratransferência do analista não é somente parte essencial do relacionamento analítico, mas é a criação do paciente, é parte da personalidade do paciente" e concluiu que "a contratransferência do analista é um instrumento de pesquisa no inconsciente do paciente", ela se aproximou perigosamente do abandono da dimensão simbólica. Os terapeutas são levados a se envolver em acrobacias teóricas para separar a potencial psicopatologia da analista – Spotnitz (1999, p. 229) chamou isso de "contratransferência subjetiva" da analista – da "contratransferência objetiva" da analista (que se supõe ser pura, uma reflexão não mediada ou mesmo produto do próprio paciente). No entanto, até mesmo Ogden (1979, p. 367) reconheceu que "não estamos lidando com o fenômeno do 'tudo ou nada' aqui".

O pressuposto subjacente – de que a analista se conhece tão bem que ela sabe que parte de sua reação ao paciente é subjetiva e que parte é objetiva – é fundamentalmente falho. Pois a analista continua sem saber todos os seus motivos, mesmo depois de uma análise pessoal muito longa – tal é a natureza do inconsciente. Para enfatizar, conforme Zetzel (1956/1990, p. 145) coloca, "os verdadeiros aspectos da personalidade do terapeuta" assumem o que a analista sabe o que é, e o que não é real em sua personalidade. Mas os pacientes, como já foi dito aqui, estão altamente sintonizados com as facetas da personalidade da analista, às quais ela própria pode estar alegre ou teimosamente alheia! Por isso a recomendação de Freud (que ele infelizmente não seguiu) é que a analista esteja preparada para fazer outro trabalho de análise de vez em quando.

Quando a analista é tida por Bion e seus seguidores como um recipiente (podemos nos perguntar se é como o tonel das Danaides ou então como um recipiente Tupperware hermeticamente fechado) dentro do qual o paciente coloca o que quiser, sem qualquer intervenção, parece que o simbólico foi completamente jogado pela janela.

Tenho ouvido de vários e diferentes profissionais que a pessoa precisa ser capaz de chegar aos mesmos tipos de problemas, tanto através do registro imaginário como do registro simbólico, uma vez que analistas trabalham de diferentes maneiras e que todos têm certo sucesso, embora em diferentes graus. Eu não contestaria que analistas que trabalham primariamente no nível do imaginário obtenham efeitos curativos em seus pacientes – especialmente nos pacientes psicóticos, na medida em que o imaginário é um dos níveis que precisamos trabalhar na psicose (ver Capítulo 10). Eu argumentaria, no entanto – baseado em vários anos supervisionando analistas treinados na abordagem psicanalítica, que enfatizam o imaginário quase que excluindo o simbólico, e de muitos anos analisando pacientes que haviam feito longos (e muitas vezes múltiplos) trabalhos no nível imaginário com outros analistas antes de terem vindo até mim –, que o tipo de cura pretendida nessas práticas é muito diferente do tipo de cura pretendido quando se enfatiza o registro simbólico, promovendo o desenvolvimento de um ego observador que adquire conhecimento dos "padrões" do paciente – padrões que quase nunca mudam (conforme indicado no Capítulo 5). Os analistas são livres, claro, para definir transferência e contratransferência diferentemente de Lacan, mas seus trabalhos provavelmente se situarão principalmente no nível imaginário, e no nível imaginário a própria personalidade da analista toma o centro do palco. Como Lacan (2006, p. 587) colocou antes, em 1958, "Quanto mais [a personalidade da analista] está envolvida, menos certeza ela tem de sua ação". Talvez isso explique pelo menos parte da obsessão na literatura psicanalítica contemporânea, com discussões da contratransferência da analista, e com a tentativa de encontrar uma forma de argumentar que isso reflete verdadeiramente no paciente pelo menos tanto quanto na analista.[57]

Notas

1. Note que muitos dos aspectos semióticos de transferência envolvem componentes perceptuais e linguisticos. Por exemplo, a idade exata da analista pode ser conhecida pelo paciente por muitas fontes oficiais ou não oficiais, mas o paciente pode ter impressões diferentes da idade da analista por ver, ouvir e estar com ela. Da mesma forma, o estilo de se vestir da analista envolve os componentes perceptual e semiótico: o primeiro inclui, por exemplo, a cor, o corte, a textura dos tecidos, assim como a aparência geral que esse estilo dá à analista; o último inclui coisas como os nomes das marcas, preços, conotações sociais, e se a roupa está na moda ou fora de moda (embora, sem dúvida, alguns envolvam componentes perceptuais e semióticos).

2. Note, no entanto, que o paciente sempre fica alerta para as emoções da analista através de canais visuais e auditivos, e que há um componente perceptivo também envolvido aqui. Ademais, se o vocabulário da analista muda quando ela se agita, pode haver componente linguístico também.

3. Ferenczi (1901/1990, p. 18) comparou o senso do paciente de que a analista é como uma importante figura de seu passado, quando ele localiza uma simples peculiaridade nela (nome, cor do cabelo etc.), com uma figura retórica de estilo conhecida como *sinédoque* (*pars pro toto*, tomar a parte pelo todo).

4. Conforme Freud (1915b/1957, p. 178) colocou, "Falando estritamente... não há afetos inconscientes como há ideias inconscientes"; e, novamente, "Não podemos afirmar a existência de afetos inconscientes no mesmo sentido que ideias inconscientes" (Freud, 1916-1917/1963, p. 409). Ele faz, no entanto, ocasionalmente, uma exceção para a culpa.

5. Ralph Greenson (1967, p. 155) fez algo melhor quando definiu transferência como "a experiência de sentimentos, impulsos, atitudes, fantasias e defesas em direção a uma pessoa no presente,

que não são próprios dessa pessoa, mas são a repetição das reações originadas em relação a pessoas significativas da primeira infância, deslocadas inconscientemente para figuras no presente". Lacan (1988a, p. 273) forneceu certa vez uma "definição" de transferência mais poética, sob a veia alegórica da Era Romântica da pintura: "O erro voa na ilusão e é apanhado pelo mal-entendido".

6. O afeto pode nos ajudar a localizar o material reprimido, mas essencialmente somos guiados pela repressão em primeiro lugar e antes de mais nada, não pelo afeto. Afeto e pensamento (ou desejo) são usualmente ligados um ao outro no início, mas, quando sujeitos a repressão, eles tendem a se separar um do outro, um sendo encontrado sem o outro: o paciente está bravo mas não sabe por quê, ou lembra-se vividamente de um acidente na infância, mas não se lembra do que sentiu na época. Conforme Freud (1916-1917/1963, p. 409) argumentou, "A vicissitude mais imediata de [um] afeto [ligado à ideia de se submeter ao recalque] é transformada em angústia". Em outras palavras, quando encontramos angústia podemos assumir que algum pensamento (um pensamento de desejo) foi reprimido e o afeto associado a ele, independentemente de seu curso original, ficou à deriva, digamos assim; já não parece estar ligado na mente do paciente a qualquer evento, circunstâncias, ou pensamento e transforma-se em angústia, angústia como "a moeda corrente universal pela qual qualquer impulso afetivo é ou pode ser mudado, se o conteúdo ideacional anexo a ele estiver sujeito à repressão" (pp. 403-404).

Nesse sentido, o afeto é sempre uma isca: nos leva a pensar que o paciente está extremamente triste com algo pelo qual poderia estar extremamente satisfeito, pelo menos em certo nível, ou extremamente preocupado com algo que poderia ao invés disso desejar, em pelo menos um aspecto. A angústia é um sinal certo de repressão, mas não nos diz onde procurar por ela, ou qual seria o afeto inicial. E outros afetos podem servir como iscas também: o paciente pode se sentir triste, mas estar secretamente em êxtase, ou pode agir de forma otimista quando na verdade está de luto pela perda de um objeto de amor não reconhecido.

Os analistas contemporâneos possivelmente estejam em constante busca do afeto porque, tomando por base a conexão entre eles e seus pacientes como sendo tudo ou nada do tratamento psicoterapêutico (como Malan, 1995/2001, pp. 84-85), sentem que quanto mais forte expressarem afeto na sessão, maior a conexão. Privilegiar a conexão entre eles leva os analistas a privilegiar o afeto acima de tudo. Lacan (1988a, p. 57) criticou a excessiva importância dada ao afeto, em 1954: "O menor sentimento pessoal, mesmo que estranho, que o sujeito professa em sua fala na sessão é tomado como um sucesso espetacular. É disso que decorre a incompreensão fundamental". Para discussão mais detalhada sobre afetos na psicanálise, ver Fink (2004, pp. 50-52).

7. Note o termo "condições" nos comentários de Freud (1920/1955, p. 21) que "os pacientes repetem todas as condições indesejadas e emoções dolorosas na transferência".

8. Ver também *Seminar III*, em que Lacan (1993, p. 48) disse: "A resistência do paciente é sempre a sua própria", e *Seminar XXIV* (1976--1977, 11 de janeiro, 1977), em que disse: "A resistência encontra seu ponto de partida no próprio analista".

9. Conforme Freud (1915a/1958, p. 168) disse, "Este é o caráter essencial de quando se está apaixonado".

10. Um livro inteiro poderia ser escrito sobre esse assunto; como este é o meu próximo projeto, não comentarei mais aqui.

11. Diversos pacientes meus fizeram ligações muito claras entre o tipo de trabalho que deram na adolescência e sua intensa, embora deslocada, raiva dos pais.

12. Isto é, contudo, "uma premissa da dinâmica da psicoterapia", conforme Bauer e Mills (1989/1994, p. 200): "Os pacientes

interagem [com seus terapeutas] de maneira geralmente consistente, conforme suas características de funcionamento". Curiosamente, essa premissa contradiz outra de suas presunções: o "verdadeiro comportamento" do terapeuta, que é bastante individual, tem grande efeito nas atitudes e no comportamento do paciente face a face com o terapeuta. Parece que não se pode ser dos dois jeitos.

13. Winnicott (1949, p. 70), em minha opinião, confundiu assuntos relacionados à contratransferência ao introduzir o termo "contratransferência objetiva", que definiu como "amor e ódio da analista em reação à verdadeira personalidade e comportamento do paciente, baseado em observação objetiva", a qual é diferenciada por certos autores (ver, por exemplo, Spotnitz, 1999, p. 229) da "contratransferência subjetiva". Suspeito que seria difícil encontrar quaisquer analistas que concordassem, mesmo que aproximadamente, sobre "a verdadeira personalidade e comportamento do paciente" baseados em "observação objetiva", e que qualquer tentativa para diferenciar subjetivo de objetivo na questão da contratransferência é destinada a naufragar rapidamente. Lacan (1976-1977, 16 de novembro, 1976) afirmou que, no final de uma análise, "o inconsciente permanece Outro", querendo dizer que a analista é capaz de não compreender, desconhecendo seus próprios motivos, sentimentos e reações.

14. Note que mesmo as restrições básicas da situação analítica em si, tais como encontro no horário agendado em um lugar específico, pagar regularmente, e assim por diante, podem ser forragem para transferência, uma vez que o paciente que se recusa a fazer parte do "sistema" pode se rebelar contra tais restrições como se representassem o Sistema, valores autoritários, e considerar a analista responsável por eles.

15. Conforme Freud (1916-1917/1963, p. 443) disse, nós "não nos incomodamos com [a transferência] contanto que ela funcione em favor do trabalho conjunto da análise". De acordo com Gill (1982,

p. 81), Ferenczi, Rank e Reich sustentaram que "uma transferência positiva forte, especialmente no começo da análise, é somente um sintoma de resistência que requer desmascaramento"; assim, *eles* presumivelmente argumentam que *é* necessário intervir de tal forma que apazigue o entusiasmo do paciente. Reich, na verdade, acreditava que a transferência positiva sempre esconde a transferência negativa mais fundamental e primordial.

16. Na medida em que a interpretação da transferência é bem-sucedida, presumivelmente por favorecer o desenvolvimento de um "ego observador" no paciente, geralmente leva, como Lacan (1967-1968, 29 de novembro, 1967) disse, "a eliminação do sujeito que supõe saber" – isto é, para a eliminação da força motriz da análise. No entanto, muitos analistas concordam com Gill (1982, p. 73) que "alusões à transferência" e "resistência à transferência... estão presentes o tempo todo" na análise e deveriam ser "consistentemente" (p. 27), se não constantemente, interpretadas. Não surpreende que seus objetivos sejam "ajudar [os pacientes] a se entenderem" (p. 66) – em outras palavras, favorecer o desenvolvimento de um "ego observador" nos pacientes, o que equivale a uma espécie de sujeito consciente, não aquele que se supõe saber, mas quem realmente sabe.

17. Se há algo que poderia ajudar os analistas a aprenderem, a partir do estudo e da experiência com a psicanálise, é que há diferentes formas de razão e lógicas diversas (incluindo, no mínimo, lógica proposicional, lógica modal e lógica intuitiva). Se não por outra razão, há várias formas de racionalidade associadas com diferentes categorias diagnósticas. Por exemplo, há uma forma obsessiva de racionalização (altamente correlacionada, de várias maneiras, com a nossa forma contemporânea de capitalismo, com sua equação de tempo e dinheiro), uma forma histérica de racionalidade (que contraria a anterior de diversas formas), e assim por diante. Ver o trabalho de Lacan (2007, 1998a) nos quatro discursos, como ele os chama, e minha discussão deles (Fink, 1995, Capítulo 9). "Razão", pode ser dito em outro estilo, é a soma total das opiniões

de um tempo e lugar. Como Macalpine (1950/1990, p. 196) coloca, "É especialmente lamentável que a antítese 'racional' *versus* 'irracional' tenha sido introduzida como foi, precisamente pela psicanálise, que demonstrou que comportamento 'racional' pode ser atribuído às raízes 'irracionais'.' Ver meus comentários nos rodapés do Capítulo 4 sobre o papel concedido ao "ego observador racional" por muitos teóricos do século XX.

Podemos admitir como hipótese que, enquanto os neuróticos funcionam de acordo com a lógica do isto ou aquilo, os perversos funcionam conforme uma ou ambas as lógicas, e os psicóticos funcionam em nenhuma das duas lógicas ou sem lógica. Uma ou outra lógica nos é familiar pelas formas mais conhecidas na filosofia e na matemática; isso implica que se A é B, A não é não B (se, por exemplo, Sócrates é mortal, ele não é imortal). Quando há contradição da lógica na neurose (isto é, quando alguém afirma que Sócrates é ambos, mortal e imortal) uma proposição é consciente e a outra inconsciente (o homem neurótico, por exemplo, pode se considerar ser ambos, homem conscientemente, mas fêmea inconscientemente; ele pode habitualmente se considerar somente conscientemente e ser ambos após um bom trabalho analítico). O perverso, seguindo as duas lógicas (A pode ser ambos B e não B), não precisa localizar as afirmações contraditórias em diferentes representações e pode realmente afirmar ambos os aspectos, masculino e feminino, de si mesmo e outros (ver Fink, 2003). O psicótico, segundo a lógica nenhuma das duas ou sem lógica, quando um surto psicótico tiver ocorrido, e antes de uma possível construção de um delírio que pode restabelecer significado ao seu mundo, então, A não é igual a A, porque as palavras não permanecem ligadas nas coisas, ao invés disso, escorregam delas (ver Capítulo 10). Assim, ele não pode afirmar que A é B nem que A não é B. Espero que esta caracterização, de certa forma especulativa, e a descrição improvisada de diferentes lógicas funcionando em diferentes categorias diagnósticas esclareçam o leitor e que minha afirmação pelo menos seja plausível, de que não há nenhuma única forma de racionalidade.

18. Para outras discussões sobre interpretação da transferência e o "ego observador", ver Fink (2004, pp. 5-9). O "ego observador" também é considerado por muitos analistas como "a parte saudável do ego", com a qual esperam formar uma aliança. Lacan (2006, p. 591) referiu-se, sarcasticamente, a essa parte do ego como "a parte que pensa como nós" – isto é, a parte que pensa como os analistas. Gill (1982, pp. 9-15) associou o "cooperativo" "ego observador" com o que chamou de "transferência facilitada", e o "ego experienciador" como o que chamou de "transferência obstrutiva".

Aqueles que tentam nutrir o desenvolvimento de tal ego no paciente acreditam que o tratamento psicanalítico deveria continuar reconhecendo o ego observador. No entanto, como mencionei no Capítulo 5, a questão não é o paciente adquirir conhecimento sobre o que ele está fazendo, mas sim mudar, e o conhecimento não é necessariamente a chave para a mudança – na verdade, isso pode até impedir a mudança. Essa abordagem sempre leva os pacientes a comentarem conforme já mencionado: "Sei muito bem o que estou fazendo agora, mas estou num momento difícil, me segurando". Embora um ego observador tenha sido fomentado no paciente, o recalque que está motivando o comportamento permaneceu intocado. Como Freud (1937/1964, p. 233) disse, "Nós incrementamos o seu conhecimento, mas não mudamos nada nele".

Lacan (1978) comentou sobre isso:

"Apelar para uma parte saudável do sujeito, que supostamente está em contato com a realidade e é capaz de julgar juntamente com a analista o que está ocorrendo na transferência, é desconhecer que é exatamente essa parte do sujeito que é pega na transferência – desconhecer que é exatamente essa parte [do ego] que fecha a porta, ou a janela, ou as persianas, como queiram, e que a beleza [o inconsciente] com quem poderia querer falar está atrás de tudo isso e pedindo nada além de que as persianas sejam reabertas" (p. 131).

19. Como Glover (1955, p. 130) coloca, "A neurose de transferência, em um primeiro instante, nutre a interpretação da transferência". Seu interesse, no entanto, parece ter sido deliberadamente interpretar a transferência e tornar a neurose de transferência mais intensa. Strachey (1934/1990, p. 79, nota de rodapé 31) acreditava que as interpretações mais eficazes (que ele referiu como "interpretações mutativas") são as interpretações de transferência, e ele atribuiu isso ao fato de que "na situação analítica quem faz a interpretação e o objeto interpretado da pulsão do id são os mesmos e a mesma pessoa". Eu argumentaria, em vez disso, que é precisamente por isso que as interpretações de transferências são geralmente as *menos* eficazes.

20. De fato, essa abordagem à linguagem parece bastante comum para Gill (1982), que citou várias formulações ambíguas de Freud e outros analistas, sem parecer notar que tais formulações podiam ser interpretadas de diversas maneiras. Ele foi até mais longe ao dizer algumas vezes que sabia o que os analistas, por ele apontados, queriam dizer, mesmo não tendo dito em muitas palavras o que achou que queriam dizer.

21. Curiosamente, Bauer e Mills (1989/1994, p. 198) notaram que "um estímulo importante para o desenvolvimento no uso do aqui-e-agora da transferência vem do florescente campo da psicoterapia de curta duração" – em outras palavras, dos profissionais (e das companhias de seguro que os pressionam) que querem encontrar um jeito em que um projeto de longo prazo, para explorar o passado do paciente, seja contornado. Bauer e Mills usaram regularmente tais conceitos como comportamento "maduro" e "mal-adaptado", sugerindo que eles e seus colegas em "dinâmica" ou "psicoterapia psicodinâmica" estão essencialmente preocupados com a volta do "funcionamento normal" de seus pacientes, abordagem que critico longamente no Capítulo 9.

22. Foi o que Sócrates fez com Alcebíades, quando disse que Alcebíades não estava dizendo o que estava dizendo pelo bem de Sócrates, mas sim para vencer Agathon (Simpósio sobre Platão); ver Lacan (1991).

23. O termo de Freud (1913/1958, pp. 139, 144) para transferência que toma a forma de resistência é *Übertragungswiderstand*, que é traduzido por Strachey como "transferência-resistência". Ver os comentários de Lacan (1978, p. 130) sobre o termo.

24. Como colocou Lacan (1988a, p. 36), "Resistência é a inflexão [ou desvio] que o discurso faz ao se aproximar do núcleo [patogênico]". Ver minha discussão detalhada sobre este tópico (Fink, 2004, pp. 25-26, e nota de rodapé 25, pp. 170-173).

25. Lacan (1978, p. 130) coloca da seguinte forma: "Transferência é a forma pela qual a comunicação do inconsciente é interrompida, e o inconsciente se fecha novamente. Longe de ser um indicativo de poderes para o inconsciente, transferência é, ao contrário, o fechamento do inconsciente".

26. A maior parte da literatura das chamadas abordagens intersubjetivas, interpessoais e relacionais à psicanálise e psicoterapia parece adotar alguma variante da perspectiva sujeito a sujeito. Por mais sedutoras que essas abordagens possam ser para criticar relações de poder no *setting* terapêutico, imagina-se se o tipo de equidade entre analista e paciente, que alguns teóricos perseguem, não seja a mesma que já foi experimentada por Sandor Ferenczi no início do século XX, quando ele e seus pacientes se revezavam analisando um ao outro no divã. Ferenczi abandonou rapidamente o experimento quando ficou claro que era ineficaz.

Note que Bollas (1983), que é referido por muitos, tentou cooptar o termo de Lacan, Outro, ao situar o Outro em si mesmo como analista. Ele escreveu, "É uma característica de nossos dias entender sobre a transferência, que a Outra fonte de associação livre do paciente é a contratransferência do psicanalista" (p. 3). Isto reduz a tríade apresentada por Lacan como crucial para a situação analítica – o ego do paciente, o Outro (como o inconsciente do paciente), e o ego da analista – para uma díade, o que equivale a um colapso da dimensão simbólica no imaginário. Por exemplo, mais do que simplesmente perguntar à sua paciente "Helen" por que ela pensava que tinha que ficar em silêncio (ou o que passava pela sua mente nesses momentos, para ver se algo ocorria a ela da Outra "cena freudiana" conhecida como inconsciente – o *"anderer Schauplatz"* que Freud, 1900/1958, pp. 48 e 536, emprestou de Fechner – ou se alguém havia permanecido em silêncio como ela no passado, para ver se as pausas seriam relacionadas à sua história) Bollas respondeu a ela dizendo que devia ser difícil para ela "falar com um estranho (o analista) e... confiar a ele as coisas mais simples" (p. 13). Esta total presunção da parte dele é baseada em seu próprio senso do que seja conversar com alguém novo (muitos pacientes meus, por exemplo, não têm esse problema no início). Além disso, essa interpretação, como diversas outras feitas por ele baseadas em sua contratransferência, teve pouco ou nenhum efeito, e os silêncios de Helen só pareceram cessar quando foram ligados à sua experiência com a mãe – isto é, sua história com sua mãe. Note que isso é provavelmente o que ela teria dito a ele no início do tratamento (isto é, cerca de um ano antes) se ele tivesse simplesmente perguntado se alguém já havia ficado em silêncio daquele jeito com ela no passado. Afinal, isso tinha acontecido com sua mãe. O desvio que ele fez, via sua própria subjetividade – isto é, sua tentativa de entender a experiência dela através de sua própria experiência com ela no *setting* analítico – pareceu estéril, exigindo-lhe que fizesse uma série de suposições baseadas em sua própria personalidade e contratransferência, nenhuma das quais realmente pareceu chegar ao ponto. E este desvio (sua tentativa de sondar a subjetividade dela com base em sua própria subjetividade) foi necessário por causa de sua falha em fazer uma das perguntas mais elementares imagináveis (sobre outros usos da contratransferência, ver meus comentários sobre o trabalho de Renik nas notas do Capítulo 8).

Ogden, outro analista associado às abordagens relacional e intersubjetiva, também tentou fazer algo virtuoso através de longos desvios, através de sua própria subjetividade. Ele também apelidou seus pensamentos perturbados e devaneios, os quais, evidentemente, tomaram a maior parte da sessão com um de seus pacientes (Ogden, 1994, pp. 464-467), "o terceiro analítico", meticulosamente encontrando (alguém diria, inventando) um relacionamento entre o que estava acontecendo com o paciente e seus próprios pensamentos sobre não ser reconhecido, tratando-o mecanicamente de forma injusta, e assim por diante. À parte de reconhecer o fato de que ele confundiu as coisas ao usar a palavra *terceiro* – que é geralmente reservada, na psicanálise, ao triângulo edipiano e, nos círculos lacanianos, para a dimensão simbólica que interrompe o imaginário, relacionamento dual entre mãe e filho ou analista e paciente – devemos notar que é possível achar uma ligação entre duas coisas quaisquer se prestarmos muita atenção e formos suficientemente criativos. Ademais, Ogden não teria tido necessidade de analisar minuciosamente seu "devaneio" entediado se intervisse com seus pacientes de forma a obter deles um trabalho produtivo durante as sessões, ao invés de permitir que falassem monotonamente sobre as mesmas coisas ou ficassem 15-20 minutos em silêncio (p. 478).

No caso da Sra. B (pp. 477-483), por exemplo, Ogden, embora inacreditavelmente, permitiu que ela evitasse falar muito sobre seus pais por dois anos (numa análise de cinco vezes por semana), porque ela sentia que não conseguia descrevê-los de forma "justa e precisa" (p. 479)! Ela estava, obviamente, inclinada a dar uma descrição "injusta" – ou seja, reclamar deles e apresentá-los como uma experiência insuportável durante seu crescimento – e poderia, sem dúvida, ter sido facilmente induzida a fazer descrições imprecisas (toda descrição não é, de alguma forma, injusta e imprecisa?) simplesmente perguntando, "Você está sendo tentada a descrevê-los de forma injusta?" ou "Você está preocupada com o fato de que pode me enganar a respeito de quem seus pais realmente eram?" ou dizer simplesmente, "Não deixa de ser de extrema importância que você possa me falar sobre eles". Ao invés, ele permitiu que ela falasse sem parar sobre seus problemas cotidianos, experiência que, não surpreendentemente, foi ficando desagradável para ambos [ela se sentia mais incapaz de pensar sobre qualquer coisa para dizer, e ele, aceitou sua declaração de que "ela lhe contaria quando encontrasse a maneira e as palavras certas (p. 479), uma clara recusa para associação livre]. Desistindo do uso do discurso para conhecer alguma coisa da história da paciente, como último recurso, Ogden vasculhou minuciosamente seus próprios medos e ruminações durante as sessões (o que, admitiu, poderia ser diferente de seus medos e ruminações durante as sessões com outros pacientes) para tentar encontrar alguma interpretação sobre o que acontecia naquela análise, interpretação esta que surpreendesse o leitor, baseado no pouco que foi dito sobre a paciente. Em vez de reconhecer os pensamentos e sentimentos da analista como algo causado pelo paciente, ou por alguma criação da análise (o chamado terceiro analítico), eu sugiro que Ogden tenha adoecido com sua própria técnica e estava doente suficientemente para prestar atenção à situação da paciente na análise, de um jeito que a amarrasse à sua história (ela se ressentiu de seu analista, sem dúvida, por entender que ele era um homem que, como seu pai, parecia ter pouco ou nenhum interesse por ela, ao menos em parte, porque ele não pediu que ela falasse aquilo que ela sabia muito bem que precisaria falar). Ao invés de ver sua reação "intersubjetiva" como um reflexo de uma sintonia elevada com sua paciente, muito menos como algum tipo de fiador da objetividade de suas interpretações, eu estaria propenso a ver isso como uma indisposição causada pela falha ao estimulá-la a falar de problemas sobre os quais ela não queria falar, e interpretar o relacionamento dela com o pai. Se ele tivesse visto a articulação da história dela – isto é, a dimensão simbólica – como o "terceiro" que precisava ser convocado a opor-se a algum tipo de terceiro transferencial/contratransferencial, suspeito que a análise acontecesse mais rapidamente e com muito menos aflição para ambos, analista e paciente – esta última sofreu com algo a que espantosamente se referiu como "desilusão somática" (p. 481). Talvez ele se queixasse "que nos prendemos em nossa própria subjetividade" (p. 470), precisamente porque ele falhou por não conseguir trabalhar com aquilo que o levaria para fora de si mesmo, digamos assim.

27. Reagir na mesma moeda é o que já comentei em outro momento (Fink, 2004) como sendo apanhado na transferência imaginária, enquanto se situa em um nível diferente, levando em conta que se está lidando com a transferência, tem a ver com a transferência simbólica.

28. Lacan (1978, p. 128) propôs que no cerne da repetição está "o encontro sempre evitado" com algo, "a oportunidade perdida": repetimos alguma coisa porque no último segundo mudamos de ideia, perdemos nosso objetivo. E "como transferência não é nada mais que repetição, será sempre repetição do que falta (ou falha) [*ratage*]" (p. 143).

29. Winnicott (1960/1965c, p. 161) teve a intenção de dizer algo bastante similar quando disse, "a atitude do analista profissional" e "*o trabalho que ele faz com sua mente*": a atitude profissional é de certa forma como o simbolismo, em que se assume uma *distância entre analista e paciente*. O símbolo está em uma lacuna.

Szasz (1963) forneceu uma intrigante descrição da origem do conceito de transferência, sugerindo que Anna O. e Joseph Breuer haviam se envolvido em uma relação pessoa a pessoa (ego a ego) que ficou quente demais para lidar (Breuer ficou tão absorto com o tratamento dela que sua esposa sentiu ciúmes de sua paciente; quando Breuer finalmente percebeu a natureza de seus sentimentos por Anna O., sentiu-se terrivelmente culpado e encerrou o tratamento, em um ponto que Anna O. provocou uma gravidez histérica). Esta relação poderia ser facilmente caracterizada nos termos lacanianos como imaginária, pois as partes se relacionam uma com a outra como uma só, vivendo e respirando pelo outro. Freud, que não era cúmplice do relacionamento e nem se envolveu nele, foi capaz de formular que Anna O. seria capaz de ter se apaixonado por qualquer médico que a tratasse de maneira tão assídua, visitando-a todas as manhãs e noites, dia após dia por anos. Ela se apaixonou por Breuer, disse Freud, não por sua personalidade e peculiaridades, mas como um símbolo, um *doublé* de figuras do passado que a amaram. Szasz, ao sugerir que o conceito de transferência de Freud implica que o analista não seja tomado como um objeto – isto é, como qualquer outro objeto –, mas como "um símbolo (de outro objeto)" (p. 442), aproxima-se do que Lacan chamou de dimensão simbólica, a dimensão que permite que o analista perceba que os afetos do paciente são bem menos sobre o analista como pessoa do que sobre outra pessoa ou outra coisa. Szasz, no entanto, parece primeiramente preocupado em indicar que os analistas acusam seus pacientes de transferirem coisas para eles de forma defensiva, dizendo a eles que tais acusações são baseadas na "descrição neutra" (p. 433). Ele viu que esta é uma forma conveniente dos analistas livrarem-se de uma situação difícil: "O paciente na realidade não ama ou odeia o analista, mas sim outra pessoa. O que poderia ser mais tranquilizador?" (p. 438). O que ele deixa de explicar é o fato de que o analista pode e deve lutar, até onde for possível, para comportar-se na análise como uma tela em branco, então, seja amor ou ódio que o paciente sinta, para a analista é sempre por outra pessoa e não por ela pessoalmente.

30. Alguns analistas parecem tão preocupados em não estarem associados pelo paciente com "pais maus" que descuidam de boa parte do material apresentado por ele. Um dos meus pacientes fez vários tipos de terapia por mais de 20 anos, sempre com terapeutas femininas, e ficou convencido durante mais de duas décadas de que todos os seus problemas estavam centralizados em seu pai. Em poucas semanas de análise comigo, veio à tona material suficiente para reverter dialeticamente, ao mesmo por um tem-

po, sua maneira de pensar; de repente ele percebeu que, embora ele ainda tivesse muitos problemas com o seu pai, ele se ressentia terrivelmente de sua mãe e estava sabotando sua própria vida para irritá-la. Não seria improvável levantar a hipótese de que suas terapeutas femininas quisessem que ele as associasse com uma figura feminina positiva em sua vida e, de uma forma ou de outra, dirigiram sua atenção primeiramente ao pai – com quem sentiram que não seriam facilmente confundidas nas projeções do paciente – autorizando-as a ficar, em um nível mais alto, fora da linha de tiro (curiosamente, em poucas semanas de trabalho comigo, sua dificuldade de conseguir e manter a ereção com sua namorada diminuiu consideravelmente).

Por outro lado, muitos analistas esforçam-se para encontrar uma "alusão à transferência" em praticamente tudo o que o paciente fala, não para evitar suas projeções, mas sim para encorajá-lo a pensar que tudo que ele discute gira em torno, de um jeito ou de outro, do analista. Gill (1982) deu um exemplo em que um paciente falou em sessão sobre uma explosão de raiva que teve com sua esposa, e Gill o encorajou a considerar que ele poderia estar com raiva do seu analista. Gill considerou a possibilidade de que "tal interpretação talvez fosse uma réplica de que ele estaria falando de sua *esposa* e *não* do analista" (p. 65). O que faltou Gill perceber foi que exatamente por isso o paciente se irritou com o analista, levando, assim, à confirmação de sua interpretação; foi a interpretação em si que irritou o paciente! Nesses exemplos, em geral parece ser mais provável que não seja o paciente, mas sim o analista que esteja irritado ou esperando que o paciente se irrite com ele por algo que tenha feito, e que não se sinta muito bem por isso. À medida que "os sentimentos são sempre mútuos" (Lacan, 1988a, p. 32), o analista acha uma forma de deixar o paciente irritado como ele estava, ou como ele esperava que o paciente ficasse.

31. Ver, por exemplo, Ormont (1969). Certos analistas, como Sterba (1940/1990, p. 85), têm usado o termo *acting out* indiscrimina-

damente para qualquer forma de ação feita pelo paciente, quer dentro ou fora da sessão.

32. Note que se pode ajustar algumas vezes para se referir ao "*acting out*" em situações que Lacan (2004, p. 148) chamou de "transferência sem análise" – por exemplo, quando adolescentes fazem com os professores o que não podem fazer em casa. Ver também Lacan (1998b, pp. 420-421). Para comentário de várias discussões de Lacan sobre *acting out* em um caso relatado por Ernst Kris, ver Fink (2004, Capítulo 2).

33. Ver a discussão de Grete Bibring-Lehner sobre este ponto.

34. Para discussão da transferência negativa, ver Miller (2005), que traz alguns comentários que Lacan fez sobre transferência negativa e oferece as seguintes ideias/reflexões: (1) à medida que os pacientes sempre entram na análise sentindo que não sabem nada, que se sentem vazios ou privados em diversos aspectos, ficam irritados com seus analistas, que são julgados conhecedores de tudo ou figuras ideais (o que o paciente deseja ser é confrontado com a pessoa do analista; pp. 33-34); (2) a transferência negativa é produzida sempre que a repressão aumenta (pp. 90-92), pelo menos em parte porque o paciente não quer saber nada sobre o que foi reprimido (talvez também, eu adicionaria, em parte porque se a analista faz uma interpretação que leva ao aumento da repressão, ela provará ao paciente que ele não poderá se libertar sozinho da repressão, o que é especialmente maçante para o obsessivo).

35. Lacan (2006) comentou o seguinte:

"Os analistas jovens, que se permitem ficar impressionados pelos dons impenetráveis [de certos analistas] não encontrarão nada melhor para dissipar suas ilusões do que considerar o sucesso da supervisão a que eles próprios estão sujeitos. A possibilidade da supervisão se tornaria problemática se vista da perspectiva do contato com a realidade do paciente. Pois na supervisão, ao invés de estar [em contato com a realidade do paciente], o supervisor manifesta uma segunda opinião... o que torna a experiência pelo menos tão instrutiva para ele como para seu supervisionando. E quanto menos o supervisionando demonstrar tais dons – que são considerados por alguns ainda mais incomunicáveis, maior a lista de afazeres que eles mesmos estimam sobre os seus segredos com respeito à técnica – mais verdadeiro se torna.

A razão para esse enigma é que o supervisionando serve como filtro, ou mesmo como refrator, do discurso do sujeito, e dessa forma uma estereografia é prontamente apresentada ao supervisor, trazendo desde o início três ou quatro registros em que a partitura musical constituída pelo discurso do sujeito pode ser interpretada" (pp. 252-253).

Lacan propôs que, no melhor dos casos, o supervisionando pode aprender a se situar na posição simbólica em que o supervisor é automaticamente colocado, mesmo quando o supervisionando está no consultório com o paciente:

"Se o supervisionando fosse colocado pelo supervisor em uma posição subjetiva diferente daquela subentendida pelo ameaçador termo *controle* (vantajosamente substituído, mas só na língua inglesa, por *"supervision"*), o melhor proveito que extrairia desse exercício seria o de aprender a colocar-se na posição de subjetividade complementar na qual a situação automaticamente coloca o supervisor" (p. 253).

Isso, obviamente, é uma posição ideal que nunca poderá ser totalmente alcançada; daí a necessidade de supervisão contínua.

36. O uso de *videotapes* nas sessões para os propósitos da supervisão pode comprometer a supervisão, uma vez que tem efeitos imaginários sobre os supervisores e colegas que podem, às vezes, ofuscar o material simbólico, dando a eles falsa impressão de que o que *realmente* acontece na terapia é o que se vê com os olhos: linguagem do corpo, por exemplo (ver Capítulo 8).

37. Casement mencionou Reik (1937) e Money-Kryle (1956) como precursores de sua própria ideia aqui.

38. Como a psicose nos ensina, as teorias também são autoconfirmatórias. Se eu ouço ou concluo por algum motivo que minha chefe está apaixonada por mim (como na erotomania), vou interpretar tudo o que ela disser sob aquela luz e acreditar que ela está falando em enigmas, brincando comigo, se fazendo de difícil, ou ignorando seus sentimentos mais profundos se negasse estar encantada comigo. Se eu concluir que ela está lá fora para me pegar (como na paranoia), vou interpretar tudo o que ela disser de acordo com aquela convicção, de que haveria alguma má intenção por parte dela. Exatamente como vimos no caso de interpretações da transferência pela analista, tudo o que minha chefe disser será ouvido por mim como se viesse da pessoa que eu atribuí que ela fosse. Lacan (2006, p. 428) refere-se a isso como "princípio paranoico do conhecimento humano" (ver também pp. 94, 96, 111 e 180).

39. Conforme Joseph Sandler (1987) alertou:

> "[Identificação projetiva] é uma noção difícil de ser discutida pela perspectiva de um não kleiniano. Isso se dá pelo fato de que os que utilizam o conceito tendem a falar sobre isso como um simples mecanismo, enquanto na verdade é um mecanismo que (como vários outros na psicanálise) desloca seu significado conforme o contexto. Tem como resultado adquirido certo mistério, com a infeliz consequência de que é algo às vezes inteiramente rejeitado ou pensado como compreensível somente com um especial 'conhecimento interno'" (p. 14).

Ogden (1979), no entanto, tentou formular o conceito de identificação projetiva, de forma a libertá-lo das "pressuposições metapsicológicas Kleinianas" (p. 14).

40. Ver, por exemplo, o famoso comentário de Freud (1911a/1958) sobre paranoia:

"O mecanismo da formação do sintoma na paranoia determina que as percepções internas – sentimentos – devam ser substituídas pelas percepções externas. Consequentemente, a proposição 'Eu o odeio' acaba se transformando pela *projeção* em outra: 'Ele me (persegue) *odeia*, o que justifica que eu o odeie'" (p. 63).

De acordo com Ogden (1979, p. 358), há algo de novo na descrição de Klein: "Primeiro, há a fantasia da projeção de uma parte de si mesmo em outra pessoa, e de aquela parte assumir a pessoa por dentro"; segundo – e aqui Ogden se diz seguidor de Schafer (comunicação pessoal) – "a pessoa projetando se sente 'em harmonia com' a pessoa em quem ele projetou um aspecto de si mesmo".

41. Isso fica claro na descrição de Klein (1946/1952) do que ela chamou "identificação introjetiva", na qual a criança atribui a si mesma (ou se vê como tendo) certos aspectos inicialmente vistos na mãe. A criança, aqui, pensa em si mesma como tendo aquelas características, mas não pensa, necessariamente, em tê-los por outra pessoa.

Fica claro também na nota de rodapé que ela fornece, após escrever "as partes cindidas do ego também são projetadas na mãe ou, como eu prefiro dizer, *para dentro* da mãe", que diz o seguinte:

"A descrição de tais processos primitivos sofre de grande deficiência, pois essas fantasias surgem em um momento em que a criança ainda não começou a pensar em palavras. Neste contexto, por exemplo, eu uso a expressão "projetar *dentro* de outra pessoa" porque me parece a única forma de transmitir o processo inconsciente que tento descrever" (p. 300).

Aqui e em outro lugar no texto Klein deixa claro que ela estava se referindo às *fantasias* que a criança tem de colocar algo dentro de outra pessoa; ela não está argumentando que algo está realmente sendo colocado dentro de outra pessoa, pois isso poderia indicar algum tipo de existência independente. (Note que, embora certos autores diferenciem *phantasy* com "ph" e fantasia com "f", eu os emprego de maneira intercambiável.) Ela nem fala disso em outro artigo sobre identificação (Klein, 1955; ver especialmente pp. 311-312).

De maneira divertida, Phyllis Grosskurth (1987, p. 449) conta que quando Klein estava supervisionando um jovem analista chamado Sonny Davidson, que contou a ela, "Eu disse ao paciente que ele colocou a confusão dele em mim", Klein respondeu, "Não, caro, não é isso, *você* estava confuso!".

Grosskurth (1987, p. 449) chegou a dizer que Klein "estava particularmente preocupada sobre o 'estilo' da contratransferência que ela viu se desenvolvendo. Se um candidato falasse demais sobre como um paciente o deixou bravo ou confuso, ela comentaria energicamente: 'Olha, conte isso para o seu analista. Eu quero saber sobre o seu paciente'".

42. Ogden (1979) mencionou que há outros analistas, como Bion, que ampliaram o conceito, na mesma época que Racker, que Ogden não menciona em sua descrição de 1979 do desenvolvimento do conceito.

Note que, em sua longa discussão de identificação projetiva, Ogden (1979, 1982) decompôs o fenômeno da identificação projetiva de forma diferente da de Sandler. No primeiro passo, "existe a fantasia de projetar uma parte de si mesmo na outra pessoa e daquela parte a pessoa assumir o controle de dentro" (Ogden, 1979, p. 358). Ogden diferenciou esse passo da projeção pura e simples, digamos assim, ao postular que se continua a sentir "em harmonia com" a pessoa na qual alguém fantasiou projetar uma parte de si, enquanto na projeção *stricto sensu* a pessoa se sente afastada da outra. No passo 2, "há pressão exercida pela interação interpessoal de tal forma que o recipiente da projeção experimenta a pressão para pensar, sentir e se comportar de maneira congruente com a projeção" (p. 138). No passo 3, os sentimentos projetados são "processados psicologicamente" pelo recipiente (mãe ou analista), que, espera-se, lide com eles "diferentemente da forma como o projetor é capaz de lidar" (p. 360). Neste ponto (no passo 4), eles podem ser reinternalizados pelo projetor. A descrição de Ogden é um tanto mais clara e exaustiva, mas ainda cheia de pressuposições implausíveis; no entanto, Ogden (1982, p. 148) admitiu que "nem toda atividade mental ou sentimento do terapeuta reflete o estado interno do paciente". Ainda, as descrições de suas experiências de identificação projetiva são muito rigorosas: de um lado, o terapeuta "sente que seu corpo e sua fala... haviam sido dominados, de alguma forma, e controlados pelo paciente" (p. 151).

43. Pelo menos uma das razões alegadas pelo paciente para "pôr os sentimentos em outra pessoa" é que ele está morrendo de medo deles e se sente compelido a fazer outra pessoa senti-los para saber se são seguros para serem sentidos; ver, por exemplo, Casement (1991, p. 71) e Bion (1959, pp. 312-313). Embora eu entenda como o paciente pode aceitar mais facilmente alguma faceta de si mesmo quando ele vê que sua analista não a rejeitou, não sei como o paciente pôde verificar que sua analista sentiu exatamente o mesmo que ele a respeito do medo de sentir, e assim ficar "seguro para ser sentido". Isso me soa um tanto quanto misterioso.

Note que Bion nem sempre falou de identificação projetiva que envolvesse mais do que "a fantasia do paciente" (ver, por exemplo, Bion, 1957, p. 268). Note também que Bion interpreta seu conceito de identificação projetiva no citado ensaio de Melanie Klein; com respeito à discussão de Klein sobre identificação projetiva, Bion escreveu:

"Por este mecanismo o paciente cinde uma parte de sua personalidade e a projeta no objeto onde fica instalada, às vezes como perseguidor, deixando o psiquismo, do qual foi cindido, empobrecido" (p. 266).

Esta ainda é uma questão aberta, se Bion simplesmente considerou o paciente *pensando* naquela cisão "de parte de sua personalidade" como instalada na coisa ou pessoa em quem ele havia projetado, ou se considerou como se a projeção realmente tivesse ocorrido.

O que me deixa surpreso – e essa surpresa deve ser igual àquela dos que são familiarizados com o que Lacan repetia com frequência, que "não existe esse negócio de relação sexual" – é que Bion (1962, p. 90) usou o típico sinal para mulher (um círculo com uma cruz na parte de baixo) "porque a abstração representa o *container*" e o sinal típico para homem (um círculo com uma flecha saindo na parte de cima) "para o contido". Em outras palavras, Bion acreditava na possibilidade de um relacionamento direto entre continente e contido, entre a analista e o que é projetado nela, que é parecido com um tipo de relação direta, sem intermediação entre sexos (na verdade, algum tipo de "harmonia preestabelecida").

44. Uma leitura atenta do trabalho de Sandler supostamente baseado na descrição de Bion (1959) a confirma apenas em parte, pois Bion (p. 313) deixou claro que tanto as mães como as analistas algumas vezes falham ao "introjetar as identificações projetivas da [criança ou] do paciente negando seu ingresso" porque elas não as toleram, sugerindo que um fator subjetivo persiste. No entanto, o ponto principal é: Bion declarou que há certos empenhos "para forçar" partes de sua personalidade para dentro de seus analistas e a analista, como a mãe, precisa "servir de repositório" para seus sentimentos. "Falhar ao introjetar [aqueles sentimentos] faz o objeto externo parecer intrinsicamente hostil" ao paciente (p. 314). Não está claro, para mim, se Bion contemplou todos os sentimentos contratransferenciais como causados pelas projeções dos pacientes.

Os conceitos de Winnicott (1949, p. 70) de "contratransferência objetiva" e de "[odiar] o paciente objetivamente não funcionam exatamente do mesmo jeito, mas são igualmente perniciosos, na minha visão, na dos novatos e até dos analistas experientes". Não acredito que exista tal coisa como "observação objetiva" no domínio psicológico, na medida em que todos vemos a "realidade" pelas lentes de nossas próprias fantasias, e não acredito que seja possível para a analista, na prática, distinguir totalmente entre amor e ódio pelo paciente, em razão das próprias suscetibilidades da analista e do "amor e ódio em reação à personalidade e comportamento do paciente, baseados na observação objetiva" (p. 70). A única forma de objetividade que podemos aspirar na psicanálise é trabalhar com base no material simbólico: os pacientes falam e as coordenadas simbólicas nos são fornecidas. Ou seja, afinal, o que nos possibilita discutir nossos casos com outros analistas, e permite que eles formem suas próprias opiniões sobre os casos – opiniões que podem diferir das nossas. A validade em potencial depende do grau ao qual eles explicam o material simbólico do caso.

45. Não é diretamente "*grokked*",* termo usado no filme *Um estranho numa terra estranha* (1961/1968).

* N.T.: significa tanto "beber" quanto "compreender algo até o ponto em que aquilo passa a fazer parte de nós".

46. É claro, nunca se sabe toda a gama de palavras e expressões disponíveis em sua língua-mãe também, uma vez que há simplesmente muitas (estima-se para a língua inglesa cerca de 450.000 a 1.000.000 de palavras e expressões diferentes). A gama de expressões com que se é familiarizado depende muito do país e da região daquele país em que se vive, a familiaridade da pessoa com outras áreas e países, o que se leu, e assim por diante. No início de seus trabalhos, alguns dos meus supervisionandos pensavam que os pacientes empregavam neologismos, quando estavam simplesmente usando palavras ou frases que eles nunca tinham ouvido. Essas palavras e frases podem ser particulares a uma região ou subcultura com as quais não estavam acostumados (dialetos e variantes gramaticais), jargões de um local com que não estavam familiarizados, citações de canções, poesias, romances, programas de televisão, filmes mais conhecidos por pessoas de certa geração ou educação, e assim por diante.

47. Nunca nos disseram como essa projeção de sentimentos para fora de alguém, essa expulsão, é possível, um ponto ao qual voltarei mais tarde com mais detalhes.

48. Ver Freud (1921/1955, Capítulo 7) para uma discussão mais rigorosa sobre o uso do termo *identificação* em psicanálise; ver também o comentário esclarecedor sobre identificação, de Jean Florence.

49. Uma empresa chamada Business Intelligence Advisors começou recentemente a estudar as maneiras de falar, os padrões dos discursos, e outras estratégias retóricas (tais como mencionei no Capítulo 1) para determinar quando os políticos e executivos podem estar dissimulando (Laing, 2006).

50. Embora eu geralmente pense que dividimos o mundo em dentro e fora de forma muito rígida ao dizer que algo "está todo dentro da nossa mente" ou que "o mundo externo está nos dizendo algo", costumo pensar que os teóricos que aceitam a noção de identificação projetiva também usam os termos fora e dentro de forma bastante rígida quando falam sobre as crianças que perpetuamente introjetam e projetam objetos, como se os objetos de que estão falando estejam de fato situados em algum lugar que seja claramente definido como eu e não eu. Meu sentimento é de que não há esta distinção para as crianças muito pequenas, aquele tempo na infância que é caracterizado por Lacan (1988a) como "transitivismo", exemplos disso podem ser vistos quando a criança cai e a criança que está vendo começa a chorar, ou quando Paulo bate em Pedro, mas diz que Pedro bateu nele (p. 169); ver também Lacan (2006, p. 113). No entanto, uma vez que o ego se torna mais bem definido, pelo édipo (ou, como Lacan diz, através do trabalho do Nome do Pai, ou mais genericamente, a função simbólica), este transitivismo desaparece, sendo encontrado em abundância nos adolescentes e adultos somente psicóticos (ver Capítulo 10). Uma adulta psicótica, por exemplo, apresentou o seguinte: "Quando alguém perto de mim sofre, eu sofro pelo menos tanto quanto a pessoa – eu pego o sofrimento dela" (Cambron, 1997, pp. 94-95).

Os analistas que acreditam em identificação projetiva teriam, então, que admitir que a identificação projetiva ocorre somente no trabalho com psicóticos – embora a questão que se coloca é: por que os próprios analistas estariam sujeitos ao transitivismo só porque seus pacientes psicóticos estão – ou que o transitivismo continua mais ou menos irrestrito ao longo de nossas vidas de uma forma que nunca se torna mediado pela linguagem e costumes. Esta última parece-me muito duvidosa: não sentimos os sentimentos alheios o tempo todo, e se sentíssemos a vida se tornaria extremamente confusa! Elas se tornaria mais confusa se todos sentíssemos o que os outros *não* sentem!

Em todo caso, os defensores da identificação projetiva ainda teriam que explicar com qual mecanismo a analista começa a sentir algo que não está sendo sentido pelo paciente.

51. Provavelmente estamos aostumados a não admitir nossas próprias ideias algumas vezes: dizemos às pessoas queridas ou aos analistas, "Você provavelmente está pensando que..", quando é precisamente o que ocorre conosco, ou "Está me parecendo que você está bravo porque eu..", quando na verdade nós é que estamos bravos. Em outras palavras, nós projetamos certas ideias e sentimentos no outro, presumindo que ele as tem, vendo-as no outro ao invés de em nós mesmos. Isso não obriga os outros a terem tais ideias ou sentimentos! Quando um de meus pacientes fica em silêncio e eu pergunto a ele no que está pensando, ele sempre diz algo como, "Você deve estar pensando que eu sou o pior dos piores" ou "Você deve estar zombando de mim por eu ser um miserável desgraçado". Eu geralmente presto muita atenção ao material que estamos discutindo e não me preocupo com julgamentos desse tipo. Ao transmitir o que ele está pensando através da fala, ele obviamente "coloca ideia na minha cabeça", digamos assim, mas mesmo assim não se torna uma opinião que eu compartilhe com ele: não acho que ele seja o pior dos piores ou zombo dele por ser um miserável desgraçado.

Outro paciente meu disse que eu pareço irritado o tempo todo – antes da sessão ter começado ou quando estamos no meio da conversa sobre alguma coisa – quando eu não estou nem um pouco irritado. Às vezes é porque ele está irritado comigo, e outras vezes porque ele espera que alguém esteja irritado com ele por algum motivo. Mas eu não fico irritado com ele por causa disso. Se ele insistisse muito e fosse inflexível na ideia de eu estar irritado, ele poderia acabar me deixando irritado pela acusação de novo e de novo, mas em casos assim dificilmente poderia ser dito que ele cindiu sua própria raiva.

52. Casement faria melhor se lembrasse do comentário de Winnicott (1949, p. 74), "Sentimentalismo é inútil para pais [e analistas também], uma vez que contém a negação do ódio".

53. Ogden (1979, pp. 359-360) contou sobre um paciente que "exercia uma enorme pressão no terapeuta para que estivesse de acordo com a fantasia projetada" e descreveu "uma pressão externa exercida por meio da interação interpessoal". Pode-se aceitar facilmente a noção de que as pessoas pressionam umas às outras a agirem de determinada maneira, sem aceitar a noção de identificação projetiva como um todo. Podemos notar, no entanto, que quanto mais o analista a situa no registro simbólico, menos ela consegue experimentar tal "pressão enorme", em primeiro lugar.

54. Pode-se ir longe ao dizer que, considerando que encontramos conceitos como "ego autônomo" nos aspectos predominantemente obsessivos da teorização psicanalítica, e conceitos como "o desejo do homem é o desejo do outro" nos aspectos que predominam na histeria da teorização psicanalítica, os conceitos como "identificação projetiva" derivam dos aspectos predominantemente psicóticos da teorização psicanalítica. Neste sentido, cada conjunto de conceitos serve para refletir não apenas uma série de pacientes em particular, para os quais foram projetados para lidar e elucidar, mas também pode refletir nos psicanalistas que são atraídos para cada estilo da teorização psicanalítica. Note que La-

can (1976-1977, 14 de dezembro, 1976) fez o próprio diagnóstico publicamente (talvez com ironia, pelo menos até certo ponto), dizendo, "No final da análise, sou um perfeito histérico, isto é, alguém sem sintomas, exceto de vez em quando".

Por incrível que pareça, o que me impressiona numa das obras mais entediantes da teoria obsessiva na literatura psicanalítica, *Analysis of Transference* de Gill (1982), é que dá ênfase à importância do papel do analista na situação analítica. Sem dúvida, deveríamos sempre lembrar do que disse Mark Twain em *As aventuras de Tom Sawyer* (1896/1996): "Há um outro problema com as teorias: sempre há um furo nelas, em algum ponto, claro, se você olhar de muito perto".

55. Tais movimentos por parte dos analistas levam os pacientes a acreditarem que seus analistas são mais birutas que eles próprios, e fariam bem se levassem suas cabeças para serem examinadas por outros analistas que não fossem tão excêntricos. Eles estão certos quando dizem, como Joni Mitchell diz em *Twisted*, "Meu analista me contou / que eu estava muito louca / Mas eu disse, caro doutor / Eu acho que louco é você". *Cave sanatorem*: cuidado com o terapeuta!

56. Miller (2003, p. 35) disse, "O que vemos hoje é que a contratransferência é pensada como a estrada majestosa para o inconsciente – não os sonhos, mas a contratransferência".

57. Ogden (1994), por exemplo, entendeu isso como algo que é produzido em conjunto pela analista e paciente. Pode-se ter a impressão de que ela foi bem mais beneficiada do que o paciente que ela tratou, porque ela nos contou sobre suas próprias repressões que foram superadas (p. 471) e a "forma particular de separação e luto" (p. 483) que suportou durante seu curso, mais do que nos contou sobre as repressões que seus pacientes superaram.

8. "Análise por telefone" (variações na situação psicanalítica)

> *Quer se deseje ser um agente de cura, educador, ou tocar nas profundezas, a psicanálise só tem um meio: a fala do paciente.*
> Lacan (2006, p. 247)

Em média os americanos se mudam a cada 18 a 24 meses, algumas vezes "apenas para o outro lado da cidade" – o que em áreas expandidas, como Los Angeles, pode significar dirigir por duas horas vindo da antiga casa – algumas vezes para outra cidade, estado, país, ou mesmo continente. Em minha própria experiência, a maioria dos meus pacientes se mudou pelo menos uma ou duas vezes durante a análise, quase sempre para locais a mais de 1.000 milhas de lá; quatro dos meus pacientes deixaram a América do Norte por um ano ou mais; e dois se mudaram pelo menos oito vezes em cerca de oito anos.

Dada a mobilidade da população americana – uma mobilidade que muitas pessoas que não são da América achariam difícil compreender – os analistas na América encontram um árduo problema: como manter uma análise de longo prazo com as pacientes. Algumas vezes é possível, claro, encaminhar uma paciente para outro analista da cidade em que ela foi transferida, mas é comum o analista não conhecer o trabalho de algum colega naquela cidade, que pudesse recomendar com confiança. Além do mais, muitas mudanças dos pacientes são por tempo limitado, como estágios de três meses, seis meses sabáticos, um ano inteiro *Fulbright* (bolsa de estudo), ou uma missão de dois anos na sede de uma corporação em país estrangeiro. Nesses casos, é impraticável continuar a análise com outra pessoa, em vista da certeza do retorno para casa, em um curto espaço de tempo (sem falar na resistência da paciente em "recomeçar" com alguém novo e ter que lidar com possíveis obstáculos linguísticos), e ainda as dificuldades da paciente podem ser tais que exijam tratamento continuado durante esse tempo.

Em teoria, o analista poderia tentar dissuadir a paciente a fazer essa mudança por um curto período de tempo, tentando incutir nela a importância de continuar o trabalho analítico pessoalmente, e em alguns casos isso pode de fato ser adequado. Em muitos casos, no entanto, a mudança por um curto período representa uma oportunidade muito especial, que provavelmente não se apresentará novamente, e, em outros casos, isso representa uma escolha forçada, em que o empregador da paciente diz, "Mude-se para a cidade X para nos ajudar a montar um novo escritório, ou comece a procurar um novo emprego" (a segurança no trabalho nos Estados Unidos não é como na Europa, por exemplo, e as exigências da vida interferem na análise de uma forma que não interferiam quando as análises duravam apenas poucos meses). Por isso a importância de encontrar um jeito que permita que a paciente continue se tratando durante essas ausências, que são praticamente inevitáveis.

Há muitos anos, no meu próprio consultório, uma paciente que havia se mudado para o exterior por um ano, por bolsa de estudo, começou a me ligar angustiada. Embora tivéssemos concordado que ela resumiria sua análise quando voltasse, sua angústia era tal que ela sentiu que não poderia esperar até lá. Depois de vários telefonemas desesperados, combinamos agendar um tempo regulamentar para que ela me ligasse (eu não acho que fazem sentido os telefonemas não agendados para "manter contato" ou falar rapidamente sobre um pensamento, associação ou sentimento específico, exceto em emergências), e nós trabalhamos por telefone até ela retornar aos Estados Unidos. Percebi logo que o trabalho com ela por telefone procedeu tanto quanto se ela estivesse no divã, e quando mais tarde precisei sair da costa oeste para trabalhar em Pittsburgh (cerca de 2.500 milhas de lá), retomamos nossas sessões por telefone.

Pouco a pouco, comecei a incluir no meu trabalho sessões ocasionais por telefone com diferentes pacientes, alguns deles por não poderem sair de casa pela angústia esmagadora, outros por estarem doentes ou temporariamente imobilizados, e alguns por causa do carro ter quebrado. Isso possibilitou que essas pessoas continuassem suas análises, quando poderiam ter entrado em profunda depressão, outros continuaram passando por momentos difíceis, e outros ainda continuaram quando o medo de dirigir ou de andar de ônibus parecia paralisá-los para chegar nas sessões. Comecei a propor sessões ocasionais por telefone para os pacientes de Pittsburgh que me ligavam para cancelar sessões devido a chuvas torrenciais, avisos de tornado, neve, tempestade de gelo que tornava extremamente perigoso dirigir, assim como para pessoas com alguma deficiência,[1] ou idosos que não se sentiam confiantes de seguirem a pé durante os invernos rigorosos.

Logo ficou claro para mim que as sessões por telefone poderiam complementar as sessões presenciais, mas eu hesitei por alguns anos em aceitar pacientes cujos trabalhos comigo, devido à distância e às circunstâncias financeiras (que impossibilitavam viagens regulares à Pittsburgh), fossem feitos quase que exclusivamente por telefone. Mas, depois de tantos anos trabalhando com os meus pacientes da costa oeste por telefone, comecei a aceitar pacientes que moravam longe e não conheciam outros analistas lacanianos (ou qualquer analista) para procurar em suas regiões.[2]

Fenômenos imaginários

> [O analista] deve se ajustar à paciente, assim como o receptor do telefone está ajustado ao microfone.
> Freud (1912b/1958, pp. 115-116)

A princípio fiquei surpreso ao notar que as análises desses "teleanalisandos" (ou "telisandos") começam do mesmo modo praticamente que as outras, e que muitas vezes pude envolvê-los no esforço analítico, apesar de vê-los raramente em pessoa ou nem vê-los jamais. Notei também que todas as reações à transferência que eu estava acostumado no trabalho presencial (expressões de amor, insensatez, idealizações, medo de julgamento, e assim por diante) manifestavam-se no trabalho por telefone, e as únicas coisas que faltavam eram as transferências baseadas na minha aparência física ou na vestimenta. Na verdade, poderíamos dizer que os pacientes que nunca vi em pessoa projetavam em mim mais livremente, porque eles não tinham a minha imagem visual defronte a eles. Enquanto o paciente no divã pode olhar ou ser olhado pelo analista, o paciente por telefone é livre para me imaginar como quiser.

O trabalho por telefone de fato elimina certos fenômenos imaginários, também para o analista; todos nós temos a tendência de associar cada nova pessoa que conhecemos a outras que conhecemos e achamos parecidas com a nova pessoa, de um jeito ou de outro, semelhança visual sempre predomina em tais associações, e a reagir à nova pessoa do mesmo modo que agiríamos com a antiga, pelo menos no começo (quanto mais conhecemos a nova pessoa, mais diferenças entre as duas pessoas associadas aparecem e nossas reações tendem a mudar, consequentemente). Quando o trabalho analítico é conduzido pelo telefone, o analista não consegue ser cativado pela aparência da paciente (Freud sempre foi tão cativado pela beleza de suas pacientes, como Dora, que ele acabou prisioneiro de sua própria insensatez com elas) ou associá-la com outra mulher que ele conheça (e tenha amado ou odiado) ou com outras pacientes que ele tratou.

A paciente, também, tem liberdade para identificar instantaneamente o analista com alguma outra pessoa e de fasciná-lo com suas imagens visuais. Porém, uma vez que é a paciente que faz a autorrevelação, e não o analista,[3] esse permanece como uma tela de projeção em branco e a paciente é capaz de "ver" nele características de outras pessoas, baseadas no modo como ele fala, no tom de sua voz, suas entonações, sua cadência e até mesmo seu modo de respirar (uma das minhas pacientes às vezes relacionava a minha respiração com a de sua mãe).

A presença do analista

> Pode-se contestar que o analista concede sua presença, mas eu acredito que sua presença inicialmente é subentendida por sua escuta, e que sua escuta é simplesmente a condição da fala. Por que a técnica analítica deveria solicitar que ele faça sua presença tão discreta se esse não fosse, de fato, o caso?
> Lacan (2006, p. 618)

Ambos os não lacanianos (Zalusky et al., 2003) e os lacanianos (Miller, 1999, p. 618) são conhecidos por alegarem que análise por telefone é impossível, sendo necessário que analista e paciente estejam fisicamente presentes um com o outro. O que tem na presença física que seja tão crucial? O que fica supostamente faltando na análise por telefone?

Certamente não é o contato físico direto que está faltando, pois a análise funciona sem o contato (além do contato formal como no ritual de dar as mãos no início e no fim das sessões). Conforme Lacan (1971-1972, 21 de junho, 1972) coloca, "A partir do momento que alguém entra no discurso analítico, não há mais nenhuma questão de encontro de corpos". Analistas e pacientes não precisam se tocar para que a análise prossiga; por razões parecidas, analista e paciente não precisam entrar em contato um com outro pelo sentido do paladar.

Certamente não se pensa que o analista e a paciente sejam capazes de cheirar um o outro, embora Lacan tenha comentado um episódio cômico, que de fato ocorreu na Société Psychanalytique de Paris (SPP) no início dos anos 1950. Ao discutir sobre os analistas de sua época que pareciam acreditar que para compreender seus pacientes eles precisariam olhar além da linguagem, olhar além da fala de seus pacientes, Lacan (2006) escreveu:

> *Hoje em dia, um jovem analista em treinamento, após dois ou três anos de análise em vão, pode realmente aclamar o advento tão longamente esperado da relação de objeto em ser cheirado pelo seu sujeito, e pode colher como resultado disso, o* dignus est intrare *dos nossos votos, os fiadores de suas habilidades. (p. 267)*[4]

No episódio a que Lacan se referiu, um candidato analítico foi admitido com entusiasmo nos escalões superiores da SPP, quando ele relatou que seu paciente finalmente tinha conseguido cheirá-lo, uma conquista de valor bastante incerto, na melhor das hipóteses.

Anedotas à parte, suspeito que não é com o olfato que os que rejeitam a análise por telefone estão especialmente preocupados. No entanto, eu poderia facilmente me contradizer com uma história minha, em que um dos meus pacientes de repente disse, durante uma sessão por telefone, "Me pergunto se seu hálito cheira bem neste momento". Quando eu perguntei, "Meu hálito?", ele comentou que seu pai sempre chegava em casa das festas após ter fumado um cigarro e comido algo atípico, coisas que o paciente associava a "cheiros de adulto". Não sei se o paciente conseguiria sentir o cheiro do meu hálito, mesmo que estivéssemos na mesma sala, no mesmo momento; o que parece claro é que as projeções olfativas e associações não são excluídas só porque o trabalho analítico está sendo feito por telefone.

Se entende-se que deve haver contato visual entre analista e paciente, então seria impossível para as pessoas cegas se submeterem à análise ou tornarem-se analistas? Imagino que muitos diriam que não. Além disso, o uso do divã na psicanálise previne o contato visual, exceto no início e fim das sessões. Os que acreditam que até mesmo esse contato visual altamente limitado é indispensável achariam que videoconferência (ligações por vídeo ou "*web cams*") retificaria efetivamente o problema? A importância de um ver o outro, por mais limitado que seja, não pode ser excluída de questão, devido a sua relação com o olhar (que retomarei mais tarde); todavia, já deveria estar claro que não é indispensável, assumindo que alguém admita que cegos são analisáveis.

O que parece absolutamente essencial, penso, é a escuta: analista e paciente devem ser capazes de ouvir um ao outro. É o que a paciente diz, e como ela diz, que é de grande importância em análise. Uma vez que seja estabelecida uma ligação por telefone que seja clara e boa (sem barulho no fundo, ecos, atrasos ou interferência de conversas) e que analista e paciente possam ouvir um ao outro muito bem – bem o suficiente para ouvir cada lapso, tropeço, gagueira, hesitação, suspiro e bocejo – a análise pode prosseguir.[5] Curiosamente, certos pacientes me contaram que eles sentem que as sessões por telefone são mais íntimas do que sessões presenciais, porque eles me ouvem falando diretamente em seus ouvidos e sentem que estou mais perto pelo telefone do que quando estão deitados no divã a poucos metros de mim.[6]

A linguagem do corpo

> Enquanto o discurso do sujeito poderia, possível e ocasionalmente, ser enquadrado nas perspectivas analíticas iniciais, por servir como isca, ou até como obstáculo, à revelação da verdade, enquanto [seu discurso] serve como um sinal de que ele agora está permanentemente desvalorizado... Parece que qualquer outra manifestação da presença do sujeito, logo terá que ser designada por ele: sua apresentação na chegada e maneira de andar, a simulação de seus modos, e a forma com que ele nos deixa.
> Lacan (2006, p. 337)

Analistas que confiam demais em suas "interpretações" da linguagem corporal da paciente certamente encontrarão dificuldade quanto ao uso do telefone. Mas, como mencionei antes, "linguagem corporal" não é transparente, universal ou óbvia, como muita gente pensa, e a única forma do analista ter certeza de que sabe o que a linguagem corporal da paciente está dizendo é pedindo que ela fale sobre isso (e mesmo assim, ela pode não saber ou não querer contar!). Nem todos os gestos das mãos têm um significado inequívoco, universal, inclusive em uma mesma cultura, e o mesmo pode ser dito sobre outras posturas do corpo que tenho ouvido profissionais buscando interpretar.

A postura incomum de um corpo ereto, por exemplo, implicaria em rigidez? Algum tipo de postura fálica? Ou talvez pudesse ser a encarnação da "retidão", sugerindo um enxerto no corpo de uma aparente censura moral de um pai, ou uma identificação com a postura ética rígida de um pai? Sentar-se curvado, para dar outro exemplo, seria invariavelmente uma postura autodefensiva ou autoprojetiva? Um sinal de síndrome do intestino irritável? Ou poderia derivar de uma identificação com Quasimodo ou com algum corcunda da rue Quincampoix (ver Lacan, 2006, p. 422)? *A linguagem do corpo não é manifesta!* Para entender isso temos que perguntar à paciente o que poderia significar – precisamos pedir que ela fale a respeito.

Um dos meus pacientes colocava regularmente suas mãos sobre o estômago quando me contava histórias emocionalmente pesadas. Alguns profissionais podem tirar conclusões precipitadas de que eram histórias "angustiantes" para ele, ou que ele teria uma úlcera ou algum outro problema do trato digestivo. Quando perguntei ao paciente sobre isso, ele disse que, em sua cultura, esse é o lugar em que o coração está localizado, e que ele sempre sentia uma contração ou pressão em seu coração – um tipo de dor no coração que ele definiu como se todas as mulheres tivessem. Os significados metafóricos da palavra coração, em sua língua-mãe, eram extremamente importantes para ele, e ele até falou uma vez que tinha "uma pedra dura no [seu] coração que precisaria ser quebrada". São coisas que, vindas de cultura diferente e diferente conhecimento linguístico, nunca poderiam ter sido entendidas ao tentarmos "interpretar sua linguagem corporal".

As posturas corporais e gestos humanos podem ser interpretados como as posturas e gestos dos animais, uma vez que estão em seu código genético.[7] Posturas e gestos humanos são afetados pela linguagem, história e cultura e, portanto, não podem ser considerados como tendo um significado inequívoco para todos os humanos, ou mesmo para todos aqueles que falam o mesmo idioma; seu significado é bastante individual.[8]

Alguns analistas parecem estar em busca de algo mais certo, mais objetivo do que a fala, uma vez que na fala podem mentir. Eles parecem assumir que a linguagem corporal não está sujeita a fingimentos – que o corpo sempre diz a verdade. Mas a linguagem corporal pode "mentir" como qualquer outra linguagem; para ver isso, é preciso somente considerar como os atores escondem a verdade, ao fazerem certos gestos e adotarem certa linguagem corporal (e, de fato, somos todos atores no palco da vida cotidiana). A habilidade de ver as expressões faciais, gestos e postura corporal da paciente pode ocasionalmente sugerir ao analista que há uma contradição entre o que a paciente está dizendo e o que está sentindo, mas essa contradição não pode ser levada à risca e o analista ainda deve perguntar o que a paciente faz com o fato de que, por exemplo, tenha sorrido enquanto dizia que a morte de sua mãe tinha sido uma experiência horrível. Além disso, em minha experiência, essas possíveis contradições podem ser facilmente captadas de outras formas, e, em todo caso, devem ser trazidas na fala para ter qualquer efeito terapêutico.[9] Simplesmente não dá para contornar o uso da fala em psicanálise. A ausência de dicas visuais pode ter inclusive efeito salutar, que impede a tentação do analista de tirar conclusões apressadas sobre a linguagem do corpo da paciente.

Afinal, a introdução das tecnologias de telecomunicação "nos pressiona um pouco mais para examinarmos a experiência [analítica] em termos do que é positivo nisso" (Lacan, 2006, p. 267), ao contrário do que é "negativo" ou do que não é considerado – ou seja, toque, gosto, cheiro e até mesmo visão (quando o divã está em uso).[10]

Desafios específicos da análise por telefone

Nosso esforço é... uma colaboração reconstruída com a pessoa que está na posição de paciente.
Lacan (2007, p. 100)

Tudo isso não foi para dizer que o trabalho analítico por telefone não apresenta desafios em si. Algumas vezes é difícil saber, por exemplo, se a paciente está rindo ou chorando (alguns sons que fazemos em determinados momentos podem parecer iguais), e o analista não pode assumir que sabe o que é. Nas primeiras sessões realizadas frente a frente, ao olhar para a paciente, o analista pode sempre avaliar se ela está sendo irônica, sarcástica, brincalhona ou séria (embora sua avaliação possa estar errada algumas vezes, especialmente quando a paciente faz "cara de pôquer"). Isso é quase impossível por telefone – assim como é quase impossível quando a paciente está no divã[11] – e o analista precisa prestar atenção às menores deixas que ela der, tais como mudanças repentinas na respiração, sussurros junto com risadas, e mudança na forma típica que a paciente se expressa. Em resumo, o analista deve, como sempre, aproveitar ao máximo o que ela disponibiliza a ele, dado o constrangimento e os parâmetros da situação. No trabalho presencial, a paciente faz um gesto com a mão, ou abre a boca como se fosse dizer algo e depois para, e, por telefone, o único meio disponível é o som, então o analista deve ficar atento aos momentos em que a paciente respira e parece que vai dizer alguma coisa e para. É possível que nos surpreendamos com o quanto pode ser apreendido[12] se prestarmos atenção a essas coisas.

A análise por telefone ocasionalmente é tão conveniente que acaba sendo conveniente demais: a paciente não precisa disponibilizar meia hora, digamos, antes e após cada sessão para chegar até o consultório do analista[13] – tudo que ela tem que fazer é pegar o telefone onde ela estiver (em casa, no escritório, no carro, em um hotel, ou onde for) e discar o número certo. O esforço envolvido para alguns pode ser muito pequeno; sem o esforço adicional de ir até o consultório, eles talvez vejam a análise mais como um jeito conveniente para "desabafar" do que como um local para fazer um trabalho associativo difícil. O analista deve querer, em alguns casos, que não seja tão fácil para a paciente, mas a verdadeira questão está em outro lugar: se o valor das sessões foi estabelecido devidamente alto e o analista solicita pagamento pontual, para que a paciente não pense que está passeando, digamos, o problema pode não ser resolvido adicionando meia hora de ida e volta até o consultório do analista (uma forma artificial de fazer alguém sentir que está investindo mais no processo), mas apenas para encontrar uma forma da paciente sentir-se verdadeiramente engajada no trabalho analítico. Em outras palavras, este é o mesmo tipo de problema que pode surgir na análise em que a paciente perde seu tempo reclamando, falando de coisas do cotidiano, ou que ela nem saiba o que dizer. O envolvimento da paciente no processo não pode ser aumentado adicionando barreiras; o analista deve encontrar uma forma de influenciar a paciente a levantar uma questão, ou várias, sobre ela mesma.

Algumas pacientes já acham os obstáculos da análise por telefone bastante desafiadores: podemos nos surpreender com o número de pacientes que encontram dificuldades quanto ao funcionamento de seus telefones, ou com as interferências na linha, carregamento das baterias,[14] um telefone público que funcione e o número do telefone disponível. Podemos nos surpreender também com o número de ligações que não são feitas no horário marcado. Na verdade, todas as resistências presentes na análise presencial também surgem nas análises por telefone: algo que pode dar errado vai dar errado quando a resistência surgir.

Alguns analistas parecem pensar que as resistências e transferências dos pacientes são difíceis de serem manifestadas em um campo mais limitado como o da análise por telefone, mas, na minha experiência, eles *sempre* encontram um jeito de manifestá-las. Como dizia Freud, que nós não deveríamos nos preocupar quando nos sentirmos incapazes de explorar absolutamente cada faceta de um sonho durante uma única sessão, porque o que foi deixado para trás em um sonho aparecerá em um sonho futuro, tudo que não pode ser manifestado devidamente com o analista, devido às restrições da situação (através de sinais visuais ou olfativos, por exemplo), será manifestado de outra forma que *seja* acessível aos sentidos do analista.

Se a paciente não consegue mostrar ao analista com gestos inconscientes que está irritada com ele, ela irá "acidentalmente" derrubar o telefone, ou se mexer de tal forma a arrancar o telefone da parede (não estou sugerindo que o significado de uma atitude de qualquer tipo fique imediatamente transparente; é necessário estimular a paciente a falar sobre os possíveis significados). Embora ela não consiga abrir a porta do consultório do analista com as chaves de sua própria casa, para expressar como se sente em casa com o analista, ela irá, inconscientemente, dar a um namorado o telefone do analista, ao invés do seu. Se a postura corporal da paciente não mostrar ao analista que ela se sente tão íntima dele quanto de sua mãe, ela irá, inadvertidamente, ligar para o analista quando tinha a intenção de ligar para sua mãe e vice-versa (isso já aconteceu na minha clínica, inúmeras vezes). Se a paciente não consegue mostrar ao analista que ela está relutante em pagá-lo, remexendo todos os bolsos e a bolsa por mais de cinco minutos antes de achar o talão ou o dinheiro, ela irá, por engano, colocar o número da rua errado ou o código postal no cheque que ela for enviar pelo correio, esquecer de assinar o cheque, esquecerá de colocar selo no envelope, derrubará a carta na lama ou na neve – diga você, já vi isso!

A verdade aparecerá. Supondo que o analista acolha tudo o que a paciente diz e a estimule naquilo que ela está relutante em dizer, ele pode confiar que o material se manifestará de um jeito ou de outro.[15] Ele precisa simplesmente estar atento a tudo que seja acessível e não falhar ao perguntar sobre coisas que pensa que ouviu, mas que pode ter sido, inicialmente, camuflado pela paciente. A paciente pode então colaborar iniciando os momentos nos quais seu corpo fale sem o conhecimento do analista, suas mãos tremem enquanto conta um sonho de forma desprovida de afeto, sua cabeça dói enquanto conta um incidente envolvendo seu pai, tem dor aguda no estômago enquanto conta sobre um rompimento, e assim por diante. Nós confiamos que nossos pacientes nos contem inúmeras coisas que ocorrem fora do nosso campo de visão, digamos assim – pensamentos transitórios que lhes ocorrem entre as sessões, devaneios, fantasias, sonhos, pesadelos, surtos, crises de choro, momentos de alegria, e assim por diante –, então por que não também as reações corporais durante as sessões? Será que pensamos que somos os únicos capazes de notá-las?

As sessões por telefone envolvem outros desafios, claro. As linhas telefônicas ocasionalmente ficam mudas sem qualquer aviso e os analistas que atendem com horário variável devem deixar isso claro aos pacientes, que eles não encerram a sessão simplesmente pondo o telefone no gancho, mas sempre dizendo algo como, "OK, vamos parar por aqui hoje, falo com você amanhã às três". Os analistas devem pedir aos pacientes que liguem imediatamente de volta caso a ligação seja interrompida sem qualquer aviso.

Na medida em que o encerramento da sessão pode ser um pouco abrupto algumas vezes, os analistas que fazem as sessões por telefone vão notar diferença com as sessões presenciais: o paciente vai sentir a interrupção da sessão menos como um castigo (pode ser vivido algumas vezes, como mencionei no Capítulo 4, como uma "minicastração") se seguida de um aperto de mãos na porta, e desejo de boas vindas na próxima sessão, do que se for por telefone. O tom da voz pode ser muito útil nos encerramentos abruptos. Por isso, com certos pacientes, o analista deve evitar o encerramento abrupto (adicionando, por exemplo, "até logo" ou "até amanhã").

Análise por telefone sem dúvida não é para todo mundo. Alguns pacientes precisam do tipo de ligação libidinal com o analista, que só é obtida pessoalmente, para se envolverem no trabalho analítico, a ausência da transferência erótica baseada na visão leva a praticamente nenhuma transferência em si, nesses casos (isso pode ser combatido em certos casos, embora pouco frequente, por sessões presenciais regulares). Outros pacientes acham a presença física do analista reconfortante, sentindo necessidade não apenas da escuta atenta, mas de olhares interessados; esses pacientes geralmente não falam livremente no início de suas análises e vão criando confiança no analista baseada em sua presença praticamente infalível nas sessões, e na espera resignada para que possam falar, do que baseada na escuta atenta.

De qualquer forma, o uso do telefone como um complemento das sessões presenciais regulares me parece muito mais preferível do que a prática europeia comum, em que os pacientes que moram longe vão uma vez ao mês e têm sessão intensiva. Mesmo quando o paciente tem quatro ou mais sessões ao longo do final de semana na cidade do analista, o ritmo da análise é constantemente interrompido por hiatos de três ou quatro semanas, e fica difícil imaginar como algum trabalho verdadeiro pode ser feito, já que o inconsciente tende a se "fechar", digamos assim, no período de férias da análise (Lacan, 2006, pp. 838-839).[16] De fato, esse é o verdadeiro motivo pelo qual os analistas tentam marcar o máximo possível de sessões por semana com seus pacientes, ao invés de apenas uma por semana (frequência adotada por muitos psicoterapeutas no mundo); é muito difícil trabalhar com o material da sessão passada quando se passou um grande período de tempo entre sessões, e, na minha experiência, é possível fazer um trabalho muito mais intenso com sessões três a cinco vezes por semana do que uma vez, muito menos a cada quatro semanas.[17]

Uma prática comum

> *É sempre a narrativa do sonho como tal – o material verbal*
> *– que serve como base para a interpretação.*
> Lacan (1976, p. 15)

Praticamente todo analista é levado, em algum momento, a conversar com uma paciente por telefone, quer seja devido a uma hospitalização de emergência, ataque de pânico, depressão profunda, ou alguma outra situação inesperada e incomum. Muitos analistas não se sentem à vontade atendendo por telefone, pois acham que violam o enquadre terapêutico que eles estabeleceram, e procuram evitar conversas por telefone ao invés de usá-las como oportunidades para continuar o trabalho analítico. Minha esperança é que falar mais sobre o que é "positivo" em uma situação analítica – ou seja, as noções que geralmente fazemos uso em análise que a tornam eficientes – os ajudará a ficar mais à vontade no trabalho por telefone. Em minha opinião, é aquilo que a paciente está falando (palavras como as pronunciadas em voz alta durante a sessão) que faz a análise eficaz, significando que o telefone oferece tudo o que é necessário para a análise prosseguir. Alguns podem discutir que limitar alguém por meio da voz leva à crença de que trabalhar com o que se quer dizer é o único trabalho efetivo em análise – que é, em outras palavras, uma profecia autorrealizável. Porém, no meu próprio caso, comecei a trabalhar com a premissa de que em psicanálise "a dimensão simbólica é a única dimensão que cura" e só encontrei casualmente o telefone como um meio muito mais tarde. Minha compreensão de Freud e Lacan sugere que ambos atribuem o sucesso da psicanálise ao relacionamento estabelecido através da fala e ao trabalho que avança através do discurso.

Nos últimos anos eu soube que muitos bons analistas na América conduzem as análises parcialmente ou exclusivamente por telefone. Richards e Goldberg (2000) fizeram uma pesquisa e descobriram que mais de 85% dos membros da Divisão de Psicanálise (Divisão 39) da Associação Americana de Psicologia já tinham feito pelo menos alguns trabalhos por telefone e ficaram satisfeitos com os resultados.[18] Parece, no entanto, que poucos analistas escreveram sobre isso; Sharon Zalusky (1998) em Los Angeles foi uma notável exceção. Curiosamente, ela percebeu que, em sua primeira experiência com análise por telefone, ela "estava mais presente para ouvir as nuances das associações dela [paciente]... e foi capaz de ouvi-la de forma diferente". Isso me soa especialmente revelador, dado o foco bastante óbvio no não verbal, afeto, contratransferência, no "ambiente da sessão" e tantas outras preocupações dos analistas contemporâneos.[19] Eu mesmo tenho conduzido numerosas análises parcial ou exclusivamente por telefone, com nem mais nem menos variação de sucesso do que as realizadas pessoalmente, e supervisiono diversos analistas, lacanianos ou não lacanianos, que também fazem análise por telefone. Tenho tido muitas experiências em que os pacientes que já tinham feito análise presencial com analistas que davam muita importância ao "ambiente da sessão", contratransferência, linguagem corporal e cujas análises haviam falhado fizeram um trabalho muito mais efetivo (de acordo com eles próprios) pelo telefone comigo (claro, se isso foi pela minha abordagem ser muito diferente ou ao trabalho por telefone – ou ambos – é uma questão aberta). Muitos analistas, naturalmente, contam histórias sobre os sucessos que tiveram com pacientes que chegaram até eles, vindos de análises com analistas de outras orientações. Talvez minha orientação sirva melhor ao telefone do que outras. Será interessante ver, com o tempo, como outros analistas pensam sobre a análise por telefone comparada com a análise presencial.[20]

Notas

1. A severidade climática na maior parte da América do Norte surpreenderia muitas pessoas de outras partes do mundo; os únicos obstáculos que impediriam os pacientes de chegar às sessões, que são de certa forma comparáveis com a Europa, em minha experiência, são as greves de transportes públicos que imobilizam cidades por semanas a fio.

2. Em vista de seus conhecimentos prévios, muitos pacientes meus nunca se submeteram a análise que não fosse com abordagem lacaniana. Isso talvez seja peculiar em meu consultório, mas me parece um importante ponto a considerar: geralmente somente a transferência positiva do paciente a uma linha de abordagem específica permite a ele ir para análise, e os profissionais de tal abordagem podem ser poucos e distantes entre si. Algumas escolas de psicanálise têm má reputação nos Estados Unidos, especialmente entre alguns segmentos da população, e muitas pessoas prefeririam, evidentemente, ficar sem análise do que se tratar com profissionais formados naquelas escolas. Encaminhamento para analistas não lacanianos são inúteis nesses casos.

3. Há, na minha opinião, pouquíssimas razões para o analista fazer autorrevelações, muito menos do que os profissionais treinados em outras formas de psicanálise parecem encontrar. A autorrevelação pelo analista faz com que seu paciente pense nele como uma pessoa real, cujos sentimentos ela não deve ferir; ela começa a se preocupar com ele e não quer entristecê-lo. Se a paciente diz

ao analista que ele parece doente, por exemplo, o que ela poderá fazer se ele disser, "Sim, estou doente"? Ela iria sentir pena dele e preferir não demandar demais? Será que ela sentiria que não deveria tomar muito seu tempo? A resposta autorreveladora do analista ("Sim, estou doente") situa o comentário da paciente no nível imaginário, ao assumir que foi dirigido a ele e é de fato sobre ele. Quando uma das minhas pacientes me falou que eu parecia cansado, respondi, "Cansado?". Após uma pausa, a paciente refletiu, "Talvez eu sempre ache que as pessoas estão cansadas de me ouvir"; "Sempre acho que estou amolando alguém". Por não assumir que o comentário foi necessariamente sobre mim, e para eu evitar me autorrevelar, consegui situar o comentário da paciente no nível simbólico e chegar a algo mais significativo do que ajudá-la a saber se ela supostamente sabe quando suas percepções sobre as pessoas estão corretas ou não (os analistas algumas vezes parecem pensar que eles deveriam tentar ajudar seus pacientes a melhorarem o "teste de realidade" desse modo, como se a realidade fosse uma coisa direta e clara; ver Capítulo 9). Uma simples reiteração aqui ("Cansado?") possibilitou que a paciente articulasse algo importante sobre como ela se via em relação a outra pessoa, na verdade, em relação ao Outro, no caso, enquanto a autorrevelação (assumindo que eu estivesse cansado) poderia ter feito com que o foco sobre o meu estado a levasse a ir com calma comigo (não estou sugerindo que o analista negue seu grande cansaço; ver "Um conto preventivo" discutido no Capítulo 7).

Assumindo que o treinamento do analista o habilitou a lidar com as demandas e ansiedades da paciente, ele não deveria estimulá-la a adaptar sua fala com aquilo que ele acha que ela não pode suportar. Quanto mais ela o perceber como uma pessoa verdadeira, mais provavelmente irá censurar ou minimizar certas coisas que tem a dizer e provavelmente desempenhará menos o papel de sua "fantasia fundamental" com ele. Se ele indica que perdeu alguém da família, ela poderá se sentir incapaz de falar sobre o desejo de morte que tem tido; tudo o que o analista revela sobre si próprio irá de alguma forma impedi-la de falar alguma coisa que queira falar.

Um dos meus pacientes que já tinha feito terapia antes de vir me ver, naquela terapia, reclamou muito de sua criação católica e de sua escola católica. Após algumas semanas de ter falado sobre isso, sua terapeuta lhe disse que ela era católica; aquilo o calou e na verdade o fez sair da terapia com ela. Ouço histórias como essa o tempo todo! Tais autorrevelações pelo terapeuta foram improdutivas para o progresso do paciente; talvez a terapeuta não conseguia mais ouvir tantas reclamações e assim foi produtivo para ela.

O ponto de evitar a autorrevelação não é *negar seu próprio estado*, quer se trate de fatiga, tédio ou ansiedade. Tais estados deveriam ser notados pelo analista para seu próprio conhecimento e consideração depois da sessão, não ignorados, pois frequentemente dizem alguma coisa sobre o jeito que o analista se posicionou ou falhou ao intervir na análise, e ele pode assim aprender com eles. Para outras discussões teóricas sobre as desvantagens da autorrevelação, ver Fink (1997, pp. 31-33).

Os profissionais que tentam justificar a prática da autorrevelação, mesmo que apenas em situações específicas, ficam em apuro, teoricamente falando. Considere, por exemplo, os seguintes comentários de Malan (1995/2001):

"É tão fácil, nesse tipo de situação, impor algum sentimento pessoal naquilo que é dito para o paciente, que rapidamente passa a buscar simpatia ao invés de dá-la. Os pacientes não estão interessados nas tragédias pessoais de alguém; certamente não quando eles estão no meio de suas próprias. Assim, os sentimentos dos terapeutas podem ser mostrados, mas apenas *objetivamente*, sob total controle, inteiramente a serviço do paciente" (p. 26).

Embora Malan tenha advertido o terapeuta corretamente contra interjeições de alegria ao contar suas experiências e angústias na sessão com uma paciente, uma vez que isso significa essencialmente um pedido de simpatia (como Lacan disse, toda fala constitui uma demanda por reconhecimento e amor, e a fala do terapeuta não é exceção à regra), ele sancionou a autorrevelação ocasional com a insustentável queixa de que isso poderia ser feito "objetivamente" – um termo estranho de se usar nessas circunstâncias em uma discussão da terapia, que ele então explicou como envolvendo "total controle", como se isso existisse (ver Capítulo 9).

Reinik (1999) é um dos primeiros defensores da prática da autorrevelação. Ele defendia não apenas o que ele referia como autorrevelação "seletiva" (levando a um "relativo anonimato"), mas também autorrevelação em curso, profunda, a que ele se referia como "botar as cartas na mesa". O objetivo da autorrevelação, de acordo com ele, é nivelar "o campo de jogo clínico analítico" entre analista e paciente, *não* porque seria mais democrático ou pós-moderno, mas simplesmente "porque isso produz melhores resultados clínicos" (p. 523). Nem mesmo Renik aprovou as formas de autorrevelação que não promoveriam o trabalho analítico com certos pacientes (por exemplo, ele não disse à paciente que tinha desejos sexuais por ela, embora tivesse), mas seus exemplos mostram que ele trabalhou quase que inteiramente ao nível consciente, observando o ego. Relatou em detalhes uma troca com uma paciente, que ele chamou de "Anne", permitindo que ela *entendesse* muitas coisas sobre como ela funcionava com seu analista e com o marido também, mas ele não indicou que Anne mudou realmente devido à sua nova compreensão adquirida. O simples fato de que "ela e seu marido tivessem tido uma longa conversa" e "feito com que o amor ficasse mais íntimo e afetuoso depois de muitos anos" naquela noite (p. 527) foi o que provou o valor dessa abordagem de tratamento! Como Aristóteles nos faz lembrar, "Uma andorinha não faz verão, nem mesmo em um dia bom" – nem em uma noite boa, nesse caso.

A abordagem da autorrevelação de Renik nutriu claramente mudanças ao nível da observação do ego – mudanças nos pensamentos da paciente sobre seus próprios padrões de comportamento –, mas isso dificilmente é designado para promover mudança em um nível mais fundamental. Na verdade, ao falar muito sobre ele mesmo e seu jeito de ver as coisas, ele tentava quase que explicitamente evitar que seus pacientes elaborassem com ele os problemas que tiveram nos relacionamentos anteriores, contrariando, assim, muitas facetas diferentes da transferência. Por exemplo, ele disse, "Estava atento a não ser tão controlador como a mãe de Anne. O tipo de presunção que Anne pensava receber de sua mãe foi algo de que eu particularmente não gosto, então eu estava tomando cuidado para ter certeza de que Anne me visse de forma diferente" (p. 526). Isso sugere que Renik tentou deliberadamente se esquivar das prováveis projeções transferenciais de Anne!

Outra paciente de Renik comentou que ela achava que "ele tinha um grande interesse pessoal de não ser visto como dominador e injusto" e que, quando ela o viu "daquele jeito, com ou sem razão, [ele foi] rápido, reagiu e tentou resolver"; ela achou que isso "tinha a ver com a maneira dele ouvi-la algumas vezes" (p. 532). Em outras palavras, quando ela o confundiu com alguém do seu passado, que considerava dominador e injusto, ele teria usado a autorrevelação para se esquivar da transferência! O fato de Renik recomendar a autorrevelação em curso a todos os analistas, em todos os casos, sugere que ele havia abandonado a maior parte do conceito de transferência. Há outras formas de "solicitar ativamente as observações da paciente sobre o funcionamento pessoal do analista, dentro da relação terapêutica" (p. 529) e dessa forma aprender com a paciente e não pela autorrevelação sistemática.

4. Para outros comentários do mesmo episódio, ver Lacan (2006, p. 564, 1994, p. 79).

5. Analista e paciente devem, claro, cada um ter privacidade total, se estiverem conversando livremente.

6. Sharon Zalusky (1998) e Arlene Kramer Richards (em Zalusky et al., 2003) relataram algo quase similar (Dan Collins foi muito

gentil ao me enviar estes textos). Os telefones têm sido usados por décadas para as longas e íntimas conversas dos amantes. E, nos últimos tempos, tem sido usado para fazer sexo por telefone também. Suspeito, no entanto, que ninguém poderia dizer que há uma conotação sexual mais aberta do que o divã!

7. Estou ciente de que isso está muito simplificado e que os etólogos poderiam dizer que as posturas e gestos dos animais não são universais como pensamos.

8. Conforme Lacan (1988a, p. 255) coloca, "O gesto humano está intimamente ligado à linguagem, não simplesmente às manifestações motoras".

9. Note que embora Freud (1909/1955, pp. 166-167), no caso do Homem dos Ratos, tenha observado que, quando o paciente lhe contou a história da tortura do rato, "seu rosto ficou com uma expressão muito estranha e complexa", e continuado dizendo, "eu pude apenas interpretar como uma expressão de horror em seu próprio prazer, do qual ele próprio não tinha consciência", ele não interpretou isso diretamente ao Homem do Rato, mas simplesmente anotou mentalmente. Precisamos cuidar para não nos precipitarmos às conclusões acerca do significado de alguma coisa na análise, incluindo a fala do paciente, expressões faciais, gestos e posturas.

10. Podemos pensar que, à medida que o olhar é uma das formas tomadas pelo objeto *a* no trabalho de Lacan (para discussão detalhada de objeto *a*, ver Fink, 1995, pp. 83-97), a análise não pode prosseguir sem a presença do olhar do analista. Deixe-me recordar, primeiro, que a lista de Lacan dos possíveis avatares do objeto *a* é bastante extensa, incluindo a voz, o olhar, o seio, o falo imaginário, o monte de excremento, o fluxo urinário, o fonema, e o nada (Lacan, 2006, p. 817). Note que, embora muitos, se não todos, esses objetos sejam discutidos longamente em análise, somente poucos deles estão geralmente presentes, o monte de excremento e o fluxo urinário sendo os menos bem-vindos no consultório –

exceto, talvez, por pessoas como Winnicott (1954/1958b, p. 289) que levou a "regressão" no sentido mais literal imaginável: "o divã fica molhado, ou... a paciente suja, ou baba". Lacan (2006, pp. 617--618, 1998b, p. 426), por outro lado, sugere que "repressão" na situação psicanalítica é melhor entendida se referida ao momento no qual o paciente começa a usar expressões de criancinhas e falas de bebê, ao contrário de outro tipo de regressão do desenvolvimento "real" ou quando realmente age como uma criança.

Voltando para uma outra personificação do objeto *a* de Lacan, note que nenhum seio precisa estar presente para que o trabalho analítico ocorra, já que análise entre dois homens da mesma espécie parece possível. Lacan, no entanto, mencionou pelo menos uma vez que "o analista deve ter seios", no sentido de que a paciente em determinado momento atribui o seio ao analista, mesmo que este seja homem, presumivelmente porque eles estão entre as características sexuais secundárias da mãe.

O que fica claro é que praticamente todos esses objetos (praticamente todos os avatares do objeto *a*) entram na análise não como "objetos verdadeiros", mas como parte da economia libidinal do paciente – de fato, pode-se questionar como o falo imaginário e o nada poderiam entrar na análise de modo "real". Em minha experiência, certos pacientes, para os quais o olhar é um objeto *a* muito importante, relataram-se imaginando a mim olhando para eles, olhando para eles de diferentes maneiras e perspectivas, e os observando interagindo com pessoas, ensinando, masturbando, e assim por diante. Eles não falharam ao tentar descrever a qualidade e peso desse olhar, ou associar isso ao olhar de um dos pais ou de ambos. Resumindo, todos os fenômenos relativos ao olhar, que eu passei a esperar nas sessões presenciais, também surgiram nas sessões por telefone.

Miller (1999) afirmou que "na sessão, [analista e paciente] estão juntos, sincronizados, mas não estão lá para verem um ao outro, ficando isso claro com o uso do divã. A presença mútua em carne e osso é necessária, se não por outra razão do que fazer surgir a não relação sexual". Ele pode ter pensado que o fato de que "não existe tal coisa como relacionamento sexual" (Lacan, 2007, p. 134, 1998a, p. 57, e outros) poderia não convencer a paciente, a menos que ela fosse confrontada com o paradoxo de estar na presença do analista, mas não fazer sexo com ele. Pode parecer um modo possível de levar a paciente a enfrentar a verdade psicanalítica básica, mas com certeza não é o único modo. De fato, não acredito que Lacan formulou essa noção fundamental (ver Fink, 1995, pp. 98-125, para discussão detalhada disso) com a própria situação analítica explicitamente em mente – isso pode ter sido adquirido em qualquer lugar.

11. A "qualificação" para o divã não deveria ser apressada, mas sempre é, levando a uma situação embaraçosa, como frequentemente ouço em supervisão, em que os pacientes que ainda não estão prontos vão e voltam do divã. O uso do divã deveria ser adiado até que um diagnóstico (exceto o de psicose, ver Capítulo 10) tenha sido estabelecido e até que a paciente tenha, ela própria, pedido (ver Fink, 1997, pp. 14, 25-27, 133-134). Pode levar cerca de um ano para quem faz várias sessões por semana, e é melhor, de qualquer forma, prevenir do que remediar.

12. O analista deve, claro, prestar tanta atenção quando estiver ao telefone quanto durante as sessões presenciais. Ele não deve aproveitar que a paciente não o vê para ler, devanear ou se envolver em qualquer outra atividade que tire sua atenção de seu trabalho com a paciente.

13. Além da vantagem de não precisar se deslocar, a análise por telefone ainda tem o benefício óbvio de ser bem mais fácil quanto ao ambiente do que a análise presencial.

14. Não recomendo o uso de telefones sem fio ou celulares, atualmente, uma vez que eles geralmente não oferecem a mesma clareza de som que os telefones tradicionais ("telefones fixos").

15. Como Freud (1905a/1953, p. 77) disse, "Quem tem olhos para ver e ouvidos para ouvir pode ficar certo de que nenhum mortal consegue manter um segredo". E conforme Lacan (2006, p. 386) disse, "A repressão não pode ser separada do retorno do material reprimido em que o sujeito chora, por todos os poros de seu ser, aquilo que não pode falar". O fato de que "a verdade aparecerá" talvez se deva, pelo menos de alguma forma, à ideia de que analistas de diferentes linhas parecem ter no mínimo algum sucesso, mesmo quando eles ignoram os trabalhos básicos dos sonhos como foram conceituados por Freud e Lacan, voltando aos métodos pré-psicanalíticos da interpretação do sonho. Muitos analistas não fazem qualquer uso daquilo que os pacientes querem dizer, e nem mesmo solicitam a eles associações aos seus sonhos, confiando somente em suas interpretações sobre as "imagens" encontradas nos sonhos (como se essas imagens não fossem transmitidas em palavras para o analista), como é comum entre os Junguianos, ou nas analogias que podem ser feitas entre as histórias relatadas nos sonhos (não que todos os sonhos tenham uma história discernível) e aquilo que acontece na análise ou na vida cotidiana da paciente (para ver um exemplo, Casement, 1991, p. 95). Podemos levantar a hipótese de que, enquanto esses analistas manifestam sua ânsia ou desejo de ouvir os sonhos e trabalhar com eles, o inconsciente da paciente encontra uma forma de falar em uma linguagem compreensível ao analista para quem ele se dirige. Se o analista não captar o fato de que a pergunta "Por quê?" está sendo apresentada no sonho por uma escada que se divide formando a letra Y (Casement, 1991, p. 37, menciona esse exemplo proferido por Bion como uma ilustração da noção de "*rêverie*", ao invés de como um exemplo para prestar atenção à *letra* do discurso da paciente, e ouvir a homofonia e o duplo sentido que ele exerce), então o inconsciente tentará encontrar outros caminhos pelos quais comunicar ao analista o desejo que busca expressão no sonho. De fato, como Lacan (2006, pp. 623-629) nos contou, um sonho é projetado não apenas para cumprir um desejo, mas para ter o

desejo reconhecido pela pessoa a quem é dirigido. Uma vez que o paciente trabalhou com certo analista por algum tempo, o inconsciente do paciente adapta suas produções ao modo de escuta do destinatário. Se o analista prestar atenção somente nas histórias e alegorias, o inconsciente produzirá histórias e alegorias; se o analista primeiramente prestar atenção às imagens, o inconsciente produzirá imagens. Isso é uma coisa que precisamos ter em mente quando analisamos os sonhos produzidos pelos pacientes dos outros analistas: podemos ter a tentação de interpretá-los da nossa própria e única perspectiva, mas depois examinamos o fato de que eles foram sonhados como foram sonhados por causa daquela certa pessoa para quem foram sonhados! Pode-se argumentar, por exemplo, que um dos meus pacientes sonhou com um ferimento (*sore*) em sua pélvis porque seu inconsciente "sabia" que eu iria interpretar a palavra "*sore*" como um palíndromo de *eros*, assim como um anagrama para a palavra *rose*, e que um outro sonhou com artes *marciais* (*martial*) sendo um anagrama para artes maritais (*marital*) que estavam lhe incomodando.

16. Ver, também, os comentários de Lacan (1991, p. 390, 2006, pp. 333, 359). Nesses dois lugares ele se referiu especificamente ao efeito atenuante feito com certos tipos de interpretações por volta de 1920. Ver Lacan (1978, Capítulo 10).

17. Existe um número considerável de pacientes que veem seus analistas a cada dois a seis meses, porque moram em outros continentes e precisam atravessar o oceano para irem às sessões. Muitos sul-americanos e até mesmo norte-americanos voam, por exemplo, para Paris a cada dois meses por um período curto de tempo durante o qual eles têm várias sessões por dia. Tão útil quanto possa ser para que eles obtenham uma noção de como as pessoas formadas em certa escola trabalham – e a única maneira verdadeira de se ter noção disso em psicanálise é fazendo um pouco de análise com eles – dificilmente é uma receita para uma análise completa. Pareceria querer mostrar, ao invés, um critério

ou exemplo do que o trabalho analítico deve ser com certo analista. Quando o inconsciente não é requisitado diariamente, o ego tende a se modificar e recristalizar em torno de conceitualizações e posições que já haviam sido alcançadas e é necessário um esforço considerável para tocar o inconsciente e trabalhar com ele levando-o a reorganizar a rigidez do ego. Freud (1913/1958), que geralmente via seus pacientes todos os dias, exceto aos domingos – ou seja, seis dias por semana –, se referia a isso como a "crosta da segunda-feira" (p. 127): ele achava mais difícil para os pacientes trazerem o inconsciente de volta ao trabalho depois de um dia de folga!

18. Ver também o artigo anterior de Sleek (1997) sobre terapia através de videoconferência.

19. O artigo de Zalusky despertou muita controvérsia entre os analistas, alguns concordaram com ela de que a análise por telefone pode ser um complemento útil à análise presencial. Aqueles que discordaram dela se basearam principalmente na importância que atribuem à "contenção" e "ao ambiente da sessão" no *setting* analítico (o que eu consideraria ser muito menos importante do que muitos, especialmente no trabalho com neuróticos), à regressão (ver Capítulo 4), e à "interpretação" da linguagem corporal do paciente. Curiosamente, seus opositores (ver Zalusky et al., 2003) pareciam acreditar que esses eram tão cruciais para seus trabalhos que a análise por telefone nem poderia ser considerada psicanálise! Para conhecer mais sobre o tópico, ver minha discussão de caso de uma análise que foi feita inteiramente por telefone (Fink, 2003).

Note que a noção de *holding* de Winnicott (1960/1965b) tem, como é bem comum na história da psicanálise, sido extraída do contexto em que Winnicott a desenvolveu, como do relacionamento bebê/mãe:

"Refiro-me ao real estado do relacionamento bebê-mãe no início, quando o bebê ainda não tem seu *self* separado dos cuidados maternos em que existe absoluta dependência no sentido psicológico" (p. 48).

Os analistas têm aplicado, desde então, a noção de *holding* para trabalhar com pacientes através do espectro diagnóstico, enquanto o próprio Winnicott o limitou a trabalhos com psicóticos. Note que também estava relacionado com "o tratamento da esquizofrenia e outras psicoses", não das neuroses, sobre as quais Winnicott afirmava que "a confiabilidade do analista" era mais importante do que as interpretações – em outras palavras, que a "aliança terapêutica" seria mais importante que qualquer coisa que o analista dissesse (p. 38).

Temos aqui, ainda, outro caso em que os conceitos e técnicas moldados especificamente para o trabalho com psicóticos passaram a ser usados indiscriminadamente, havendo pouca distinção em muitas abordagens clínicas entre o trabalho com neuróticos e psicóticos. No cenário terapêutico contemporâneo, um tamanho veste todos.

20. Alguns analistas já experimentaram por e-mail e mensagem instantânea, mas querer dizer e precisar escrever não são a mesma coisa: a fala é o nosso primeiro e provavelmente principal meio como seres da linguagem e o prazer envolvido na expressão é um aspecto essencial do trabalho psicanalítico. Embora exista a tendência de se cometer erros tipográficos, o que sinto é que e-mail e mensagem instantânea são restritivos demais para a psicanálise.

9. Análise não normalizante

Deveria ser óbvio que o discurso analítico não consiste, de jeito algum, em fazer com que aquilo que não esteja bem vá embora, em suprimir o que não esteja indo bem no discurso comum... O discurso que procede apenas da verdadeira fala é precisamente o que está transtornando... É o bastante para alguém fazer um esforço e falar verdadeiramente, e com isso incomodar a todos.
Lacan (1973-1974, 12 de fevereiro, 1974)

A noção de normalidade tem um peso tão forte sobre nós que muitos ficam aliviados ao saber que nossos demônios, desejos e fantasias, com os quais lutamos, são "normais". McWilliams (2004, p. 212) forneceu um relato sobre um breve caso de uma pessoa neurótica que ela tratou que, depois de algum tempo em análise, começou a falar sobre "fantasias de masturbação, das quais estava muito envergonhada, envolvendo vários tipos de submissões masoquistas". McWilliams relatou que ela pontuou para sua paciente "que tais fantasias são comuns e não estão necessariamente correlacionadas com o atual comportamento sexual masoquista", pois a paciente estava preocupada "que ela fosse 'realmente', de algum modo fundamental, uma masoquista sexual".[1]

Ao caracterizar as fantasias da paciente como "comuns" (outro termo para "normal" no vocabulário de muitos terapeutas), a abordagem da analista, aqui, é tentar remover a preocupação da paciente e aliviar sua tensão. Tal abordagem – que é tão divulgada em nossos tempos[2] – pode oferecer alivio momentâneo para certos pacientes (outros podem achar irritante ou paternalista ouvir suas fantasias serem caracterizadas como "comuns", "normais", ou "usuais"), mas devemos considerar outros prováveis resultados de curto prazo, assim como os de longo prazo, de tais intervenções. Tais intervenções podem, imediatamente, bloquear a exploração das fantasias de masturbação da paciente – afinal, se elas são "comuns", que necessidade haveria de articular todos os seus detalhes fazendo associações para descobrir a que se referem? Se a maioria das pessoas as tem, por que a paciente se daria ao trabalho de decifrar o que significam para ela especificamente, se esse processo de decifrar pode ser longo, árduo e humilhante? No longo prazo, tais comentários feitos pela analista sugerem à paciente que ela, como todas as pessoas, acredita que existem coisas como a normalidade, e que a pessoa está bem se ela estiver normal (e talvez todos devêssemos ser tão normais quanto possível). Isso leva a um tipo de *tirania das normas* por parte da analista – o tipo da tirania que o paciente espera dos amigos, parentes, orientadores, psicólogos escolares e afins (alguém dificilmente precisaria de uma analista para isso) – e, para mostrar à analista que ela (a paciente) está realmente doente, ou anormal de alguma forma, a paciente pode muito bem continuar perguntando se este ou aquele aspecto de sua vida é normal, até que fique claro algum momento que a analista não possa, talvez, caracterizar como normal.

McWilliams parece ter sentido que precisava amenizar esse receio da paciente antes de conseguir começar o discurso sobre suas fantasias de masturbação (em outras palavras, ela presumiu que o resultado de sua intervenção seria abrir a porta para a discussão dessas fantasias, e não fechá-la), mas, em minha experiência, nesses casos é suficiente simplesmente colocar em questão o ponto de vista da paciente de que tais coisas podem não ser normais – dizendo algo simples como, "Não são?" – sem endossar a noção de normalidade em si.

Um paciente meu estava preocupado porque a mulher que ele escolheu para se casar lembra sua irmã em muitos aspectos, eu poderia ter dito a ele que isso é normal, que os homens escolhem mulheres que se parecem com a mãe ou irmãs, e ele poderia ter ficado aliviado na mesma hora por eu ter dito aquilo, mas teria impedido que ele percebesse que não poderia aproveitar seu relacionamento com a esposa porque sentia que era uma relação incestuosa. Ao mesmo tempo que é comum, estatisticamente falando, que os homens escolham mulheres que lembrem suas mães ou irmãs, fazer um comentário sobre isso não abordaria a especificidade de suas relações incestuosas com a irmã muitos anos antes, e seus efeitos no relacionamento atual com a esposa.[3]

O próprio Freud (1916-1917/1963) fez menos uso da noção de normalidade do que as pessoas tendem a pensar, e ele indicou explicitamente, em diversas ocasiões, que não via diferença entre normal e neurótico:

> *Se pegarmos um ponto de vista teórico e desconsiderarmos a questão da quantidade, poderíamos muito bem dizer que somos todos doentes – isto é, neuróticos – uma vez que as precondições para a formação dos sintomas*

[ou seja, a repressão] também podem ser observadas em pessoas normais. (p. 358)[4]

Lacan (2006, p. 394) fez ainda menos uso das noções de normal e anormal, criticando bastante a "arrogância por normalizar a análise" que ele encontrou nos trabalhos de outros analistas (ver também pp. 263, 282, 488 e 730). No meu ponto de vista, tais noções são mais indicadas para os estatísticos pensarem com legitimidade apenas nas discussões de coisas como distribuição normal, curva normal em forma de sino, e desvios padrão da média. Tais usos estatísticos permitem que seja levantada a questão: "o que tem de tão bom em estar na média (por exemplo, ser normal, inteligência mediana), como a maioria das pessoas?".

Apesar do fato de que o próprio Freud fez uso limitado da noção de normalidade, ele, no entanto, trilhou o caminho para a teoria da normalidade e anormalidade com sua noção de estágios libidinais específicos – oral, anal e genital – que achava que deveriam se desenrolar em uma ordem específica e conduzir a uma hierarquia dominada pelo estágio genital (ele ainda foi além, referindo-se ao último como[5] formador de "tirania bem organizada"; Freud, 1916-1917/1963, p. 323). No entanto, já havia ficado claro para Freud que existem muitos casos em que, embora uma hierarquia de fato existisse, ela não seria dominada pelo estágio genital; e ao longo do tempo ficou claro que em outros casos a hierarquia não se forma também.

Uma conclusão que pode ser tirada disso é que não há nada *inevitável* sobre a progressão da fase oral para anal para genital; isso não pode ser considerado uma "progressão natural" porque ela depende tão intimamente dos relacionamentos da criança com seus cuidadores primários e esses relacionamentos são tais que as coisas podem dar uma volta (ou "progredir") em diferente direção, em muitos pontos ao longo do caminho. Talvez seja apenas estatisticamente que poderia ser dito que o caminho do desenvolvimento é "normal" ou "natural" (e ainda pode não ser verdadeiro estatisticamente, quando consideramos que poucas pessoas têm fantasias que envolvem a relação sexual).

No entanto, muitos analistas se propuseram a superar Freud nesse sentido: eles queriam traçar um gráfico dos processos de desenvolvimento da criança, de tal modo que pudessem ser vistos como naturais, normais e realmente inevitáveis, *exceto quando obstruídos*. Para eles não seria suficiente dizer que as pessoas sempre se desenvolvem de tal e tal modo, ou que na cultura ocidental, no século XX, as pessoas tendiam a se desenvolver de acordo com tal e tal ordem cronológica: queriam encontrar a finalidade clara do desenvolvimento, a mais clara e melhor condição de desenvolvimento, sempre se referindo como "maturidade emocional" (ver, por exemplo, Spotnitz, 1999, p. 23), em uma direção que a natureza da criança levasse a isso, supondo que os cuidadores não impedissem seu progresso.

"Por que eles queriam?" poderiam perguntar. Um modelo de desenvolvimento tão solidamente estabelecido daria a eles uma imagem do tipo específico de personalidade que estariam tentando moldar, e justificaria todos os tipos de intervenções que fariam o paciente avançar naquela direção (ao contrário de simplesmente seguir as recomendações de Freud para buscar o reprimido). Isso também daria a eles um tipo de mapa no difícil processo da análise de longo prazo, pois começariam a enxergar a análise como um tratamento de reparentalidade, em que se traz o paciente de volta a cada desordem do desenvolvimento que ocorreu durante os "processos maturacionais", até então normais (Winnicott, 1977, p. 2), e o levaria novamente a cada "estágio maturacional" (p. 3) que deu errado. Concebendo desta forma, a analista estaria simplesmente removendo os obstáculos do desenvolvimento natural do paciente, e ela poderia transferir a responsabilidades de suas ações para o modelo teórico em si. Em outras palavras, seria um atenuante para a analista, pois lhe diria o que *deveria* ser feito, levando em conta a avaliação do "estágio" em que o paciente ficou impedido de prosseguir.

Tão sedutor quanto um parecer pode ser para a formulação de uma teoria psicanalítica válida universalmente, ele conta com uma noção da natureza humana monolítica, trans-histórica, transcultural (Bowlby, 1982, p. 123, por exemplo, deixa claro que ele acredita que seu trabalho é "fundamental para a compreensão da natureza humana"). Mas as visões da natureza humana que têm sido formuladas ao longo dos últimos milênios divergem significativamente, para dizer o mínimo (assim como as visões psicanalíticas das últimas gerações, como vemos no momento). Virtualmente, cada filosofia formulada com a pergunta "O que se deveria fazer?" ou "O que tem para ser feito?" tem procurado levar a uma noção da natureza humana válida universalmente, da qual surgem os direitos, obrigações e deveres. É como se os filósofos dissessem, "Diga-me o que é o ser humano, e direi a você o que ele deveria fazer". Se, por exemplo, os humanos são os únicos animais racionais, então eles *deveriam* raciocinar e agir da forma mais racional possível; se são os únicos animais para quem a própria existência é uma questão, então eles *deveriam* estar conscientes da questão da existência e da sua "própria existência com respeito à morte"; e assim por diante. Os modelos normativos parecem crescer como a erva daninha das reivindicações universais sobre o que os seres humanos são.[6]

Kohut (1984, p. 187) probatoriamente citou a definição de King (1945) do termo *normal* em biologia como "aquilo que funciona de acordo com o projeto". É como se Kohut pensasse que fosse possível aplicar este conceito igualmente à psique, e como se ele pensasse que a designação dos seres humanos fosse tão clara? Joseph (1982), por outro lado, destacou algumas das principais experiências feitas por analistas para definir normalidade como um estado ideal da saúde mental e as pesquisas sugerem que há algumas coincidências dentre as diferentes definições de Jones, Klein, Hartmann, Kubie, Money-Kyrle e outros – e que os critérios usados por eles são impossíveis de serem comprovados.[7] Eu diria que uma comparação estreita das diferentes teorias do desenvolvimento humano, por pouco mais de um século de estudo psicanalítico, mostraria uma pequena coincidência entre elas, levando-nos a acreditar que nenhuma ideia universal reconhecida da natureza humana está sequer vagamente iminente.

Uma teoria universal da natureza humana?

> *O analista tenta [erroneamente] normalizar o comportamento do sujeito de acordo com uma norma, uma norma que é coerente com o próprio ego do analista. Assim, isso sempre envolverá a criação de modelos de um ego por outro ego, por um ego [supostamente] superior.*
> Lacan (1988a, p. 285)

Embora eu não possa fornecer uma comparação detalhada das diferentes teorias psicanalíticas aqui, eu gostaria de sugerir que algumas noções mais básicas encontradas são provavelmente muito difíceis de serem conciliadas (além dos problemas inerentes à sua atribuição de significados variados e abrangentes para os mesmos termos). Considere como seria difícil reconciliar o seguinte:

- Para Freud (1923b/1961, p. 29), o ego não existe no nascimento e se desenvolve com o tempo através de uma série de identificações com os pais de ambos os sexos e como uma "precipitação de catexias dos objetos abandonados".

- Para Klein, um ego rudimentar já existe no nascimento e sofre a princípio de "ansiedade persecutória" (característica da chamada fase esquizoparanoide peculiar nos primeiros três meses de vida; Klein, 1955, p. 309), o que leva a criança a cindir o mesmo objeto – o seio, por exemplo – em dois objetos diferentes (seios bom e mau), que são alternadamente amados e sadicamente atacados (primeiro oralmente e, depois, uretral, muscular e analmente), introjetados e projetados (Klein, 1950, p. 249). Na visão de Klein, se tudo vai bem, entre o terceiro e sexto mês de idade a criança sofrerá de "ansiedade depressiva" (característica da posição depressiva), e aos seis meses o ego da criança estará relativamente bem consolidado (Segal, 1964).

- Conforme Lacan (2006, pp. 93-100), o ego primeiro começa a se formar durante o estádio do espelho, entre seis e dezoito meses de idade.

- Para os analistas que se baseiam na posição etológica (fundamentada no estudo do comportamento e desenvolvimento animal, talvez como Bowlby, 1982) haveria pouca ou nenhuma razão para se levantar a hipótese de cisão do objeto; a criança deve estar contente com a mãe (ou mais especificamente com seus seios) em um momento, e furiosa com ela no próximo, sem que exista necessidade de assumir que a criança forma duas representações da mãe bem separadas (muito menos que ela projete suas próprias maldades ou raivas no seio mau, ou projete suas bondades ou amor no outro objeto, para preservá-los de suas próprias maldades internas – ou que faça qualquer sentido falar sobre projeção e introjeção em um período da vida em que as fronteiras entre o *self* e o outro ainda estão indefinidas).

- As noções de Mahler (1972) de "separação" e "individuação" e as idades em que elas ocorrem têm pouca ou nenhuma semelhança com as noções de Lacan (1978) dos momentos lógicos (ao contrário dos momentos cronológicos) de alienação e separação. Os últimos – como a noção da repressão primária de Freud – não são apenas diametralmente opostos em espírito, mas também conceitualmente incompatíveis com a crença de Winnicott (1954/1958b, pp. 278-294) na possibilidade de regressão aos primeiros estádios do desenvolvimento, e ainda a necessidade de tal regressão no tratamento da psicose.[8]

Espero que tenha ao menos tornado mais plausível minha reivindicação, aqui, de que nenhum modelo amplamente aceito, e solidamente estabelecido do desenvolvimento humano normal conseguiu extrair em um século de teorização psicanalítica as diferenças entre escolas diversas de análise (somente poucas incluí aqui), por serem muito volumosas. No entanto, os analistas não perderam a esperança de encontrar uma teoria do desenvolvimento que fosse válida em todos os tempo e lugares, e eles têm se dirigido para as "ciências exatas" como inspiração e apoio, recrutando a neurociência para compreender o "circuito neural" envolvido na ligação mãe-bebê, por exemplo. Aparentemente, a esperança é que a neurociência possa fornecer uma definição objetiva, incontestável do "funcionamento neural ideal" em diferentes fases da vida, nos permitindo, então, postular o que a criança e a mãe deveriam ter feito em tais e tais fases da vida da criança, para alcançar tal funcionamento. O fato de podermos ainda levantar a questão "o funcionamento neural é ideal para quê?" indica que o problema, aqui, é simplesmente adiado mais um pouco, e que diferentes escolas analíticas continuarão tendo ideias diferentes sobre por qual motivo o funcionamento neural precisar ser otimizado.

Normal para quem?

O que é chamado de sintoma neurótico é simplesmente algo que permite que [o neurótico] viva.
Lacan (1976, p. 15)

O número absoluto de diferentes teorias do desenvolvimento expostas por diferentes psicanalistas seria, digamos, suficiente para colocar em questão a crença em nossa habilidade para encontrar uma explicação satisfatória para algo tão obviamente complexo como o desenvolvimento humano, e um único caminho para o desenvolvimento "normal". No mínimo, teríamos que admitir que o que é normal (estatisticamente falando) para os obsessivos dificilmente é normal (estatisticamente falando) para os histéricos. As pessoas que se enquadram em categorias de diagnóstico diferentes funcionam de maneira fundamentalmente diferentes a lógica dos meios que os humanos desenvolvem e nos quais vivem suas vidas difere significativamente de uma estrutura diagnóstica para outra (ver minhas anotações a respeito dessas diferentes lógicas no Capítulo 7, nota de rodapé).

Considere o comentário bastante comum feito por homens no ocidente (cuja maioria, estatisticamente, é de obsessivos) de que não entendem as mulheres (cuja maioria, estatisticamente, é de histéricas): as mulheres não são propensas a reduzir seus parceiros sexuais às partes do corpo como os homens fazem; as mulheres sempre precisam que seus pares expressem desejo por elas, regularmente, enquanto os homens frequentemente se sentem ameaçados ou confusos pelas expressões de desejo de suas parceiras por eles; e assim por diante. Os homens tendem a achar que as mulheres têm desejos ilegítimos, e conseguem convencer muitas mulheres de que seus desejos são ilegítimos (ao ponto de as mulheres geralmente ficarem loucas para tê-los); na verdade, talvez a queixa mais comum feita pelos homens é a de que as mulheres não são lógicas (e não esqueçamos de que a ampla maioria de psicanalistas do século XX era de homens, o que significa que a teoria psicanalítica sempre tem uma inclinação obsessiva; ver, sobre esse ponto, Lacan, 2006, p. 609). Mas os homens fariam melhor se percebessem que a lógica do desejo feminino é bem diferente da lógica de seus próprios desejos. Há uma lógica para ambos, mas *são lógicas fundamentalmente diferentes*.

Os homens professam que eles gostariam de fazer as mulheres pensarem como eles pensam (como a famosa frase de Rex Harrison, em *My Fair Lady*, "Por que a mulher não pode ser como o homem?") – em outras palavras, elimina-se a diferença dos homens, assim elas poderiam ser como eles. E analistas, que são (embora não exclusivamente) neuróticos, desejam com frequência transformar seus pacientes psicóticos em neuróticos, remodelar os psicóticos à sua própria imagem, fazê-los gostar de si mesmos. Esses dois projetos envolvem uma tentativa de erradicar a alteridade do Outro, para reduzir a zero qualquer diferença de si mesmo que o outro manifesta. Eles caminham absolutamente contra o que Freud (1919/1955, p. 164) advertiu, não "forçar nossos próprios ideais sobre ele [um paciente que se coloca em nossas mãos em busca de ajuda], e com a altivez de um Criador formá-lo à nossa imagem e ver que isso é bom". Freud sem dúvida se viu sucumbindo a essa tentação normalizante algumas vezes, e é exatamente por isso que ele nos emite esse aviso.[9]

A questão, em minha opinião, não é propor que exista uma diferença sutil em nossa abordagem para normalidade, adicionando novas e diversas categorias – "normal para mulheres", "normal para homens", e assim por diante –, mas sim propor que abandonemos a noção de normalidade em geral, não só por ser inútil, mas porque quase sempre é prejudicial ao nosso trabalho clínico. De fato, ficamos cegos ao fato de que a neurose da pessoa (ou sintoma principal) faz com que se atue de maneira que pareça "anormal" para qualquer outra pessoa, mas que é absolutamente "normal" para a pessoa em questão. Um dos meus pacientes, por exemplo, faz o possível para nunca tocar na maçaneta, nem apertar as mãos de outra pessoa, e nunca deixar ninguém tocar em seus livros. Embora pareça bizarro, irracional ou até mesmo loucura (exceto talvez durante a temporada de gripe), é perfeitamente "normal" e "racional" para ele, dado que essas coisas estão conectadas com sentimentos de ser contaminado. Ele não foi para análise porque achava essas coisas "anormais", pelo menos em parte, e sim porque mais e mais coisas foram se conectando, ao longo dos anos, e ele tinha o sentimento de estar sendo contaminado e de sua capacidade de se deslocar no mundo estar se tornando dolorosamente limitada.

O que significaria, para esse paciente, tornar-se "normal"? Que ele nunca mais se preocupasse em ser contaminado? Que ele ficasse preocupado em ser contaminado somente em situações nas quais as pessoas também estariam preocupadas? Ou somente em situações em que existisse um perigo "real"? Se o último, então um perigo "real" conforme definido por quem? – pelo cientista que diz que certa doença pode ser transmitida por uma ferida aberta na mão de alguém, ou pelo cientista que diz que não pode ser transmitida desta forma? As formas de transmissão ficam sem ser compreendidas por muito tempo e desafiam as expectativas de muitos cientistas. Um apelo aqui para o "simples bom senso" equivaleria a um apelo para que a "maioria das pessoas" – leia "maioria dos analistas" – pensasse, ao contrário de um padrão discernível pelo qual ficasse determinado o que é "razoável" e o que não é, quando se trata de medo de contaminação.[10]

A analista se sairia muito melhor, acredito, se deixasse seus olhos e ouvidos grudados no rastro do reprimido do que fixos em qualquer ideal alusivo, tal como a normalidade. Isso pode permitir, no presente caso, tentar localizar o primeiro indício de tais medos, os quais, quando questionados por mim, acabaram sendo relacionados ao contato que ele tinha, quando era jovem, com uma pessoa que trabalhava com leprosos; isso fez com que ele revivesse as advertências que tinha recebido, quando criança, de se manter afastado das pessoas leprosas que viviam perto de sua casa. O ódio por sua mãe também veio à tona, por colocar sua saúde em risco ao convidar um possível leproso para sua casa e sua angústia quando seu pai morreu de uma doença altamente contagiosa, quando ele ainda era pequeno. Sentindo-se culpado em relação ao seu pai, depois de sua morte, por ter tido acesso virtualmente ilimitado à sua mãe, ele começou a se achar merecedor de ser infectado e morrer, como o seu pai – na verdade, algumas vezes sua mãe dizia a ele exatamente isso. Seu irmão mais novo também tinha morrido de uma doença altamente contagiosa, e ele se sentiu culpado pelo irmão também; os membros da família comentaram algumas vezes que o irmão mais novo era mais forte e inteligente que o mais velho, e que o mais velho tinha algumas vezes desejado que o mais novo desaparecesse. Seu medo de ser contaminado também parecia disfarçar um desejo de contaminar outras pessoas que ele considerava estar em seu caminho, como seu pai e irmão haviam estado.

Uma vez que esses e outros fatores foram elucidados, seus medos diminuíram de tal forma que ele raramente se queixava deles.[11] Será que há alguma vantagem em rotular seus medos anteriores como "anormais" ou "não saudáveis" e sua ausência de medo mais tarde como "normal" ou "saudável"? Existe alguma razão em rotular seus medos iniciais de "irracionais" e a ausência do medo de "racional"? O uso de termos como *racionalidade* e *normalidade* é um grande engano – na verdade, uma das maiores racionalizações – no discurso psicoterapêutico atual. Como Macalpine (1950, p. 196) colocou muito bem, "É particularmente lamentável que a antítese 'racional' *versus* 'irracional' fosse introduzida, uma vez que foi a psicanálise que demonstrou que o comportamento 'racional' pode ser rastreado às 'raízes irracionais'".

Parece quase uma coincidência que seja exatamente no momento histórico em que nos tornamos altamente sintonizados com as diferenças de perspectiva que surgem de diferentes *backgrounds*, sexual, racial, religioso, cultural, econômico e educacional, das pessoas, e altamente sintonizados ao modo que as pessoas experimentam o mundo e de como elas são afetadas por suas origens, linguagens e meio social, que por sua vez determinam seus pontos de vista da realidade (essa sintonia leva a um ponto de vista epistemológico, conhecido como perspectivismo, o qual postula que não há nenhum conhecimento que seja de livre contexto, ou de livre perspectiva), que norma e normalização se tornaram tão importantes na psicologia e na psicanálise.[12] Tendo rejeitado muitas facetas da teoria de Freud, que talvez os tivesse orientado em seus trabalhos, e face aos ataques às teorias de conhecimento tradicionais, os profissionais parecem abraçar cada vez mais as noções como normalidade para combater o tipo de relativismo que parece crescer em recentes desenvolvimentos nos campos dedicados ao estudo da cultura, raça, conhecimento, e assim por diante. A rigorosa adesão às normas e a uma visão teleológica de como todos os seres humanos deveriam se desenvolver, a fim de chegar a alguma situação final normal, no meu ponto de vista, não ajudaria a orientar o trabalho do terapeuta, simplesmente reforçaria ainda mais a tirania das normas. Um guia muito mais útil para o terapeuta desorientado seria focar nas origens, nos trabalhos e nas consequências da repressão em cada caso individual.

"Afeto inadequado"

> [Os] afetos [dos neuróticos] são sempre adequados, pelo
> menos em qualidade, porém devemos permitir que a
> intensidade seja aumentada devido ao deslocamento...
> a psico-análise pode colocá-los no caminho certo,
> reconhecendo o afeto como sendo... justificado e buscando
> a ideia que pertence a ele, mas que foi reprimida e trocada
> por uma substituta.
> Freud (1900/1958, p. 461)

Abordagens normalizantes podem ser vistas dia sim, dia não, nas clínicas dos Estados Unidos, no uso de termos cada vez mais populares; começarei com os termos *adequado* e *inadequado*. O que poderia possivelmente tornar o estado afetivo de alguém "adequado" ou "inadequado"? E o que determina que o afeto de uma pessoa seja adequado para isso ou aquilo?

Provavelmente, "adequado" não quer dizer em algum sentido platônico, como uma qualidade universal imutável ou característica de uma emoção; a maioria dos terapeutas que usa esse termo não afirmaria, imagino, que manifestar certo afeto seja inadequado em todas as circunstâncias, em cada lugar na Terra, em todas as culturas e em cada era histórica. E eles parecem alegar que, em seu momento histórico e lugar na Terra específicos, certos afetos são sempre inadequados em determinadas circunstâncias – em clínicas e hospitais, ou no consultório particular de terapeuta. Se um paciente se tornar verbalmente agressivo durante a sessão, muitos analistas rapidamente os taxam como tendo tido um comportamento inadequado. Mas, muitas vezes, não é simplesmente uma resposta de transferência comum, que reflete a maneira que o paciente costumava lidar com seu pai ou sua mãe, ou uma reação negativa do paciente a certa abordagem de terapia adotada pelo terapeuta? Como pode ser inadequada qualquer coisa que aconteça no *setting* terapêutico? Se o paciente derruba propositadamente a luminária da analista, isso não conta? Isso não está, na verdade, querendo dizer que a terapeuta não tem permitido que o paciente se expresse de alguma outra forma, ou não tem ajudado o paciente a se expressar de outro jeito?

O comportamento do paciente aqui poderia ser entendido como "*acting out*", no sentido psicanalítico em que não é interpretado como "falha do paciente". Conforme indicado no Capítulo 7, "*acting out*" tem a ver com coisas que o paciente encontra dificuldade ou não consegue dizer, ou com o que a analista consegue ajudar o paciente a falar ou concluir pela fala (embora o termo seja muitas vezes reservado para ações que ocorrem *fora* do consultório). Ou o comportamento do paciente aqui poderia ser entendido como resistência, que é, em última análise, a resistência da analista para fazer ou dizer algo que mantenha o paciente falando e falando o que for. Eu ficaria tentado a dizer que não existem *"afetos inadequados" em terapia – há somente modos inadequados de praticar terapia* (e por "inadequado" na última parte desta formulação quero dizer modos que não são úteis para o paciente).

Não quero com isso negar a existência de pessoas que, independentemente da técnica empregada, não estejam prontas e nem dispostas a engajar-se no genuíno trabalho terapêutico. Mas para os que estão prontos, desejando, e realmente tentando, não existe tal coisa de afeto inadequado – *os afetos simplesmente são*. Embora o comportamento sedutor de um paciente possa parecer fora de contexto em um lugar como o "*setting* profissional", o consultório, isso reflete, obviamente, algo que está acontecendo com o paciente – quer seja que ele esteja interpretando todos os relacionamentos como potencialmente sexuais, quer ele lide com todos os homens em posição de autoridade agindo de forma sedutora, ou quer às vezes seja levado a focar em seus sentimentos pela analista como pessoa, como forma de desviar sua atenção do difícil trabalho de recordar e elaborar. Tal comportamento pode, a princípio, ser de difícil manejo no *setting* analítico, mas sempre leva a um trabalho terapêutico produtivo; na verdade, o que poderia ser mais significativo para o paciente se expressar no *setting* analítico do que isso?

Considere o modo com que Freud formulou o que seria, sem dúvida, caracterizado por muitos terapeutas como "afeto inadequado": as intensas autocensuras do Homem dos Ratos por ter se permitido uma hora de sono enquanto seu pai estava morrendo, momento em que seu pai de fato morreu (provando que o médico errou ao dizer ao Homem dos Ratos que seu pai estaria fora de perigo por um ou dois dias). Freud escreveu:

> *Quando há uma* mésalliance *[união desigual]... entre um afeto e seu conteúdo ideacional (nesta instância, entre a intensidade da autocensura e a ocasião para isso), um leigo diria que o afeto é grande demais para a ocasião – que é exagerado – e que consequentemente a conclusão que se tira da autocensura (a conclusão de que o paciente é um criminoso) é falsa. Pelo contrário, ele [analisa] diz: "Não. O afeto é justificado". A sensação de culpa não é em si mais criticável. Mas ela pertence a algum outro conteúdo, o qual é desconhecido (inconsciente), e que requer ser procurado. O conteúdo ideacional conhecido só chegou a essa real posição devido a uma falsa conexão. Não estamos acostumados a ter fortes sentimentos sem que haja algum conteúdo ideacional, e por essa razão, se o conteúdo estiver ausente, buscamos algum outro como substituto, que seja de uma forma ou de outra adequado, tal como nossa polícia que, quando não consegue pegar o assassino certo, prende outra pessoa errada no lugar. (pp. 175-176)*

Na visão de Freud, o afeto do Homem dos Ratos não era "inadequado", mas sim *deslocado*: o afeto (as autocensuras, autorrecriminações, e a sensação de ser um criminoso) estava conectado ao desejo duradouro do Homem dos Ratos de que seu pai morresse (seu afeto poderia assim ser caracterizado como "adequado" àquele desejo, enquanto o seu senso moral o condenava), não ao fato de que ele houvesse perdido os últimos momentos de vida de seu pai. Esse último era uma "conexão falsa". Na verdade, *sempre que a analista estiver tentada a qualificar o afeto de alguém como "inadequado", em vez disso, ela deveria pensar em deslocamento ou projeção.*[13]

O uso de termos como *adequado* e *inadequado* pelos profissionais para qualificar comportamento e afeto[14] – e isso é bem parecido com o uso de termos como *insatisfatório* ou *regulação de afeto inadequado*, cujas acusações sinistras são difíceis de ignorar – parece indicar uma das duas coisas:

- ou esses terapeutas aprovam totalmente um modelo de desenvolvimento que eles acreditam permitir declarar, legitimamente, que todas as pessoas maduras deveriam mostrar um afeto específico (ou uma série de afetos) em determinada situação,

- ou então esses terapeutas simplesmente se alistaram a serviço da moralidade convencional e normas, dedicando-se a moldar o comportamento dos pacientes, a fim de que esteja bem adaptado às condições de trabalho modernas e prevalecentes do dia a dia; para pacientes que apresentam "afeto adequado" na terapia, é provável que demonstrem "comportamento adequado" em casa, no local de trabalho e na sociedade em geral.

Na medida em que o último seja o caso, a psicologia (e a psicanálise também) revela, no uso cada vez maior de tais termos, que está profundamente envolvida na tarefa de fazer com que os indivíduos se conformem com as normas sociais, culturais, sexuais, políticas e econômicas, muito difundidas, equivalendo a um método disfarçado (e nem sempre bem disfarçado) do exercício do poder. Como Lacan (2006, p. 859) disse em seu habitual modo sem censura, "A Psicologia descobriu uma forma para sobreviver fornecendo serviços para a tecnocracia". Como muitas outras "ciências humanas" (i.e., sociologia e antropologia), a psicologia se envolveu a serviço dos bens, se tornou "uma filial do serviço de bens" (Lacan, 1992, p. 324), trabalhando no serviço de uma sociedade em que o produto é o rei.

Ao fazê-lo, muito da prática psicoterapêutica – nem todas, naturalmente, pois há notáveis exceções – adotou completamente os valores cultural e moral da corrente predominante da sociedade americana. Lacan foi crítico quanto ao fato de que os analistas que vieram para a América antes ou durante a Segunda Guerra Mundial adotaram a prática psicanalítica de forma a estar em conformidade aos ideais então predominantes na cultura americana (Lacan, 2006, pp. 402-403). Na verdade, Lacan até criticou Anna Freud, que não emigrou para a América, referindo-se a tal critério como "a realização de um rendimento maior" para sugerir que uma análise que ela havia conduzido tinha sido bem-sucedida (p. 604). Os próprios psicanalistas começaram a prometer aos pacientes sucesso social e econômico e adaptaram sua prática de tal forma que nutrisse tais objetivos na análise.

Em outras palavras, os terapeutas parecem ter adotado o objetivo de ajudar o paciente a ter um desempenho melhor na sociedade de bens, na forma atual de capitalismo global. O paciente, eles sentem, deve ser ajudado a superar obstáculos que estão no caminho para uma concentração melhor na área profissional, para que ele se dê bem com seus superiores, subordinados e colegas, e ainda conseguem um bom pedaço do bolo para si mesmos. Somente neste contexto poderia fazer sentido se referir ao "paciente" como "cliente", pois aqui a analista fez dos objetivos do paciente (e seus objetivos formulados explicitamente no início da terapia sempre incluem retornar à sua capacidade anterior de "funcionar" na sociedade ou "desempenhar" melhor do que ele conseguia anteriormente) seus próprios objetivos, não deixando, assim, lacuna entre o que ele está buscando e o que a analista quer para ele (Renik, 2001, leva essa posição ao extremo).

Embora Freud (1912b/1958, p. 119) tenha dito que o tratamento psicanalítico esforça-se para permitir que o paciente tenha "capacidade para o trabalho e o prazer"[15] não acredito que alguém pudesse afirmar que sua referência ao trabalho acarretasse necessariamente ajudar o paciente a melhorar financeiramente. A técnica de Freud parece ter sido amplamente dedicada à revelação do desejo – a descoberta dos desejos que o paciente tem mantido fora da vista e da mente. O "trabalho" que ele deve ter tido em mente era geralmente o de sublimação – criativo, um trabalho sempre artístico –, que é raramente bem remunerado na cultura ocidental (pelo menos não até que o artista morra, em muitos casos).

Dizer que o paciente mostra "afeto adequado" é sempre equivalente, no mundo da terapia contemporânea, a dizer que o paciente mostra o mesmo tipo de afeto que a própria analista demonstraria, caso ela estivesse em uma situação semelhante, como se ela fosse a medida para todas as coisas,[16] ou pelo menos o tipo e quantidade de afeto que ela acredita que ajudará o paciente a entrar no mundo, da forma como ela entende isso. Dizer que o paciente mostra "afeto inadequado" é, em última análise, equivalente a dizer que ele mostra um tipo e/ou uma quantidade de afeto que a analista nem conseguiria se imaginar demonstrando, caso estivesse em uma situação similar, ou que ela considera contraproducente para atingir os objetivos finais que ela defende.

"Alto funcionamento" e "baixo funcionamento"

> Freud disse, ocasionalmente, que o inconsciente é
> irracional, mas isso significa simplesmente que essa
> racionalidade continua sendo construída, se os princípios
> da contradição... não fazem o papel, no inconsciente, como
> pensamos que faz na lógica clássica,
> precisamos construir uma outra lógica, pois a
> lógica clássica já está desatualizada.
> Lacan (1973-1974, 20 de novembro, 1973)

Adequado e inadequado com certeza não são os únicos termos no jargão psicoterapêutico contemporâneo que sinalizam tendências normalizantes. A divisão cada vez mais popular dos pacientes nas categorias "alto funcionamento" e "baixo funcionamento" (ou "funcionamento nem tão alto") envolve claramente uma avaliação feita pela terapeuta da capacidade do paciente para funcionar na sociedade que a rodeia, da maneira como está organizada atualmente, política, econômica e socialmente – e para funcionar de tal modo que a terapeuta julgue apropriado ou "adequado". Essa divisão envolve também uma concepção implícita de que o paciente deveria ser capaz de funcionar bem na sociedade, quer seja uma sociedade que defenda o capitalismo ou uma ditadura, quer seja estado social ou policial. O que poderia significar funcionar em alto nível em uma sociedade que sistematicamente persegue uma parte da população? Ter sorte suficiente para ser um dos perseguidores, nenhum dos perseguidos, e seguir as ordens persecutórias quando são dadas? O que poderia significar funcionar em alto nível em uma sociedade em que os vencedores são os mais adeptos a concorrências desenfreadas? Apunhalar os outros pelas costas e enganar todos eles? Embora esses casos extremos possam chocar alguns leitores, ambos servem para caracterizar a sociedade americana, de certa forma, e suspeito que a maioria dos profissionais, independente de suas convicções políticas, concordaria que a sociedade está infestada de injustiças em maior ou menor escala. Talvez fosse mais sensato funcionar humildemente dentro de uma sociedade injusta, ou uma sociedade cujas injustiças tendem a atingir pessoas como nós! (Como Pascal disse em *Pensées*, em certas situações, os "Homens são tão necessariamente loucos, que não ser louco significa ser louco de outro tipo de loucura".) Toda perspectiva ética e política na relação entre o indivíduo e a sociedade parece ser abandonada quando os terapeutas usam termos como *alto funcionamento* e *baixo funcionamento*.

Essa divisão tornou-se, no entanto, tão popular que, como mencionei no prefácio, alguém poderia argumentar que a distinção diagnóstica primária, feita por muitos terapeutas nos Estados Unidos hoje, está prevalecendo sobre praticamente todas as outras formas de diagnóstico, quer sejam orientadas pelo DSM ou pela psicanálise. Isso me parece uma situação lamentável.

"Teste de realidade"

> *A fantasia dá à realidade sua estrutura.*
> Lacan (1969a, p. 96)

> *Na prática analítica, situar o sujeito em relação à realidade, como as pessoas presumem que ela nos constitui, e não em relação ao significante, equivale a cair em uma armadilha degradante da constituição psicológica do sujeito.*
> Lacan (1978, p. 142)

Outro termo altamente normalizante no arsenal clínico contemporâneo é o *teste de realidade*. Considerando que praticamente todas as ciências sociais caminharam em direção a uma noção de realidade que é socialmente elaborada – uma ideia de realidade é formada por uma determinada sociedade ou grupo que tem certo idioma e visão de mundo – psicológica e psicanaliticamente, muitas vezes tem persistido a adoção de uma realidade objetiva, e não produto de nosso sistema de crença, historicamente situada e totalmente reconhecível. Muitos terapeutas pensam que veem a realidade de forma mais clara do que a grande maioria de seus pacientes – não que eles mereçam ver a realidade de forma diferente, porque suas origens (econômica, cultural, religiosa, e assim por diante) sejam diferentes das de seus pacientes, e nem que eles simplesmente vejam o mundo diferentemente por causa de sua constituição psicológica (i.e., seus próprios desejos, fantasias, neuroses, e assim por diante). Consideram-se cientistas que de alguma forma foram capazes de serem extraídos de suas próprias circunstâncias históricas – e os paradigmas do pensamento peculiar ao seu tempo e lugar, que permitem ver e servir como viseiras – e do próprio vocabulário de seu tempo (o qual, como procuro mostrar neste capítulo, inclui um paradigma implícito), tal como se eles tivessem acesso direto e instintivo à realidade, como se pudesse haver uma coisa dessas!

Nosso acesso à realidade é mediado pela linguagem (e por todas as convicções políticas, filosóficas e culturais que ela contém e transmite) e – assim como não podemos fugir da transferência, conforme indiquei no Capítulo 7 – não podemos ficar sem a linguagem, de alguma forma, para experimentar diretamente a realidade. Mesmo os nossos vocabulários e símbolos especializados (nossas "metalinguagens") são produtos da nossa língua e só podem ser explicados com mais linguagem (a definição de um termo ou símbolo refere-se sempre a outros termos ou símbolos). Não há escapatória da mediação da linguagem (exceto, talvez, para o autista, cuja linguagem falhou, como vimos no Capítulo 1).

Alguns terapeutas poderiam sustentar que o uso que fazem do termo *teste de realidade* é bem mais limitado do que isso, referindo-

-se apenas aos relatos das más interpretações dos sentimentos e intenções em torno do paciente – por exemplo, quando um paciente afirma repetidamente que ele acredita que sua esposa esteja brava com ele, quando ela não está. Mas como a terapeuta poderá determinar, nesse caso, que a esposa está mesmo brava com ele? A terapeuta pode confiar simplesmente na negação da raiva da esposa, como relatado pelo paciente? Será que ela não estaria consciente da sua própria raiva? Ou que ela não quer admitir que esteja brava? (As coisas são, é claro, complicadas ainda mais pela possibilidade de que o paciente não ouça ou se lembre do que ela realmente diz a ele, ou de que ele relate apenas uma parte.)

Vamos supor que um paciente fosse falar extensamente sobre como sua chefe não gosta dele, e de seu medo de ser despedido. Ele pode admitir que tem um "teste de realidade insatisfatório" (ou um "contato com a realidade insatisfatório") se não for despedido – e não só isso, se for promovido? Seria uma conclusão arriscada, no mínimo. Talvez ele estivesse para ser demitido, talvez não; talvez sua promoção tenha sido uma forma de sua chefe tirá-lo de perto dela (digamos, transferindo-o para um departamento diferente); ou talvez ele tenha sido mantido ou promovido devido a uma briga de poder entre sua chefe e outros do alto escalão (são circunstâncias complexas). A analista simplesmente não pode saber essas coisas! Ela não consegue conhecer a realidade em que ele se encontra, mesmo se assumíssemos que essa realidade é uma coisa única, ao invés de uma série de diferentes construções de uma situação que envolve várias partes (uma história tem sempre mais de um lado).

Em uma época em que um grande número de pessoas, até mesmo das "ciências exatas", chegou à conclusão de que não deve tocar no assunto diretamente – apenas através das terminologias e teorias científicas prevalentes, que informam suas pesquisas e delimitam suas formas de pensar (ver, por exemplo, Kuhn, 1962) – é curioso que os psicoterapeutas recorram a ideias aparentemente "livres de paradigma" como "teste de realidade" e bom ou mau "contato com a realidade".[17]

Ironicamente, muitos terapeutas pensam que Freud foi quem forneceu os princípios teóricos para a noção de teste de realidade que eles empregam. Entretanto, se eles separassem um tempo para estudar as primeiras tentativas de Freud para explicar o que mais tarde ele nomeou de "teste de realidade" – ou seja, como a psique faz a diferença entre imagens formadas na mente, baseadas nos desejos (em outras palavras, a revivência alucinatória de coisas recordadas ou "pensamentos desejosos", hoje identificados, algumas vezes, como "pensamento mágico"), e imagens formadas com base nas percepções do mundo externo (em outras palavras, "percepções reais") – perceberiam como esses princípios são fracos, assim como toda a discussão de Freud é questionável. Considere a seguinte passagem:

> *[Deve haver] uma indicação para distinguir entre a percepção e a memória (ideia).*
>
> *Provavelmente são os neurônios w [os neurônios envolvidos na percepção] que fornecem essa indicação: a indicação da realidade. No caso de cada percepção externa, uma excitação qualitativa ocorre em w, que na primeira instância, no entanto, não tem nenhum significado para y [o mecanismo da memória]. Devemos acrescentar que a excitação w leva à descarga y, e a informação disso, assim como toda descarga, alcança y. A informação da descarga de w é assim a indicação da qualidade ou da realidade para y.*
>
> *Se o objeto muito desejado estiver abundantemente catexizado para que ele seja ativado alucinatoriamente, a*

> *mesma indicação de descarga ou de realidade segue também como no caso de percepção externa. Nesse exemplo o critério falhou. Mas, se a catexia do desejo acontecer dependendo da inibição, como torna-se possível quando há um ego catexizado, uma instância quantitativa pode ser imaginada em que a catexia do desejo, não sendo muito intensa, não produz indicação de qualidade, enquanto que a percepção externa produziria. Neste caso, no entanto, o critério reteria o seu valor. Pois a diferença é que a indicação de qualidade segue, se vier de fora, qualquer que seja a intensidade da catexia, enquanto, se ela vier de y, seguiria apenas se houvesse grandes intensidades. Consequentemente, é a inibição do ego que torna possível um critério para distinguir entre percepção e memória. (Freud, 1895/1966, pp. 325-326)*

Nessa difícil passagem de um de seus primeiros trabalhos, Freud levantou a hipótese de que os sinais ou indicações da realidade (*Realitätszeichen*) são produzidos pelo sistema perceptivo (ω) quando a percepção vem do mundo externo, mas que os mesmos tipos de sinais também podem ser produzidos quando a memória perceptiva é revivida do mundo interior, nos casos em que "o objeto desejado é abundantemente catexizado" – isto é, quando o desejo é muito forte (aqui o ego presumivelmente permite que o pensamento de desejo do processo primário siga sua tendência, porque o ego é muito fraco para inibi-lo, como, por exemplo, quando um bebê faminto revive a imagem do seio materno).

Portanto, não há como saber com antecedência se alguém está lidando com uma percepção de algo externo a si próprio (de algo no "mundo real") ou com uma imagem alucinatória revivida da memória. Se o ego é forte, tais sinais hipotéticos ou indicações de realidade (para as quais, notemos, nenhuma evidência neurológica foi encontrada, até onde eu saiba) só serão produzidos por "percepções reais", Freud argumentou que, se o ego é fraco, tais sinais ou indicações de realidade podem ser produzidos por ambas as "percepções reais" e as "percepções recordadas/fantasiadas". Assim, o indivíduo parece capaz de distinguir entre percepções reais e fantasia se ele tiver um ego forte, e incapaz se tiver um ego fraco. Percepções reais não fornecem diferentes sinais ou indicações de realidade, como as fantasias fornecem, sinais estes que se pode aprender como interpretar corretamente; mas, de acordo com Freud, nesse mesmo texto, parece que, quanto mais inibimos nossos desejos (impedindo-os de se tornarem tão envoltos de energia libidinal que atravessem o limiar – ou seja, alcancem a "descarga", mais conhecida como satisfação, pela fantasia), mais conseguimos distinguir as percepções genuínas das fantasias.

Embora muito disso possa coincidir com o que muitos terapeutas contemporâneos pensam do teste de realidade, espero que fique claro, com essa breve discussão, que, para Freud, teste de realidade não envolve nossa habilidade para conhecer real e verdadeiramente o "mundo externo" de alguma forma direta, não mediada, mas sim nossa habilidade de dizer se o que estamos experimentando é percepção ou (a recatexização intrapsíquica ou endógena de) uma memória – ou seja, nossa capacidade para distinguir entre percepção e fantasia.[18] Não tem nada a ver com o *conteúdo real* da percepção. E, como já sabemos desde os pré-Socráticos, a informação transmitida para nós pela percepção sensorial (o conteúdo) é geralmente ilusória (um galho colocado parte dentro de uma piscina de água e parte fora não parecerá reto, mesmo quando ele o é, por exemplo) e deve ser corroborada ou corrigida por outras percepções. Freud (1900/1958, p. 613) estava convencido de que não temos acesso direto à realidade, nosso acesso é mediado pelos nossos sentidos: o inconsciente *"é tão desconhecido para nós como [é] a realidade do mundo externo, e é tão incompletamente apresentado pelos dados da consciência como é o mundo externo pelas comunicações dos nossos órgãos do sentido"*.

O trabalho mais tardio de Freud deixa muito claro que a memória informa e distorce constantemente o conteúdo da percepção, e é precisamente por esse motivo que muito frequentemente "vemos" o que esperamos ou queremos ver, e por que geralmente "percebemos" o comportamento de outras pessoas em relação a nós como esperamos ou queremos que se comportem conosco. *Não existe tal coisa como percepção pura:*[19] o que achamos que percebemos no presente baseia-se muito naquilo que pensamos que percebemos no passado; e quando enfrentamos objetos inesperados ou desconhecidos nem sempre os notamos ou percebemos poucas de suas características reais (rever alguns exemplos dados no Capítulo 1). Em outras palavras, o que pensamos que vemos quando temos a percepção é pré-interpretado: é interpretado como uma função de todas as nossas principais experiências e da forma como as compreendemos (como uma função da nossa visão de mundo, resumindo), e como uma função do que esperamos em determinado tempo e espaço. Exceto, talvez, nos primeiros dias de vida, pois não existe distinção do tudo ou nada entre o conteúdo de uma percepção e de uma memória.

Como tem acontecido com muitos termos psicanalíticos, o significado de *teste de realidade* distanciou-se muito do significado original pretendido por Freud.[20]

Com relação à questão da "força do ego", note que, se formos dar crédito ao trabalho mais tardio de Freud, precisamente aquelas pessoas com egos fortes são as mais propensas a reprimir coisas, o que significa que elas são as que têm mais material reprimido lutando para encontrar expressão, aquela expressão geralmente encontrada em forma de projeção – por exemplo, "percebendo" que outras pessoas estão bravas com elas, quando elas próprias estão bravas com outras pessoas. Se (e eu considero um grande se) as pessoas com egos fortes são mais capazes de dizer se algo que elas experimentaram é percepção ou memória, então significa que pessoas com egos fracos raramente sejam capazes de dizer se o *conteúdo* da percepção as descreve mais precisamente ou a outras pessoas. Na verdade, precisamos levantar a hipótese de que, em muitos casos, *quanto mais forte for o ego da pessoa, menos ela é capaz de conhecer o reprimido em si mesma e, portanto, menos capaz de distinguir se o que ela "vê" vem dela mesma, ou de outra pessoa.* Talvez essa observação traga nova luz à fascinação da psicanálise em fortalecer o ego dos pacientes.

Até onde compreendo, Freud nunca afirmou que a analista, por ter feito sua própria análise, vê o "mundo externo" mais claramente ou tem melhor "contato com a realidade" do que o paciente. Certamente, ela vê o mundo e compreende a realidade diferentemente do que seria antes de sua análise pessoal. Como podemos descrever a mudança que tem ocorrido para ela? Lacan levantou a hipótese, como mencionei no Capítulo 6, de que cada neurótico tem uma fantasia fundamental, que organiza suas relações com os outros e com o mundo em geral. Enquanto cada um de nós tem muitas e diferentes fantasias conscientes, a maioria delas pode ser vista seguindo um cenário similar no qual desempenhamos um papel especial, como vítima das paixões punitivas dos outros, como um objeto desejado por – ou usado por – outros, como um usuário de outras pessoas, ou como um herói que salva vítimas, por exemplo. Nossa fantasia fundamental individual colore a maneira de vermos o mundo e interagirmos com ele, levando-nos a criar e recriar o mesmo tipo de cenário, o mesmo tipo de relacionamento com os outros, de novo e de novo (por exemplo, sendo explorados por certos chefes, colegas, membros da família e esposas em potencial). Como Lacan (1968a, p. 25) coloca, "A fantasia representa, para cada um de nós, uma janela para a realidade". Ao longo da análise aquela fantasia fundamental é abalada e basicamente reconfigurada (Lacan algumas vezes usou o termo *atravessada*); isso não quer dizer que ela está erradicada, mas sim um tanto diferente da fantasia fundamental, de tal forma que podemos suportá-la. O que isso sugere é que cada um de nós continua vendo o mundo – vendo a "realidade" – através das lentes da nossa fantasia fundamental (através das lentes daquilo que queremos, do que nos estimula e do que sentimos que não conseguimos viver sem), mesmo que não seja mais a mesma fantasia fundamental com a qual iniciamos.

Nosso relacionamento com o mundo continua sendo mediado pela nossa própria realidade física, por nossas próprias fantasias,[21] e no melhor dos casos teremos aprendido alguma coisa sobre como as fantasias afetam as outras pessoas e nossas relações com elas. Ao fazer sua própria análise, a analista pôde adquirir um sentido melhor dos desejos e pulsões que a habitam e como eles afetam o trabalho dela com seus pacientes. Ela estará em "contato" com a realidade nem mais nem menos que antes, se a "realidade" for entendida em algum sentido objetivo; ela conhecerá, no entanto, muito mais sobre sua própria realidade física do que conhecia antes. No melhor dos casos, terá compreendido, então, que não tem nada que tentar impor suas próprias ideias de realidade aos outros.

"Transtorno", "disfunção", "estresse" e outros

Elaborei uma topologia [real, simbólica, e imaginária] com a qual ouso partilhar de forma diferente do que Freud sustentou com o termo "realidade física".
Lacan (1973-1974, 18 de dezembro, 1973)

Muitos outros termos no dicionário atual dos terapeutas refletem tendências normalizantes similares às que já foram mencionadas. *Transtorno*, que se tornou onipresente, obviamente pressupõe uma "ordem" que é considerada padrão ou ideal, da qual o transtorno se desvia. Isso implica que, quando a personalidade ou psique de alguém está "bem-ordenada", tudo estará bem no mundo daquela pessoa e para aqueles que, convivem com ela: ninguém pensaria que ali há um problema. Quando, pelo contrário, a personalidade ou psique de alguém está "transtornada", nada irá bem no mundo para aquela pessoa ou para os que convivem com ela: as pessoas pensarão que ali há um problema. Embora esteja usando uma roupagem mais científica, o termo *transtorno* é simplesmente uma nova versão do termo *anormal* (como ocorre com os termos *deficiência* e *incapacidade*).

O mesmo, obviamente, pode ser dito do termo *disfuncional*, o qual presume que uma pessoa ou unidade social como a família deveria, supostamente, servir uma função específica – que presumivelmente pode ser definida inequivocamente, resultando na definição final de encontro com aprovação unânime. Histórias sociais da família (ver, por exemplo, Ariès, 1960/1962) sugerem que culturas diferentes e eras históricas diferentes designaram vasta diferença nas funções para a família – em outras palavras, pode haver pouco ou nenhum acordo universal em relação às funções ideais da família. A tentativa de atribuir uma função ou um conjunto de funções para o indivíduo encontra as mesmas armadilhas que a tentativa (discutida no início deste capítulo) para definir a natureza humana em geral. *Regressão* e *regredido*, da mesma forma, apelam a um nível ideal de funcionamento do qual alguém se afastou ou se retirou; *adaptável* e *inadaptável* sugerem que o comportamento deveria estar de acordo com o nível ideal de funcionamento – funcionamento em harmonia com (isto é, adaptado a) o mundo à nossa volta –, mas algumas vezes também falha.

Cada época tem seus termos favoritos, e devemos ser cautelosos com cada termo que pode tomar de assalto a nação e a profissão. É o caso do termo *estresse*, que foi originalmente definido em fisiologia como "qualquer estímulo, tal como medo ou dor, que perturbam ou interferem no equilíbrio fisiológico normal de um organismo". Nos últimos 30 anos, terapeutas se apegaram ao termo – atraídos, sem dúvida, pelo aparente princípio científico – e o aplicaram a praticamente todos os aspectos da vida psíquica. Quase qualquer coisa pode ser considerada geradora de estresse: assim chamado de estressor.

Note, primeiramente, que fica implícita, no uso do termo, a ideia de que ninguém deveria ter *stress*, que a vida deveria ser livre de *stress*. Assim como é possível perguntar se a pessoa deveria estar em "alto funcionamento" em uma sociedade injusta, é possível perguntar se a vida de alguém deveria realmente estar livre de *stress*, sob uma ditadura fascista, ou poderia, mesmo teoricamente, estar livre de estressores em uma sociedade governada pela "lei da sobrevivência do mais apto" (isto é, capitalismo competitivo). A suposição por trás do uso atual do termo é que o sujeito deveria ter o mínimo absoluto de *stress* concebível, independentemente da profissão dele ou de seu contexto econômico, cultural ou político. Mas talvez certa quantia de estresse seja benéfica, inspirando o sujeito a se envolver em ação cultural ou política.

Em segundo lugar, embora os terapeutas tenham sido, sem dúvida, atraídos pelo aparente estado objetivo ao qual o termo é referido em fisiologia – perturbação do equilíbrio fisiológico normal de um organismo – eles parecem ignorar deliberadamente o fato de que, de acordo com a definição de fisiologia, tais experiências positivas, como se apaixonar, ganhar na loteria, ganhar medalha de ouro, e assim por diante, também poderiam ser consideradas estressores, uma vez que elas também geralmente perturbam "o equilíbrio fisiológico normal de um organismo"! Além disso, os seres humanos, hoje, reagem de maneira diferente aos tipos de estressores geralmente evocados em situações clínicas: uma pessoa pode ficar devastada com o divórcio, enquanto a outra fica aliviada; uma criança em uma família pode entrar em depressão profunda com tendências suicidas pela morte de um dos pais, enquanto a outra criança pode se alegrar; uma pessoa que ficou sabendo que tem uma doença incurável pode entrar em desespero profundo, enquanto outra aproveita a oportunidade para dar uma virada em sua vida. O *stress*, no universo psicológico – e até mesmo em certo grau no universo fisiológico –, é algo experimentado subjetivamente: não é nada que possa ser medido com um "teste de e*stresse*".[22]

Espero que essa breve incursão sobre a linguagem da terminologia clínica contemporânea sirva para pelo menos levantar uma questão na mente dos terapeutas, com respeito à excelente fundamentação da crença de que sabemos o que é bom para nossos pacientes, porque temos ao nosso dispor uma teoria amplamente aceita do que é bom ou melhor para os seres humanos, a qual se baseia na verdadeira ciência da natureza humana, e da qual julgamentos do que é normal e anormal, adequado e inadequado, funcional e disfuncional fluem como água da Fontana di Trevi em Roma (ou, no mínimo, da Old Faithful em Yellowstone). Existe pouco consenso entre os filósofos, políticos, teóricos e economistas – muito menos entre psicanalistas – em relação ao modo correto, ou ao melhor modo, para os seres humanos sentirem, agirem, se desenvolverem e viverem; e mesmo se houvesse mais, o terapeuta estaria simplesmente fazendo julgamentos moralistas com base no que a maioria dos teóricos acredita. Tais julgamentos podem ser genuinamente usados para os nossos pacientes? Eles podem servir para usarmos em discussões com colegas sobre nossos pacientes? Parece que, mais do que qualquer outra coisa, eles simplesmente nos levam às raízes do pensamento psicológico contemporâneo, que assumem os valores do mundo que nos rodeia como significado manifesto.

Notas

1. McWilliams (2004) recomendou em algum outro lugar, no mesmo livro, que o tipo de trabalho que fazemos em análise está relacionado ao nível de severidade da psicopatologia do paciente: "Àqueles no âmbito da neurose, podemos continuar levantando questões e convidando-os a explorá-las; aos do âmbito *borderline* esperamos um conflito dual que exige que sejamos ativos, que o *setting* seja limitado, que as dinâmicas primitivas sejam interpretadas e focadas na relação do aqui-e-agora; com aqueles do campo psicótico, necessitamos ser educadores, normalizadores e explicitamente apoiadores das capacidades do paciente" (pp. 143-144).

    No entanto, a paciente com quem ela fez as pontuações normalizantes era, de acordo com sua própria avaliação, claramente neurótica, sugerindo que quando se abre a porta para a normalização, a tendência é afetar o trabalho de todo mundo.

2. Aqui, outro exemplo de uma abordagem normalizante. Basescu (1990) escreveu:

    "Uma mulher [paciente] disse, 'Tive um fim de semana ruim. As outras pessoas estão bem. Eu estou tendo altos e baixos. Escondo minha dificuldade'. Eu disse, 'E todos nós não escondemos?'. Ela: 'Você também?'. Eu: 'Você fica surpresa?'. Ela: 'Bom, acho que não. Você também é humano'. Entendi aquilo como se ela se sentisse humana, pelo menos naquele momento" (p. 54).

    Aqui, no aspecto da autorrevelação, o analista sugere implicitamente que ele próprio é normal e "humano", então seu paciente deve ser normal e humano também, na medida em que ela é como ele.

3. Para mais observações sobre o julgamento do analista ao paciente normal ou anormal, ver Fink (1997, pp. 35-38).

4. Freud (1916-1917/1963) fez o mesmo comentário com mais detalhes em suas *Aulas Introdutórias sobre a Psicanálise*:

    "Não podemos negar que as pessoas saudáveis também possuem sua vida mental, o que por si só torna possível a formação dos sonhos e dos sintomas, e devemos concluir que elas também carregam suas repressões, gastam certa dose de energia para mantê--las, e que *uma porção da libido é retirada do controle do ego*. Então essa pessoa saudável, também, é potencialmente neurótica" (pp. 456-457).

    Ver também os comentários de Lacan (1976, p. 15): "Não acho que alguém possa dizer que os neuróticos sejam mentalmente doentes. Neurótica é o que a maioria das pessoas é".

5. Em muitos textos atuais de psicologia, esse modelo de desenvolvimento de três estágios (junto com a tripartite da psique, id, ego e superego) é realmente o único aspecto do trabalho de Freud que é discutido em cada detalhe.

6. Para tais reivindicações filosóficas, o cético sente-se livre para replicar, "Por que eu deveria ser sensato ou consciente da minha existência com respeito à morte se nenhuma outra criatura pode ser? A incapacidade deles em relação a essas coisas me obriga de qualquer forma?". Para reivindicações similares do desenvolvimento humano sobre a trajetória "normal" do desenvolvimento humano, o paciente cético sempre pode replicar, "Por que ser normal?" ou "Por que seguir a natureza?".

7. Joseph (1982) parece tentar, entretanto, recuperar o conceito como um "processo" que se dá com o tempo, uma forma bem conhecida como "*hand waving*".

8. A noção de "processos de desenvolvimento" (Winnicott, 1977, p. 2) que naturalmente acompanham seu curso predeterminado, a

menos que sejam obstruídos, me parece uma das noções menos bem demonstradas na panóplia psicanalítica contemporânea. Ainda menos bem demonstrada é a noção de que os pacientes adultos podem regredir a qualquer outro ponto no processo de desenvolvimento, "reparar alguma coisa", e seguir adiante novamente. Tal parecer implica que alguém que tenha atingido a idade adulta e se tornado psicótico pode, teoricamente, voltar a qualquer e a todos os estados do desenvolvimento que ficaram faltando e tornar-se neurótico (ou "virtualmente normal", isto é, um sujeito dividido entre o inconsciente e o consciente) no final de sua análise, algo de que parece haver alguma prova. Winnicott (1960/1965a, pp. 145-149), por exemplo, argumentou que, contanto que exista um núcleo de um "*self* verdadeiro", o "falso *self*" do paciente pode ser trabalhado em análise, e um psicótico óbvio se transforma em um neurótico. Se um "falso *self*" estiver lá, ele pode, em teoria, de acordo com Winnicott, ser descoberto e trazido de volta. Note que não é preciso muito para que haja um verdadeiro *self* bem formado, em seu ponto de vista: "O Self Verdadeiro aparece assim que alguma organização mental do indivíduo se dê, e isso quer dizer um pouco mais do que a soma da vivacidade sensório-motora" (p. 149). Na sua visão, a psicanálise com psicóticos envolve ganho da confiança do paciente ao ponto em que ele regrida, com o analista, todo o caminho de volta, aos momentos iniciais de sua dependência da mãe, e o analista é capaz de corrigir os problemas de maternagem que o paciente encontrou com sua própria mãe quando criança. Parece não haver limite de idade a respeito de quando isso pode ocorrer – em princípio, uma pessoa de 80 anos poderia regredir até a infância e reconstruir sua vida desde lá, tornando-se neurótica ao invés de psicótica. Spotnitz (1999) confirmou opinião similar. Da perspectiva de Lacan, parece que, pelo contrário, se a repressão primária não ocorrer cedo na vida, nunca ocorrerá, e o trabalho analítico com psicóticos adultos deve pretender algo totalmente diferente do que pretende com adultos neuróticos (ver Capítulo 10).

9. Parafraseando o que La Rochefoucauld disse do amor, há pessoas que nunca se preocuparam em ser normais, até ouvirem discussões sobre normalidade. E parafraseando o que Lacan (1988a, p. 16) disse do ego, a normalidade também poderia ser parte da "doença mental do homem contemporâneo".

    A lógica do desejo dos homens envolve esconder ou racionalizar o desejo – isto é, como se alguém estivesse agindo por motivos altruístas, "racionais", quando na verdade alguém está fazendo exatamente o que o outro *quer* fazer – enquanto a lógica do desejo da mulher sempre envolve considerar o desejo no centro do palco. Fica mais fácil ver o ponto de vista em francês pois o que eles chamam de "normal" é geralmente masculino-central, pois a própria palavra é pronunciada "nor-mâle", *mâle* significando *male*, sugerindo que a norma é um homem normal; a palavra também contém *mal*, que significa mal ou dor.

10. Assisti a uma apresentação de caso, certa vez, em que o analista que apresentava o caso falou tanto sobre seu medo de contrair AIDS de um de seus pacientes que eu saí achando que sabia bem mais sobre a neurose do analista do que a de seu paciente!

11. Note que o sintoma nesse caso começou quando o paciente ainda era jovem, embora muitos de seus sintomas subjacentes remetam à sua primeira infância. A esse respeito, Freud ilustrou a noção de "ações tardias" (também conhecida como "ação *ex post facto*" ou "efeito retroativo"): vinte anos depois que alguns eventos críticos tinham ocorrido (sem que qualquer sintoma aparecesse), um encontro com alguém que trabalhava com leprosos levaria à formação de medo da contaminação que duraria décadas. Ver, sobre o assunto, Freud (1895/1966, pp. 353-356).

12. Também não é surpreendente que o impulso para normalizar seja tão forte na "mistura de raças" conhecida como Estados Unidos, em que a pressão para ser como todo mundo começa na escola ("pressão para se igualar") e continua na psicoterapia.

13. Freud (1894/1966) disse muitas vezes a mesma coisa alguns anos antes:

    "Para o médico experiente, pelo contrário, o afeto [o qual a paciente relata estar admirada de ter] parece justificado e compreensível; o que *ele* acha notável é apenas que um efeito desse tipo poderia estar ligado a uma ideia que não seja digna dele. O afeto da obsessão aparece a ele, em outras palavras, como sendo *expelido* ou *trocado*" (p. 54).

14. Ver, por exemplo, McWilliams (2004, pp. 221, 230, 237).

15. A formulação mais conhecida, "amor e trabalho", foi evidentemente atribuída a Freud por Erik Erikson.

16. Freud (1919/1955) alertou os analistas que não se vissem dessa forma:

    "Não podemos deixar de aceitar alguns pacientes para tratamento, que sejam tão indefesos e incapazes de levar uma vida comum que para eles é preciso combinar influência analítica com educativa; e mesmo com a maioria surgem ocasiões, aqui e acolá, em que o médico é obrigado a assumir a posição de professor e de mentor. Mas isso precisa ser feito sempre com muito cuidado, e o paciente deveria ser educado para se soltar e realizar sua própria natureza, sem se parecer conosco" (p. 165).

    Lacan (1988a, p. 18) ironizou a maneira em que os analistas de seu tempo pareciam acreditar que seria o "ego do analista que serve como critério de realidade".

17. Considere, por exemplo, o seguinte comentário feito por Bion (1959, p. 309) sobre um de seus pacientes: "Eu sabia que ele tinha contato com a realidade, porque ele veio para a análise por si mesmo".

18. Note que toda a discussão depende do que entendemos por "sinais ou indicações de realidade", que é tudo menos claro.

A única explicação de Freud a respeito do assunto parece ser que eles forneçam "informação... da descarga do movimento reflexo liberado" ao córtex cerebral (Freud, 1895/1966, p. 318) – em outras palavras, informam a psique que a satisfação tem sido alcançada. Freud sugere que consistem de "excitações sensoriais recentes (da pele e músculos) que dão origem a uma imagem motora [cinestésica]" (p. 318). Lacan (1992, Capítulos 2-5) afirmou que são essencialmente sons que nós próprios fazemos que sinalizam quando estamos satisfeitos. Em qualquer caso, o modelo de Freud sugere que precisamos estar cientes do que acontece dentro de nós ao sentirmos uma mudança em nosso corpo ou nos ouvirmos falar, reagir, clamar, e assim por diante (nesse ponto, ver também Freud, 1940/1964, p. 162). Podemos, retroativamente, deduzir que uma certa percepção não seria simplesmente intrapsíquica ou endógena (isto é, a restauração alucinatória de uma memória) por causa de um sinal que recebemos da nossa pele ou músculos (ou pelos ouvidos, pela própria boca, na versão de Lacan) indicando que uma descarga genuína aconteceu. Novamente, deveríamos notar que uma descarga pode ocorrer mesmo em casos em que simplesmente fantasiamos a satisfação; na verdade, isso pode ocorrer repetidamente, a pedra no caminho que indica a fome que pode ter estado na sua origem que continua voltando, sem poder ser momentaneamente satisfeita por imaginar que está sendo alimentado (mesmo se em conjunto com o chupar de dedos). É apenas uma satisfação baseada na "percepção real" do seio e "sensações reais de sucção" que podem levar a uma descarga mais duradoura. Note que a polução noturna, no entanto, fornece uma descarga sem o envolvimento das "percepções reais".

19. Exceto talvez para o autista.

20. Considere, nesta conexão, o que Lacan (1978) disse sobre "realidade" como é sempre entendida pelos psicanalistas:

"Não vamos negligenciar o que, em primeiro lugar, foi destacado por Freud como parte essencial da dimensão do inconsciente –

ou seja, sexualidade. Pelo fato da psicanálise nunca mais ter esquecido o significado da relação entre o inconsciente e o sexual, veremos que ela herdou um conceito de realidade que não tem mais nada a ver com realidade conforme Freud situou no nível do processo secundário" (p. 146).

Duas páginas depois, ele adicionou: "A realidade do inconsciente é – e essa é uma verdade insuportável – realidade sexual" (p. 150).

21. Lacan (1975b, p. 193) afirmou de brincadeira que "todos somos sujeitos ao princípio da realidade, isto é, à fantasia". Em dado momento ele foi ainda mais longe ao afirmar, "Tão surpreendente quanto isso pode ser, direi que a psicanálise... é a realidade" (Lacan, 2001, p. 351); mais tarde disse que "a fantasia serve como estrutura para a realidade" (p. 366).

22. Tenho discutido assuntos relacionados mais detidamente em Fink (1999).

10. Tratando a psicose

> *Logo, as psicoses... não são adequadas à psicanálise; pelo menos não pelo método que tem sido aplicada até o presente. Não considero, por quaisquer meios, que seja impossível que, com alterações adequadas no método, tenha sucesso e supere essa contraindicação – e assim, que seja possível iniciar uma psicoterapia das psicoses.*
> *Freud (1904/1953, p. 264)*

> *O papel do analista... deve variar de acordo com o diagnóstico do paciente... A grande maioria das pessoas que chega até nós para a psicanálise não é psicótica e os estudantes devem aprender primeiramente os casos de pessoas não psicóticas.[1]*
> *Winnicott (1960/1965c, p. 162)*

Praticamente nenhuma abordagem à técnica que articulei até o momento, neste livro, aplica-se ao tratamento da psicose como ela é compreendida na psicanálise lacaniana. O termo *psicose* não cobre o assunto inteiramente no emprego que Lacan faz, mas cobre na psicologia e psiquiatria mais contemporânea (no DSM-IV, por exemplo), sendo de formas diferentes, tanto na especificidade quanto na extensão – mais específico porque se baseia em um mecanismo de negação que Lacan chama de "foraclusão" (que é bem diferente de repressão),[2] e mais extenso, pois cobre não apenas todos aqueles que já tiveram surto psicótico (mesmo que já tenha diminuído), mas também todos aqueles que poderiam potencialmente ter (esses são chamados algumas vezes de pré-psicóticos e devem ser caracterizados como tendo "estrutura psicótica"; para descrição detalhada sobre isso, ver Fink, 1997, Capítulo 7). Assim como há várias formas diferentes de neurose e diferentes abordagens para tratamento que podem ser úteis para as diferentes formas (ver Fink, 1997, Capítulo 8), existem formas diversas de psicoses – paranoia, esquizofrenia, erotomania, melancolia, mania, e assim por diante – e o tratamento não deveria ter o procedimento exatamente igual para cada forma, ou mesmo para todos os casos da mesma forma.[3] Tão criativo quanto o trabalho psicanalítico é com pacientes neuróticos, cada caso demandando que o analista exercite uma grande quantidade de músculos mentais, para elaborar interpretações úteis e intervir de forma que seja oportuna para aquela pessoa em particular, o trabalho psicanalítico deve ser, como poderemos ver, talvez mais criativo ainda com pacientes psicóticos.

Vou tentar não expor aqui toda a teoria da psicose de Lacan, uma vez que está além do escopo deste livro e também porque já o fiz em outro momento (Fink, 1995, Capítulos 4-5, 1997, Capítulos 6-7). Limitando-me à argumentação teórica de que não existe repressão e, estritamente falando, nem inconsciente na psicose (uma argumentação complexa e sem dúvida controversa),[4] começarei oferecendo algumas comparações simples entre o tratamento da psicose e o da neurose, baseadas no que já foi dito nesse livro; depois disso, tentarei indicar como a psicose (conforme definida por Lacan) pode ser detectada através do tipo de trabalho clínico que se prova ser possível com a paciente. Isso nos levará a mais algumas considerações teóricas sobre a natureza da psicose e a uma discussão sobre possíveis caminhos para o tratamento. Deveríamos ter em mente, ao longo desse capítulo, que a abordagem de tratamento que exponho aqui é mais aplicável à paranoia do que a outras formas de psicose.[5]

O que não fazer com os psicóticos

> Paranoia significa ficar atolado no imaginário.
> Lacan (1974-1975, 8 de abril, 1975)

> Esse sonho nós chamamos de realidade...
> Lacan (1974-1975, 11 de fevereiro, 1975)

Embora o analista deva se empenhar ao máximo para escutar a fala da paciente psicótica de uma posição simbólica – na qual não vai julgar todas as coisas, ser o alvo de todas as queixas da paciente, ou tirar conclusões apressadas sobre o que ela quer dizer baseado no que ele próprio proporia se tivesse dito o que a paciente disse – ele deveria evitar fazer pontuações sonoras como "humm" e "hã", que podem facilmente ser deduzidas como suspeitas ou céticas. Visto que, como proponho aqui, não existe repressão na psicose, tais sons não estimulam a paciente a trazer partes da história que haviam ficado de fora, facetas da história que são para ela vergonhosas ou repreensíveis; na verdade, elas são entendidas mais como acusatórias, como se ela mentisse ou não agisse de boa fé. Os psicóticos que passaram por isso, que eu chamo de "espremedor psiquiátrico" (inúmeros encontros com psiquiatras e outros profissionais da saúde mental que dizem a eles que suas alucinações e delírios fazem parte da doença e devem ser ignorados ou esquecidos, e resolvem prescrever drogas ou interná-los quando falam deles), podem, é claro, aprender a omitir certas partes das histórias. No entanto, aqueles que não passaram por esse espremedor geralmente deixam claro que acham muito difícil mentir e, mesmo quando eles pretendem não mencionar certos pensamentos ou sentimentos, tendem a deixá-los escapar.

Embora seja muito útil ao analista ouvir cuidadosamente os atos falhos e lapsos no início do trabalho com qualquer paciente, geralmente ele descobrirá que os psicóticos cometem poucos atos falhos freudianos – isto é, atos falhos que podem ser mobilizados sem grande esforço para que a paciente revele seus pensamentos e desejos que ela não tinha intenção de discutir e que, na verdade, pode acontecer totalmente ao contrário do que ela esperava manifestar. Uma vez que, na psicose, o inconsciente não se esforça para se expressar contra forças opostas, os atos falhos não são produzidos pela interferência dos pensamentos e desejos inconscientes com aqueles conscientes. Se o analista enfatiza os atos falhos no início – e ele deveria, embora gentilmente, especialmente quando ele não tem muita certeza do diagnóstico – ele descobrirá que são muito poucos e seu empenho em colocá-los a serviço da terapia não compensarão.[6] Se a paciente tiver alguma familiaridade com a teoria psicanalítica, ela pode rir quando ele enfatizar o ato falho, e pode até concordar com a interpretação do seu significado, mas ela não irá propor significados próprios. Algumas vezes um charuto *é* somente um charuto: um ato falho feito por um psicótico não é de origem freudiana; é simplesmente um engano (note, também, que o psicótico geralmente não se interessa pelos atos falhos e lapsos do analista, enquanto o neurótico ficará mais atento a eles e poderá especular sobre seus significados).

Posto que geralmente seja mais importante fazer muitas perguntas exploratórias à paciente psicótica, para conhecer melhor sua vida e experiência, há momentos em que isso é contraindicado.

Por exemplo, se o pai de uma paciente psicótica desempenhou um papel muito problemático em sua vida (como é sempre o caso), a paciente pode ficar extremamente ansiosa quando forem discutidos eventos específicos de seu passado envolvendo seu pai. Se o analista estivesse trabalhando com uma paciente que fosse claramente neurótica, ele poderia continuar investigando, independentemente da ansiedade de sua paciente, na esperança de que ela superasse sua relutância em revelar (ou sua vergonha de revelar) certos detalhes, ou na esperança de induzi-la a se lembrar deles.[7] Se a ansiedade fosse de alguma forma mais forte, ele poderia simplesmente fazer uma anotação mental para que pudesse voltar ao assunto na sessão seguinte, ou em alguma sessão futura, ou poderia comunicar à paciente – especialmente se ainda estiver no início do tratamento – que ele gostaria que ela falasse um pouco mais sobre isso, mas que ela não precisaria elaborar nada naquele momento, se não estivesse conseguindo. No entanto, se a paciente for psicótica, o analista faria melhor se mudasse de assunto, uma vez que as memórias relacionadas ao pai ausente provocam ansiedade; tais memórias podem ser esclarecidas nos anos que ainda tem pela frente de tratamento, mas não há necessidade de sequer elucidá-las, especialmente porque tais pensamentos podem levar a paciente ao buraco, o tipo de buraco no simbólico que pode despertar um surto psicótico (sobre tais buracos no simbólico, ver Lacan, 2006, pp. 558, 582; ver também a parte deste capítulo intitulada "Sintoma"). Mesmo que tal surto leve à potencial formação de um delírio que, como podemos ver, deve ser entendido como parte curativa do processo (e não parte da doença, como muitos profissionais da saúde são levados a pensar),[8] é geralmente mais seguro evitar provocar surtos que possam tornar as coisas piores, pelo menos no início. Uma vez que o proverbial gênio está fora da garrafa, é improvável que volte, e certamente nada será igual depois disso. *Primum non nocere*: nosso primeiro dever é não causar qualquer dano.

Visto que o propósito da maioria das pontuações (incluindo a escansão, que, conforme eu disse no Capítulo 4, é simplesmente uma forma mais enfática de pontuação) é alcançar o material reprimido, digamos assim, a pontuação não é muito útil no trabalho com psicóticos. Se o analista destacar certas palavras da fala da paciente psicótica, seria conveniente que não fossem palavras ambíguas ou polivalentes; aquilo que o analista destaca deve ser designado simplesmente para ajudar a paciente a clarear algo que não havia compreendido, para explicar melhor palavras específicas ou ir em frente com o que estava dizendo. O mesmo vale para os gentis "humms" proferidos pelo analista: deveriam ocorrer apenas para indicar que ele a ouve e encorajá-la a seguir falando.

Encerramentos abruptos devem ser evitados, especialmente aqueles que serviriam na neurose para enfatizar alguma formulação ambígua que o paciente acabou de apresentar, um ato falho, ou uma surpreendente inversão de perspectiva. A maioria dos trabalhos com paciente psicótica acontece na própria sessão, não entre sessões, como sempre ocorre nos casos de neuróticos. Enquanto na neurose o analista se empenha em trabalhar com o inconsciente da paciente, na psicose não há inconsciente para ser trabalhado; deixar a paciente insegura sobre o porquê da sessão ter sido interrompida em determinado ponto não causa o mesmo efeito como na neurose – de fato, é possível que induza a confusão, irritação e ansiedade, ao invés de um trabalho associativo.

Na medida em que a interpretação tem como objetivo o reprimido – para revelar, por exemplo, o desejo inconsciente de um sonho – não é possível usá-la no trabalho com os psicóticos. Mais uma vez, já vi pacientes psicóticos ficarem muito agitados quando o terapeuta tentava apontar algo em um sonho, fantasia, ou ato falho que eles próprios não tinham percebido, ou não pensaram existir. Os terapeutas que interpretam repetidamente o que consideram ser inconsciente no discurso da paciente tornam-se sempre irremediavelmente vistos por seus pacientes como perseguidores – como pessoas que estão tentando interpretar seus pensamentos, influenciando-os com seus pensamentos, ou colocando estranhos pensamentos em suas mentes. Se o analista pretende se engajar em um trabalho intepretativo com a psicótica, deveria ser baseado no significado – em outras palavras, deveria ter como objetivo transmitir um significado bem específico (um significado sempre calmo, não persecutório, conforme veremos depois), e não detonar o sistema preexistente de significados da paciente ou minar o registro do significado em si.[9]

Enquanto em seu trabalho com neuróticos o analista sempre faz bem em empregar frases ambíguas, assim a paciente pode absorver o que ele diz das diversas formas possíveis[10] – o que a paciente ouve sempre tem mais interesse do que o analista pretende –, em seu trabalho com psicóticos o analista geralmente faz bem em dizer o mais claramente possível. Discurso profético, evasivo, e obscuro deveria ser evitado (é claro, ninguém consegue remover toda a ambiguidade de um discurso, por mais que tente, mas de qualquer forma a psicótica certamente não ouvirá "acidentais" duplos sentidos), e deve--se, como sempre, tentar trabalhar com o vocabulário da paciente o máximo que for possível. A meta não é, de forma alguma, fazer a paciente psicótica se defrontar com falta de explicações definitivas, com o fato de que o Outro (como um sistema de significado supostamente completo que cubra tudo) esteja faltando, ou com a castração em si – não há nada curativo para o psicótico em tal empenho.

Diagnosticando a psicose

> *Não se pode considerar que a psicose envolve algum tipo de falha, por parte do sujeito, que corresponda à realidade, mas que envolve, isso sim, um tipo de relação com a linguagem.*
> *Freda et al. (1988, p. 149)*

Antes que eu fale mais sobre o que não fazer no tratamento de psicóticos, gostaria de fazer algumas observações sobre o diagnóstico. Em minha experiência, os terapeutas sempre encontram dificuldade para diferenciar entre neurose e psicose e com frequência fazem confusão com um número considerável de pacientes psicóticos.

Sem entrar em todos os detalhes da teoria de Lacan sobre o que leva à psicose, e limitando minha atenção aqui à ausência da repressão, que é característica da psicose, gostaria de mencionar diversos aspectos facilmente observáveis do discurso da paciente e da relação dela com o analista que podem nos ajudar a fazer um diagnóstico diferente (ou seja, distinguir convincentemente entre neurose e psicose).[11] Não devemos pensar que os sinais tradicionais da psicose, como vozes, alucinações e delírios, sejam mais conclusivos do que o critério que descreverei, pois exatamente o que constitui uma "voz" psicótica é assunto para muito debate (afinal, todos nós, praticamente, ouvimos vozes de um tipo ou de outro, em algum momento – essas vozes intrapsíquicas ou endopsíquicas são em muitos casos associadas com o superego freudiano – e isso requer considerável sutileza para distinguir plausivelmente entre a voz comum de seu superego e a "voz psicótica").[12] O mesmo ocorre com as "alucinações", um termo que é sempre usado espontaneamente pelos neuróticos para descreverem qualquer tipo de experiência incomum visual ou auditiva, e não é usado pelos psicóticos, que se referem, por sua vez, a visões ou experiências (ver Fink, 1997, pp. 82-86). Relatos (quer sejam da própria paciente ou da equipe clínica ou hospitalar) de vozes e alucinações não podem ser tomados como verdade pelo analista, nem pelo que inicialmente pode parecer pensamento delirante. Não devemos nos antecipar e concluir que a paciente esteja imaginando coisas, porque, na maioria dos casos, é bastante difícil, se não impossível, para o terapeuta mediano determinar se o FBI está espionando alguém, por exemplo. Raramente algum pensamento pode nos servir como prova convincente de que alguém esteja delirando, mas, ao invés disso, a *certeza* com a qual ela expressa aquele pensamento (em outras palavras, quando ela não *se questiona* se o FBI a espiona, mas, ao invés, ela está *absolutamente convencida* disso e não pode nem pensar na hipótese de que o FBI poderia estar espionando seus vizinhos e não ela).[13] Não é tanto o conteúdo de seu discurso, mas sim sua forma, que é crucial aqui.

Formas de discursos

> *É difícil deixar de ver que a noção do inconsciente é em parte fundada nos atos falhos.*
> Lacan (2005b, p. 97)

> *Atrás de cada ato falho há uma finalidade significativa. Se há um inconsciente, o erro está querendo expressar alguma coisa.*
> Lacan (2005b, p. 148)

A forma do discurso do paciente na verdade pode nos contar muito. Mencionei anteriormente que os psicóticos cometem poucos atos falhos freudianos. O terapeuta efetivamente treinado para ouvir os atos falhos, lapsos, deslizes e omissões nos diversos contextos (em uma situação social, programa de rádio, e sessões analíticas) ouvirá um ou mais lapsos em cada sessão com os pacientes neuróticos – algumas vezes até mesmo um por minuto. Quando tais terapeutas "capazes de ouvir" se encontram trabalhando com alguém que fala em uma velocidade razoável, mas comete um ato falho a cada mês, ele deve começar a suspeitar que não há material reprimido tentando interromper o fluxo da fala.

Da mesma forma, quando o analista presta atenção ao discurso de seus pacientes, ele notará que as afirmações raramente, ou jamais, são concebidas, por certos pacientes, de forma ostensivamente defensiva, como são frequentemente concebidas pelos neuróticos. Por exemplo, a paciente neurótica faz afirmações regularmente de desaprovação, como "uma coisa estúpida veio na minha cabeça", "tenho certeza que isso não tem nada a ver com nada", ou "isso é totalmente irrelevante". Ela redige seu discurso nomeando--o como "estúpido", "irrelevante", "artificial", "bobo", "banal", "absurdo", "inesperadamente", ou "só uma piada",[14] e ela nega coisas que ninguém a acusou de ter feito (em outras palavras, apresenta negações sem motivo, como as chamei no Capítulo 3). Todos esses são sinais de defesa por parte do neurótico, e eles indicam a direção na qual o analista pode visar a verdade reprimida do neurótico (portanto, o que a paciente chama de "estúpido" é sempre o mais inteligente, e "irrelevante", o que é mais relevante). Quando não há qualquer sinal de defesa no discurso da paciente, o analista poderá considerar um diagnóstico de psicose.

Certas peculiaridades do modo de falar do psicótico são resumidas na psiquiatria contemporânea pelo termo vago *concreto*. Esse termo apresenta, é claro, um aspecto da fala do psicótico, mas parece contrastar com a fluidez da fala do neurótico, que é colocar a ênfase no lugar errado. Não devemos confundir um ritmo lento e pesado ou uma estagnação conceitual com a fala do psicótico. "*Concreto*" também parece enfatizar ausência do imaginário, o que também pode não ser o caso. A diferença mais crucial entre o discurso do psicótico e o do neurótico é a inabilidade (na psicose) ou habilidade (na neurose) de enxergar muitos significados diferentes em uma ou na mesma parte da fala. Isso nos leva à relação entre discurso e significado – em termos linguísticos, entre o significante e o significado – que é muito diferente na neurose e na psicose.

O significante é o que você ouve quando alguém fala – em outras palavras, o significante é essencialmente o som produzido pela pessoa que fala – e o significado é o que aquele som significa. Um taquígrafo jurídico registra os *sons* das palavras, e esses sons algumas vezes são divididos de forma diferente, deixando o sentido do texto ambíguo (o som, por exemplo, que pode ser escrito "*disciplined answers*" [respostas disciplinadas] pode ser entendido, ao invés, como "*discipline dancers*" [dançarinas disciplinadas], um sintagma pronunciado em uma sessão por um dos meus pacientes?). O ritmo do som, ou "faixa de opções de som" como Saussure (1916/1959) chamou, pode ser quebrado de muitas formas diferentes em certas instâncias.

Porém, para a paciente psicótica, significação e som, significante e significado, são inseparáveis: os significantes que ela pretendia dizer estão indissoluvelmente incorporados, em sua mente, ao significado que ela pretendia expressar com eles. Aqui não há nenhum deslize, nenhum outro significado naquilo que ela disse e naquilo que pretendia dizer, não há outra forma de interpretar algumas palavras diferentemente, ou de interromper diferentemente a cadeia de significantes para significar qualquer outra coisa. O significante e o significado estão soldados ou fundidos aqui – não há qualquer lacuna entre eles. Isso quer dizer que, embora a psicótica geralmente fale uma língua (se não mais de uma) e possa de fato falar muito bem, ela não fala ou funciona internamente da forma que o neurótico o faz. A dimensão propriamente simbólica da linguagem, envolvendo uma potencial lacuna entre significante e significado, está ausente na psicose.[15]

A paciente neurótica sente que sempre falha ao transmitir o que quer dizer no discurso. Ela tem uma ideia em mente, mas sente claramente que não transmitiu adequadamente ao falar com outra pessoa. Disse apenas mais ou menos aquilo que queria dizer; as palavras de alguma forma não corresponderam à ideia que ela tinha em mente.

O que podemos dizer de modo geral é que *dois níveis fundamentalmente diferentes* passaram a existir para o neurótico – palavra e significado (ou seja, significante e significado) – e eles têm uma tendência de *não* serem fortemente unidos como os neuróticos gostariam:

- O que ela diz acaba sendo ambíguo e tanto ela quanto seu interlocutor percebem que o que ela diz pode ser entendido de formas diferentes.

- O que ela quer dizer não é tão fácil de colocar em palavras e ela fica sempre frustrada devido à sua inabilidade de se expressar bem, de dizer eficazmente e com elegância, de tal forma que faça jus ao pensamento.[16]

Para o psicótico não existe lacuna entre significado e expressão. *O psicótico não consegue dizer uma coisa e querer dizer outra.* É por isso que não existe tal coisa como a que eu chamaria de ironia genuína no discurso do psicótico.[17] A neurótica está ciente de sua habilidade em usar a linguagem deliberadamente para enganar o outro, dizendo exatamente o oposto do que ela quer dizer ou usando a ironia para insinuar o oposto do que suas palavras significam semanticamente. Ela não vê problema em dizer ao analista, "Estou *tão melhor* desde que comecei vir aqui", querendo transmitir o tempo todo que nada mudou ou que ela está se sentindo até pior do que antes.

Esse uso desonesto da linguagem não fica disponível para o psicótico. *O psicótico não emprega a ironia* – não intencionalmente, pelo menos. A duplicidade na linguagem está disponível para o neurótico – o uso social da linguagem, quando se quer ser muito educado, mesmo irritado com alguém, ou para dizer as coisas de forma mais doce quando se está bravo – não está disponível para o psicótico. Embora o terapeuta consiga ver muita ironia nas coisas que sua paciente psicótica diz, ou acredita que sua paciente faz jogos de palavras chistosos deliberadamente, ele precisa tomar cuidado para distinguir entre o que ele interpreta nas coisas e o que a própria paciente quer dizer. Novamente, vemos aqui que a *forma* da fala do paciente pode nos dizer muita coisa, realmente.[18]

Transferência

> *Na psicose, a posição do analista é determinada pelo conhecimento. Mas o conhecimento em questão não diz respeito ao inconsciente enquanto o Outro – isto é, um conhecimento que deve ser decifrado –, mas sim a um conhecimento em relação ao prazer do Outro.*
> Kizer et al. (1988, p. 146)

O analista também pode aprender a distinguir entre neurose e psicose considerando o tipo de relacionamento transferencial que a paciente estabelece com ele. Freud pensou que a psicanálise fosse impossível para os psicóticos, porque acreditava que eles seriam incapazes de estabelecer transferência com o analista (alguns escritores sugeriram que talvez ele tenha revisto seu ponto de vista sobre o assunto nos anos 1930). O que está claro é que o tipo de relacionamento que a psicótica estabelece com o analista é bem diferente do da neurótica. Vamos começar com a diferença no relacionamento com respeito ao conhecimento.

A neurótica, que reprimiu tantas coisas sobre ela mesma, acredita que o conhecimento que ela não tem dela está projetado no analista com o Outro, com O maiúsculo. Isso talvez não fique claro no início, e terapeutas iniciantes talvez achem esse aspecto da transferência menos pronunciado do que os terapeutas mais velhos, mas acaba se tornando claro, mais cedo ou mais tarde, em todas as análises com neuróticos, embora em maior ou menor extensão. A paciente neurótica sente espontaneamente amor pela pessoa a quem ela atribui o conhecimento que pensa não ter, mas sabe que precisa, e repetidamente pede ao analista para lhe dizer o significado dos seus sintomas, fantasias e sonhos.

A paciente psicótica não faz tal coisa. Ela pode pensar que o analista sabe algumas técnicas de como comer bem, alguns medicamentos que a ajudam a dormir, ou algumas dicas sobre como sobreviver no mundo, mas ela não admite que o analista saiba qualquer coisa em particular sobre o significado de suas próprias dificuldades na vida. A psicótica não tem, espontaneamente, a impressão que o analista deve ver algo naquilo que ela fala que ela própria não vê, o que é absolutamente clássico entre os neuróticos.

Se o analista insinua que uma expressão usada pela paciente neurótica foi ambígua, e poderia ser interpretada de diversas e diferentes maneiras, ela pode contestar, inicialmente, e relutar em dar crédito à legitimidade do analista em escutar alguma coisa naquilo que ela disse que não teve a intenção. Pode ficar irritada com a insinuação, ou contente que o analista a tenha decifrado de alguma forma, mas raramente discutirá a potencialidade da natureza ambígua daquilo que disse – especialmente depois de certo tempo de terapia. A neurótica provavelmente não dirá, "Não, o que eu disse foi muito claro, e gramaticalmente não permite nenhuma interpretação errada, de fato, nenhuma outra interpretação". Ela provavelmente não negará a possibilidade de quaisquer e todos os *equívocos* (quer homofônico ou gramatical), e é provável que ocasionalmente lamente o fato de não conseguir controlar o significado de tudo o que diz. Implicitamente, ela reconhece que tem consciência de sua intenção em transmitir significado, enquanto outras pessoas atribuem outros significados para o que ela diz, por mais perturbadores que esses outros significados sejam para ela.

Quando pontuei para um paciente neurótico que sua frase "minha atração por pornografia" também poderia significar que ele acha que a pornografia se atrai por ele, no início ficou desconsertado e não sabia o que responder. No início da próxima sessão, no entanto, ele comentou que havia meditado sobre a minha observação, e se perguntava se eu estava me referindo à possibilidade de que ele pudesse estar se imaginando como um objeto para as mulheres, nas imagens pornográficas que ele via, o que inverteria as posições em relação à sua hipótese de que ele era o sujeito desejante, olhando para objetos sexuais passivos. Isso o levou à discussão de sua antiga crença de que as mulheres não desejavam sexo, tampouco sentiam prazer, ou pelo menos não *deveriam* querer ou curtir sexo, pois só havia um desejante no sexo, o que ele referia como um "jogo de soma zero" (*zero-sum game*) (se uma pessoa desejasse, a outra não poderia). Esse paciente neurótico achou claramente que o que eu ouvi na sua fala poderia ter alguma legitimidade, e que, se eu havia sublinhado essa frase, não há dúvida de que foi porque eu sabia alguma coisa sobre ele que ele próprio ainda não sabia. Mesmo uma ambiguidade gramatical como essa pode ser usada no trabalho com neuróticos, enquanto com os psicóticos falharia completamente, porque eles não se interessariam pelo que o analista ouviu em seus discursos não intencionais, pois não assumem que o analista tem um conhecimento especial de seu funcionamento mais íntimo.

Quando o analista acredita que seu conhecimento é considerado tão inútil pela paciente – e, quando digo inútil, não quero dizer simplesmente desafiador, como poderia acontecer com o histérico, ou menosprezado, como pode ser para o obsessivo, ambos geralmente revelam que as interpretações do analista, embora inicialmente rejeitadas, são eventualmente assimiladas ou pelo menos trabalhadas em algum nível (algumas vezes até mesmo repetidas pela paciente, quase que literalmente, em diversas sessões, depois que foram verbalizadas pelo analista, mas sem qualquer reconhecimento aparente por parte dela de que já tenham sido ditas anteriormente pelo analista) – que ele nem mesmo é solicitado por ela, ele poderia começar a suspeitar tratar-se de alguém com estrutura psicótica.

O analista não deve tirar conclusões precipitadas de que ele não está sendo visto pela paciente como o Outro com O maiúsculo, simplesmente porque a paciente relata não acreditar na terapia pela fala. Embora seja possível, ocasionalmente, concluir com algum grau de segurança que desde a primeira sessão uma paciente situe o analista como o Outro simbólico, por causa das diversas referências que ela faz ao suposto conhecimento dele sobre tudo o que ela vai dizer, ou porque ela faz um breve resumo de sua história de vida e espera que ele, magicamente, dê a solução ou o diagnóstico e prognóstico, em outras ocasiões pode ser possível tirar uma conclusão similar quando a paciente protesta desde o início (e talvez por algum tempo) que ela não acredita na psicanálise, acha que todos os psicoterapeutas são lunáticos, e não tem qualquer respeito pelos terapeutas, independente de seus poderes de persuasão. Como Shakespeare, podemos suspeitar que "ela reclama muito", pelas contestações que faz do conhecimento do analista, apesar disso, aponta para *a existência de um lugar no mundo para tal conhecimento,* mesmo que ela queira negar que o analista tenha acesso àquele lugar. Pelo menos fica claro, aqui, que tal ideia existe para a paciente, que a noção do Outro onisciente passa a existir, e que alguém talvez estivesse em algum momento situado lá e a grande decepção da paciente esteja relacionada ao fato de que ninguém parece mais se ocupar ou viver de acordo com aquela posição.

O fato de a paciente contestar o conhecimento do analista logo no início significa que, a despeito dela mesma, ela presume que o analista tem algum saber e ela quer negá-lo – como provocação, talvez, ou apenas para ver como ele reage (ou possivelmente por outras razões também). Em outras palavras, tais afirmações representam as típicas negações freudianas. Isso é especialmente verdadeiro se o analista não alega explicitamente ter algum conhecimento em especial – a questão é que ele ter conhecimento veio à mente da paciente. (É claro, o contexto social ou institucional em si sugere que o analista tem certo poder relacionado ao conhecimento, mesmo quando o próprio analista não diz que tem.) Para que seu conhecimento fosse negado, precisaria vir primeiro à sua mente. Resumindo, a intensa *negação* da paciente de que ele tem algum tipo de conhecimento que pode ajudá-la pode ser uma clara indicação de neurose, assim como sua *afirmação* de que ele tem algum tipo de conhecimento (muitas vezes acompanhada de uma queixa de que ele o retém).

Tenho visto casos, por exemplo, em que a pessoa vem de uma cultura não ocidental, chega na terapia dizendo que ela absolutamente não acredita na habilidade da medicina ou psicologia ocidental de ajudá-la, enquanto acredita ter recebido significativa ajuda no passado de um curandeiro ou alguém ligado à medicina em sua cultura. Em outros casos, uma paciente declara que foi ajudada por um professor, líder de escoteiros, ou líder religioso que deu a ela treinamentos físico e espiritual, ou tarefas para que ela as realizasse, mas a paciente não acredita que somente falar irá fazer bem. O analista não precisa ficar aborrecido com esses pronunciamentos céticos, pois a paciente fez pelo menos uma ideia do Outro que sabe (Lacan, 2006, pp. 230-243, referiu-se a esse Outro como "o sujeito que sabe"), um Outro que sabe o que é bom para ela, e ele pode ao menos esperar que seja eventualmente associado, por ela, com aquele Outro, mesmo que leve certo tempo.

A psicótica, por outro lado, não adere à ilusão de que "o sujeito [neurótico] é levado a crer que a verdade já está lá dentro de nós, que nós sabemos disso previamente" (Lacan, 2006, p. 308). A psicótica *não* toma o analista como o Outro que supostamente sabe o que a aflige – que sabe qual é o segredo original daquela aflição e como resolvê-lo. A neurótica sim, e isso é geralmente registrado em um fugaz comentário, "Mas você já ouviu tudo isso antes", ou em resposta à pergunta do analista "O que você está pensando?" quando ela fica em silêncio – "Eu queria saber o que *você* pensou de tudo isso".

Se o analista prestar bastante atenção a essas declarações e fizer o possível para trazer à tona tais pensamentos, mesmo quando eles ainda não tenham sido ditos em palavras (como, por exemplo, quando a paciente fica em silêncio), ele irá se impressionar com a total ausência deles, em certos casos. Em resumo, ele ficará atento ao fato de que certos pacientes simplesmente não se preocupam com o que os terapeutas pensam ou sabem. Enquanto um grupo de pacientes menciona repetidamente que está preocupado que o analista pense que eles são loucos, ou que não pense bem deles, outro grupo de pacientes nem se preocupa com essas questões. Mesmo que esse último grupo, dos psicóticos, queira saber *sobre sua própria sanidade* ou se vão ficar loucos, o ponto crucial é que *eles não se questionam se o analista pensa que eles são loucos*.[19]

Eles talvez achem que o analista pode ajudá-los de alguma forma – que ele é prestativo ao recomendar uma mudança de emprego, que durma mais, uma dieta diferente, ou seja lá o que for – mas não atribuem nenhum tipo de *insight* especial ou conhecimento sobre sua infância, conflitos internos ou sentimentos verdadeiros, pois, fundamentalmente, na mente deles, entre o analista e eles não tem diferença: ele é outro, não Outro, para eles. Não é qualitativamente diferente: existe somente diferença quantitativa aqui.

Isso não deve ser tomado como insinuação de que quem acredita na diferença qualitativa, no Outro onisciente (por exemplo,

Deus), é automaticamente neurótico. A questão crucial é se a paciente presume ou não que algum conhecimento a respeito de sua existência, além (ou fora) dela, pode ser transferido para o analista – em outras palavras, se a paciente é capaz de ver seu analista como Outro onisciente. *Se a paciente for capaz de situar o analista no lugar do conhecimento, o analista pode excluir a psicose.* (A crença da paciente neurótica é que o analista sabe alguma coisa sobre o que ela considera sintomática, e deve ser nitidamente diferenciada da convicção do paranoico de que o analista pode ler sua mente, uma convicção baseada, pelo menos em parte, na crença de que o analista está colocando pensamentos e impulsos em sua cabeça. A posição do outro onisciente persecutório é a que o analista quer evitar ser colocado!)

Na medida em que os analistas tendem a esperar que os pacientes os situem no lugar do conhecimento, como parte comum da transferência, eles tendem a achar que não há qualquer transferência nos casos em que os pacientes não atribuem conhecimento especial a eles. Sem dúvida, devido ao extenso trabalho com neuróticos, eles associam a transferência estritamente com a projeção da paciente sobre eles, do assunto que se propõe saber, e, quando não há sinal dessa projeção, para eles parece que não há qualquer transferência. Ao invés de dizer que não há transferência, estritamente falando, no trabalho analítico com psicóticos, deveríamos dizer que *a transferência realiza-se exclusivamente no imaginário e em níveis reais com psicóticos, nunca nos três níveis (imaginário, simbólico e real) como acontece com neuróticos.* Isso não significa que o trabalho do analista não envolva a fala, mas a fala neste caso não coloca o simbólico em jogo, a linguagem e a fala são imaginarizadas (isto é, tornadas imaginárias) na psicose.

A psicótica pode transferir alguma coisa ao analista, no sentido estrito do termo – intenções más ou persecutórias, por exemplo, que foram partes de sua experiência com as principais figuras de sua vida –, mas o que ela transfere, quando de fato o faz, é em caráter imaginário, na medida em que envolve o amor arrebatador e o ódio fulminante, tanto da parte do outro como dela mesma. Em outras palavras, tal transferência pode ser acima de tudo de natureza erótica (erotomania é a convicção delirante de que o analista ama a paciente) ou agressiva (paranoia persecutória pela convicção delirante de que o analista deseja cruelmente aproveitar, explorar, e/ou destruir a paciente).[20] A transferência na psicose tende a envolver paixão, não conhecimento (exceto se relacionado à paixão), enquanto na neurose a tendência é envolver ambos.

Que tipo de outro o analista é para o psicótico?

> Estando tão afastados da transferência, como estão do discurso, esses indivíduos conseguem, no entanto, confiar em poucas pessoas. Não é transferência, estritamente falando, pois a transferência é uma relação simbólica, que inclui o sujeito que deve saber, e o esquizofrênico não entra aqui. Mas deixa um possível lugar para uma relação de objeto, que é tanto imaginária quanto real, facilmente confundida com transferência, um lugar do qual algumas vezes se obtém certos resultados.
> Soler (2002, p. 123)

Uma vez que a dimensão simbólica (outro nome para o inconsciente) está ausente na psicose, não existe lugar no mundo psicótico para o Outro simbólico, o Outro onisciente, o Outro benevolente com quem um "pacto simbólico" seja possível (Lacan, 2006, p. 303; ver também pp. 272, 308, 430 e 686). No mundo neurótico, o terreno para o Outro é geralmente preparado (para dizer da forma mais simples possível) por um cuidador que seja no mínimo gentil, que pareça conhecer muitas coisas e que imponha uma lei (moral, política e/ou religiosa) na família – uma lei que não seja estritamente do seu jeito. Fora desse terreno cresce a noção de um ser que sabe como tornar as coisas melhores quando alguém está magoado, conhece todos os seus pensamentos, sabe quando esse alguém está bem ou mal, que recompensa ou pune, sem arbitrariedade, mas conforme uma regra que seja discernível, mesmo se apenas com grande esforço mental por parte da criança. A noção de um ser como esse é normalmente associada primeiro a um dos pais, depois a um professor ou a uma figura religiosa e, eventualmente, ao Ser Supremo. O Outro do neurótico normalmente é caracterizado pela onisciência e pela justiça (pais ou mães, professores e figuras religiosas geralmente são consideradas pela criança como não fazendo jus aos nobres ideais de onisciência e justiça absoluta que ela havia inicialmente associado a eles).

Embora a psicótica possa acreditar em Deus, o Outro parental que ela conhece não é o Outro do conhecimento, mas sim de um prazer cruel e explorativo.[21] A psicótica geralmente não é exposta (ou por pouco tempo apenas, ou somente no fim da vida) a um cuidador gentil, sábio, que impõe a lei na casa que não seja estritamente do seu jeito; o terreno tem sido preparado somente para o Outro que deseja consumir ou aniquilar a própria existência da pessoa, um Outro que luta para penetrar e possuir o corpo e alma do sujeito, um Outro que busca explorar e/ou desapropriar o sujeito de sua própria mente.

O analista seria muito imprudente se tentasse ocupar a posição de autoridade para a psicótica, uma posição de alguém com conhecimento autoritário que fizesse a psicótica agir e pensar de determinada maneira; ele provavelmente seria associado com o Outro cruel e persecutório, tido como alguém que tira vantagem da psicótica, explorando-a sexualmente, roubando seus pensamentos e geralmente arruinando sua vida (é claro, nem todos esses elementos estão necessariamente presentes em cada caso em particular).

É a tentativa do analista de ocupar uma posição simbólica (aquela do Outro com quem é possível um pacto simbólico) para alguém, considerando que não existe precedente para tal posição na história daquela pessoa – isto é, nenhuma instauração da ordem simbólica como tal –, que torna mais susceptível o desencadeamento de um surto psicótico. (Fora do contexto terapêutico, muitas vezes quando um superior, chefe ou patrão da psicótica assume uma posição firme ou rígida com ela, ela se desestabiliza ou tem um surto; tais figuras tentam, inconscientemente, ocupar uma posição no espaço físico da psicótica que simplesmente não existe.)[22] Portanto, é crucial que o analista saiba o seu lugar e que permaneça nele; quando não tiver certeza do diagnóstico, ele precisa ir devagar, na certeza de evitar pontuações abruptas e escansões e deve ficar longe de intervenções ou insinuações que sejam tomadas como persecutórias.

Qual é o lugar que ele deve ocupar, assim que souber que sua paciente é psicótica? Já que ele não pode desempenhar um papel simbólico, resta a ele o papel imaginário (colocando isso da forma mais simples possível). Embora a dimensão imaginária possa se caracterizar pela rivalidade e inveja (ver Fink, 2005b), o aspecto importante do relacionamento imaginário, aqui, é que analista e paciente são qualitativamente iguais: são mais como irmãos do que pai e filha. São parecidos um com o outro em muitos aspectos – são "semelhantes", como Lacan coloca, pessoas com mais semelhanças do que diferenças.

O analista deve continuar evitando as ciladas do imaginário, como descrevo no Capítulo 1. Ele não deve tentar entender tudo que a paciente diz baseado na sua própria experiência, e não deve se preocupar constantemente com o que vão pensar dele (i.e., se a paciente vai achá-lo ignorante ou inteligente, bem vestido ou desleixado). Isso não tem qualquer valor para a psicótica, como tem para a neurótica. Tampouco a autorrevelação tem valor para a psicótica, como tem para a neurótica: quanto menos a paciente souber sobre o analista, melhor, de forma geral. Embora a psicótica possa situar o analista em uma posição imaginária desde o início, isso não significa que o analista deve concordar em ocupar todas as facetas daquela posição.[23]

No entanto, o analista pode ocasionalmente se mostrar menos opaco e mais transparente com as pacientes psicóticas, com respeito ao que o levou a reagendar as sessões ou com respeito ao lugar a que irá nas férias; os cenários que as neuróticas provavelmente imaginam sobre os motivos do analista para reagendar, ou sobre as atividades de lazer e passatempos, quando ele não dá detalhes sobre isso, sempre são proveitosos para o analista, enquanto que certas psicóticas imaginam, provavelmente, cenários persecutórios em que o analista conspira com certas autoridades para fazer com que sejam presas involuntariamente, ou que está viajando para algum lugar para checar suas histórias. Pelas mesmas razões, o analista deveria sempre evitar usar o divã no trabalho com psicóticas: é melhor que elas vejam o que está acontecendo do que fiquem imaginando algo de ruim às suas costas (existem razões mais complexas, também, para evitar o divã com psicóticas).

Também é de grande valor aliar-se à psicótica, da forma com que geralmente é melhor evitar com a neurótica (a menos que, por exemplo, a paciente neurótica seja uma criança). Enquanto com uma neurótica o analista deve manter para si, o máximo possível, as ideias sobre o que é bom ou ruim para a paciente, raramente intervindo nas decisões que a neurótica toma e nos atos em que ela se envolve (na verdade, só quando eles ameaçam colocar em risco a continuação da análise, pondo em perigo a vida e a subsistência da neurótica), pode ser útil às vezes – uma vez que o terapeuta tenha conquistado a confiança da paciente e que ele tenha conhecimento suficiente da vida, dos interesses, capacidades e circunstâncias atuais da paciente – encorajar as buscas da paciente psicótica, que parecem nutrir a estabilização, e desencorajar aquelas que frequentemente levam a um conflito considerável em sua vida, até ficarem claros os surtos psicóticos. O analista se esforça para agir de certas maneiras, como se fosse o melhor amigo que alguém jamais poderia ter – um amigo que estimula as buscas de alguém, não pelos próprios motivos ou benefícios, mas num grau mais elevado, para o que ele avalia ser de interesse do próprio sujeito.[24] Tal avaliação não pode ser feita rapidamente ou definitivamente; ela requer extenso conhecimento da paciente e deve estar aberta a contínuas revisões.

Garcia-Castellano (IRMA, 1997) deu um bom exemplo dessa abordagem na discussão de seu trabalho com uma mulher psicótica que, no segundo ano de sua análise com ele, fez a "improvável descoberta" de que ela havia sido violentada por seu pai, sua mãe e vários irmãos, apesar de ela não ter qualquer recordação de que isso jamais tenha acontecido. Garcia-Castellano escreveu:

> *Ela ficou perplexa com a ausência de qualquer lembrança sobre o evento, mas encontrou traços em seu corpo do que tinha acontecido: suas dores. Deveríamos notar que suas suposições com respeito ao assunto permaneciam restritas, em grande parte, ao* setting *analítico. Ela imaginou iniciar um verdadeiro inquérito – um projeto carregado de violência –, mas eu a desencorajei. Concordou, dizendo, "É melhor que eu fale e chore por causa do estupro aqui, do que em qualquer outro lugar". Anos depois, quando ela mencionou essa intervenção da minha parte, a paciente indicou que tinha "sentido" naquela hora "uma mão gentil que estava me protegendo". (pp. 104-105)*

Visto que com os neuróticos o analista tenta evitar impor ou transmitir de qualquer forma suas ideias daquilo que é bom ou mau, esforçando-se para agir de modo a favorecer o Eros da paciente ao invés de seu suposto Bem (ver Lacan, 1991; Fink, 1999),[25] ele faz, de algum modo, o oposto com psicóticos: deve se esforçar para favorecer o bem da paciente, tão bem que ela possa reconhecê-lo, para ajudar a limitar, localizar e dar sentido ao prazer que ela tem e que julga insuportável e incompreensível, além de ameaçá-la a se desestabilizar quando ele toma conta dela (e dá um significado pacificador ao desejo malicioso do prazer, que ela às vezes pensa detectar nos outros).

O outro prestativo

> O que o psicótico quer é uma testemunha e
> não um sujeito que supõe saber.
> Forbes et al. (1988, p. 321)

A posição do analista com psicóticos deveria ser a do "outro prestativo", como proponho que se chame, e não a do Outro inteligente.[26] Exatamente quem ou o que é esse outro prestativo? E a psicótica está procurando esse outro quando busca a terapia?

Pelo menos uma das coisas que a paciente neurótica está sempre buscando quando vem à terapia é reconhecimento, e embora o analista não ofereça o reconhecimento daquilo que ela gostaria – sua posição como vítima ou mártir, por exemplo – ele a faz perceber que *escuta* o que ela está dizendo, mas que *o que ele reconhece é o desejo que está oculto em seu discurso, do qual ela própria não está ciente*. Em outras palavras, ao invés de reconhecer sua alienação de alguma forma, o analista procura enfatizar, trazer à tona e reconhecer o desejo que está dentro dela por alguma outra coisa.

O que uma pessoa psicótica quer quando vem falar com um terapeuta? E deve o analista se recusar a dar à psicótica o que ela quer, assim como faz no trabalho com neuróticos? Em terapia, os psicóticos parecem procurar alguém para ouvi-los, e que não lhes dirá imediatamente que o que eles dizem faz parte da doença e deveria ser esquecido. Eles continuarão falando com alguém que aceite ser uma *testemunha* do que acontece com eles e que ainda está acontecendo sem julgamento, sem críticas, e sem necessariamente acreditar ou não – alguém que seja capaz de aceitar dentro de um certo contexto, esse contexto estando dentro dos limites da situação analítica (enquanto poderia ser útil para o analista adotar a mesma posição nas primeiras entrevistas com neuróticos, eles provavelmente considerarão o analista um ingênuo ou tolo caso continue adotando essa posição além de certo ponto).

Isso não significa que o analista precisa aceitar todas as atitudes da psicótica fora do *setting* analítico, mas ele deve pelo menos aceitar o que ela tem a dizer, naquilo que poderíamos chamar de "parênteses" do *setting* analítico. Isso possibilita que a análise fique situada em um lugar diferente do que seria o restante da vida da paciente – em um lugar que seja isolado, retirado, ou equiparado com a vida diária, onde as palavras sejam levadas a sério, mesmo que não precisem insinuar quaisquer ações específicas. Uma trama de significados poderia ser fiada, parcialmente desfiada e novamente tecida e elaborada com muitos detalhes sem envolver qualquer coisa em particular feita fora do consultório (para um exemplo disso, ver Fink, 2001).

Podemos ficar tentados a pensar que, assim como a neurótica que, ao vir para a terapia, situa espontaneamente o analista na posição do Outro inteligente e tenta trabalhar seu conflito com sua figura de abstrata autoridade, via analista, a psicótica situa espontaneamente o analista na posição persecutória e tenta trabalhar seu conflito com o Outro obsceno, letal, via analista. Mas a psicótica não está necessariamente procurando transferir a imagem ou o papel persecutório em sua vida cotidiana para o analista "elaborar" a configuração da terapia. Isso pode acontecer com mais frequência do que o analista gostaria, mas geralmente é resultado de seus próprios deslizes, devido à sua agenda equivocada sobre como as coisas deveriam proceder, o tipo de coisas que a paciente deve ou não falar e quais intervenções ele deve fazer.

Enquanto o analista pode auxiliar mais no tratamento da neurose quando ele se presta a toda e qualquer projeção que a neurótica faz (supondo que ele coloque as projeções a trabalho da interpretação), o analista não é o "outro prestativo" para a psicótica quando ele se presta a toda e qualquer projeção. Ao mesmo tempo que o analista não aceita e nem rejeita as projeções da neurótica, e tenta discernir o que há por trás delas, se é que há algo, ele deve se esforçar para afastar quaisquer projeções da psicótica que insinue situá-lo como o Outro perigoso que se diverte às custas dela.

É mais fácil dizer do que fazer, especialmente quando o analista sabe pouco sobre a paciente. Como eu disse no Capítulo 7, uma vez que uma projeção transferencial foi feita, tudo que o analista disser em seguida será ouvido como vindo da pessoa à qual ele foi atribuído pela paciente; ele não consegue achar um lugar fora da transferência (uma metaposição ou "transferência da transferência") e pode talvez encontrar-se cada vez mais enterrado ao invés de desarmar a situação que ele tinha esperado. Uma postura firmemente compreensiva e afirmações diretas como "Não tenho o menor interesse em pegar suas ideias", "Eu jamais te exploraria de alguma forma", e "Eu nunca tentei fazer com que você fosse demitida" é o que de melhor pode ser feito, normalmente, e felizmente muitas vezes é o suficiente.

Metas terapêuticas

> *A ideia de que o psicótico está fora do discurso nos permite situar o que cria obstáculo para a psicanálise. Isso não significa que os indivíduos psicóticos não possam procurar os analistas – a experiência prova que podem –, mas o uso que eles fazem não é da análise do inconsciente.*
>
> Soler (2002, pp. 97-98)

Como temos visto, o ego neurótico, na grande maioria dos casos, é muito forte para seu próprio bem. É tão forte e rígido que a repressão ocorre todas as vezes que os pensamentos sexuais ou agressivos não se encaixam em sua visão de si mesmo, levando ao retorno dos sintomas reprimidos. Não haveria tais sintomas se o ego fosse fraco para empurrar tais impulsos para fora de si. Assim, uma das metas da análise com neuróticas é liberar a inflexibilidade do ego, pois é essa rigidez que faz com que tantas coisas sejam removidas da mente. Para isso, o analista levanta questão ou busca por lacunas na totalidade, o ego é constantemente reconstituído na tentativa de racionalizar o comportamento e impulsos da paciente. O analista desconstrói a visão que a paciente tem de si, que se cristaliza constantemente, de tal modo que exclui uma parte de si mesma.[27]

O ego da psicótica é, ao contrário, frágil em certos aspectos. O ego nunca está completamente selado ou totalizado na psicose, porque a dimensão simbólica nunca está instalada (ver Fink, 1997, Capítulo 7). Ele se mantém aberto e incompleto, em algum sentido: poderíamos dizer que há uma lacuna no ego da psicótica e é, no sentido figurado, quando a paciente chega muito perto da lacuna de seu ego que as coisas desmoronam, e é mais provável que ela tenha um surto psicótico.[28] Ao invés de tentar reconstruir a visão da paciente de si mesma, ou então procurar fora, ou procurar lacunas em uma visão de si mesma excessivamente totalizada, o analista precisa ajudá-la a remendá-lo, cobrir a lacuna que já está lá. Este é um modo simplista de falar sobre o que Lacan (2006, p. 582) chamou de "suplementação".[29]

Se por um lado, na neurose, buscamos não completar a visão da paciente de si mesma e de seu mundo – a qual foi totalizada devido à sólida divisão entre o *self* e o outro causada pela instalação do registro ou eixo simbólico (ver Fink, 1997, Capítulos 7-8) –, na psicose buscamos ajudá-la a completar sua visão de si mesma e de seu mundo, suplementando-a, de alguma forma. Como a visão de mundo da paciente pode ser sustentada ou suplementada?

Primeiro, precisamos saber claramente o que está faltando exatamente.

Criando a construção de um princípio explanatório

> *O esquizofrênico, diz Lacan, "enfrenta seus órgãos sem a ajuda de um discurso estabelecido". Mas de que adianta um discurso estabelecido quando se trata de órgãos? Ajuda a estabelecer limites, barreiras padronizadas ao prazer. É por isso que cada discurso traz consigo alguma castração.*
> Soler (2002, p. 121)

Para a neurótica, sempre há uma pequena história, por mais vaga e confusa que seja, sobre por que seus pais a desejaram, ou quem sabe não a tivessem desejado a princípio, mas passaram a amá-la. Essa pequena história diz alguma coisa sobre o lugar que ela ocupa no desejo deles, e que esse lugar do desejo deles, por menor que seja, é a posição segura em sua vida. Em um grau mínimo, isso explica qual a razão de sua existência no mundo, que esclarece por que ela está aqui. Nesse sentido, a história serve como um princípio explanatório.

Mas isso não é tudo: para que ela foi desejada? Esta é a questão.[30] Se ela sentir que foi desejada apenas como um prolongamento de um dos pais, ou se esperam que ela se dedique à "fecundação sexual" (Lacan, 2006, p. 852), isso resultará em problema. O melhor para ela seria ser desejada por qualquer outro motivo, algo, quem sabe, extremamente obscuro: "Só queremos que você seja feliz, querida" ou "Queremos que você seja boa naquilo que quiser fazer". Por mais que tais desejos parentais muitas vezes tragam ansiedade para o neurótico, eles deixam claro para a criança que ela é separada dos pais de certa forma, e que tem um lugar próprio no mundo. É por essa razão que ela está aqui, uma razão que não vai muito longe, necessariamente, a ponto de fornecer uma missão ou objetivo prioritário para sua vida, mas que pelo menos a mantenha firme no mundo.

A psicótica não tem esse princípio explanatório tão consistente e nada que a mantenha firme no mundo. Repetidamente, os psicóticos relatam como nunca foram cuidados por um dos pais ou ambos, como se eles fossem pessoas que tivessem o direito de existir, como se seus corpos fossem inviolados e pertencessem somente a eles, como se houvesse limites reais para as coisas que as pessoas podem fazer com eles, e um recurso legal que poderia ser usado se tais limites não fossem respeitados. Em um dos meus casos, o pai do paciente se queixou que quando sua esposa ficou grávida, logo no início da vida de casados, ele quis manter a criança (sua esposa, ele afirmou, queria fazer aborto); a mãe do paciente, por outro lado, reclamou que seu pai queria que ela desse a criança para adoção, mas ela se recusou. Os dois lados da história eram irreconciliáveis e ficou impossível dizer ao paciente por que ele estava aqui, por que foi desejado, até que ponto tinha sido desejado, e assim por diante; resumindo, eles não conseguiram desempenhar um princípio explanatório para ele.

Na ausência de tal princípio explanatório, alguns psicóticos fracassam, nunca se situam, digamos assim; outros têm mais sorte e encontram um *projeto* que dê sentido a suas vidas; outros ainda, no entanto, formam sistemas delirantes que, se forem desenvolvidos completamente, oferecem um lugar especial no mundo para o sujeito. Esse lugar especial pode ser de um espião internacional, uma figura religiosa como a de Cristo, ou a esposa de Deus (como Schreber, de Freud) – resumindo, um lugar nem sempre consentido com facilidade, mas, na verdade, sempre desaprovado energicamente, a princípio, pela própria psicótica como também pelos que a rodeiam. Mas tal sistema delirante geralmente fornece mais do que só um pouco de estabilidade e também sempre dá ao sujeito um propósito e uma missão na vida, que não seja, pelo menos, completamente incompatível com a vida em seu tempo e lugar na terra. No melhor dos casos, o propósito e a missão são bem compatíveis com as metas almejadas por aqueles que a rodeiam: ela pode ser uma educadora (ver o caso discutido por Morel & Wachsberger, 2005, p. 79), enfermeira, missionária, ou se engajar em alguma das diversas atividades.

A psicótica se organiza – através do processo delirante – para gerar explicações para as coisas que acontecem em seu mundo e, em particular, para estimular um princípio explanatório dela própria. O delírio construído pela psicótica serve para compensar a falta de um princípio explanatório; ele suplementa essa falta. A atividade delirante, quando permitida a seguir seu próprio caminho, ao invés de ser silenciada pela intervenção do terapeuta e/ou pelos medicamentos, leva eventualmente – e esse processo pode levar anos – à construção do que Lacan (2006, p. 577) chamou de "metáfora delirante", um novo ponto de partida com base no qual a psicótica estabelece o significado de sua vida e de seu mundo.[31] Os delírios da psicótica – quando conseguem seguir seu próprio caminho – movem-se em uma direção para criar um mundo em que a psicótica tem um lugar importante e um papel decisivo. A cosmologia delirante da psicótica serve para explicar os "como" e "por quê" do nascimento da psicótica e o propósito de sua vida na terra.

Se ainda não há qualquer sinal de atividade delirante por parte da paciente (se, por exemplo, ela é pré-psicótica), o analista deveria se esforçar para ajudar a paciente a construir significados que possam sustentar sua vida, sem recriar todo o universo à la Schreber. Não existe um método, passo a passo, do que deva ser feito: o analista deve tentar discernir o que ameaça desestabilizar a paciente e construir significados com ela que possam ser tanto satisfatórios quanto suportáveis, digamos assim – significando que possam suportar o estresse das circunstâncias que a paciente provavelmente encontrará ao longo da vida. Não há nada necessariamente finito sobre esse processo, e o analista deveria estar preparado para formar um relacionamento com a paciente que possa durar indefinidamente. Embora a intensidade do trabalho seja maior no início do que depois de 10 a 15 anos, a paciente pode continuar achando útil falar com o analista de vez em quando por muitas décadas, para resistir aos momentos difíceis.

Se, por um lado, já existem sinais de atividade delirante por parte da paciente, o analista não deve assumir para si a responsabilidade de livrar a paciente dos delírios. Conforme Freud (1911a/1958, pp. 71, 77) observou em seu comentário sobre o caso do Juiz Schreber, os delírios são parte do processo curativo. As alucinações e delírios são sempre muito estimados pela paciente – ela os adora mais do que a si mesma, como disse Freud – e a paciente pode sentir-se muito desolada caso eles sejam retirados dela pela imposição da terapia eletroconvulsiva, ou pelos medicamentos. O fato dela ver, ouvir ou acreditar nas coisas que os outros não acreditam pode fazer parte do que a torna especial, uma parte que dá a ela um papel excepcional e um propósito de vida. A dificuldade para o analista é testemunhar a formação do sistema delirante e tentar trabalhar nele. Sem levantar questão sobre os aspectos mais importantes disso, e enquanto se trabalha dentro de um universo conceitual, que pode ser muito estranho para o próprio analista, o analista deve, de vez em quando, tentar persuadir a paciente a ver certas coisas um pouquinho diferente – especialmente quando a paciente chegou a uma interpretação de algo que poderia levá-la a se ferir, ferir alguém, ou fazer com que fosse expulsa de casa ou demitida do trabalho.

O analista também deve tentar dissipar projeções por parte da paciente que atribuam más intenções a pessoas que a rodeiam e suavizar as implicações dolorosas das coisas que eles disseram a ela. Caso, por exemplo, a paciente comece a sentir que seus amigos a estão perseguindo, com seus repetidos telefonemas, quando ela sumiu da vista por alguns dias e atribuir intenções maléficas às pessoas que, até onde o analista sabe, têm sido até agora o esteio de sua existência, o analista poderia (como fez um dos meus supervisionandos) propor a ideia de que eles estejam simplesmente preocupados, porque não têm notícias dela há muito tempo. Em outras palavras, ele poderia tentar afastar o significado paranoide que a paciente atribuiu ao comportamento de seus amigos e atenuar as coisas, minimizando a situação. Soler (1997, p. 214) nomeou essa técnica como "antecipando o prazer do Outro", pois aqui o analista faz uma tentativa de impedir que a paciente coloque alguém (ou muitas pessoas) no lugar do Outro maléfico que terá prazer em devorá-la ou destruí-la.

Stevens (2005, p. 193) discutiu um caso no qual uma analista "desviou um cenário [potencialmente perigoso]" que seu paciente havia começado a pôr em sua mente. Quando o paciente contou a ela na sessão, "Acho que estou me tornando o filho espiritual do meu chefe!", a analista respondeu que seu chefe o admitiu no emprego simplesmente para que ele trabalhasse lá. A analista deve ter suspeitado que faltava um pequeno passo na mente do paciente entre a posição do chefe de pai espiritual para a do Outro perseguidor e maléfico.

O analista deve ser cuidadoso ao caminhar por uma linha tênue entre testemunhar o desenvolvimento de um novo sistema conceitual e dirigi-lo, quando necessário, para longe de potenciais colisões catastróficas. Mais uma vez, não há uma receita para fazer isso; o analista precisa adaptar sua técnica para cada caso diferente, e a forma única na qual ela se revela. (Para alguns exemplos sobre como tais casos se desenrolam, ver *École de la Cause Freudienne*, 1993; Fink, 2001.)

Em casos como esse, no entanto, somos obrigados a trabalhar o máximo possível dentro da estrutura do sistema de crença que a paciente já atribuiu, quer seja uma estrutura religiosa fundamentalista ou de magia negra. Por mais questionável que seja o sistema de crença da paciente, para nós enquanto indivíduos com nossa própria visão de mundo, não será impondo nossos pontos de vista de fora, digamos assim, que conseguiremos algum tipo de estabilidade. Precisamos ajudar a paciente a encontrar um lugar que ela possa ocupar, dentro de seu próprio sistema de crença – um lugar importante com uma missão atribuída que dê a ela um projeto e algo que a guie em suas ações.

Caveat sanator

O trabalho com psicóticos sempre envolverá encontrar um caminho para o sujeito... descobrir conversões que civilizem o prazer até se tornar suportável... As soluções que podem ser mais facilmente localizadas são as que envolvem o

simbólico suplementar, que consistem em construir uma ficção diferente da ficção edípica, e trazer isso até um ponto de estabilização.
Soler (2002, p. 189)

Dado que há muitas formas diferentes de psicose, é impossível fornecer uma prescrição para todas elas. Eu gostaria, no entanto, de discutir brevemente o que poderia ser pensado como um tipo de estágio intermediário entre pré-psicose e psicose, caracterizado pelos delírios. Neste estágio, com o qual tenho me deparado em diversas ocasiões no meu trabalho, e supervisionando outros, a falha no sistema de significado do psicótico é preenchida por um termo particular que serve como um dispositivo explanatório (veremos depois que esse "estágio intermediário" pode ser entendido nos termos que Lacan coloca como "sintoma"). Nos casos com os quais estou familiarizado, o termo não foi muito procurado pelo sujeito como seria esperado, sendo fornecido por profissionais da saúde mental que diagnosticaram os sujeitos com transtorno de déficit de atenção. TDA (ou TDAH) logo veio a servir para esses sujeitos como um dispositivo explanatório, como algo que explicaria tudo no universo deles: por que eles se tornaram o que se tornaram, por que as coisas aconteceram desse jeito, e por que eles tinham um lugar no mundo. Em um caso, o rótulo ainda oferecia ao sujeito um projeto existencial ou uma missão de vida: o de ajudar outras pessoas com o mesmo diagnóstico e lutar por benefícios e privilégios por outras pessoas como ele. Embora certamente não fosse a intenção do terapeuta ajudar esses sujeitos a preencherem certas lacunas na visão de mundo, o material significante fornecido pelo discurso "científico" contemporâneo foi traçado com o tecido dos significados que os sujeitos davam ao mundo e levaram a certa estabilidade aos sistemas de crença estáveis.

Quando os terapeutas encontram tais sujeitos, eles certamente ficam frustrados. Ficam sempre convencidos de que estão, na verdade, lidando com neuróticos que foram simplesmente classificados com um rótulo que explica tudo e não os deixa muito bem, livrando--os da responsabilidade do que aconteceu em suas vidas. Com isso, ocasionalmente, devem ser cuidadosos para não tentar abordar esse elemento particular da visão de mundo do paciente muito rapidamente, pois pode ser o elemento que esteja cobrindo um abismo, cobrindo uma lacuna imensa na história da pessoa. Uma vez que isso não levou a pessoa a submeter-se a medicamentos prejudiciais ou outras formas nefastas de tratamento, o princípio explanatório "provisório" pode servir para o sujeito psicótico e não deveria ser destruído aos poucos pelo terapeuta. Georges (1997, pp. 39-47) relatou que foi consultado por um jovem rapaz que estava convencido de que sofria de um caso banal de depressão e queria que o analista confirmasse que tinha a ver com seu pai. Embora Georges tenha ficado tentado a persuadir o rapaz, pondo em dúvida a questão, ele pensou melhor e achou que o quadro clínico seria de psicose, e ainda havia o fato do termo *depressão* ter mantido o rapaz no mundo, oferecendo-lhe um lugar reconhecível no mundo.[32]

"Borderline"

> *Devo admitir que o inconsciente, com o que tenho que me*
> *preocupar ao nível teórico, também é o inconsciente das*
> *resistências do analista. Na verdade, todo desenvolvimento*
> *pós-freudiano (no sentido cronológico do termo) em*
> *psicanálise é consequência de uma*
> *grande rejeição do inconsciente.*
> Lacan (1969b)

Algumas pessoas que poderiam ser consideradas pré-psicóticas, de acordo com o critério lacaniano, podem ser consideradas "*borderline*" (ou "nascisista") na linguagem psicanalítica contemporânea.[33] Se, no entanto, for adotada a perspectiva de que neurose e psicose são distinguidas pela presença ou ausência, respectivamente, da repressão (ou, para colocar em termos mais estritamente lacanianos, que a neurose é definida pela repressão, enquanto a psicose é definida pela foraclusão), e é aceita ainda a noção de que a repressão é o fenômeno do tudo ou nada – tendo ocorrido ou não –, então não pode haver fronteira entre neurose e psicose. Como mencionei antes, pode ser extremamente difícil, às vezes, determinar um diagnóstico correto, mas é o terapeuta que hesita ou vacila entre os dois diagnósticos, e não o paciente.

Embora em certas abordagens teóricas seja comum falar de pacientes que se tornaram psicóticos e depois tiveram a "remissão", presumivelmente no sentido de não serem mais psicóticos, e em outras tradições não seja incomum falar de "partes da personalidade psicótica e não psicótica" (bion, 1957, p. 269), *na tradição lacaniana, não há nenhuma continuidade entre neurótico e psicótico, mas sim uma clara descontinuidade* – nem há também nenhum movimento de trás para frente através das linhas entre neurótico e psicótico em pontos diferentes na vida de alguém.

Considerando que grande parte do pensamento psicológico, psicanalítico e psiquiátrico inclinou-se na direção de classificar os pacientes conforme empregam "defesas primitivas" em oposição a "defesas mais maduras" (tanto assim que os autores do DSM-IV estão considerando acrescentar um quinto eixo ao seu esquema diagnóstico para o DSM-V, o qual cobrirá os mecanismos de defesa; Millon & Davis, 2000, p. 25), eu proporia que seria mais saudável classificar as defesas sob os títulos estruturais mais amplos de neurose e psicose.[34] A repressão não deveria ser vista apenas como um mecanismo de defesa entre outros de uma longa lista de defesas usadas pelos neuróticos, mas sim como condição legítima para a possibilidade dessas defesas (tais como negação, deslocamento, isolamento do afeto, formação de compromisso, omissão, conversão, voltar-se contra o *self*, formação reativa, supressão do afeto e desagregação).[35]

Em um de seus trabalhos, Freud (1894/1966) disse que através da repressão uma ideia é separada do afeto que a acompanha, e este então é deslocado para outra ideia (no caso de obsessão) ou convertido em sintoma corporal (no caso de histeria). Continuou dizendo que a ideia é, desse modo, substancialmente "enfraquecida" (p. 52) e "separada de toda associação", significando que ela se torna parte de um "segundo grupo físico" (p. 55) – em outras palavras, torna-se inconsciente. Nenhuma dessas transformações de ideias e afetos (as quais, grosso modo, correspondem ao deslocamento, conversão e dissociação, respectivamente) seria possível se o inconsciente já não tivesse sido instaurado através da ação do que Freud (1914b/1957, p. 148) chamou de "repressão primária". Embora não possam ser igualadas à repressão, estritamente falando, não podem ocorrer em sujeitos para os quais a repressão primária não tenha ocorrido. Nenhuma delas é possível na psicose, onde a repressão primária não ocorreu. Freud usou o termo *verwirft* no texto de 1894 (que Lacan traduziu primeiro como "rejeitado" e mais tarde como "excluído") para caracterizar uma ideia como sendo *eliminada*, ao contrário de deslocada, convertida em sintomas corporais, ou isolada de todas as outras ideias. Quando tal eliminação ocorre, a pessoa "se comporta como se a ideia nunca tivesse ocorrido a ela" (p. 58). Nesses casos, não há criação do inconsciente através da repressão primária, e, portanto, os tipos de defesas disponíveis ao neurótico não funcionam.[36] Essa perspectiva teórica leva a um ou outro – repressão primária ou foraclusão – sem nenhuma área obscura ou fronteira entre eles.[37]

Sintoma

> Nas psicoses, o que quase sempre precisa ser feito é unir [as três dimensões] do nó que não consegue ficar atado, para evitar uma desvinculação, quando o sujeito corre o risco

disso acontecer, ou para ajudar a refazer o nó onde o antigo foi desatado, como no desencadeamento de uma psicose adulta.
Nominé (2005, p. 198)

Em seu último trabalho (de aproximadamente 1973 a 1981), Lacan abordou neurose e psicose em um estilo bem diferente: ao invés de dizer que não há dimensão simbólica genuína, e portanto nenhum inconsciente funcionando, na psicose, ele postulou que enquanto as três dimensões – imaginária, simbólica e real – estão frequentemente presentes na psicose, elas não estão ligadas como na neurose e não funcionam juntas como acontece na neurose.[38] Colocando de forma simples, essas três dimensões tornam-se firmemente ligadas na neurose pela formação de um tipo de nó – um nó a que Freud se referia como o complexo de Édipo e que Lacan generalizou como "metáfora paterna". A forma como o nó é atado nem sempre é apropriada, e isso pode levar a todos os tipos de problemas para o neurótico, mas o nó está seguro e seus efeitos deslocados podem, no melhor dos casos, ser substancialmente mitigados através da análise.[39]

Na psicose, por outro lado, o imaginário, o simbólico e o real nunca estão ligados via complexo de Édipo (teóricamente falando, esse último não ocorre na psicose, pelo menos não de forma completa). Nos casos em que a psicose não se manifesta claramente até alguma idade mais avançada, as três dimensões ficam ligadas de outra maneira, através de algum nó "incorreto" ("incorreto" do ponto de vista do complexo de Édipo) – um nó que se desfaz quando a psicose é desencadeada. Quando ela aparece, as três dimensões podem ficar juntas de diversas formas, como vemos nos casos variados de psicoses, ao examinarmos os eventos que levaram à desestabilização ou desencadeamento: a perda da companheira que permitia ao psicótico ter um papel especial na família, e cujo corpo servia como limite para o prazer do psicótico; a perda da capacidade de se envolver em atividade artística ou criativa, devido a um acidente de algum tipo; a perda do emprego que servia como um propósito de vida para o psicótico. Em cada um desses casos, podemos levantar hipóteses, retroativamente, de que o que permitia que a pessoa mantivesse a imagem de seu corpo, a linguagem e o prazer trabalhando juntos, não era o complexo de Édipo (ou a metáfora paterna), mas sim a companheira, o empenho artístico ou uma atividade particular, respectivamente.

O que a parece quando as três dimensões não funcionam juntas, como é a tendência na neurose?[40] Lacan (2005b) sugeriu que podemos vislumbrar uma incapacidade de trabalhar em conjunto na forma determinada pelo complexo de Édipo, olhando para o personagem de James Joyce, Stephen Daedalus (que se baseia fortemente no próprio Joyce), em *A Portrait of the Artist as a Young Man* (1916/1964). Stephen é ridicularizado pelos colegas de classe por sugerir que Byron seria o maior poeta de todos os tempos, e apanhou deles brutalmente quando se recusou a retirar o que foi dito. Curiosamente, muito rapidamente ele "não se aborreceu... com aqueles que o atormentaram" e "sentiu que um poder o despia daquele ódio repentino, assim como uma fruta é despida de sua pele macia e madura" (p. 82). Ao invés de conjecturar que Stephen seria simplesmente masoquista – isto é, que ele talvez gostasse de ser torturado pelos seus colegas – Lacan (2005b, pp. 148-150) sugeriu que Stephen manifestou um relacionamento diferente com o seu corpo, pois o ódio que alguém geralmente sentiria como uma sensação corporal duradoura foi, ao contrário, arrancado como uma casca de banana. Ao invés de ficar agitado, no limite, cheio de adrenalina ou exalando ódio, Stephen se despe "daquele ódio repentino", como uma pele velha de cobra – sem nenhum pensamento transcendente de perdão (por exemplo, pensando "perdoe--os, Pai, eles não sabem o que fazem") ou uma decisão firme de ficar bem com eles, mais cedo ou mais tarde (isto é, formando um plano de ação simbólico). Ao invés disso, é como se a sujeira não fosse para o cerne de seu ser, de qualquer modo; não o afetou da forma como poderia afetar outras pessoas. Parece que o corpo de Stephen – que aqui pode ser associado com a dimensão imaginária, na medida em que o imaginário, primeira e prioritariamente, diz respeito a imagens (visual, tátil, auditiva, e assim por diante) do corpo e suas fronteiras – não está conectado a ele de nenhum modo fundamental: ele não parece perceber que se o seu corpo está sendo atacado, ele enquanto pessoa está sendo ameaçado; não parece haver nenhum tipo de prazer inconsciente, irreconhecível da dor; ele não parece sentir que tem estado notavelmente caluniado ou desrespeitado; nem o incidente levado à formação de rancor.

Esta falta de conexão entre os registros imaginário e simbólico é uma receita para psicose, de acordo com Lacan, levando, em muitos casos, à despersonalização, experiências fora do corpo, e assim por diante (essas não podem ser consideradas isoladas como sendo "assinaturas" da psicose, pois podem ocorrer na neurose também).[41] De forma simplificada, Lacan sugeriu que é a escrita de Joyce e o nome que ele inventa para si mesmo através da sua escrita que impedem que o imaginário se torne completamente separado do simbólico e do real do seu caso. Nesse sentido, sua escrita serve a ele como o que Lacan chamou de "*sinthome*" (que é uma grafia francesa antiga para "sintoma") – um sintoma ou nó que substitui o complexo de Édipo para ele – o qual quase literalmente permite que ele mantenha corpo e alma juntos.[42]

O *sinthome* de Joyce parece ter sido particularmente resistente e não ter necessitado de ajuda psicanalítica. Aqueles em que o imaginário, o simbólico e o real não estão ligados por aquilo a que comumente nos referimos como complexo de Édipo nem sempre são afortunados. Um *sinthome* pode ser encontrado ou construído pelo indivíduo em algum momento de sua vida, mas ele é desencadeado ou começa a se revelar sob pressão de certas circunstâncias da vida, que ameaçam a estabilidade da solução do problema do indivíduo de manter corpo e alma juntos, digamos assim. A meta do analista nesses casos é ajudar o paciente a encontrar uma forma para voltar àquela estabilidade anterior ou encontrar uma nova situação que leve à estabilidade do mesmo tipo ou ligeiramente diferente.

Em certos casos – quando, por exemplo, a antiga estabilidade do paciente derivava de um relacionamento muito próximo com uma criança ou companheira que tivesse morrido – não haverá retorno possível e algo relacionado ou completamente novo terá que ser descoberto. Em outros casos, um retorno pode ser possível, uma vez que determinados obstáculos tenham sido removidos do caminho. E em outros casos ainda, "o vínculo analítico em si pode constituir um *sinthome* para o sujeito, se o analista se prender à tentativa de garantir nova ordem do universo [construída pelo paciente]. Isso é exatamente o que o sujeito espera: que o analista se torne testemunha, que ele garanta essa ordem" (Kizer et al., 1988, p. 146). Conforme mencionei anteriormente, isso apresenta argumentos em favor de um compromisso ao longo da vida por parte do analista com certos pacientes psicóticos, havendo uma razão estrutural nesses casos, para uma análise que não tenha internamente um fim necessário.

Capitonnage generalizado

> *A discreta metáfora delirante orienta a vida, pensamentos, ações e vínculos de um sujeito com os outros, muito mais frequentemente do que podemos pensar, sem parecer para qualquer um algo patológico.*
> Deffieux (1997, p. 19)

Nesta sessão, forneço um resumo bem condensado de um pouco da teoria por trás da formulação de Lacan sobre a psicose entre os anos 1950 e 1970, o que deveria ser visto como nada além de um aperitivo. Posso apenas esperar que minha discussão sirva de inspiração para que os meus leitores se aprofundem nos vários textos de Lacan sobre o assunto.

Ao reformular a "psicopatologia" como fez nos anos 1970, Lacan essencialmente insistiu que somos todos basicamente – quer sejam os neuróticos ou psicóticos – unidos, "atados", ou "costurados juntos", de um jeito sintomático. Embora o tipo de nó ou de ponto que segura a maioria de nós esteja relacionado com o complexo de Édipo, existem outros tipos de pontos também (um deles pode se referir a essa reformulação como semelhante à mudança da teoria da relatividade à teoria geral, e como indicativo de um afastamento do "modelo de déficit", segundo o qual a psicose é considerada como tendo a ausência de algo que está presente na neurose). Curiosamente, nos anos 1950 Lacan já havia empregado uma metáfora sobre a esfera do atar e costurar (o "ponto de capitonê") quando ele reformulou o complexo de Édipo de Freud como a metáfora paterna, em que o pai interdita o desejo da criança pela mãe, e o desejo da mãe pela criança, e nomeia a ausência ou desejo da mãe como relacionado ao pai (ela quer algo do pai que a criança não pode dar). A metáfora paterna, de acordo com Lacan, une permanentemente a perda do prazer corporal a um nome – isto é, ela ata a perda de contato íntimo da criança com a mãe e o "Nome do Pai" (que é tanto o pai como o nome daquilo que a mãe deseja, que vai além da criança, e o nome dado pelo pai para aquilo que falta na mãe).[43]

Lacan (2006) se referiu a essa primeira e indissolúvel conexão entre a linguagem e a experiência de uma perda do prazer como "ponto de capitonê" (*point de capiton* em francês; p. 805), que é um tipo de ponto ou nó empregado pelos estofadores para manter no lugar o enchimento, em uma peça de mobília, e não deixar o tecido que reveste tudo se deslocar. Os tapeceiros fazem isso fixando um botão com uma linha que atravessa o enchimento e o tecido, mantendo-os juntos, *um em relação ao outro,* embora não estejam necessariamente ligados a mais nenhuma parte estrutural do móvel (por exemplo a armação).[44] Olhando do ponto de vista da teoria de Lacan nos anos 1970, podemos ver que o ponto de capitonê já é um *sinthome,* nesse sentido, uma vez que é um ponto ou um nó que une a linguagem (o simbólico), o corpo (o imaginário), e o prazer (o real). O ponto de capitonê, constituído pela metáfora paterna, pode assim ser pensado como apenas um ponto dentre tantos.[45]

O *sinthome* pode ser assim compreendido também como uma continuação ou extensão da noção de *capitonnage* (*quilting,* fixar, atar, abotoar ou costurar), que Lacan desenvolveu, começando no V Seminário e continuando a escrever a respeito em 1960 ("Subversão do Sujeito", Lacan, 2006, pp. 804-819). O conceito de ponto de capitonê (*capitonnage*) veio de seu *insight* fundamental sobre como o significado é feito: assim como o início de uma frase pode não fazer sentido até que se ouça ou leia inteiramente (ver Fink, 2004, pp. 88-91), um evento que ocorre em um determinado ponto da vida de alguém não necessariamente assume nenhum significado nem faz sentido até mais tarde. De fato, uma parte crucial do trabalho psicanalítico com neuróticos envolve o exame de momentos críticos do passado do sujeito, tentando descobrir o que os fez tão críticos – na verdade, o que os tornou importantes pontos de mudança. Isso sempre envolve retornar a um evento específico, repetidas vezes, em diferentes momentos ao longo da análise, numa tentativa de aprimorar a grande quantidade libidinal que estava envolvida.

Os tipos de eventos a que os pacientes retornam repetidamente variam muito em significado e etapa da vida na ocorrência. Em um caso meu, foi uma cena histérica de uma mãe, logo após obter de volta a custódia de sua filha, na qual a mãe chorou amargamente pelo que o mundo fez com ela, especialmente os homens; sua criança nunca mais foi a mesma, tendo feito uma série de escolhas obscuras e complexas durante e depois daquela cena, que levou muitos anos para desvendar e reconstruir. Em outro caso, foi a morte prematura da mãe e o casamento quase imediato do marido, que levou sua filha adulta a trazer à tona toda base da família até aquele momento: seu pai havia realmente amado sua mãe? Os filhos teriam sido desejados pelo pai? A restauração repentina da libido do pai, e o distúrbio que isso causou na libido da criança, constituíram um evento importante que a paciente retomava de tempo em tempo, em uma tentativa de "conseguir lidar com isso".

Em outro caso ainda, o evento foi um quase suicídio pelo álcool, que inicialmente o paciente pensou que não era nada mais do que uma tentativa precoce de ver como seria se embriagar. Logo ficou claro que isso também envolveu forte identificação com uma figura paterna de uma série de historinhas cômicas, e consequentemente com o pai do paciente que era alcoólatra. As brigas do paciente com sua mãe, posteriormente, o levaram a perceber que ele estava, sem dúvida, tentando privá-la de alguma coisa, mesmo que tivesse que ser às custas de sua própria vida, e, ainda mais tarde, significados atribuídos ao evento envolveram censuras que ele também pode ter feito a seu pai. As brigas que ocorreram entre o paciente e cada membro da família, progressivamente, ganharam foco e o evento ou situação inicial (a que me refiro aqui como S1) levou a toda uma série de significados – significados que não anulavam um ao outro necessariamente, e nem se contradiziam, mas cada um mostrava uma peça do *puzzle* – baseada no que até agora tinha sido elaborado em análise (em outras palavras, em situações ou eventos posteriores, que a cada um irei me referir aqui como S2). Um paciente neurótico, desta forma, tentou atar ou fixar o significado de um evento anterior, retroativamente, anos ou mesmo décadas após o fato ter ocorrido, fazendo releituras que serviram para atar (*capitonner*) o significado momentaneamente, algumas releituras foram atando o significado por períodos mais longos que outros. Note que este trabalho tem a estrutura de uma metáfora substitutiva, no sentido de que uma interpretação (expressa em palavras ou significantes) é colocada no lugar de outra, a nova no lugar da antiga.

Cada um dos novos significados alcançados serve como um tipo de âncora (mesmo que somente temporária ou provisória), ligando as esferas do significado e da experiência para o paciente, e cada uma é estruturada como a âncora principal que Lacan se referiu como "metáfora paterna" (a qual coloca o Nome do Pai no lugar do desejo da mãe e/ou o desejo da criança pela mãe; ver Lacan, 2006, p. 557). Uma vez que o primeiro ponto de capitonê constituído pela metáfora paterna tenha sido instaurado, outros significados fixos (isto é, outros pontos de capitonê) podem ser estabelecidos – e restabelecidos, quando necessário, através do trabalho analítico. Cada um desses significados tem um efeito no inconsciente do paciente, o que Lacan denotou com o símbolo $ (designando o sujeito S como dividido entre o consciente e inconsciente, ao qual Lacan frequentemente se referia como o "sujeito barrado").

Esta discussão altamente abreviada me permitiu montar praticamente todos os elementos (conhecidos como "matemas") do que Lacan considerava ser a estrutura fundamental da significação em si, que é claramente operante na neurose, mas não na psicose:

$$\frac{S_1}{\cancel{S}} \rightarrow \frac{S_2}{a}$$

Sem entrar em todos os detalhes dessa formulação,[46] quero apenas observar que ambos os termos que aparecem na linha de baixo, o sujeito barrado e o objeto *a*, têm a ver com certa rigidez ou até mesmo fixação: uma rigidez de significado no caso do sujeito barrado e uma fixação do desejo do sujeito no caso do objeto *a*. Objeto *a* é o termo de Lacan para aquilo que causa primordialmente o desejo de alguém, o que fundamentalmente mais desperta o desejo do sujeito (ao contrário do excesso de objetos concretos do mundo em que o desejo poderia ser despertado). A causa do desejo do neurótico, digamos assim, é bastante específica, de acordo com Lacan, e também muito difícil de ser descrita; exemplos de objeto *a* incluem um modo particular de ser visto ("olhar"), um tom ou timbre de voz particular, o peito, e assim por diante. A ideia essencial, aqui, é que o desejo do neurótico é despertado por um objeto particular (mesmo se, como o olhar, não for um objeto de qualidade) e por um pouco mais.

A estrutura fundamental de significação, que é instaurada na neurose, implica tanto a rigidez do significado quanto a fixação do desejo. A rigidez de significado implica em limitação de quem e o que a pessoa é – em outras palavras, a castração, no sentido psicanalítico do termo – e fixação do desejo implica em limitação do prazer, não o prazer ilimitado, irrestrito e incontrolável.

Na psicose, muitas vezes falhamos em encontrar tal fixidez ou fixação. Aquilo a que os psicanalistas têm se referido pejorativamente como "narcisismo" (como no "transtorno de personalidade narcisista") e como a "grandiosidade" pode ser melhor compreendido como uma *ausência de limitação*. Na psicose nenhum ponto de capitonê jamais se estabelece – a metáfora paterna nunca é instaurada, significando que não ocorre a edipianização – o que implica que nenhuma outra conexão de significação, especificamente entre as esferas da experiência e do significado, também seja estabelecida. Não encontramos no trabalho analítico com psicóticos o retorno do mesmo evento repetidas vezes, pois novos significados são acrescentados a outras facetas da experiência.[47] Eles são incapazes de produzir um S2 que ate retroativamente o significado de um evento anterior (imagine a representação de uma flecha se deslocando para trás, de S2 para S1, na estrutura fundamental de significantes), uma nova interpretação que tome o lugar de uma interpretação antiga, constituindo assim uma metáfora substituta. Eles são capazes de articular simplesmente a constituição de uma série de novos eventos (uma série de S1 digamos assim), cada qual parecendo funcionar independentemente dos outros, nenhum deles afetando retroativamente os anteriores de tal modo a "fechar a significação" – isto é, rebaixando provisoriamente sua significação (Soler, 2002, pp. 95-96). No caso do neurótico, por outro lado, a produção, durante a análise, de um novo S2 tem importante impacto no sujeito dividido entre consciente e inconsciente, na medida em que a nova interpretação alcança algo que estava no inconsciente previamente.

O que frequentemente encontramos na psicose, ao invés disso, é uma dificuldade de parar o fluxo ou o movimento de ideias em algum ponto em particular – por isso a dificuldade de encontrar algum lugar adequado (um S2), qualquer significado que tenha sido produzido, no encerramento da sessão (como mencionei no Capítulo 4). De fato, na mania encontramos o que é sempre referido como "descarrilamento" ou "fuga de ideias", um movimento da fala que parece incapaz de jamais imobilizar ou delimitar qualquer significado particular com o qual o psicótico poderia se satisfazer (*jouis-sens*). Essa incapacidade algumas vezes é classificada, na psiquiatria, sob a categoria de "transtornos do pensamento", uma categoria nebulosa, do meu ponto de vista, que precisa ser articulada em termos da própria estrutura da construção de significado.[48] Considerando que parece possível filtrar certos eventos dolorosos do passado do paciente psicótico, do prazer mórbido incorporado a eles, a fixação de seu significado é muito mais difícil – como é a fixação ou a limitação de seu prazer uma vez que a psicose é desencadeada, pois naquela altura seu "corpo, ao invés de ser árido como é para eles [neuróticos], é assediado e atravessado por um prazer indescritível e indecifrável" (Soler, 2002, p. 113).[49]

O objeto *a*, que também aparece na linha inferior da estrutura fundamental da significação apresentada anteriormente, concentra o prazer para a neurótica de forma durável e estável – na verdade, a neurótica sempre se queixa que ela não encontra ninguém, exceto em fantasia, que fale com ela no tom de voz que ela deseja, ou olhe para ela de forma que ela deseje ser olhada, como se não houvesse outra forma para ela experimentar o prazer. Na psicose, por outro lado, o objeto *a* não opera da mesma forma, e o prazer da psicótica pode ficar difícil, quando ocorre um surto, se não impossível, de ser localizado e limitado.[50] Tudo isso leva a psicótica, frequentemente, a tentar concentrar e limitar seu próprio prazer, mutilando-se ou cortando os "órgãos agredidos", as partes de seu corpo que ela vivencia como sendo invadidas pelo prazer. Como Miller (IRMA, 1997, p. 222) colocou, "Quando a castração não é simbolizada, ela busca a continuidade no real", o que sugere que muitos dos cortes e da automutilação que encontramos nas clínicas hoje podem refletir uma tentativa, por parte dos psicóticos, de executar uma espécie de "castração real" (castração física) onde nenhuma "castração simbólica" conseguiu ocorrer.

A meta do analista é obviamente ajudar a psicótica a limitar e delimitar o seu prazer, sem precisar se cortar, e ajudá-la a encontrar um caminho para parar com esse tipo de evacuação repentina de todos os significados fixos, que podem ocorrer durante um episódio psicótico. No entanto, uma vez que o psicótico não funciona sem a estrutura fundamental de significação retratada anteriormente, os limites e significados têm que ser encontrados de outras maneiras, em relação aos que são encontrados no trabalho com neuróticos. O trabalho com psicóticos é imprevisível e, como em todo trabalho psicanalítico, o analista deve sempre estar aberto a surpresas e pronto para proceder da forma que for preciso. A estabilização com a ajuda de uma suplementação imaginária – isto é, algo na dimensão imaginária que pode suplementar ou ligar os três registros que não estão funcionando juntos – é um caminho relativamente bem conhecido e documentado; na tentativa de criar uma suplementação imaginária, o analista pode promover uma busca artística à qual o paciente já seja inclinado, ou pela fotografia, pintura, escultura, dança, música, ou outras artes (por exemplo, ver Cambron, 1997, p. 100). A estabilização, com a ajuda de uma suplementação simbólica, é outro caminho conhecido, o analista tenta aproveitar a vantagem de uma propensão comum entre os psicóticos, que é escrever (ficção, poesia etc.), quando ele não é obrigado, como geralmente é, em casos de psicose desencadeada, simplesmente para testemunhar e assistir a produção de um sistema delirante de significados – uma metáfora delirante que substitui a metáfora paterna e, de modo geral, constrói a dimensão simbólica como um todo.

As implicações do tratamento da teoria de Lacan nos anos 1970 ampliam sua abordagem anterior: o analista não precisa simplesmente tentar prevenir que ocorra um surto ou proceder a um projeto delirante em uma direção segura; outras opções surgem agora no horizonte, tais como levar o paciente a um antigo estado estável (restaurando o nó à sua forma anterior, digamos assim) ou trabalhando em direção a um novo estado estável que não precise necessariamente ser baseado na reconstrução delirante do universo inteiro. Ao mesmo tempo que algumas orientações específicas já foram fornecidas por Lacan, novas estratégias terapêuticas são pelo menos concebíveis aqui.

Note que, diferentemente de alguns analistas, Lacan não acreditava que fosse possível fazer com que um psicótico, que viesse até nós, se tornasse um neurótico. Em seu ponto de vista, se a metáfora paterna não for instaurada entre cerca de seis e oito anos de idade, nunca mais seria instaurada. Diferente de Winnicott, Spotnitz e alguns outros analistas, Lacan não acreditava que os pacientes pudessem "regredir" para todos os estágios anteriores, "estágios do desenvolvimento", passando por eles novamente com o analista. A pessoa que atingiu a vida adulta e se tornou psicótica, teoricamente, não pode ficar dividida entre consciente e inconsciente no final da análise. Embora a visão de Lacan sobre o tratamento da psicose não seja tão otimista quando a de outros analistas, ele, no entanto, parece mais esperançoso no prognóstico para os paranoicos do que para os esquizofrênicos.

Notas conclusivas

Quando se deparar com alguém que seja insano e delirante, não se esqueça de que você também é ou foi uma vez o paciente, e de que você também falou sobre o que não existe.
Miller (1993, p. 13)

Espero que tenha ficado claro que minha discussão aqui sobre a abordagem lacaniana ao tratamento da psicose é muito superficial, oferecendo assim apenas um esboço conciso de como o analista deve se situar na terapia, e algumas poucas noções sobre o que se deve ou não fazer. Embora minha discussão anterior neste livro da abordagem lacaniana ao tratamento da neurose seja bem mais elaborada, ela cobre os primeiros estágios do tratamento muito melhor do que os estágios mais tardios e certamente não pode ser tomada como um guia completo. Haverá casos em que isso não se aplica, casos em que não seja efetivo e casos em que as regras básicas devem ser dispostas em um ponto ou outro para permitir que a análise comece ou continue. Fiz o melhor que pude na minha discussão do tratamento da psicose aqui, e espero fornecer um guia mais completo em outra ocasião.

Notas

1. Apesar do que ele disse aqui, a abordagem baseada na regressão de Winnicott para o tratamento das psicoses não requer nenhuma mudança de abordagem comparada ao tratamento dos neuróticos. Além disso, afirmou explicitamente que ele "não está pedindo [ao analista] que assuma os pacientes psicóticos", especialmente não "na primeira década da carreira do analista" (Winnicott, 1954/1958b, p. 293). Alegou, no entanto, que, ao trabalhar com psicóticos, "o *setting* torna-se mais importante do que a interpretação" (Winnicott, 1955-1956/1958c, p. 297).

   Lacan (1977a, p. 12), por outro lado, sustentou que "Um analista não deve se afastar da psicose", e penso que ele quis dizer que os analistas precisam procurar aprender a trabalhar com psicóticos, não que cada analista, individualmente, devesse atender pacientes psicóticos, até porque ele pode não saber nada ainda sobre como trabalhar com eles.

2. Sua primeira menção do termo pode ser encontrada em Lacan (1993, pp. 150-151).

3. Ver os comentários de Freud (1911a/1958, p. 77) sobre a diferença entre paranoia e esquizofrenia, que ele sempre referia como

"demência precoce". Vanneufville (2004) relatou um caso muito sério de melancolia. Soler (2002) forneceu excelente descrição das diferentes formas de psicose de uma perspectiva lacaniana altamente sofisticada, com capítulos separados sobre erotomia, melancolia, autismo, mania, paranoia e esquizofrenia. Pode ser do interesse de certos leitores saber que, enquanto teorizei que os psicóticos não passaram pelo que Lacan chama de "alienação" (Fink, 1997, Capítulos 7 e 9), Soler (2002, pp. 118-121) teorizou que, enquanto os autistas e esquizofrênicos não se submetem à alienação, os paranoicos sim; o que esses últimos não submetem, em sua visão, é ao que Lacan chama de "separação". Ela também postulou que, para poder ser inscrito em um discurso, o sujeito deve ter se submetido à separação (p. 63). Note, também, que, para ela, a metáfora paterna não é tudo ou nada (p. 140).

4. Nos primórdios do trabalho, Lacan (1993) colocou isso de forma bastante diferente do que fiz aqui:

"Meu ponto de partida é o seguinte: o inconsciente está lá, presente na psicose. Os psicanalistas concordam com isso, certa ou erroneamente, e eu concordo com eles que de qualquer forma seja um *possível* ponto de partida. O inconsciente está lá, *mas não funciona*. Ao contrário do que as pessoas pensavam, o fato de que esteja lá não implica automaticamente qualquer tipo de resolução; pelo contrário, implica uma inércia bem particular". [pp. 143-144; tradução modificada (note que está faltando uma sentença aqui na publicação em inglês; veja a edição francesa, p. 164)].

Cerca de 20 anos antes, Lacan (1990) falou da "rejeição do inconsciente" na psicose (foi mal traduzido, no texto em inglês, como uma "recusa do inconsciente", p. 22), usando essa expressão como se fosse sinônimo do ato ou processo de foraclusão. Referiu-se também a James Joyce em um ponto (2005b, p. 164), como se fala, "tendo cancelado sua assinatura para o inconsciente" ou como sendo não aderente ao inconsciente (*désabonné à l'inconscient*). Freud (1917/1957, p. 235) disse algo parecido quando indicou que na esquizofrenia o inconsciente é descatexizado. Em uma tendência similar, Freud (1915b/1957, p. 203) disse, "Em relação à esquizofrenia... uma dúvida pode nos ocorrer se o processo aqui denominado repressão tiver alguma coisa em comum com a repressão que surge nas neuroses de transferência".

Ao dizer que não há, estritamente falando, inconsciente na psicose, não quero deixar implícito que a psicótica sempre sabe por que ela faz o que faz; mas estou sugerindo que o conhecimento encontrado no inconsciente não funciona da mesma maneira como funciona na neurose – em particular, não é projetado no analista como um assunto que se supõe conhecer.

Freud (1925c/1959, p. 60) comentou sobre a não existência ou a não funcionalidade do inconsciente na psicose de forma ligeiramente diferente quando disse que "muitas coisas que na neurose têm que ser minuciosamente trazidas das profundezas são encontradas, na psicose, na superfície, visível a quem quiser ver"; ou seja, sem dúvida, a origem da conhecida expressão de Lacan *à ciel ouvert*, significando, publicamente, para todo mundo ver (ver, por exemplo, Lacan, 2006, p. 825). A ideia aqui é que, logo na primeira sessão, o psicótico pode chegar e dizer diretamente e sem nenhum embaraço, "Minha esposa tomou o lugar da minha mãe", enquanto o neurótico eventualmente diga a mesma coisa depois de longo tempo de trabalho analítico destinado a trabalhar o reprimido.

Minha alegação de que não há nenhum inconsciente na psicose se depara com os muitos usos do termo *inconsciente* por outros analistas (por exemplo, Klein, Bion e Winnicott). O próprio Freud nem sempre foi consistente no uso do termo, especialmente quando ele desenvolveu a sua segunda topografia (1921), e os analistas subsequentes enfatizaram um aspecto ou outro do inconsciente como desenvolvido por Freud, ou acrescentaram alguma coisa na discussão. Como De Masi (2001) mostrou, os analistas querem dar significados diferentes para as mesmas palavras. Mais do que diluir a especificidade do inconsciente ao abraçar tudo o que é dito sobre ele, por todos os analistas, assim como De Masi fez, neste livro eu adoto a noção de inconsciente de Lacan como uma cadeia de significantes – amplamente equivalente, no seu trabalho, ao que ele chama de "ordem simbólica" – que não funciona na ausência da repressão. Ao invés de fornecer uma longa discussão teórica acerca disso, remeterei o leitor a Lacan (2006, pp. 11-61, 829-850) e Fink (1995, Capítulo 2, Apêndice 1).

5. Lacan (2006, p. 392) forneceu uma diferença entre esquizofrenia e paranoia quando disse que, para os esquizofrênicos, "todo simbólico é real".

O diagnóstico é de importância considerável, mesmo para os terapeutas que não acreditam que seja. Caso alguns dos meus leitores decidam eventualmente clinicar ou acabem clinicando de uma forma totalmente não psicanalítica – empregando psicodrama, *gestalt* terapia, e assim por diante –, todavia, eles deveriam ter ciência de que não devem pedir aos psicóticos ou pré-psicóticos que façam o papel de seus pais, por exemplo, porque isso os deixaria provavelmente loucos ou deixariam a terapia completamente (para um exemplo, ver comentários de Garcia-Castellano sobre um paciente psicótico que antes havia feito terapia na linha da *gestalt*; IRMA, 1997, p. 252).

6. De acordo com J. L. Belinchon et al. (1988, p. 294), Gérard Miler foi além ao dizer que os atos falhos não ocorrem de forma alguma na psicose. Com essa afirmação, ele quer dizer que os "atos falhos freudianos" – atos falhos que tenham significados intencionais e não intencionais – são impossíveis, ainda que erros de outros tipos sejam obviamente possíveis na psicose.

7. A abordagem psicanalítica que apresento aqui para o tratamento da neurose é bem diferente da abordagem americana contemporânea, introduzida em muitos institutos de treinamento, em que o analista é ensinado a não fazer nada que possa provocar aumento de ansiedade no paciente.

8. Ver os comentários de Freud (1911a/1958, pp. 71, 77) sobre o assunto.

9. Paul Williams (2002, p. 1), em sua introdução a uma recente coleção de textos sobre psicose com perspectivas não lacanianas, argumentou que "o núcleo da crise do paciente [psicótico é] a destruição do significado" e que os terapeutas de diferentes linhas psicanalíticas vislumbram "a tarefa de restaurar o significado".

10. Isso não é, naturalmente, verdadeiro para questões relacionadas diretamente com a continuação da análise, tais como agendamento e pagamento.

11. Não se deve assumir que seja sempre possível distinguir convincentemente entre neurose e psicose; ver IRMA (1997) para um debate detalhado sobre diagnóstico de vários casos incomuns, por um grupo de proeminentes analistas lacanianos. Optei por não discutir o tratamento da perversão, a terceira principal categoria de diagnóstico, neste livro. Para uma discussão da perversão, ver Fink (1997, 2003, Capítulo 9).

12. Lacan (1974-1975, 21 de janeiro, 1975) sugeriu que "na psicose, a pessoa não só acredita na [existência das] vozes, mas também acredita nelas", enquanto na neurose a pessoa pode até acreditar que ouve vozes, mas não acredita, necessariamente, no que elas dizem: ela não tem certeza se estão certas, como o psicótico tende a ter. A certeza é um importante aspecto da psicose.

13. É precisamente por causa da certeza da psicótica que ela não está em busca de conhecimento do analista; o neurótico fica incerto ou mesmo com dúvidas e busca corroboração, validação e confirmação do analista. Isso não quer dizer que o psicótico esteja *sempre* certo e nunca tenha dúvida (ver Soler, 1997, p. 215), mas sim que o psicótico não está em busca de corroboração, validação e confirmação do analista, como faz o neurótico.

14. Devemos sempre manter em mente que muitas vezes uma palavra verdadeira é dita em tom de brincadeira. Tais comentários surgem, sem dúvida, do que certos analistas chamam de "ego observador"; talvez se devesse pensar que surgem do que Freud chama de "censor" ou "censura".

15. Particularmente, o psicótico está apto a se concentrar na ocorrência que um determinado conjunto de fonemas, ou sons, que aparece em uma série de diferentes contextos (por exemplo, alto ou auto), sem conseguir apreciar os diferentes e diversos significados que esse conjunto de fonemas pode, *simultaneamente*, transmitir. Em um exemplo, um paciente francês não conseguia compreender o fato do termo de computação *bit* ser pronunciado exatamente como *bitte* em francês (que é uma gíria para pênis), ao invés de ser capaz de brincar sobre o seu "valor metafórico" como seus colegas conseguiam (Nominé, 2005, p. 209). Nós realmente encontramos, claro, exemplos de psicóticos vendo ou ouvindo múltiplos significados em uma mesma palavra ou nome; Georges (1997, p. 40) discutiu com um jovem francês que, durante a consulta, disse que com o nome de uma mulher que ele tinha conhecido, Edevine, ele ouvia Edwige, *advinha*, Eve, e *devine*, significando "sublime". Assim, não posso acreditar que tenha ouvido um psicótico adivinhando tantos significados em sua própria fala.

16. De fato, Lacan considerou ser este um dos objetivos que o paciente neurótico designa para si mesmo: *le bien dire*, expressar-se bem.

17. Note, no entanto, que Miller (1993, p. 8) propôs que o esquizofrênico emprega ironia de certo tipo: "a forma cômica tomada pelo conhecimento de que o Outro não sabe – isto é, que o Outro, enquanto o Outro do conhecimento, não é nada". Mais tarde ele (IRMA, 1997) deu exemplo de um esquizofrênico que fazia um tipo de jogo de adivinhação com a analista, perguntando a ela coisas que ele imaginava que ela não teria a menor ideia, e

então deu um riso abafado porque ele sabia as respostas que ela não sabia. Conforme Miller (IRMA, 1997, p. 202), "tais jogos de adivinhação encarnam muito bem a posição da ironia na esquizofrenia". Deve ficar claro que estou usando o termo *ironia* em um sentido bem diferente. Quando os analistas se referem ao uso da ironia para os psicóticos, fica sempre muito claro que *eles* veem alguma coisa irônica no uso dessa palavra, enquanto o paciente não vê. Sureau (IRMA, 1997, p. 204), por exemplo, contou sobre uma paciente que se referia a ela como seu "anjo da guarda"; Sureau considerou aquilo muito irônico porque a paciente estava preocupada em ser "guardada" (isto é, forçosamente detida) em um hospital psiquiátrico. O que não ficou totalmente claro é se a própria paciente pretendia fazer ironia no sentido do termo – em outras palavras, não está claro se a própria paciente sentia que ela irritava ou provocava Sureau com esse apelido, porque ela percebeu que poderia ser interpretado de dois modos diferentes. Aqui parece evidente que a ironia está nos olhos de quem vê.

Similarmente, não é comum encontrar humor intencional na fala de um psicótico. Castenet e de Georges (2005, p. 41) observaram a mesma coisa com respeito à melancolia e aos predispostos à ela, quando se referiam à "atração pela seriedade e a relativa incapacidade para o humor do sujeito pré-melancólico, um humor que implicaria a possibilidade de uma mediação, um distanciamento dos valores preestabelecidos". Decool (1997, pp. 29-36), por outro lado, relatou um caso em que um esquizofrênico tornou-se um piadista: ele contava piadas que se baseavam claramente em jogos de palavras e insinuações para que as pessoas rissem. A questão que eu levantaria neste caso é se o paciente inventou as piadas ou simplesmente as ouviu de outras pessoas e observou que elas faziam as pessoas rirem, mesmo que ele não as entendesse.

18. Uma das coisas que sempre aparecem no trabalho com neuróticos é que a paciente, no início, quer trazer seu esposo ou namorado para que o analista veja *realmente* o que a paciente está

enfrentando, que com palavras, ela acha, não conseguiria expressar. Ela acredita que o analista deve conhecer esse parceiro insuportável para poder compreendê-la totalmente e simpatizar com sua situação na vida. Caso o analista se recuse a conhecer seu parceiro, a paciente poderá apelar para fotografias, cartas e assim por diante, para mostrar sua situação. De alguma forma, o analista deve ser levado a ver as coisas precisamente da mesma forma que a paciente as vê, para que ele avalie completamente o problema da paciente (isso vem sempre acompanhado pela afirmação de que não é realmente a paciente que precisa de análise, mas sim seu parceiro).

Praticamente nada disso ocorre na psicose. Raramente, se nunca, há preocupação por parte da psicótica sobre a descrição de sua situação ter sido inadequada ao transmitir para o analista uma apreciação adequada da situação da paciente – de fato, o analista fica sempre mais preocupado sobre a situação da paciente do que a própria paciente. O neurótico preferiria convencer o analista de certo tipo de drama pessoal, que o analista talvez percebesse como muito simples, enquanto que a psicótica muito provavelmente descreverá situações com naturalidade, que chocam e preocupam o analista.

19. Aqueles que querem saber se são loucos estão mais para neuróticos do que aqueles que nunca se perguntam sobre isso. O querer saber em si serve como um barômetro diagnóstico útil.

20. Para discussão de diferentes formas de paranoia, veja o caso histórico de Schreber de Freud (1911/1958, pp. 63-65).

21. Conforme Miller (1993, p. 11) coloca, o Outro existe na paranoia não como simbólico, mas como real.

22. Imagine querer ocupar um espaço no xadrez, em um determinado quadrado do tabuleiro, quando aquele quadrado foi simplesmente eliminado do tabuleiro.

23. Note que, embora o neurótico possa situar o analista em uma posição simbólica desde o início, o analista não deve concordar em ocupar aquela posição com o neurótico, preferindo ocupar a posição da causa do desejo do paciente (ver, por exemplo, Lacan, 2007, p. 41; Fink, 1997, Capítulo 4).

24. Suspeito que a maioria dos psicanalistas hoje, pelo menos no mundo onde a língua inglesa é falada, adote essa posição de "melhor amigo" com todos os seus pacientes, independentemente do diagnóstico, trabalhando com eles tendo como base sua própria visão de realidade e do que é bom para as pessoas, ao invés de adotar posições diferentes com neuróticos e psicóticos.

25. Ao discutir o trabalho com neuróticos, Lacan (2005a, p. 19) disse "Os psicanalistas sabem muito bem que não é desejando o que é bom para as pessoas que elas conseguem realizar e que, na maioria das vezes, é sempre o contrário... Isso seria útil se mais pessoas percebessem que não é porque alguém quer muito fazer boas coisas para um bom amigo que ele realmente faz esse bem".

26. Embora esses dois outros diferentes possam ser discriminados na teoria, nem sempre é fácil distinguir na prática, pois talvez ao outro prestativo seja atribuído certo tipo de conhecimento – um conhecimento, por exemplo, de como obter do sistema o que alguém quer (i.e., das agências de serviço social que fornecem moradia, alimentação, assistência médica, auxílio-desemprego e auxílio invalidez, e assim por diante) ou um conhecimento dos medicamentos psiquiátricos, remédios fitoterápicos, fisioterapias, boa higiene, exercícios, e assim por diante, que a paciente ache útil. Note que o tipo de conhecimento envolvido aqui não tem nada a ver com a "vida interna" da paciente, nada a ser feito com o porquê e onde de suas ações, e nada a fazer com a causa de seus pensamentos angustiantes, alucinações e assim por diante.

Mas isso não é inteiramente verdadeiro, pois a paciente pode muito bem pensar que a razão dela ter tais pensamentos e alucinações é porque ela tinha dificuldade para dormir, um problema que poderia ser potencialmente resolvido com a recomendação, de um treinador ou médico, que ela fizesse mais exercícios, não comesse antes de dormir, e tivesse parado de ler ou ver televisão na cama antes de desligar as luzes. Em outras palavras, a esse outro prestativo poderia ser atribuído *um conhecimento da causa de seus problemas*, em determinado nível.

A diferença entre interno *versus* externo torna-se confusa aqui: "causas exteriores" poderiam ser vistas como sendo a causa dos "estados internos" dolorosos. Todavia, podemos observar que a paciente, para quem apenas o outro prestativo existe, parece nunca esperar que o analista saiba alguma coisa sobre os eventos passados de sua vida, que possam ter contribuído para suas atuais dificuldades, saiba algo sobre os tipos de configurações familiares que levaram àquele tipo de problema de que ela se queixa (exceto, talvez, as banalidades costumeiras do "abuso sexual" e TDAH), e assim por diante.

27. O ego pode ser visto, aqui, como um sistema ideológico que procura explicar tudo que acontece de maneira agradável, fornecendo, para esse fim específico, o que são consideradas razões aceitáveis para aquilo que poderíamos considerar, por outro lado, eventos inexplicáveis ou inaceitáveis.

28. Podemos dizer, aqui, que há lacunas na estrutura ideológica da paciente, que precisa ser estendida para cobrir tudo.

29. Lacan (2006, p. 582) referiu-se explicitamente nesse contexto a "suplementando o... vazio constituído pela *Verwerfung* [foraclusão] inaugural".

30. A resposta a essa questão, de acordo com Lacan, é que na neurose a fantasia fundamental é fornecida. De acordo com J. L. Belinchon et al. (1988, p. 294), não há fantasia fundamental na psicose, apenas prazer.

31. Lacan se referiu a essa visão de mundo como uma metáfora delirante, porque ela substitui a "metáfora paterna" mais conhecida na neurose, em certos aspectos, permitindo que as palavras e significados estejam unidos de forma relativamente estável e duradoura. Schreber, de Freud, por exemplo, levou anos estimulando uma nova cosmologia altamente idiossincrática, mas o resultado final foi um mundo consistente de significados – significados não divididos por muitos, mas significados de qualquer modo – nos quais um espaço, um papel suportável, estava reservado para Schreber. Schreber, enfim, conseguiu encontrar um lugar para si, em um mundo de sua própria criação. Lacan (2006, p. 571) se referiu a isso como ponto "terminal" do "processo psicótico" de Schreber. Somente quando alcançou esse "ponto terminal" ele conseguiu argumentar de forma bem sucedida que deveria sair do hospital psiquiátrico (acredito que ele, no entanto, se desestabilizou novamente alguns anos depois).

Note que o perverso, assim como o psicótico, se envolve em uma tentativa de *suplementar a função paterna* para fazer o Outro simbólico existir. O perverso faz isso encenando ou decretando o enunciado da lei; o psicótico faz isso ao estimular a metáfora delirante. Ver, sobre este ponto, Fink (1997, Capítulo 9).

32. O princípio moral aqui é que devemos ter o cuidado de não remover, por bem ou por mal, o que tomamos como sintoma de alguém: pode sim ser o sintoma (como veremos depois) mantendo o real, o simbólico e o imaginário juntos para aquela pessoa. Mesmo que não seja, ainda pode servir como um tipo de ponto de capitonê provisório (discutido depois). Esse exemplo sugere como é inútil fazer da remoção do sintoma a nossa primeira meta em terapia.

33. Pessoas que poderiam ser consideradas neuróticas (especialmente as histéricas), de acordo com o critério lacaniano, são também consideradas "*borderline*" na linguagem psicanalítica contemporânea.

34. Note que o que estou dizendo aqui contradiz a recomendação de Freud (1926/1959, p. 163) de que repressão seja vista simplesmente como uma defesa dentre outras, uma inversão relativamente tardia de sua perspectiva de longa data de que a repressão seria muito mais crucial do que os diversos mecanismos de defesa. Anna Freud (1946, p. 54) tomou esta única colocação isolada de seu pai como um convite para estabelecer uma "classificação cronológica" inteira das defesas, o que infelizmente ainda está dando frutos hoje em dia. Note, no entanto, que, mesmo nesse contexto, Freud (1926/1959, p. 164) não estabeleceu uma sequência de diagnósticos e defesas, pelo contrário, criou a hipótese de que "antes de sua forte clivagem em ego e id, e antes da formação do superego, o aparelho mental faz uso de diferentes métodos de defesa daqueles que ele emprega depois de ter alcançado esses estágios de organização". Em outras palavras, Freud postulou um possível grupo de defesas que são utilizadas antes da formação do ego, através da repressão primária (e que pode continuar sendo usada na ausência da repressão primária – isto é, na psicose), e um grupo separado de defesas que são como premissas da repressão primária.

35. Lembre-se de que, conforme indicado no Capítulo 1, muitas dessas têm um termo correspondente na retórica: deslocamento corresponde à metonímia, omissão de reticências, e assim por diante.

36. Não digo com isso que cada defesa se encaixe perfeitamente de um lado ou de outro da divisa neurose/psicose; a projeção, por exemplo, ocorre em ambos os grupos.

37. Note que, ao rejeitar uma ou outra perspectiva, poderíamos dizer, seguindo a linha de pensamento que propus no nota de rodapé anterior, que a psicanálise tem evitado uma lógica neurótica em favor de uma lógica perversa (se não psicótica).

38. Lacan sugeriu, no entanto, que na esquizofrenia todo o simbólico é real; por esse motivo não há de fato as três dimensões que poderiam potencialmente ser unidas na esquizofrenia.

39. O relato inicial de Lacan (1973-1974, 11 de dezembro, 1973) sobre isso é de alguma forma mais flexível do que o relato que fiz aqui. Ele alegou que, em pessoas normais (esse é um dos raros usos do termo *normal*), as dimensões imaginária, simbólica e real estão ligadas de tal modo que, quando uma delas é excluída, as outras duas não continuam juntas; nos neuróticos, por outro lado, quando uma delas é cortada ou eliminada, as outras duas continuam juntas. Como ele coloca, "No melhor dos casos, quando um dos anéis do cordão [correspondente às três dimensões] está faltando, você deve ficar louco... Se há alguma coisa normal, que é quando uma das dimensões se revela por algum motivo, você realmente enlouquece". No entanto, seu comentário mais repetido sobre a neurose nos anos 1970 é que o imaginário, o simbólico e o real ficam juntos (isto é, ficam conectados um ao outro) por causa da forma duradoura com que foram unidos. Essa forma é sintomática, mesmo no final de uma análise, e por isso que ninguém chega a um ponto em que não haja sintoma algum. Não quero dizer com isso, no entanto, que não chegar a um ponto em que não haja sintoma deixe alguém aborrecido.

40. Note que tal questão não poderia nem mesmo ser levantada por alguém como Bowlby (1982), para quem o corpo, o sistema nervoso central, e os instintos fornecem a unidade inicial, e de algum modo automática, dos seres humanos. Uma vez, no entanto, que encontramos pessoas cujos corpos não funcionam de forma coordenada – cujas pernas podem andar, por exemplo, sem qualquer ajuda de seu torso ou braços, ou que está se esforçando para defecar sem qualquer sinal em seu rosto (ver Bettleheim, 1967) – parece claro que precisamos explicar como, pelo menos parcialmente, o senso de *self* unificado, e parcialmente, o funcionamento corporal unificado, tornam-se possíveis em alguns casos (a primeira tentativa de Lacan foi através do "estádio do espelho"; Lacan, 2006, pp. 93-100), mas não em outros.

41. Deffieux (1997, pp. 16-17) relatou o caso de um paciente que contou a ele que aos oito anos fora atacado na floresta por um

estranho que lhe espancou severamente e pegou uma faca, aparentando intenção de cortar seu pênis. O paciente então contou a Deffieux, "Não tenho ideia se machucou". Quando Deffieux pediu a ele mais tarde que contasse mais detalhes da cena, conforme ele se lembrava, ele disse que, quando o homem começou a bater nele, ele se lembrou de ter abandonado seu corpo, se distanciado e desaparecido: "Por um instante eu vi o garotinho, era eu, e foi então que fugi", mentalmente, não fisicamente (pp. 17-18). A tendência a se desconectar ou fugir do próprio corpo nessas circunstâncias é geralmente associada com psicose, assim como os homens têm a tendência de ficar completamente desorientados (muito mais do que o habitual) quando se deparam com a excitação sexual na forma de ereções, visto que não há nenhum significado que possam associar a isso (ver, por exemplo, Castanet, 1997, p. 25).

42. O que Joyce conseguiu fazer ao se tornar *o* artista foi se tornar "o pai de seu próprio nome. É uma saída que não é metáfora, mas é uma saída, de qualquer modo que dá um curto-circuito no complexo de Édipo e que apesar disso o suplementa" (Soler, 2002, p. 209). Conforme Lacan, foi como Joyce conseguiu consolidar seu ego. E isso é, de acordo com Soler, a definição precisa de estabilização, no sentido mais rígido do termo, em oposição a uma melhoria dos conflitos psicóticos.

43. Não abordarei as implicações mais amplas sociais/políticas do uso do termo de Lacan como "Nome do Pai" e "metáfora paterna" neste livro, como fiz em outro momento (Fink, 1999, Capítulo 7).

44. Para Lacan, isso está claramente relacionado à conexão em linguística saussuriana entre o significante e o significado, que não inclui qualquer referente; Richards e Ogden (1923/1945) criticaram Saussure por isso e introduziram uma abordagem tripartite à linguística que incluiu o referente. Ver Lacan (2006, pp. 271, 351, 498, 836).

45. Alguém poderia formular isso dizendo que praticamente todo mundo tem um *sinthome*, o complexo de Édipo (ou metáfora

paterna) sendo assim um *sinthome* entre outros, embora uma forma particularmente forte de *sinthome*. Ou alguém poderia afirmar, como Miller (IRMA, 1997, p. 156) fez, que há duas formas de ponto de capitonê: o Nome do Pai e o *sinthome*.

Alternativamente, alguém poderia tentar forçar a linguagem dos sintomas de tal modo que o que Lacan referiu como a "estrutura metafórica" do sintoma (em que, por exemplo, a neurótica tem consciência de estar furiosa com seu pai, mas o significado inconsciente do ódio parece se relacionar com a mãe, o pai substituindo a mãe em um tipo de metáfora substitutiva) é generalizado para incluir o "sintoma" psicótico. Isso nos leva a interpretar o "sintoma" psicótico como uma metáfora substitutiva na qual o delírio toma o lugar do desejo percebido da mãe do sujeito para engolir ou destruir a criança:

$$\frac{\text{Raiva do pai}}{\text{Raiva da mãe}} \quad \frac{\text{Delírio}}{\text{Desejo da mãe}}$$

A dificuldade que surge nesse caso é que o "sintoma" não toma a forma de uma metáfora, necessariamente (talvez isso ocorra com mais frequência na paranoia, e menos frequentemente em outras formas de psicose). Por isso o valor contínuo de distinguir entre o sintoma neurótico e o *sinthome* psicótico, ou usar *sinthome* como a categoria mais geral, sendo as metáforas substitutivas (como a metáfora paterna) apenas uma forma possível de *sinthome*.

Miller (1998, p. 16) também propôs que o *sinthome* seja considerado um termo mais global, sugerindo que ele inclui, no caso da neurose, tanto o sintoma como a fantasia fundamental.

46. Lacan (2007) finalmente referiu-se a essa formulação como o "discurso do mestre". O leitor pode encontrar essas discussões sobre o assunto em Fink (2004, Capítulo 5), em que discuto o paralelismo entre esse discurso e o "gráfico do desejo", de Lacan, que se baseia no ponto de capitonê.

47. Um significado específico pode, é claro, ser fornecido por uma metáfora delirante.

48. A incapacidade de fornecer um S2 e assim fechar a significação, pode estar relacionada com o que Bion (1959) chamou "ataques aos vínculos".

49. Isto é particularmente verdadeiro na esquizofrenia, na qual o prazer invade o corpo. Na paranoia, o sujeito quase sempre identifica o prazer no Outro (ou seja, ele pensa que outra pessoa terá prazer em devorá-lo ou matá-lo).

50. Na neurose, o objeto a inclui o que Lacan denotou como "menos phi", algo relacionado à castração (Lacan, 2006, pp. 823-826), enquanto "na psicose, a inclusão de menos phi no pequeno a é problemática... Há na psicose um apelo à castração, na forma de subtração, mas, uma vez que não pode ser realizada no registro simbólico, ela é incessantemente reinstaurada no real" (IRMA, 1997, p. 227).

Lacan (2004, p. 388) comentou que "Na mania... é o não funcionamento do objeto a que está em jogo, não simplesmente seus desconhecimentos. O sujeito não é lastreado aqui por nenhum a, significando que ele está entregue à pura, infinita e lúdica metonímia da cadeia significante, sempre sem nenhuma possibilidade de ser liberto dela".

Posfácio

Estudar Freud na íntegra nos treina.
Lacan (1977b, p. 11)

Na tentativa de me tornar familiarizado com outras abordagens à teoria e prática psicanalíticas, percebi que os analistas leem muito pouco o trabalho uns dos outros. Certa indiferença, adotada por muitos analistas e psicólogos, é incorporada ao formato de referência, em que inclui o nome do autor e a data de publicação, mas não inclui qualquer número de página – o que parece é que o que eles estão dizendo sobre o trabalho daquele autor é evidente por si mesmo ou amplamente reconhecido, e não há necessidade de apontar qualquer passagem ou comentário particular. Repetidas vezes, ao preparar este livro, percebi que o que os autores estavam dizendo era tudo, menos evidente por si mesmo, ou amplamente reconhecido, e que até mesmo uma comparação precipitada entre a interpretação comentada e o texto original revelava considerável lacuna.

Na época em que os institutos de psicanálise e outros programas de treinamento foram se desenvolvendo, estudantes e faculdades concentraram-se em passar pelo material o mais rápido possível (enquanto o setor crescia ao invés de encolher) e não pareciam querer ler nada além das fontes secundárias; acho importante enfatizar que não há nenhum substituto para a leitura de textos originais dos analistas importantes. Não são, afinal de contas, Sandler, Mitchell e Black, ou Segal – os autores de trabalhos conhecidos sobre os pensadores psicanalíticos – que são considerados profissionais e teóricos *experts* (muito menos os escritores de livros didáticos mais predominantes, que são essencialmente comentários baseados quase que exclusivamente em outros comentários), mas sim Freud, Klein, Winnicott, Bion, e assim por diante. Os analistas não parecem ter o cuidado de ler os trabalhos dos colegas, de tal forma que apenas presumem.

Isso é verdade, não somente para os escritores de comentários, mas até mesmo para alguns teóricos conhecidos: quando, por exemplo, Winnicott (1967/2005) se referiu ao artigo de Lacan (2006, pp. 93-100) sobre o estádio do espelho, ele captou pouco, senão nada, do conceito original de Lacan e como alternativa usou o termo "espelhamento" para falar sobre algo totalmente diferente. De fato, podemos dizer que ele emprestou nada além da própria palavra *espelho*. Da mesma forma, quando Heimann, Racker e Bion encontraram o termo *identificação projetiva* na obra de Klein, eles deram claramente um significado próprio para ele e não o significado de Klein. O máximo que se poderia dizer, parece, é que quando um analista estava lendo um artigo de outro analista, lhe ocorreu uma ideia que foi atribuída ao antigo autor (Lacan, também, ocasionalmente parece fazer isso com Freud). É um processo no mínimo bastante curioso, porque poderíamos esperar que os analistas tentassem alegar originalidade às suas próprias ideias, enquanto, nesses casos pelo menos, notamos que buscam se esconder atrás de um analista de "renome", trazendo suas próprias ideias pelas portas dos fundos, como se desse, usando os mesmos termos para significar algo completamente diferente.

Isso complica muito a tarefa do aluno: os analistas de praticamente todas as escolas de psicanálise usam as mesmas palavras, mas com significados diferentes! O estudo da história e concepção dos conceitos psicanalíticos parece indispensável para alcançar uma compreensão segura do campo.

Um estudo dos trabalhos introdutórios sobre a técnica não substitui, de forma alguma, um estudo mais aprofundado das principais obras sobre a teoria e técnica psicanalíticas. Espero que minhas citações e discussões de Freud e Lacan inspirem o leitor a consultar muitas obras que citei – e consultá-las não apenas casualmente, pois frequentemente absorve-se muito mais ao ler tais obras repetidamente e fazer leituras em grupo, assim a pessoa é levada a articular os pontos principais em voz alta para os outros. A técnica de cada terapeuta deve se desenvolver com o tempo, através de estudos e experiência, e conforme as formas de patologia se desenvolvem, e é apenas com base em um profundo conhecimento dos fundamentos da psicanálise que os terapeutas podem levar a técnica em novas direções, que não sejam simplesmente uma rejeição da psicanálise ou um retorno às ideias pré-psicanalíticas (aqueles que não conseguem aprender com o passado, estão condenados a repeti-lo).

A técnica precisa se desenvolver sempre

> *Não podemos transformar isso em hábito, é claro, e, na verdade, nem em qualquer outra política em análise, porque, assim que o paciente compreende a nova ideia, ele imediatamente entra no jogo e se esforça para nos enganar.*
> *Glover (1955, p. 177)*

Os analistas da língua inglesa, supostamente, adoram falar sobre a técnica, enquanto os analistas da língua francesa o evitam como a peste. O último caso é particularmente verdadeiro entre os lacanianos, mas penso que eles fariam bem em gastar mais tempo ilustrando as implicações de suas amplas teorizações psicanalíticas ao nível da prática. A aversão que eles têm para discutir técnicas tem levado muitos terapeutas da língua inglesa, que não têm nenhum treinamento formal em psicanálise lacaniana, a acreditar que eles atuam de forma lacaniana enquanto, sob meu ponto de vista, eles não fazem nada do tipo. Quando são pressionados sobre o assunto, provavelmente alegam o seguinte: (1) eles estão fazendo a mesma coisa que os lacanianos fazem, mas simplesmente chamando por outro nome; (2) ninguém sabe realmente o que é a técnica lacaniana, de qualquer forma, porque ninguém jamais a descreveu; e (3) uma vez que todos nós estamos, afinal, diante dos mesmos problemas, não deveríamos fazer as mesmas coisas com nossos pacientes? Os franceses iriam, talvez, por bem, traduzir sua teoria para a prática (ou "reduzir à prática", como faz a lei de patentes dos Estados Unidos) se eles soubessem o que as pessoas que se dizem lacanianas estão fazendo, ou se soubessem que seus próprios termos – incluindo aquele do Outro com O maiúsculo (Bollas, 1983, pp. 3, 11) e de dialéticos e subjetividade (Ogden, 1992, p. 517) – sendo cooptados para fins totalmente estranhos, concebidos essencialmente para reduzir a heterogeneidade da dimensão simbólica à homogeneidade da dimensão imaginária. Isso parece estar ocorrendo sobretudo nas escolas relacionais, interpessoais e intersubjetivas. O que Ogden chama de terceiro analítico, por exemplo, de modo algum transcende o imaginário; com efeito, pode bem ser equacionada com o próprio eixo imaginário (Ogden mesmo admite que não é o "terceiro" no sentido de Lacan do simbólico que interrompe a ligação diádica; p. 464).

É crucial indicar que tipo de prática flui logicamente da teoria – caso contrário, os terapeutas podem pensar que estão baseando sua prática em uma teoria particular, quando sua prática, na verdade, é contraindicada pela teoria. Por este motivo, somos solicitados a fornecer uma "teoria da prática", assim como somos solicitados a discutir a prática da (construção da) teoria. A mesma prática pode, ilusoriamente, partir de diversas e diferentes teorias, mas suspeito que a exceção seja mais frequente do que a regra (me parece fazer muito mais sentido esperar diferentes práticas que derivam de teorias diferentes). No momento, no mundo da língua inglesa, alguns terapeutas interessados nos trabalhos de Lacan estão começando a alegar que sua forma de atuação resulta da teoria lacaniana, enquanto eu suspeito que nenhuma ligação conceitual coerente poderia ser estabelecida entre os dois.

A tradução da teoria para a prática é muito mais urgente, no que diz respeito ao tratamento das psicoses; os analistas, cuja maioria não é psicótica, no melhor dos casos, podem facilmente deduzir muitos elementos da técnica de suas análises, mas eles não podem extrapolar a própria experiência neurótica, na análise, para a dos psicóticos. Em outras palavras, ao longo da aventura que é a análise pessoal de alguém, o analista em formação tende a aprender bastante sobre o tratamento da neurose e muito pouco sobre o da psicose.

Talvez cada técnica específica, cada dispositivo técnico específico, devesse em algum momento se esgotar: uma vez que a população de pacientes se familiariza com as ideias e abordagens psicanalíticas particulares, não tem mais o impacto que tinha antes. Tal foi o caso com os tipos de interpretações às vezes feitas nas décadas iniciais da prática psicanalítica, que visavam significados edípicos muito específicos. Por volta de 1920, Freud percebeu que tais interpretações não faziam mais o mesmo efeito de antes. A técnica, então, precisaria se desenvolver continuamente, mas isso não significa que – na busca dos analistas pelo "renome" – o bebê deve ser jogado fora junto com a água da banheira: a meta geral no trabalho com neuróticos, de alcançar o que foi reprimido, precisa ser mantida. No aprendizado do analista sobre a psicanálise (e sua paixão por ela, espero) com estudo e aventura, que é cada nova análise que ele realiza, o princípio norteador deve ser mantido: ter impacto sobre o inconsciente.

Onde a objetividade deve ser encontrada?

Não importa como você lida com a psicanálise, sua forma de lidar sempre tende a se esgotar, mas isso não impede que a análise seja outra coisa, mesmo assim.
Lacan (1998b, p. 434)

A tradição analítica tem procurado muito uma base para a objetividade no trabalho clínico que corresponda totalmente à realidade – uma realidade que seja independente do analista e do paciente e, portanto, que sirva de limite para às ações e reflexões de ambos. Esta realidade supostamente reconhecível é vista como mais conhecida para o analista do que para o paciente no início de uma análise, mas serve como uma espécie do Outro ou uma referência objetiva para ambos, garantindo, na opinião de muitos profissionais, que a análise não se torne um *délire à deux* – um diálogo infundado, desamparado, desancorado sobre unicórnios e duendes.

Em alguns pontos da tradição analítica, a desconstrução e o pós-modernismo ressumaram, fazendo com que a realidade não fosse mais, com tanta certeza, um ponto de referência, e a "estrutura" psicanalítica em si fosse compreendida como a única proteção restante do paciente, contra a onipotência dos analistas, deixada para os seus próprios planos – deixada à sua própria contratransferência. (Na visão de Winnicott, a estrutura permite que o analista expresse seu ódio pelos pacientes, assim, presumivelmente, eles não o expressarão de outros modos.) Sem a estrutura, os analistas se preocupam em ter que trabalhar sem um *guardrail*, sem uma rede.

A psicanálise lacaniana propõe que, em vez disso, devemos procurar por pontos de referências seguros na dimensão simbólica – isto é, o que o paciente de fato diz, e todos os significados que podem ser empregados no Outro – e por sinalizações confiáveis no real que resiste a simbolização (objeto *a*). Isso nos fornece parâmetros muito mais confiáveis e úteis do que ideias forjadas de uma realidade objetiva, conhecida e externa; a crença de que respeitar a estrutura poderia garantir nada além do que analista e paciente que encontram-se na mesma sala, regularmente, por algum tempo preestabelecido; e a ideia de que o único ponto de referência fixo para a prática da psicanálise é a confissão do paciente, de que ele se sente melhor e está "vivenciando as desejadas mudanças na vida" (Renik, 2001, p. 237). A primeira dessas ideias predominou na psicanálise durante a primeira metade do século XX, a segunda, durante a segunda metade, e a terceira tem sido proposta para o século XXI. Para Renik, a terceira abordagem fornece ao analista "um critério de resultado que é relativamente independente da sua própria teoria e suposta experiência" (p. 238), mas isso me leva a uma análise particular que conduzi, que teria tido sucesso se, e somente se, eu tivesse permitido que um dos meus pacientes, que desejava ser poderoso e humilhar a todos aqueles que o fizeram se sentir inferior, de fato realizasse esse desejo e se sentisse bem com isso. Isso equivale, no fim, a adotar o provérbio capitalista que diz que "o cliente sempre tem razão".

Como mencionei antes, a única forma de objetividade a que podemos aspirar em psicanálise é trabalhar baseado no material simbólico: a fala do paciente e as coordenadas simbólicas que nos oferecem. Ou seja, enfim, o que nos permite discutir nossos casos com outros analistas e permite que eles tenham suas próprias opiniões os casos – opiniões que podem diferir das nossas próprias. Sua validade potencial depende do grau ao qual eles explicam o material simbólico do caso.

Uma convergência iminente?

As teorias são em si marcadas pela repressão.
Miller (2002, p. 21)

Kernberg (2001, pp. 534-538) forneceu um relato intrigante de "dois importantes movimentos da principal corrente psicanalítica da língua inglesa", à qual ele se referiu como "a principal corrente psicanalítica contemporânea" e a corrente da "psicologia do *self* intersubjetiva-interpessoal". A abordagem lacaniana que apresentei neste livro vai contra praticamente toda a técnica que Kernberg atribuiu à corrente psicanalítica contemporânea (interpretação prematura e sistemática da transferência, foco central na contratransferência, análise da personalidade sistemática, domínio afetivo, neutralidade técnica, e assim por diante) e contra muitas técnicas que ele atribuiu às escolas de psicologia do *self* intrasubjetivo-interpessoal (ênfase na contratransferência e a sua ocasional comunicação ao paciente, ênfase na empatia, emprego de um modelo de déficit de desenvolvimento precoce, e assim por diante). Kernberg chegou a fornecer um breve relato do que ele chama de "abordagem psicanalítica francesa", mencionando, mas nunca realmente citando ou se referindo a Lacan em si, e chegou à seguinte conclusão: "Se a tendência em direção à modificação mútua das diferenças defendidas previamente continuar, poderia se esperar um grau de convergência nas escolas francesas e inglesas nos próximos anos" (p. 543). Espero que esteja claro, a partir do meu relato neste livro, que a abordagem lacaniana da técnica psicanalítica provavelmente não se convergirá em breve com as escolas inglesas, das quais tenho conhecimento ou que Kernberg menciona. As discordâncias entre elas parecem estruturais, pois estão baseadas em diferenças irremediáveis na perspectiva teórica.

Referências

Ablon, J. S., & Jones, E. E. (1998). How expert clinicians, prototypes of an idea treatment correlate with outcome in psychodynamic and cognitive-behavioral therapy. *Psychotherapy Research, 9,* 71-83.

Alexander, F., & French, T. (1946). *Psychoanalytic therapy: Principles and application.* New York: Ronald.

Aparício, S. (1996). Le médium de l'interprétation [The médium of interpretation]. *La cause freudienne, 32,* 52-55.

Ariès, P. (1962). *Centuries of childhood: A social history of family life.* New York: Vintage. (Original published 1960).

Arnst, C. (2006, May 29). Health as a birthright. *Business Week, 3986,* 30-32.

Basescu, S. (1990). Show and tell: Reflection on the analyst's self--disclosure. In G. Stricker & M. Fisher (Eds.), *Self-disclosure in the therapeutic relationship* (pp. 47-59). New York: Plenum.

Bauer, G. P., & Mills, J. A. (1994). Patient and therapist resistance to use of the transference Northvale, NJ: Jason Aronson. (Original published 1989).

Belinchon, J. -L., Cabrera, A., Cortell, H., Duarto, M. -J., Garcia, M. -J., & Porras, J. (1988). Entrées en analyse du psychotique? [How psychotcs enter analysis]. In *Clinique différentielle des psychoses* (pp. 291-296). Paris: Navarin.

Bettelheim, B. (1967). *The empty fortress: Infantile autismo and the birth of the self*. New York: Free Press.

Bibring, E. (1937). Therapeutic results of psycho-analysis. *International Journal of Psycho-Analysis, 18*, 170-189.

Bibring-Lehner, G. (1990). A contribution to the subject of transference-resistance. In A. H. Esman (Ed.), *Essential papers on transference* (pp. 115-123). New York & London: New York University Press. (Original published 1936).

Bion, W. R. (1955). Language and the schizophrenic. In M. Klein, P. Heimann, & R. E. Money-Kyrle (Eds.), *New directions in psycho--analysis* (pp. 220-239). London: Tavistock.

Bion, W. R. (1957). Differentiation of the psychotic from the non-psychotic personalities. *International Journal of Psycho--Analysis, 38*, 266-275.

Bion, W. R. (1959). Attacks on linking. *International Journal of Psycho-Analysis, 40*, 308-315.

Bion, W. R. (1962). *Learning from experience*. New York: Basic.

Bleger, J. (1967). Psychoanalysis of the psychoanalytic frame. *International Journal of Psycho-Analysis, 48*, 511-519.

Bollas, C. (1983). Expressive uses of the countertransference. *Contemporary Psychoanalysis, 19*, 1-34.

Bollas, C. (1987). *The shadow of the object*. New York: Columbia University Press.

Bowlby, J. (1982). *Attachment and loss* (Vol. 1). New York: Basic.

Brenner, C. (1990). Working alliance, therapeutic alliance, and transference. In A. H. Esman (Ed.), *Essential papers on transference* (pp. 172-187). New York & London: New York University Press. (Original published 1979).

Bruno, P. (1995). L'avant-dernier mot [The second to last word]. *La lettre mensuelle, 140*, 5-6.

Cambron, C. (1997). D'une tache à l'autre [From one stain to another]. In *La conversation d'Arcachon: Cas rares, les inclassables de la clinique* (pp. 93-100). Paris: Agalma-Seuil.

Cardinal, M. (1983). *The words to say it*. Cambridge, MA: VanVactor & Goodheart.

Carey, J. (2006, May 29). Medical guesswork. *BusinessWeek, 3986*, 73-79.

Carrade, J. -B. (2000). L'art de la coupure [The art of the cut]. *La cause freudienne, 46*, 83-86.

Casement, P. J. (1991). *Learning from the patient*. New York & London: Guilford.

Castanet, H. (1997). Un sujet dans le brouillard [A subject in the fog]. In *La conversation d'Arcachon: Cas rares, les inclassables de la clinique* (pp. 21-26). Paris: Agalma-Seuil.

Castanet, H., & Georges, P. de (2005). Branchements, débranchements, rebranchements [Connections, disconnections, and reconnections]. In *La psychose ordinaire: La convention d'Antibes* (pp. 13-44). Paris: Agalma-Seuil.

Castonguay, L. G., Goldfried, M. R., Wiser, S., Raue, P. J., & Hayes, A. M. (1996). Predicting the effect of cognitive therapy for depression: A study of unique and common factors. *Journal of Consulting and Clinical Psychology, 64*, 497-504.

Cottet, S. (1994). Le principe de l'interprétation [The crux of interpretation]. *La lettre mensuelle, 134*, 1-2.

Decool, C. (1997). Une suppléance rare [An unusual supplementation]. In *La conversation d'Arcachon: Cas rares, les inclassables de la clinique* (pp. 27-36). Paris: Agalma-Seuil.

Deffieux, J. -P. (1997).Un cas pas si rare [A not so unusual case]. In *La conversation d'Arcachon: Cas rares, les inclassables de la clinique* (pp. 11-19). Paris: Agalma-Seuil.

De Masi, F. (2001). The unconscious and psychosis: Some considerations of the psychoanalytic theory of psychosis. In Williams, P. (Ed.), *A language for psychosis: Psychoanalysis of psychotic states* (pp. 69-97). New York & Hove, U.K.: Brunner-Routledge.

Eco, U. (1984). Horns, hooves, insteps: Some hypotheses on three types of abduction. In U. Eco & T. A. Sebeok (Eds.), *The sign of three: Dupin, Holmes, Pierce* (pp. 198-220). Bloomington, IN: Indiana University Press.

École de la Cause Freudienne. (1993). L'énigme & la psychose. [Enigmas and psychosis] *La cause freudienne, 23*.

École de la Cause Freudienne. (1996). Vous ne dites rien [You aren't saying anything]. *La cause freudienne, 32*.

École de la Cause Freudienne. (2000). La seánce analytique [The analytic session]. *La cause freudienne, 46*.

École de la Cause Freudienne. (2004). La seánce courte [The short session]. *La cause freudienne, 56*.

Ferenczi, S. (1990). Introjection and transference. In A. H. Esman (Ed.), *Essential papers on transference* (pp. 15-27). New York & London: New York University Press. (Original published 1909).

Fink, B. (1995). *The Lacanian subject: Between language and jouissance.* Princeton, NJ: Princeton University Press.

Fink, B. (1997). *A clinical introduction to Lacanian psychoanalysis: Theory and technique.* Cambridge, MA: Harvard University Press.

Fink, B. (1999). The ethics of psychoanalysis: A Lacanian perspective. *The Psychoanalytic Review, 86*(4), 529-545.

Fink, B. (2001). Psychoanalytic approaches to severe pathology: A Lacanian perspective. *Newsletter of the International Federation for Psychoanalytic Education.* www.ifpe.org/news 1001 p14.html

Fink, B. (2003). The use of Lacanian psychoanalysis in a case of fetishism. *Clinical Case Studies, 2, 1*, 50-69.

Fink, B. (2004). *Lacan to the letter: Reading É crits closely.* Minneapolis, MN: University of Minnesota Press.

Fink, B. (2005a). Lacan in "translation". *Journal of Lacanian Studies, 2*(2), 264-281.

Fink, B. (2005b). Lacanian clinical practice. *The Psychoanalytic Review, 92*(4), 553-579.

Fliess, R. (1942). The metapsychology of the analyst. *Psychoanalytic Quarterly, 11*, 211-227.

Florence, J. (1984). *L'identification dans la théorie freudienne* [Identification in Freud's theory].Brussels: Facultés Universitaires Saint--Louis.

Forbes, J., Galletti Ferretti, M. C., Gauto Fernandez, C. G., Nogueira, L. C., & Sampaio Bicalho, H. M. (1988). Entretiens préliminaires et fonction diagnostique dans les névroses et les psychoses [Preliminary meetings and diagnostics in the neuroses and the psychoses]. In *Clinique différentielle des psychoses* (pp. 315-324). Paris: Navarin.

Freda, F. H., Yemal, D., Alisse, M. -L., Aparicio, S., Barrère, L., Berthouse, E., et al. (1988). Forclusion, monnayage et suppléance du Nom-du-Père [Foreclosure, exchange, and supplementation of the Name-of-the-Father]. In *Clinique différentielle des psychoses* (pp. 148-160). Paris: Navarin.

Freud, A. (1946). *The ego and the mechanisms of defence*. New York: International Universities Press.

Freud, S. (1953). On psychotherapy. In J. Strachey (Ed. & Trans.), *The standard edition of the complete psychological works of Sigmund Freud* (Vol. 7, pp. 257-268). London: Hogarth. (Original published 1904).

Freud, S. (1953). Three essays on the theory of sexuality. In J. Strachey (Ed. & Trans.), *The standard edition of the complete psychological works of Sigmund Freud* (Vol. 7, pp. 130-243). London: Hogarth. (Original published 1905a).

Freud, S. (1955). Notes upon a case of obsessional neurosis. In J. Strachey (Ed. & Trans.), *The standard edition of the complete psychological works of Sigmund Freud* (Vol. 10, pp. 155-318). London: Hogarth. (Original published 1909).

Freud, S. (1955). Lines of advance in psycho-analytic therapy. In J. Strachey (Ed. & Trans.), *The standard edition of the complete psychological works of Sigmund Freud* (Vol. 17, pp. 159-168). London: Hogarth. (Original published 1919).

Freud, S. (1955). Beyond the pleasure principle. In J. Strachey (Ed. & Trans.), *The standard edition of the complete psychological works of Sigmund Freud* (Vol. 18, pp. 7-64). London: Hogarth. (Original published 1920).

Freud, S. (1955). Group psychology and the analysis of the ego. In J. Strachey (Ed. & Trans.), *The standard edition of the complete psychological works of Sigmund Freud* (Vol. 18, pp. 67-143). London: Hogarth. (Original published 1921).

Freud, S., & Breuer, J. (1955). *Studies on hysteria.* In J. Strachey (Ed. & Trans.), *The standard edition of the complete psychological works of Sigmund Freud* (Vol. 2, pp. 1-307). London: Hogarth. (Original published 1893-1895).

Freud, S. (1957). The future prospects of psycho-analytic therapy. In J. Strachey (Ed. & Trans.), *The standard edition of the complete psychological works of Sigmund Freud* (Vol. 11, pp. 141-151). London: Hogarth. (Original published 1910).

Freud, S. (1957). Repression. In J. Strachey (Ed. & Trans.), *The standard edition of the complete psychological works of Sigmund Freud* (Vol. 14, pp. 146-158). London: Hogarth. (Original published 1914b).

Freud, S. (1957). The unconscious. In J. Strachey (Ed. & Trans.), *The standard edition of the complete psychological works of Sigmund Freud* (Vol. 14, pp. 166-215). London: Hogarth. (Original published 1915b).

Freud, S. (1957). A metapsychological supplement to the theory of dreams. In J. Strachey (Ed. & Trans.), *The standard edition of the complete psychological works of Sigmund Freud* (Vol. 14, pp. 221-235). London: Hogarth. (Original published 1917).

Freud, S. (1958). The interpretation of dreams. In J. Strachey (Ed. & Trans.), *The standard edition of the complete psychological works of Sigmund Freud* (Vols. 4-5). London: Hogarth. (Original published 1900).

Freud, S. (1958). Psychoanalytic notes on an autobiographical account of a case of paranoia [Schreber]. In J. Strachey (Ed. & Trans.), *The standard edition of the complete psychological works of Sigmund Freud* (Vol. 12, pp. 9-82). London: Hogarth. (Original published 1911a).

Freud, S. (1958). The handling of dream-interpretation in psycho-analysis. In J. Strachey (Ed. & Trans.), *The standard edition of the complete psychological works of Sigmund Freud* (Vol. 12, pp. 91-96). London: Hogarth. (Original published 1911b).

Freud, S. (1958). The dynamics of transference. In J. Strachey (Ed. & Trans.), *The standard edition of the complete psychological works of Sigmund Freud* (Vol. 12, pp. 99-108). London: Hogarth. (Original published 1912a).

Freud, S. (1958). Recommendations to physicians practising psycho-analysis. In J. Strachey (Ed. & Trans.), *The standard edition of the complete psychological works of Sigmund Freud* (Vol. 12, pp. 111-120). London: Hogarth. (Original published 1912b).

Freud, S. (1958). On beginning the treatment. In J. Strachey (Ed. & Trans.), *The standard edition of the complete psychological works of Sigmund Freud* (Vol. 12, pp. 123-144). London: Hogarth. (Original published 1913) [In German, see *GesammelteWerke* (Vol. 8, pp. 454-478). Frankfurt: S. Fischer Verlag, 1945.]

Freud, S. (1958). Remembering, repeating and working-through. In J. Strachey (Ed. & Trans.), *The standard edition of the complete psychological works of Sigmund Freud* (Vol. 12, pp. 147-156). London: Hogarth. (Original published 1914a).

Freud, S. (1958). Observations on transference-love. In J. Strachey (Ed. & Trans.), *The standard edition of the complete psychological works of Sigmund Freud* (Vol. 12, pp. 159-171). London: Hogarth. (Original published 1915a).

Freud, S. (1959). An autobiographical study. In J. Strachey (Ed. & Trans.), *The standard edition of the complete psychological works of Sigmund Freud* (Vol. 20, pp. 7-74). London: Hogarth. (Original published 1925c).

Freud, S. (1959). Inhibitions, symptoms and anxiety. In J. Strachey (Ed. & Trans.), *The standard edition of the complete psychological works of Sigmund Freud* (Vol. 20, pp. 87-175). London: Hogarth. (Original published 1926).

Freud, S. (1959). Creative writers and day-dreaming. In J. Strachey (Ed. & Trans.), *The standard edition of the complete psychological works of Sigmund Freud* (Vol. 9, pp. 143-153). London: Hogarth. (Original published 1908).

Freud, S. (1960). Jokes and their relation to the unconscious. In J. Strachey (Ed. & Trans.), *The standard edition of the complete psychological works of Sigmund Freud* (Vol. 8, pp. 9-238). London: Hogarth. (Original published 1905b).

Freud, S. (1961). Remarks on the theory and practice of dream-interpretation. In J. Strachey (Ed. & Trans.), *The standard edition of the complete psychological works of Sigmund Freud* (Vol. 19, pp. 109-121). London: Hogarth. (Original published 1923a).

Freud, S. (1961). The ego and the id. In J. Strachey (Ed. & Trans.), *The standard edition of the complete psychological works of Sigmund Freud* (Vol. 19, pp. 12-66). London: Hogarth. (Original published 1923b).

Freud, S. (1961). The economic problem of masochism. In J. Strachey (Ed. & Trans.), *The standard edition of the complete psychological works of Sigmund Freud* (Vol. 19, pp. 159-170). London: Hogarth. (Original published 1924).

Freud, S. (1961). Some additional notes on dream-interpretation as a whole. In J. Strachey (Ed. & Trans.), *The standard edition of the complete psychological works of Sigmund Freud* (Vol. 19, pp. 127-138). London: Hogarth. (Original published 1925a).

Freud, S. (1961). Negation. In J. Strachey (Ed. & Trans.), *The standard edition of the complete psychological works of Sigmund Freud* (Vol. 19, pp. 235-239). London: Hogarth. (Original published 1925b).

Freud, S. (1963). Introductory lectures on psycho-analysis. In J. Strachey (Ed. & Trans.), *The standard edition of the complete psychological works of Sigmund Freud* (Vols. 15-16). London: Hogarth. (Original published 1916-1917).

Freud, S. (1964). New introductory lectures on psycho-analysis. In J. Strachey (Ed. & Trans.), *The standard edition of the complete psychological works of Sigmund Freud* (Vol. 22, pp. 5-182). London: Hogarth. (Original published 1933).

Freud, S. (1964). The subtleties of a faulty action. In J. Strachey (Ed. & Trans.), *The standard edition of the complete psychological works of Sigmund Freud* (Vol. 22, pp. 233-235). London: Hogarth. (Original published 1935).

Freud, S. (1964). Analysis terminable and interminable. In J. Strachey (Ed. & Trans.), *The standard edition of the complete psychological works of Sigmund Freud* (Vol. 23, pp. 216-253). London: Hogarth. (Original published 1937).

Freud, S. (1964). Splitting of the ego in the process of defence. In J. Strachey (Ed. & Trans.), *The Standard edition of the complete psychological works of Sigmund Freud* (Vol. 23, pp. 275-278). London: Hogarth. (Original published 1938).

Freud, S. (1964). An outline of psycho-analysis. In J. Strachey (Ed. & Trans.), *The standard edition of the complete psychological works of Sigmund Freud* (Vol. 23, pp. 144-207). London: Hogarth. (Original published 1940).

Freud, S. (1966). The neuro-psychoses of defence. In J. Strachey (Ed. & Trans.), *The standard edition of the complete psychological works of Sigmund Freud* (Vol. 3, pp. 45-61). London: Hogarth. (Original published 1894).

Freud, S. (1966). Project for a scientific psychology. In J. Strachey (Ed. & Trans.), *The standard edition of the complete psychological works of Sigmund Freud* (Vol. 1, pp. 295-397). London: Hogarth. (Original published 1895).

Freud, S. (1985). *The complete letters of Sigmund Freud to Wilhelm Fliess 1887-1904*. Cambridge, MA & London: Harvard University Press.

Frieswyck, S. H., Allen, J. G., Colson, D. B., Coyne, L., Gabbard, G. O., Horwitz, L., & Newsom, G. (1986). Therapeutic alliance: Its place as a process and outcome variable in dynamic psychotherapy research. *Journal of Consulting and Clinical Psychology, 54*, 32-38.

Gaston, L. (1990). The concept of the alliance and its role in psychotherapy: Theoretical and empirical considerations. *Psychotherapy, 27*, 143-153.

Georges, P. de (1997). Paradigme de déclenchement: Un mot de trop [Triggering paradigm: One word too many]. In *Le conciliabule d'Angers* (pp. 39-47). Paris: Agalma-Seuil.

Gilet-Le Bon, S. (1995). L'interprétation: 'Apophantic' et 'oraculaire' [Interpretation: Apophantic and oracular]. *La lettre mensuelle, 138*, 5-8.

Gill, M. M. (1982). *Analysis of transference. Vol. I: Theory and technique.* New York: International Universities Press.

Gill, M. M., & Hoffman, I. Z. (1982). *Analysis of transference. Vol. II: Studies of nine audio-recorded psychonalytic sessions.* New York: International Universities Press.

Glover, E. (1931). The therapeutic effect of inexact interpretation: A contribution to the theory of suggestion. *International Journal of Psycho-Analysis, 12*(4), 397-411.

Glover, E. (1955). *The technique of psycho-analysis*. New York: International Universities Press.

Goldfried, M. R. (1991). Research issues in psychotherapy integration. *Journal of Psychotherapy Integration, 1*, 5-25.

Grandin, T. (1995). *Thinking in pictures*. New York: Doubleday.

Grandin, T., & Johnson, C. (2005). *Animals in translation*. New York: Scribner.

Green, M. F. (2001). *Schizophrenia revealed: From neurons to social interactions*. New York: Norton.

Greenson, R. (1967). *The technique and practice of psychoanalysis*. New York: International Universities Press.

Greenson, R. (1990). The working alliance and the transference neurosis. In A. H. Esman (Ed.), *Essential papers on transference* (pp. 150-171). New York & London: New York University Press. (Original published 1965).

Grosskurth, P. (1987). *Melanie Klein: Her world and her work*. Cambridge, MA: Harvard University Press.

Guntrip, H. (1971). *Psychoanalytic theory, therapy and the self*. New York: Basic.

Heidegger, M. (1982). *The basic problems of phenomenology*. Translated by A. Hofstadter. Bloomington, IN: Indiana University Press (Original published 1975).

Heimann, P. (1950). On counter-transference. *International Journal of Psycho-Analysis, 31*, 81-84.

Heinlein, R. (1968). *Stranger in a strange land*. New York: Berkeley Publishing Co. (Original published 1961).

IRMA. (1997). *La conversation d'Arcachon: Cas rares, les inclassables de la clinique* [The Arcachon conversation: Unusual cases, clinically unclassifiable]. Paris: Agalma-Seuil.

Joseph, E. D. (1982). Presidential address: Normal in psychoanalysis. *International Journal of Psycho-analysis, 63*, 3-13.

Joyce, J. (1964). *A portrait of the artist as a young man*. New York: Viking. (Original published 1916).

Joyce, J. (1975). *Finnegans wake*. London & Boston: Faber and Faber. (Original published 1939).

Kernberg, O. (2001). Recent developments in the technical approaches of Englishlanguage psychoanalytic schools. *Psychoanalytic Quarterly, 70*, 519-547.

King, C. D. (1945). The meaning of normal. *Yale Journal of Biological Medicine, 17*, 493-501.

Kirsner, D. (2000). *Unfree associations: Inside psychoanalytic institutes*. London: Process Press.

Kizer, M., Vivas, E. L., Luongo, L., Portillo, R., Ravard, J., & Réquiz, G. (1988). L'Autre dans les psychoses [The Other in the psychoses]. In *Clinique différentielle des psychoses* (pp. 135-147). Paris: Navarin.

Klein, M. (1950). *Contributions to psycho-analysis*. London: Hogarth.

Klein, M. (1952). Notes on some schizoid mechanisms. In J. Riviere (Ed.), *Developments in psycho-analysis* (pp. 292-320). London: Hogarth. (Original published 1946).

Klein, M. (1955). On identification. In M. Klein, P. Heimann, & R. E. Money-Kyrle (Eds.), *New directions in psycho-analysis* (pp. 309-345). London: Tavistock.

Klein, M. (1957). *Envy and gratitude, a study of unconscious sources.* New York: Basic.

Kohut, H. (1984). *How does analysis cure?* Chicago: University of Chicago Press.

Kuhn, T. S. (1962). *The structure of scientific revolutions.* Chicago: University of Chicago Press.

Lacan, J. (1965-1966). *Séminaire XIII, L'objet de la psychanalyse* [Seminar XIII, The object of psychoanalysis] (unpublished).

Lacan, J. (1966). Réponses à des étudiants en philosophie sur l'objet de la psychanalyse [Responses to philosophy students about the object of psychoanalysis]. *Cahiers pour l'analyse, 3,* 5-13.

Lacan, J. (1966-1967). *Séminaire XIV, La logique du fantasme* [Seminar XIV, The logic of fantasy] (unpublished).

Lacan, J. (1967-1968). *Séminaire XV, L'acte psychanalytique* [Seminar XV, The psychoanalytic act] (unpublished).

Lacan, J. (1968a). Proposition du 9 octobre 1967 sur le psychanalyste de L'Ecole [The October 9, 1967 proposition regarding the Psychoanalyst of the School]. *Scilicet, 1,* 14-30.

Lacan, J. (1968b). La méprise du sujet supposé savoir [The misunderstanding of the subject supposed to know]. *Scilicet, 1,* 31-41.

Lacan, J. (1969a). Intervention sur l'exposé de M. Ritter: 'Du désir d'être psychanalyste' [Remarks on Ritter's talk: "On the desire to be a psychoanalyst"]. *Lettres de L'École Freudienne, 6,* 87-96.

Lacan, J. (1969b). Entrevista por Paolo Caruso. In P. Caruso (Ed.), *Conversaciones con Lévi-Strauss, Foucault y Lacan*. Barcelona: Anagrama.

Lacan, J. (1970-1971). *Séminaire XVIII, D'un discours qui ne serait pas du semblant* [Seminar XVIII, On a discourse that would not want to be mere semblance] (unpublished).

Lacan, J. (1971-1972). *Séminaire XIX, ... ou pire* [Seminar XIX, ... or worse] (unpublished).

Lacan, J. (1973). L'Étourdit. *Scilicet*, 4, 5-52.

Lacan, J. (1973-1974). *Séminaire XXI, Les non-dupes errent* [Seminar XXI, Nondupes go astray] (unpublished).

Lacan, J. (1974-1975). *Séminaire XXII, R.S.I.* (unpublished).

Lacan, J. (1975a). Introduction à l'édition allemande d'un premier volume des *Écrits* [Introduction to the German edition of a first volume of *Écrits*]. *Scilicet*, 5, 11-17.

Lacan, J. (1975b). La Troisième [The third]. *Lettres de l'École Freudienne*, 16, 177-203.

Lacan, J. (1976). Conférences et entretiens dans des universités nord-américaines [Lectures and interviews at North American universities]. *Scilicet*, 6/7, 5-63.

Lacan, J. (1976-1977). *Séminaire XXIV, L'insu que sait de l'une-bévue s'aile à mourre* (unpublished).

Lacan, J. (1977a). Ouverture de la section clinique [Inauguration of the clinical program]. *Ornicar?*, 9, 7-14.

Lacan, J. (1977-1978). *Séminaire XXV, Le moment de conclure* [The moment for concluding] (unpublished).

Lacan, J. (1978). *The four fundamental concepts of psychoanalysis (1964)* (J. -A. Miller, Ed., & A. Sheridan, Trans.). New York & London: Norton.

Lacan, J. (1977b). Préface à l'ouvrage de Robert Georgin [Preface to Robert Georgin's book]. In R. Georgin. *Lacan* (2nd ed., pp. 9-17). Paris: L'Age d'homme. (Original published 1977b).

Lacan, J. (1988a). *The seminar of Jacques Lacan, Book I: Freud's papers on technique (1953-1954)* (J. -A. Miller, Ed., & J. Forrester, Trans.). New York & London: Norton.

Lacan, J. (1988b). *The seminar of Jacques Lacan, Book II: The ego in Freud's theory and in the technique of psychoanalysis (1954-1955)* (J. -A. Miller, Ed., & S. Tomaselli, Trans.). New York & London: Norton.

Lacan, J. (1990). *Television: A challenge to the psychoanalytic establishment* (D. Hollier, R. Krauss, & A. Michelson, Trans.). New York & London: Norton.

Lacan, J. (1991). *Le séminaire de Jacques Lacan, Livre VIII: Le transfert (1960-1961)* [The seminar of Jacques Lacan, Book VIII: Transference (1960-1961)]. (J. -A. Miller, Ed.). Paris: Seuil.

Lacan, J. (1992). *The seminar of Jacques Lacan, Book VII: The ethics of psychoanalysis (1959-1960)* (J. -A. Miller, Ed.,. & D. Porter, Trans.). New York & London: Norton.

Lacan, J. (1993). *The seminar of Jacques Lacan, Book III: The Psychoses (1955-1956)* (J. -A. Miller, Ed., & R. Grigg, Trans.). New York & London: Norton.

Lacan, J. (1994). *Le séminaire de Jacques Lacan, Livre IV: La relation d'objet (1956-1957)* [The seminar of Jacques Lacan, Book IV: The relation to the object (1956-1957)] (J. -A. Miller, Ed.,). Paris: Seuil.

Lacan, J. (1998a). *The seminar of Jacques Lacan, Book XX, Encore: On feminine sexuality, the limits of love and knowledge (1972-1973)* (J. -A. Miller, Ed., & B. Fink, Trans.). New York & London: Norton.

Lacan, J. (1998b). *Le séminaire de Jacques Lacan, Livre V: Les formations de l'inconscient (1957-1958)* [The seminar of Jacques Lacan, BookV: Unconscious formations (1957-1958)] (J. A. Miller, Ed.). Paris: Seuil.

Lacan, J. (2001). *Autres écrits* [Other writings]. Paris: Seuil.

Lacan, J. (2004). *Le séminaire de Jacques Lacan, Livre X: L'angoisse (1962-1963)* [The seminar of Jacques Lacan, Book X: Anguish (1962-1963)] (J. -A. Miller, Ed.). Paris: Seuil.

Lacan, J. (2005a). *Mon enseignement* [My teaching]. Paris: Seuil.

Lacan, J. (2005b). *Le séminaire de Jacques Lacan, Livre XXIII: Le sinthome (1975-1976)* [The seminar of Jacques Lacan, Book XXIII: The sinthome] (J. -A. Miller, Ed.). Paris: Seuil.

Lacan, J. (2006). *Écrits: The first complete edition in English* (B. Fink, Trans.). New York & London: Norton. (Pages cited refer to the page numbers in the margins that correspond to the pagination of the 1966 French edition.)

Lacan, J. (2007). *The seminar of Jacques Lacan, Book XVII: The other side of psychoanalysis (1969-1970)* (J. -A. Miller, Ed., & R. Grigg, Trans.). New York & London: Norton. (Pages cited refer to the page numbers in the margins that correspond to the French edition.)

Laing, J. R. (2006, June 26). Is your CEO lying? *Barron's*, 21-23.

Levenson, H. (1995). *Time-limited dynamic psychotherapy: A guide to clinical practice*. New York: Basic.

Lichtenberg, J., & Slap, J. (1977). Comments on the general functioning of the analyst in the psychoanalytic situation. *The Annual of Psychoanalysis, 5*, 295-314. New York: International Universities Press.

Little, M. (1951). Counter-transference and the patient's response to it. *International Journal of Psycho-Analysis, 32*, 32-40.

Little, M. (1990). *Psychotic anxieties and containment:Apersonal record of an analysis withWinnicott.* Northvale, NJ & London: Jason Aronson.

Macalpine, I. (1990). The development of the transference. In A. H. Esman (Ed.), *Essential papers on transference* (pp. 188-220). New York & London: New York University Press. (Original published 1950).

Mack, A., & Rock, I. (1998). *Inattentional blindness.* Cambridge, MA: MIT Press.

Mahler, M. S. (1972). On the first three subphases of the separation--individuation process. *International Journal of Psycho-Analysis, 53*, 333-338.

Malan, D. H. (2001). *Individual psychotherapy and the science of psychodynamics.* London: Arnold. (Original published 1995).

McWilliams, N. (2004). *Psychoanalytic psychotherapy: A practitioner's guide.* New York & London: Guilford.

Miller, J. A. (1993). Clinique ironique [Ironic clinic]. *La cause freudienne, 23*, 7-13.

Miller, J. A. (1996). L'interprétation à l'envers [The flip side of interpretation]. *La cause freudienne, 32*, 9-13.

Miller, J. A. (1998). Le sinthome, un mixte de symptôme et fantasme [The sinthome: a mixture of symptom and fantasy]. *La cause freudienne, 39*, 7-17.

Miller, J. A. (1999, July 3). Vers le corps portable [Toward the portable body]. *Libération.*

Miller, J. A. (2002). Le dernier enseignement de Lacan [Lacan's final teaching]. *La cause freudienne, 51*, 7-32.

Miller, J. A. (2003). Contre-transfert et intersubjectivité [Countertransference and intersubjectivity]. *La cause freudienne, 53*, 7-39.

Miller, J. A. (2005). *Le transfert négatif* [Negative transference]. Paris: Navarin.

Millon, T., & Davis, R. (2000). *Personality disorders in modern life.* New York: John Wiley & Sons.

Milner, M. (1952). Aspects of symbolism in comprehension of the not-self. *International Journal of Psycho-Analysis, 33*, 181-195.

Mitchell, S. A., & Black, M. J. (1995). *Freud and Beyond.* New York: Basic Books.

Money-Kryle, R. (1956). Normal counter-transference and some of its deviations. *International Journal of Psycho-Analysis, 37*, 360-366.

Morel, G., & Wachsberger, H. (2005). Recherches sur le début de la psychose [Studies on the beginning of psychosis]. In *La psychose ordinaire: La convention d'Antibes* (pp. 69-88). Paris: Agalma--Seuil.

Nacht, S. (1956). La thérapeutique psychanalytique [Psychoanalytic therapeutics]. In *La Psychanalyse d'aujourd'hui* (pp. 123-168). Paris: Presses Universitaires de France.

Nobus, D. (2000). *Jacques Lacan and the Freudian practice of psychoanalysis.* London & Philadelphia: Routledge.

Nominé, B. (2005). Le psychanalyst comme aide contre [The analyst as a help against]. In *La psychose ordinaire: La convention d'Antibes* (pp. 195-218). Paris: Agalma-Seuil.

Ogden, T. H. (1979). On projective identification. *International Journal of Psycho-Analysis, 60*, 357-373.

Ogden, T. H. (1982). *Projective identification and psychotherapeutic technique.* Northvale, NJ: Jason Aronson.

Ogden, T. H. (1992). The dialectically constituted/decentred subject of psychoanalysis. I. The Freudian subject. *International Journal of Psycho-Analysis, 73*, 517-526.

Ogden, T. H. (1999). The analytic third: Working with intersubjective clinical facts. In S. A. Mitchell & L. Aron (Eds.), *Relational psychoanalysis: The emergence of a tradition* (pp. 461-492). Hillsdale, NJ: Analytic Press. (Original published 1994).

Ormont, L. R. (1969). Acting in and the therapeutic contract in group psychoanalysis. *International Journal of Group Psychotherapy, 19*(4), 420-432.

Poe, E. A. (1938). The purloined letter. In *The complete tales and poems of Edgar Allan Poe* (pp. 208-222). New York: Modern Library. (Original published 1845).

Queneau, R. (1971). *On est toujours trop bon avec les femmes* [One is always too good to women]. Paris: Gallimard. (Original published 1947).

Racker, H. (1968). *Transference and countertransference.* New York: International Universities Press.

Reik, T. (1937). *Surprise and the psychoanalyst.* New York: E. P. Dutton.

Renik, O. (1999). Playing one's cards face up in analysis: An approach to the problem of self-disclosure. *Psychoanalytic Quarterly, 68*, 521-539.

Renik, O. (2001). The patient's experience of therapeutic benefit. *Psychoanalytic Quarterly, 70*, 231-241.

Richards, A., & Goldberg, F. (2000). A survey of Division 39 members regarding telefone therapy. Paper presented at the American

Psychological Association Conference in a panel entitled elephone Therapy—Advantages and Disadvantages. August 2000, Washington D.C. (unpublished).

Richards, I. A., & Ogden, C. K. (1945). *The meaning of meaning*. New York: Harcourt, Brace. (Original published 1923).

Rogers, C. (1951). *Client-centered therapy*. Boston: Houghton Mifflin.

Sandler, J. (1987). *Projection, identification, projective identification*. Madison, CT: International Universities Press.

Saussure, F. de (1959). *Course in general linguistics* (W. Baskin, Trans.). New York: McGraw-Hill. (Original published 1916).

Segal, H. (1964). *Introduction to the work of Melanie Klein*. New York: Basic.

Silberer, H. (1921). *Der Zufall und die Koboldstreiche des Unbewussten* [Chance and the impish pranks of the unconscious]. Bern: Bircher.

Sleek, S. (1997, August). Providing therapy from a distance. *American Psychological Association Monitor*, pp. 1, 38.

Soler, C. (1996). Silences [Silences]. *La cause freudienne, 32*, 26-30.

Soler, C. (1997). Contributions to the discussion. In *Le conciliabule d'Angers*. Paris: Agalma-Seuil.

Soler, C. (2002). *L'inconscient à ciel ouvert de la psychose* [Psychosis: The unconscious right out in the open]. Toulouse, France: Presses Universitaires du Mirail.

Spotnitz, H. (1999). *Modern psychoanalysis of the schizophrenic patient*. Northvale, NJ: Jason Aronson.

Spoto, D. (1993). *Marilyn Monroe: The biography*. New York: Harper Collins.

Sterba, R. (1934). The fate of the ego in analytic therapy. *International Journal of Psycho-Analysis, 15*(2-3), 117-126.

Sterba, R. (1990). The dynamics of the dissolution of the transference resistance. In A. H. Esman (Ed.), *Essential papers on transference* (pp. 80-93). New York & London: New York University Press. (Original published 1940).

Stevens, A. (2005). Le transfert et psychose aux limites [Transference and psychosis at the borders]. In *La psychose ordinaire: La convention d'Antibes* (pp. 179-194). Paris: Agalma-Seuil.

Strachey, J. (1990). The nature of the therapeutic action of psycho--analysis. In A. H. Esman (Ed.), *Essential Papers on Transference* (pp. 49-79). New York & London: New York University Press. (Original published 1934).

Szasz, T. (1963). The concept of transference. *International Journal of Psycho-Analysis, 44*, 432-443.

Twain, M. (1996). *Tom Sawyer abroad*. Oxford, England: Oxford University Press. (Original published 1896).

Vanneufville, M. (2004). Un cas de mélancolie grave [A serious case of melancholia]. *Savoirs et clinique: Revue de psychanalyse, 5*, 91-96.

Williams, P. (Ed.) (2001). *A language for psychosis: Psychoanalysis of psychotic states*. New York & Hove, U.K.: Brunner-Routledge.

Winnicott, D. W. (1949). Hate in the counter-transference. *International Journal of Psycho-Analysis, 30*(2), 69-74.

Winnicott, D. W. (1958a). Mind and its relation to the psyche-soma. In *Collected papers:Through pediatrics to psycho-analysis* (pp. 243-254). London: Tavistock. (Original published 1949).

Winnicott, D. W. (1958b). Metapsychological and clinical aspects of regression within the psycho-analytical set-up. In *Collected papers: Through pediatrics to psycho-analysis* (pp. 278-294). London: Tavistock. (Original published 1954).

Winnicott, D. W. (1958c). Clinical varieties of transference. In *Collected papers: Through pediatrics to psycho-analysis* (pp. 295--299). London: Tavistock. (Original published 1955-1956).

Winnicott, D. W. (1965a). Ego distortion in terms of true and false self. In *The maturational processes and the facilitating environment* (pp. 140-152). London: Hogarth. (Original published 1960).

Winnicott, D. W. (1965b). The theory of the parent-infant relationship. In *The maturational processes and the facilitating environment* (pp. 37-55). London: Hogarth. (Original published 1960).

Winnicott, D. W. (1965c). Counter-transference. In *The maturational processes and the facilitating environment* (pp. 158-165). London: Hogarth. (Original published 1960).

Winnicott, D. W. (1977). *The piggle*. New York: International Universities Press.

Winnicott, D. W. (2005). Mirror-role of mother and family in child development. In *Playing and reality* (pp. 111-118). London & New York: Routledge. (Original published 1967).

Wodehouse, P. G. (1981). Heavy weather. In *Life at Blandings* (pp. 533-828). London: Penguin. (Original published 1933).

Zalusky, S. (1998). Telephone analysis: Out of sight, but not out of mind. *Journal of the American Psychoanalytic Association, 46*, 1221-1242.

Zalusky, S., Argentieri, S., Mehler, J. A., Rodriguez de la Sierra, L., Brainsky, S., Habib, L. E. Y., et al. (2003). Telephone analysis [special issue]. *International Psychoanalysis: News Magazine of the International Psychoanalytic Association, 12*, 1.

Zetzel, E. R. (1990). Current concepts of transference. In A. H. Esman (Ed.), *Essential papers on transference* (pp. 136-149). New York & London: New York University Press. (Original published 1956).

Índice remissivo

Abandono, 271, 272
"Ação adiada", 75n8
Acaso e as brincadeiras travessas do inconsciente, O (Silberer), 162
Acessibilidade, questões de, 106
Acting out, 362
  transferência e, 247-248
Acusações, transferência e, 242-243
"Adequado", afeto, 361, 364, 366
Afeto, 11
  "adequado", 361, 364, 366
  comunicabilidade do, 275
  "inadequado", 361-366
  na psicanálise, 290-291n6
  supressão do, 423
Afeto deslocado, 364
Afeto trocado, 384n13
Afirmações,
  neurose e, 403
  muito acentuadas, 84

Agendamento, sessões por telefone e, 331
Agressão, 165
Alcoólicos anônimos, 110
Alcunha, 164
Além do Princípio do Prazer (Freud), 205
"Aliança para o trabalho", 128n22
"Aliança terapêutica", 115
Alianças, psicóticas vs. neuróticas e formação de, pelos analistas, 409
Alteridade, escutar e, 18
Alucinações, 389, 394
"Ambiente da sessão", 333
Ambíguas, frases, neuróticos e o uso de, 393
Ambiguidade gramatical
  na fala do paciente, 156
  neuróticos e, 401
Ambiguidade idiomática, na fala do paciente, 156

488 ÍNDICE REMISSIVO

Ambiguidades, 61, 149
  no discurso do paciente, 155-156
Ambivalência, 39, 40
Amor, transferência e, 222
Análise da contratransferência, foco central na, 462
Análise da personalidade sistemática, 462
Análise de treinamento, 102
Análise não normalizante, 347-380
Análise pessoal, análise de treinamento e, 102
Análise por telefone, 317-334
  desafios específicos da, 327-332
  fenômenos imaginários e, 320-321
  linguagem do corpo e, 324-326
  presença do analista durante a, 321-324
  uma prática comum, 332-334
Análises
  como uma lógica de desconfiança, 33-37
  novo material e, 146-149
Analistas
  autorrevelações pelos, 334n3
  como artistas, 88-89, 121
  dimensão imaginária da experiência e, 21
  interpretação pelos, 136
  mudança na pontuação preexistente e, 76
Anna O. veja Pappenheim, Bertha
"Ansiedade depressiva", 354
"Ansiedade persecutória", 354
"Antecipando o prazer do Outro", 419
Apaixonar-se, transferência e, 222
Aparício, S., 155
Apatia, segundo Lacan, 100

Apofântica, 171n5
Aquisição da linguagem, dificuldades de filtragem e, 39
Aspectos semióticos, 215-216, 289n1
Associação Americana de Psicologia, Divisão de Psicanálise, 333
Associações
  interpretação e, 148
  relatos verbais dos sonhos das pacientes e, 176-185
Associações livres, 28, 236
  vislumbre do reprimido pelas, 88
Ataque de pânico, sessões por telefone e, 332
Atenção, evitar jeitos convencionais de expressar, 25
Atenção flutuante, 27-30, 44
Atos falhos, 22, 34, 42, 44, 236, 253
Atos falhos freudianos, psicose e baixa incidência de, 390, 395
Atraso, em parte da análise, 224, 225
Ausências, 218
Autoanálise, 103
  Freud, sobre a, 250
Autocentralidade, escutando e, 17-18, 20-21
Automutilação, 435
Autorrevelações, pelo analista, 334-338n3, 409
Autismo, linguagem e, 40

Bion, W., 265, 266, 278, 285, 287, 456
Black, M. J., 12, 456
Bloqueio do escritor, 159
Bollas, C., 274, 297n26
Bowlby, J., 354
Breuer, J., 229
Brevidade, 160-166
Cancelamentos, 220

Capitalismo, metas analíticas e, 365-366
Capitalismo competitivo, stress e, 378
Capitonê (capitonnage) generalizado, formulação de Lacan sobre psicose e, 428-437
Característica "codificada" da analista, transferência e, 214
Casement, P. J., 151, 161, 255, 256, 270, 271, 273, 274, 279, 280, 281
Castração, 153, 433
 ansiedade/angústia de, 33, 182 60
 desejo inconsciente de, 194
Catacrese, 35
Ceticismo, 25
Cheiros, sessões por telefone e, 322-323
Cisão, noção freudiana de, 277
Citações, 156
Cegueira por desatenção, 41
Censura na formação do sonho, segundo Freud, 203
Clima, sessões por telefone devidas ao, 319
Complexo de Édipo, 15-151, 425, 426, 427, 429
"Comportamento adaptável", como termo normalizante, 377
"Comportamento inadaptável", como termo normalizante, 377
Comportamentos de corte, 435
Compreensão
 adiando a, 23-27
 ouvir sem, 30
Compulsão à repetição, 205, 273
Comunicabilidade do afeto, 275
Comunicação interativa, 270
Comunicação pelo impacto, 270
Identificações concordantes (ou homólogas), 264
Conceitos psicanalíticos, estudo da história e concepção dos, 457

Condensação, 37
 sonhos formados conforme a, 34
Configurações transferenciais, 216-221
Confrontação, 100
Conhecimento, transferência em neurose e, 405
Conhecimento linguístico diferente, linguagem corporal e, 325
Construção(ões), 152
 interpretação e, 171n22
Construção da conexão, 128-130n22
Contato visual, 26
 sessões por telefone e, 323
 ver também olhar, o
Conteúdo latente, em sonhos, 178
Conteúdo manifesto do sonho, 177
Contexto, tirando palavras e expressões do, 84-87
Contração, 36
"Contraidentificação projetiva", 282
Contratransferência, 11, 80, 226, 461
 análise por telefone e, 333
 atraso e, 225
 definição de Lacan de, 103, 226
 privilegiando o imaginário e, 286-288
 sessões com tempo fixo e, 99
"Contratransferência objetiva", 292n13, 310-311n44, 287
"Contratransferência subjetiva", 287
Convergência, de escolas francesas e inglesas, 462-463
Conversão, 423
Coordenadas simbólicas da existência do paciente, reconhecimento pelo analista da especificidade das, 257
Coordenadas simbólicas do caso, formulação do caso e, 259
Corpo, ponto de capitonê e, 430

ÍNDICE REMISSIVO

Corrente da psicologia do self intersubjetiva-interpessoal, 462
Crise de satisfação, 154
Crise do gozo, 154
Crítica, transferência e, 242
"Crosta da segunda-feira", 344n17
Cura pela fala, 229

Datas, insistência nas, 63-65
Deffieux, J.-P., 428
"Deixar o melhor para o final", 121
Delírios, 389, 391, 394
  ausência de princípio explanatório e, 417
Depressão, sessões por telefone e, 332
Desagregação, 424
Descarrilamento, 434
Desconfiança, análise como uma lógica de, 33-37
Desconstrução, 460
Desejo, 159
  objeto *a* e, 433
"Desejo do analista", 100
Desejos
  conscientes vs. inconscientes, 191-195
  contraintuitivos, 189-191
  encontrados no sonho, 185-195
Desejos aparentes, nos sonhos, 190
Desejos conscientes vs. desejos inconscientes, 191-195
Desejos contraintuitivos, 189-191
Desejos dos pais, neuróticos e, 415-416
Desenvolvimento precoce, emprego de um modelo de, 462
Desesperança, 230
Deslizes verbais, 43, 44
Deslocamento, 36, 423
  sonhos formados conforme o, 34

Despersonalização, 427
Desvios, 80
Detalhes, importância dos, 63-65
Devaneios, 68, 87, 123, 195-199, 330
  fazendo perguntas e, 57
  fantasias fundamentais e, 207
  interpretação e, 148
  trabalhando com, 175
Dicas visuais, sessões por telefone e ausência de, 326
Dificuldades de filtragem, aquisição da linguagem e, 39
Dificuldades de tratamento, transferência e, 220
Digressão, 36
Dimensão simbólica, 301-302n29
  psicose e ausência de, 406
Direção da vida, interpretação e, 151-155
Discurso analítico, requerimentos do, 25-27
Discurso, psicose e formas de, 395-399
Discurso
  ambiguidades em, 155-156
  atenção para detectar formas de evitação no, 79
  características do, em neuróticos vs. psicóticos, 395-399
  do paciente, interpretação, 266
  forma do, 398
  Lacan, sobre o, 317
  Oracular, 148-149
  pontuação no, 75
  trabalho psicanalítico progredindo pelo, 332
  ver também linguagem
"Discurso concreto", psicóticos e, 396
"Discurso do mestre", 452n46

BRUCE FINK 491

Discurso evasivo, tratamento de psicóticos e evitação do, 393
Discurso obscuro, tratamento de psicóticos e evitação do, 393
Discurso profético, 393, tratamento de psicóticos e evitação de
"Discurso total", noção de Lacan de, 167n3
Disfarce, nas fantasias, 65
"Disfuncional", como termo normalizante, 377
Disparates, 22, 42
Distrações, 81
Dito espirituoso, 164
Divã
  contato visual e o uso do, 323, 339-341n10
  pacientes psicóticos e a evitação do uso do, 409
  "qualificação" para o, 341n11
Domínio afetivo, 462
Dostoiévski, F., 108
DSM, 44
DSM-IV, 388, 423
DSM-V, 423
Dupla negativa, 36
Duplo sentido, 61, 85, 342n15

Educação, armafilhas do treinamento e da, 45-46
Educação continuada, 45
Efeito Zeigarnik, 93
Efeitos afetivos, 216
Ego
  diferenciando teorias psicanalíticas sobre o, 353
  força do, na neurótica, 414
  fragilidade do, na psicótica, 414
"Ego experienciador", 232, 255

Ego observador, 138, 232, 233, 255, 288
Eliminação, 424
Elise, 79
E-mail, 345n20
Emoções, 274-277
Empatia, 462
  definição de, 48n4
  identificação e, 19
"Enquadre terapêutico", escansão e, 95-98
Envolvimento entre analista e paciente, 27
Equívocos, neuróticos e, 400
Erotomania, 388, 406
Escansão, 91-123
  agendamento e, 122-123
  como minicastração, 98-103
  "enquadre terapêutico" e, 95-98
  explicações e equívocos sobre, 91-95
  pacientes psicóticos e, 392
  psicose e, 434
  sessões por telefone e, 330
Escutar
  alteridade do outro e, 18
  cuidadosamente, 17
  e ouvir, 17-46
Esquecimento, repressão e, 178
Esquizofrenia, 388
Esquizofrênicos, 38, 437
  filtrando estímulos e, 38
  Lacan, sobre os, 415
Estabilização, 428, 451n42, 436
Estádio do espelho, 456
Estágio anal, 350
Estágio genital, 350
Estágio oral, 350
Estímulos irrelevantes, 38

"Estresse", como termo normalizante, 378
Estrutura psicótica, 388
Evitação, no discurso, 79
Experiência, dimensão imaginária da, 21
Experiências, fazendo perguntas e, 57
Experiências fora do corpo, 427
Expressões faciais, 326
Expressões idiomáticas, 145
  reiteração de, 85
Expressões tomadas fora de contexto, 85-87
Ex-sistence, noção de Lacan de, 167n3

"Faixa de opções de som", 42, 397
Fala deturpada, 22
Falta de pontualidade, 218, 220
Fantasias, 68, 87, 123, 165, 195-199, 330
  desejo do outro e, 199-203
  disfarce e, 65
  fazer perguntas sobre, 56, 57-58
  paciente psicótica e, 391
  percepções e, 373
  phantasy e, 307n41
  trabalhando com, 175
Fantasia fundamental, 207-209, 258
  psicose e ausência de, 447n30
Fantasias de masturbação, 196, 198, 347, 348
  fantasia fundamental e, 207

Fantasias sexuais, 196, 198, 200-202
  reino contraintuitivo das, 196
Fatores comuns, 96
Fatores inespecíficos, 96
Fenômeno interlinguístico, 62
Fenômenos imaginários, trabalho por telefone e, 320-321

Figuras de autoridade, psicótica e, 406-408
Figuras de estilo, 35
Figuras religiosas, sistemas delirantes envolvendo, 417
Figuras retóricas, aprendendo a ler, relativas a repressão, 34-37
Fliess, R., 333
Fontes secundárias, 456
Foraclusão, 424
  psicose definida pela, 423
Força do ego, 374-375
Formação de compromisso, 423
Formação reativa, 423
Formulação de "amor e trabalho", atribuída a Freud, 384n15
Formulação do caso, processo de autossupervisão do analista e, 258
Formulação escrita do caso, processo de autossupervisão do analista e, 258
Freud, A., 365
Freud, S., 9, 23, 33, 96, 100, 102, 133, 150, 153, 182, 191, 203, 243, 273, 287, 321, 349, 350, 357, 455, 459
  "amor e trabalho, formulação atribuída a, 384n15
  comentário sobre o caso do Juiz Schreber, 418
  noção da repressão primária e, 355
  noção de cisão (splitting) introduzida por, 277
  noção de ego e, 353
  noção de teste de realidade e, 371
  repressão e transformação de ideias e, 424
  sessão de tempo variável e, 92
  sobre a atenção flutuante, 27
  sobre a atuação (acting out), 247
  sobre a autoanálise, 250

sobre a compulsão à repetição, 205
sobre a exploração dos sonhos, 329
sobre a força motriz da análise, 72n9
sobre a ignorância dos pacientes em relação aos próprios pensamentos e fantasias, 69-70n2
sobre a paranoia, 306-307n40
sobre a "política avestruz", 221
sobre a psicose e a psicanálise, 387, 399
sobre a transferência, 216, 231
sobre as fantasias a satisfação dos desejos, 199
sobre construção e interpretação, 171-172n22
sobre interpretações não aceitas pelos pacientes, 167-168n4
sobre o afeto, 361
sobre o encontro de desejos em um sonho, 185
sobre o objetivo principal de uma análise, 31
sobre o Homem dos Ratos, 363
sobre o método "simbólico" da interpretação do sonho, 177
sobre o relaxamento da censura nos sonhos, 187
sobre o reprimido, 17
sobre os pesadelos, 203
sobre sonhos de autopunição, 190
sobre sonhos e o reprimido, 175
"Fuga de ideias", 434

Garcia-Castellano, M.-J., 410
Gênero, lógicas diferentes e, 356-358
Georges, P. de, 422
Gestos, 325, 237

Gill, M. M., 233, 234, 235, 285
Glover, E., 145, 457
Goldberg, F., 333
Grandin, T., 40, 41
Grandiosidade, 433

Harrison, R., 357
Hartmann, H., 353
Heimann, P., 261, 287, 456
Hipnotizador, influência pessoal do, 142
Histeria, 424
História(s)
  foco no que ficou fora da, 33, 82
  sem sentido ou com muito sentido, 30-32
"História de cinema", 115
História de vida, 109
Hobbes, T., 281
Hoffman, I. Z., 236
Homem dos Ratos, segundo Freud, 363
Homens, lógica do desejo e, 357
Homofonia, 156, 342n15
Homônimos, 163
Hospitalização, sessões por telefone e, 332
Humor, 162, 444n17

Identificação
  complementar, 264
  experimental, 257
Identificação projetiva, 12, 225, 226, 260-262, 456
  como normalização, 278-282
  conto preventivo relacionado a, 284-285
  crítica ao conceito de, 266-278
  desenvolvimento histórico do conceito de, 262-266
  método empírico relacionado a, 282-284

"transidentificação projetiva", 282
"Identificação empática", 265
Imaginário
limites da "identificação experimental" e, 257
ponto de capitonê e, 430
privilegiando o, 286-288
Impacto vs. significado, 140
Impasse de ego para ego, 251
Impasses transferenciais/contratransferenciais, lidando com, 250-260
Impulsos agressivos, 197
Impulsos masoquistas, autopunição em sonhos e, 190
Impulsos sexuais, 197
Incoerência bem-vinda, 87-88
Inconsciente
 manifestações óbvias e não tão óbvias do, 78
 produção de alusões a memórias omitidas, 175
 psicose e falta de, 388, 390, 392, 406
 ter impacto sobre o, 460
International Psychoanalytic Association, 14
Interpretação
 construção e, 171-172n22
 equivocada, 155-160
 objetivo da, nas principais abordagens, 139
 valor da, 147-148
Interpretação dos sonhos (Freud), 177
Interpretação oracular, 149
Interpretações angustiadas, 159
Interpretações equivocadas, exemplos de, 155-160
Interpretando, 74-166, 249
intersubjetividade, transferência e, 240

Inveja, dimensão imaginária da, 408
Inversão de perspectiva, supervisão e, 392
Investimento libidinal, na vida, 153
Irmãos Karamázov, Os (Dostoiévski), 108
Ironia, 36
 falta de, no discurso do psicótico, 398
Isolamento do afeto, 423

Jones, E. E., 353
Joseph, E. D., 353
Joyce, J., 426

Kernberg, O., 462, 463
King, C. D., 352
Kizer, M., 399
Klein, M., 150, 233, 262, 265, 277, 353, 354, 456
Kubie, 353
Kohut, 352
Kuhn, 260, 370

Lacan, 9, 23, 44, 95, 98, 104, 107, 133, 140, 149, 150, 203, 266, 282, 286, 288, 321, 322, 324, 355, 365, 422, 462
 abordagem para a interpretação de, 154
 conceito de "significado" de, 141
 contratransferência definida por, 103
 implicações no tratamento da teoria lacaniana da psicose nos anos, 1970 436
 noção de ego e, 353
 sintoma de Joyce e, 426
 sobre a apatia, 100
 sobre a dimensão imaginária da experiência, 21

sobre a essência da linguagem, 37
sobre a fala do paciente, 317
sobre a "falta no Outro", 172n27
sobre a fantasia, 375
sobre a fantasia fundamental, 207
sobre a importância de decifrar os sonhos, 189
sobre a interpretação, 146-147
sobre a interpretação alusiva, 149
sobre a interpretação dos sonhos, 332
sobre a interpretação como um tipo de "discurso oracular", 148
sobre a interpretação fornecida por um analista, 170-171n16
sobre a lalangue, 77
sobre a "metáfora delirante", 417
sobre a "metáfora paterna", 425
sobre a negação, 82
sobre a paranoia, 389
sobre a pesquisa dos analistas de um terceiro ouvido, 28
sobre a relação dual, 49n7
sobre a pontuação, 75
sobre a psicanálise e o humor, 162
sobre a retórica, 87
sobre a suplementação, 415
sobre a transferência, 213, 216, 223, 232-233, 240, 289-290n5
sobre a verdade, 109, 116, 134
sobre fantasia e desejo, 195
sobre levantar o problema, 55
sobre o desejo de não saber, 69
sobre o "discurso total", 167n3
sobre o "dizer", 33
sobre o fim de uma sessão, 91

sobre o inconsciente e a memória, 30
sobre o "orgasmo do Outro", 200
sobre o psicanalista como um retórico, 35
sobre o sintoma, 421
sobre o sintoma neurótico, 356
sobre o "sujeito barrado", 432
sobre o "sujeito dividido", 88
sobre "o sujeito que presume saber", 144
sobre o transitivismo, 312n50
sobre os atos falhos, 395
sobre os equívocos, 155
sobre os esquizofrênicos, 415
sobre os pesadelos, 206
Lalangue, segundo Lacan, 77
Law, J., 280
"Lei da sobrevivência do mais apto", stress e, 378
Lei de Parkinson, 121
"Leitura da mente", 267-270
Letterman, D., 181
Ligação mãe-bebê, "circuito neural" envolvido na, 355
Limiares, 135
Linguagem
acesso à realidade e, 369
da teoria analítica, 150
dois modos diferentes principais de se inserir na, 39, 40, 41
Lacan, sobre a essência da, 37
percepção e, 37
ponto de capitonê e, 430
trabalho com pacientes em idioma diferente da língua pátria, 60-63
uso da, neuróticos vs. psicóticos, 395-399

uso pelo paciente da, prestar atenção à especificidade do, 236
  ver também discurso
Linguagem do corpo, 266
  sessões por telefone e, 324-326, 333
Litotes, 35
Little, M., 97
Lógica interna
  da sessão, 107-109
  das primeiras sessões, 109-116
  das últimas sessões, 116-122
Lógicas, categorias de diagnóstico diferentes e, 293-294n17
Luto, interpretação do, 158

Macalpine, I., 360
Mahler, M. S., 355
Malan, D. H., 216
Mania, 388, 434
Matemas, 432
Material reprimido, apontando para o, 77-82
Material simbólico
  objetividade e, 462
  supervisão, reformulação de um caso, 253
"Maturidade emocional", 351
McWilliams, N., 347, 349
Mecanismos de defesa, abordagem proposta para o DSM-IV dos, 423
Medicamentos, pacientes psicóticos e, 421-422
Medo de contaminação, 358-359
Meias palavras, 35
Melancolia, 388
Memória(s)
  sonhos e, 175
  percepção e, 371, 374
Memórias dolorosas, fazendo perguntas e, 57, 58

Menos phi, 453n50
Mensagem instantânea, 345n20
Metacomunicação, 232
Metáfora, 34
"Metáfora delirante", 417
Metáfora mista, 35, 236
"Metáfora paterna", 425, 429, 432, 433, 436, 437
Metalinguagem, 369
  interpretação como um tipo de, 149-155
Metaposição, 413
Metas terapêuticas, com psicóticos, 414-420
Metonímia, 34
Miller, J., A. 52n16, 170n16, 211n8, 304n34, 321, 435, 437, 443-444n17, 462
Minicastração
  encerramento abrupto e, 330-331
  escansão e, 98-103
Mitchell, S. A., 12, 456
Mobilidade da população americana, sessões por telefone e, 317-318
"Moderação do desejo", 101
"Modo neurótico comum" de se inserir na linguagem, 39, 41
"Modo psicótico" de se inserir na linguagem, 39, 40
Monet, C., 89
Money-Kyrle, R., 353
Mortalidade infantil, 280
Mulheres, lógica do desejo e, 357
Múltiplos desejos, em sonhos, 187-188
Musil, R., 224
My Fair Lady, 357

Não comparecimentos, 220, 245, 247, 270, 273
Narcisismo, 433

Natureza humana, 352
teoria universal da, 353-355
Navalha de Occam, 278
Negação, 423
não provocada, 82
neurose e, 403
Negações freudianas, 403
Negações não provocadas, 82, 396
Neurociência, 355
Neurose, 10, 98
contrastes simples entre o tratamento da psicose e da, 388-389
diferenciação convincente entre psicose e, 393-406
diferentes formas de, 388
estrutura da significação em, 432
identificação projetiva e, 283
paixão e conhecimento e transferência em, 406
repressão e, 423
Neuróticos, 99
escansão e, 97, 392
exame de momentos críticos da vida em, 430-432
expressões verbais de direcionamento e tratamento dos, 165
formas do discurso por, 395
frases ambíguas e, 393
identificações do ego e, 144
metas terapêuticas com, 414
repressão e e direcionamento do tratamento com, 10-11
significante e significado em relação aos, 398
transferência e, 399
transferência e níveis imaginário, simbólico e real com, 405
Neutralidade, 27

Neutralidade da analista, como mito, 27
Neutralidade técnica, 462
Nome do Pai, forma do ponto de capitonê, 452n45
Nomes dos membros da família, 63
Nominé, B., 425
Nonsense, 163
Normalidade, 12, 347
 para quem?, 356-360
Normalização
 afeto inadequado e, 361-366
 identificação projetiva como, 278-282
 Novo material, análise incitada por, 146-149

O'Brien, C., 180, 181
Objetividade, encontrar a, 460-462
Objeto a, 461
 desejo e, 433
 localização do prazer para a neurótica e, 435
 psicose e, 435
Obsessão, 424
Ogden, T. H., 299-301n26, 265, 283, 458
Olhar, o, 323
 como exemplo de objeto a, 433
Omissões, 36, 423
"Orgasmo do Outro"
Orientação sexual, 82
Ouvir
 escutar e, 46
 o que esperamos ouvir, 37-44
 sem entender, 30
 sessões por telefone e, 323-324
Outro, analista e tipo de, para o psicótico, 406-411

Outro prestativo, posição do analista como, para psicóticos, 411-413

Pacientes
associações livres, 28
dimensão imaginária da experiência e, 21
fazendo perguntas, 55-69
questões formuladas pelos, 67-69
verdade como experimentada pelos, no contexto da análise, 135
Pacientes "borderline", 422-424
Pacientes de "alto funcionamento", 367-367
Pacientes de "baixo funcionamento", 367-368
Pacientes "narcisistas", 422
Padrão de atendimento em medicina, 53n19ll
Pais, relacionamentos de pacientes psicóticas com os, 391
Paixão, 228
 Trabalho psicanalítico genuíno e, 228, 237
 Transferência na psicose e na neurose, 406
Palavras, fora de contexto, 84-87
Palavras "cruzadas", 62
Palíndromo, 343n15
Papel imaginário do analista, psicóticos e, 408
Pappenheim, Bertha (Ann O.), 229
Paralipse, 34
Paranoia, 388, 389
 Famoso comentário de Freud sobre, 306-307n40
Paranoia persecutória, 406, 409
Paranoicos, 437
Parapraxia, 171n22

"Parênteses" do setting analítico, 412
Pascal, B., 368
Peito, como exemplo de objeto a, 433
Pensamento mágico, 371
Pensamentos desejosos, 371
"Pensamentos intrusivos", 137, 210n4, 195
Pensées (Pascal), 368
Percepção
 linguagem e, 37
 memória e, 371, 374
 transferência e, 214
Percepções sensoriais, 214
Perceptum, estrutura do, pela linguagem, 37
Perífrase, 36, 79
Perguntas exploratórias, 59
Perspectivismo, 360
Pesadelos 81, 197, 330
 de angústia, 203-207
phantasy, fantasia e, 307-308n41
Pierce, C. S., 225
Pleonasmo, 36
Poder, 155
"Política avestruz", 221
Polissemia, 86
Polivalência, 161
 da interpretação oracular, 149
"Ponto de capitonê", 135, 429, 432, 433
Pontos críticos, 135
Pontuação, 75-88, 98, 141, 249
 escansão como uma forma enfática de, 94
 interpretação dos sonhos e, 176-185
 pacientes psicóticos e, 392, 408
Portrait of the Artist as a Young Man, A (Joyce)
 sinthome de Lacan e, 426-427
pós-modernismo, 276

Posição de "melhor amigo", psicóticos e, 410
Posição depressiva, 266, 354
Postura, 325
Postura de oposição, transferencial, 218
Prazer
    fixação do desejo e, 433
    ponto de capitonê e, 430
psicose e, 447n30
psicose e limitação do, 435
Pré-psicose, 421
Pré-psicóticos, 388, 418
Precisão, 133
Presença do analista, sessões por telefone e, 321
Preterição, 34
Primeiras sessões, lógica interna das, 109-116
Primeiros encontros, fazendo perguntas durante, 55-56
Principal corrente psicanalítica contemporânea, 462
Princípio de "tempo é dinheiro, dinheiro é tempo", sessões de tempo fixo e, 103-106
Princípios explanatórios, psicose, e criando a construção de, 416
Privação de sono, incapacidade de "filtrar" estímulos e, 38-39
Produções oníricas, (re)presentação criativa das cenas do passado e, 176
Professores, relação com estudantes e o papel da transferência, 222-223
Projeções, 144, 243
    amor e, 222
Projeções olfativas e associações, sessões por telefone e, 323
Psicanálise lacaniana, procurando pontos de referência seguros na dimensão simbólica e, 461

Psicanálise
    armadilhas do treinamento em, 44
    arranjos intercontinentais durante a, 343-344n17
    forma de objetividade a que se pode aspirar em, 462
    questões como importante força motriz da, 68
    repressão como luz que guia a, 33
    temporalidade da verdade em, 135
Psicanalistas, como retóricos, 35
Psicologia, armadilhas do treinamento e, 44
Psicopatologia, 283
    reformulação de Lacan da, 429
Psicose, 98
    ausência de repressão na, 11
    capitonnage generalizado, 428-437
    categoria "bordeline" e, 422-424
    comparações simples entre o tratamento da neurose e da, 388
    diagnóstico, 394-406
    diferentes formas de, 388
    distinguindo de forma convincente a neurose e a, 394-406
    encerramento da sessão e, 434
    estágio intermediário entre pré-psicose e, 421-422
    eventos desencadeadores e, 425
    falta de fixidez ou fixação na, 433
    foraclusão e, 423, 424
    formas de discurso do paciente e, 395-399
    identificação projetiva na, 283
    paixão e transferência na, 406
    "pontos de capitonê" em, 98
    sintoma e, 424-428

tradução da teoria para a prática, 458-460
transferência e, 399-406
tratando a, 387-438
Psicóticos, 10-11, 38, 41
   criando a construção de um princípio explanatório com, 415-420
   ego observador e tratamento de, 138
   enquadre seguro para, 97
   fantasias e, 165
   formas de discursos por, 395-397
   fragilidade do ego em, 414
   inseparabilidade de significante e significado com, 397
   metas terapêuticas com, 414-420
   o que não fazer com, 389-393
   posição do analista como o "outro prestativo", 411-413
   que tipo de Outro o analista é para, 406-413
   relatos de sobrecarga sensorial por, 38
   transferência imaginária e em níveis reais com, 405
   transferência negativa e, 249
Psiquiatria, armadilhas do treinamento e, 44

Questionamentos, 141
   interpretações apresentadas pelos analistas em forma de, 144
Perguntas
   respostas e formulações de, 66-67
   fazendo, 55-69
   exploratórias, 59
Questões de pagamento, 329

Racker, H., 263, 264, 265, 266, 456
Reagendamento, psicóticos vs. neuróticos em relação a, 409
Real, o, ponto de capitonê e, 430
"Real traumático", 136
"Recheio do material", 120
Reconhecimento, neuróticos e, 411
Reflexões, interpretação e, 148
Registro imaginário, tipo de cura pretendido na ênfase do, vs. ênfase no registro simbólico, 288
Registro simbólico, tipo de cura pretendido na ênfase do, vs. ênfase no registro imaginário, 288
Regressão, 377
"Regulação de afeto inadequado", 364
Reik, T., 28
Renik, O., 337-338n3, 461
Rejeições, 80
Relação dual, 49n7
Repressão, 31, 55, 65
   aprendendo a ler figuras retóricas relacionadas a, 34-37
   como uma luz que guia a psicanálise, 33
   esquecimento e, 178
   força do ego do neurótico e, 414
   neurose definida pela, 423
   psicose e ausência de, 388, 389
   transferência negativa e, 304n34
Repressão primária, 355, 424
Reprimido, segundo Freud, 17
Resistência, 220
   sessões por telefone e, 328
Respostas, perguntas formuladas e, 66-67
Reticências, 36
Richards, I. A., 333
Rigidez de significado, estrutura fundamental de significação e, 433
Risada, 70-71n4, 163, 164
Rivalidade, dimensão imaginária e, 408

Sandler, J., 263, 265, 278, 456
Saussure, F. de, 396
Schreber, Juiz, comentário de Freud sobre o caso do, 418
Segal, H., 456
Semelhança visual, 320
"Semelhantes", 408
Sentenças, terminar as, 236
Sentidos, sessões por telefone e, 323-324
Serviço social, armadilhas do treinamento e, 44
Sessões
  primeiras, lógica interna das, 109-116
  prolongada, 81
  últimas, lógica interna das, 116-122
Sessões de duração variável, 81, 91-93
  questões de acessibilidade e, 106
  sessões por telefone e, 330
  enquadre seguro e, 97
Sessões de tempo fixo, 96
  contratransferência e, 99
  enquadre seguro e, 97
  tempo é dinheiro, dinheiro é tempo, 103-106
Sessões presenciais, por telefone e complementos a, 319, 333-334, 344-345n19
Significação, neurose e estrutura da, 433
Significado
  capitonnage e a produção de, 430
  discurso e, 396
  impacto vs., 140
  metáfora delirante e, 417
  poder da sugestão e, 142-146
  rigidez de, 433
  significado além do, na fala do paciente, 28

Significante e significado, neurose vs. psicose e, 396, 398
Silberer, H., 162
Silêncio, 161, 244, 246, 248, 270, 272
  do paciente, 151
  transferência e, 218, 219, 220
Simbólico, o
  buraco no, e surtos psicóticos, 391
  ponto de capitonê e, 430
Simbolização
  transferência, contratransferência e falha da, 286
  transferência e resistência ao trabalho de, 239
Sinais de emoção, transferência e, 215-216
Sinédoque, 289n3
Sinthome, 427
  ponto de capitonê como, 430, 451-452n45
Sintoma neurótico, estrutura metafórica do, 452n45
Sintomas
  desaparecimento de, 137
  prazer dos, 130-131n24
Sistema de sinais, transferência e, 215
Sistema médico, armadilhas do treinamento e, 45
"Sistemas de conhecimento especializados", 44
Sistemas delirantes, 417
Situação da família, complexidade da, transferência e, 219-220
Sobrecarga sensorial, pacientes psicóticos e, 38
Société Psychanalytique de Paris (SPP), 322
Sócrates, 223, 230
Soler, C., 37, 406, 414, 419, 421

Som, significante e, 396-397
Sonhos, 33, 68, 81-82, 87, 120, 123, 330
  condensação, deslocamento e, 34, 37
  de angústia, 203-207
  de punição, 190
  destacando palavras ou frases dos, 86
  encontrando desejos nos, 185
  fazendo perguntas e, 56
  Freud, sobre a exploração dos, 329
  interpretação e, 148
  Lacan, sobre os, 332
  psicóticos e, 392
  trabalhando com, 175
Sonhos de angústia e pesadelos, 203-207
Sonhos elaborados, 179
Sonhos obscuros, 178
Sonolência, 284-285
Sons de "humm" e "hã", tratamento de psicóticos e evitação pelo analista de, 389
Sons indistintos/omissões, 42, 43
Spotnitz, H., 287, 437
SPP. ver Société Psychanalytique de Paris
Sterba, R., 255
Stevens, A., 419
Sugestão/insinuação, 100, 142-146
Sujeito barrado, 432
"Sujeito dividido", segundo Lacan, 88
Sujeitos autistas, filtrar estímulos e, 39
Superego, vozes e, 394
Supervisão, sessões por telefone e, 333
"Supervisor interno", 255
Supervisores, impasses transferenciais e contratransferenciais e, 252-260
Suplementação, 415
Suplementação imaginária, estabilização e, 436
Suplementação simbólica, estabilização e, 436

Supressão, 90n4
  do afeto, 423
Surto psicótico, 38, 388, 391, 408, 410, 435
TBE (terapias baseadas em evidências), 45
TDA (transtorno de déficit de atenção), 421
Técnica, evolução contínua da, 455-460
"Telisandos", 320
Telefones celulares, 328
Telefones fixos, 341n14
Telefones sem fio, 328
Terapia eletroconvulsiva, 418
Terceiro analítico, 458
Termos normalizantes
  "afeto inadequado", 361-366
  "alto funcionamento" e "baixo funcionamento", 367-368
  teoria universal da natureza humana, 353-355
  "teste de realidade", 368-376
  "transtorno", "disfunção", "estresse" e outros, 376-380
Teste de realidade, 368-376
Teoria, tradução da, na prática, 458
Textos originais, leitura de, 456,
Tirania das normas, 348
"Tocar o real", 168n5
Tom de voz, como exemplo de objeto a, 433
Tomar notas, 249
Transferência, 55, 123, 145, 166, 273
  acting out e, 247-248
  "afeto inadequado" e, 361
  alusões a, 235, 236
  ciclo vicioso da, 232
  como tática diversionista, 239-240

completamente negativa, 248-250
complexa, 219
excessivamente positiva, 237-240
interpretação sistemática da, 462
introdução do termo por Freud, 213
lidando com a, 227-250
não tão positiva, 240-247
negativa, 217, 248-250
onipresença da, 221-223
positiva, 217, 227-237
privilegiando o imaginário e, 286-288
psicose e, 399-406
reconhecendo a, 213-216
sessões por telefone e, 320, 329, 331
transferência da, 413
Transferência de amor, 237-239
Tranferências complexas, 219-220
Transitivismo, 312n50
Transparência, pacientes psicóticas e, 409
Transtorno, como termo normalizante, 377
"Transtorno de personalidade narcisista", 433
"Transtornos do pensamento", 435
Treinamento
armadilhas do, 44-46
"moderação do desejo" e, 101-102
TVE (tratamentos validados empiricamente), 45

Übertragung (traduzido como transferência), 213
Última sessões, lógica interna das, 116-122

Valores, 328
Valores da cultura americana, metas analíticas e, 365
Van Gogh, V., 89
Variação de tabelas de honorários, lacanianos e, 106
Verdade, 134-139
chegar à, 136
Lacan, sobre a, 109, 116, 134
Videoconferência, 323
Visões, 394
Vocabulário, tratamento de psicóticos e, 393
Voltar-se contra o self, 423
"Voz psicótica", 394
Vozes, ouvir, 394
Vozes endopsíquicas, 394
Vozes intrapsíquicas, 394

Winnicott, D. W., 97, 268, 292n13, 310-311n44, 355, 387, 437, 456, 461
Wodehouse, P. G., 278

Zalusky, S., 333
Zetzel, E. R., 287

GRÁFICA PAYM
Tel. [11] 4392-3344
paym@graficapaym.com.br